"十二五"职业教育国家规划教材
经全国职业教育教材审定委员会审定

21世纪高等职业教育财经类规划教材

物流管理专业

物流配送管理（第2版）

Logistics Distribution Management (2nd Edition)

◎ 张志乔 主编　　◎ 张宜军 副主编

人民邮电出版社
北京

图书在版编目（CIP）数据

物流配送管理 / 张志乔主编. -- 2版. -- 北京 ：
人民邮电出版社，2014.9（2024.7重印）
21世纪高等职业教育财经类规划教材物流管理专业
ISBN 978-7-115-34362-8

Ⅰ．①物… Ⅱ．①张… Ⅲ．①物资配送－物资管理－
高等职业教育－教材 Ⅳ．①F252.2

中国版本图书馆CIP数据核字(2014)第021714号

内 容 提 要

以职业阶梯为背景，岗位任务为载体，工作流程为主线，精选学习项目，优化教学模式。

本书共 10 个学习项目，29 个训练任务，每个任务均按"任务要求、任务分析、实施准备、实施步骤、效果评价、点评交流"6 个板块进行"学、做一体化"教学设计，后续的相关知识为完成该项任务提供理论支撑和参考。项目一至项目八安排物流配送中心运作及管理相关内容，对应复杂操作和基层管理岗位；项目九行业配送专题，兼顾学生就业的行业性和职业发展的需要；项目十工作沟通与协调，旨在培养物流配送人员，尤其是基层、中层管理岗位的沟通协调管理技能。学生通过 10 个项目从单项配送技能到综合管理技能的学习，其职业综合能力定会得到训练和提升。

本书可作为高等职业院校、大专院校物流管理及相关管理类专业的教学用书，也可用作企事业单位技术及管理人员的培训教材。

- ◆ 主　编　张志乔
　　副主编　张宜军
　　责任编辑　李育民
　　责任印制　焦志炜
- ◆ 人民邮电出版社出版发行　　北京市丰台区成寿寺路 11 号
　　邮编　100164　　电子邮件　315@ptpress.com.cn
　　网址　http://www.ptpress.com.cn
　　北京天宇星印刷厂印刷
- ◆ 开本：787×1092　1/16
　　印张：18.5　　　　　　　　2014 年 9 月第 2 版
　　字数：464 千字　　　　　　2024 年 7 月北京第 11 次印刷

定价：39.80 元
读者服务热线：(010)81055256　印装质量热线：(010)81055316
反盗版热线：(010)81055315
广告经营许可证：京东市监广登字 20170147 号

物流配送管理集成了仓储、拣选配货、配装运输、装卸搬运、信息处理、策略优化等现代物流功能要素，是现代物流的一个缩影。物流配送是客户服务的重要内容，物流配送管理是物流管理专业的核心课程，也是相关管理类专业的必修课程或选修课程。

作者于 2010 年编写的《物流配送管理》一书出版以来，受到了众多高职高专院校的欢迎。三年来，国内外物流配送发展迅速，技术水平及管理方法日新月异，为了更好地满足高职高专院校学生对物流配送管理知识学习和技能训练的要求，作者结合三年来物流配送的新发展及广大师生的反馈意见，在保留原书特色的基础上，对教材进行了全面的修订，修订的主要内容如下。

• 对本书第 1 版中部分项目存在的一些问题进行了校正和修改。

• 增加了电子商务物流配送方面的内容，这样本书涵盖了服务于传统渠道、现代连锁业态新渠道、电子商务渠道的各类物流配送的运作及管理问题。

• 丰富了物联网技术在物流配送中应用及冷链物流相关内容，契合我国物流配送的主流发展方向，为迎接智慧物流时代的到来做好知识和技能的储备。

• 增加了客户沟通相关内容，培养物流配送相关人员与客户进行有效沟通的能力，提升客户满意度和忠诚度。

• 补充了浙江省教育厅近年举办物流储配大赛相关习题，补充大量可供师生参考的辅助教学资源。

在本书修订过程中，作者始终秉承"内容新颖性、技术先进性、训练综合性"作为本书特色，以能力训练为主线，结合国内外物流配送的新发展，将最新的知识、最先进的运作案例融入到教学项目和训练任务中。修订后的教材，内容更贴近国内外物流配送的发展现状及未来趋势，能力训练更综合全面，同时保留了第 1 版深受欢迎的编写体例，方便教师实施"教、学、做一体化"的教学改革。

本书以职业阶梯为背景，岗位任务为载体，工作流程为主线，精选学习项目，优化教学模式。本书共 10 个学习项目，29 个训练任务，每个任务均按"任务要求、任务分析、实施准备、实施步骤、效果评价、点评交流"6 个版块进行"学、做一体化"设计，后续的相关知识为学生完成该项任务提供理论支撑和参考，课后练习引导学生巩固、拓展课堂所学知识和技能。项目一至项目八安排物流配送中心运作及管理相关内容，对应复杂操作和基层管理岗位；项目九安排了行业配送专题兼顾学生就业的行业性和职业发展的需要；项目十是工作沟通与协调，旨在培养物流配送相关人员，尤其是基层、中层管理岗位的沟通协调管理技能。

学生通过 10 个项目从单项配送技能到综合管理技能的学习，其职业综合能力定会得到训练和提升。

本书参考学时为 48～64 学时，建议采用"任务驱动、学做合一"的教学模式，各项目的参考学时见下表。

项　目	课　程　内　容	学　时
项目一	配送中心概况	3～4
项目二	入库流程及存储管理	8～10
项目三	配送订单处理及反馈	4～6
项目四	拣货、补货与流通加工	8～10
项目五	配装与送货管理	6～8
项目六	退货管理	3～4
项目七	配送成本与绩效管理	3～4
项目八	配送中心选址及内部规划	3～4
项目九	行业配送专题	6～8
项目十	工作沟通与协调	4～6
课　时　总　计		48～64

　　本书是 2009 年浙江省高等院校省级精品课程"物流配送管理"的教改成果之一。本书由浙江经贸职业技术学院与苏宁电器杭州配送中心、杭州联华华商集团合作编写。浙江经贸职业技术学院张志乔任主编，苏宁电器杭州配送中心总经理张宜军任副主编。张志乔编写了项目一、项目二、项目四、项目九、项目十；王志国编写了项目七和项目五的任务一、任务三；查伟华编写了项目三、项目八；司银霞编写了项目六和项目五的任务二；杭州联华华商集团有限公司配送中心阮冬芝、苏宁电器杭州配送中心韩景晖为本书提供了翔实资料，并参与了对书稿的审定与指导工作；副主编张宜军参与了对书稿的审定和修改工作。本书由张志乔最后统稿。此外，浙江经贸职业技术学院李曙明院长对本书的写作和课程教改给予了多次指导和帮助，杭州联华华商集团严梦伟副总经理对本书写作及精品课程建设给予了大力支持，在此深表感谢。

　　书中很多内容是编者搜集学术资料、企业运营资料后根据教改需要整理而成，限于编者的学术水平和教改经验，书中难免有不妥之处，恳请读者批评指正。来信请至 zhangzhiqiao11@126.com。

编　者

2014年4月

目录

目 录

目 录

项目一

配送中心概况

【知识目标】

1. 了解配送中心的布局和设施设备配置概况
2. 熟悉配送中心的类型、功能、作用
3. 了解仓储管理系统的作用，掌握配送基本作业流程
4. 熟悉配送中心的主要业务部门及典型工作任务
5. 了解所参观配送中心的配送规模、平均库存天数
6. 了解物联网技术在物流配送中心的应用及其作用
7. 了解高职、本科物流专业毕业生在物流配送领域的就职岗位及成长路径

【技能目标】

1. 能列出配送中心主要设备及软件系统
2. 能画出配送中心基本业务流程图
3. 能根据配送中心功能分析其对生产和销售的作用
4. 能根据参观内容陈述两种以上库存分类管理的方法
5. 能根据本项目所述案例及知识归纳信息技术应用与服务水平的关系
6. 能在实地参观和查阅资料基础上写出实习报告

任务　配送中心调研

任务引入

随着世界经济的复兴和高速发展，一些发达国家物资的流通状况出现了若干问题，如物流分散、效率低、费用上升等。针对这些问题，一些企业设立了配送中心，积极推行"配套配送"和"共同配送"等。我国近年来经济的发展催生了物流业的快速变革，一些生产企业、销售企业纷纷设立物流配送中心，以期降低物流配送成本，提高供应和服务水平。第三方社会化物流配送在产业转型升级拉动下逐步转变发展方式和服务类型，物流配送已经成为我国改善生产和流通效率的关键所在，配送中心已经成为企业实施高效配送策略的重要组织和重要节点。

1. 任务要求

查阅资料（教材、期刊、网络等）、企业访谈，参观配送中心后，每位学生完成一份实习报告，每小组准备一份汇报 PPT。包括如下内容。

（1）基本信息：实习时间、地点等。

（2）实习参观的配送中心概况：企业名称、商品种类、日配送量、库存天数、服务对象、订单配送周期、配送业务流程图、仓库货架、搬运设备、条码及扫描技术运用、业务部门设置等概况。

（3）感想与体会。

（4）查阅的资料清单。

2. 任务分析

物流配送是缩减成本支出和提高服务水平的有效手段，物流配送中心是实施配送的重要场所。通过查阅资料、实地调研、参观，学生可以了解配送中心的基本业务流程，认识配送中心的设施设备、信息系统、信息技术、配送规模、运作效果等，为以后深入学习配送管理的知识和技能做好铺垫；通过对企业部门设置、高职学生就职岗位及成长路径的了解，可以帮助学生对日后的就业及所需技能有初步的认识。另外，通过参观了解配送中心先进的设施设备和管理方法也能激发学生的学习兴趣。

3. 实施准备

（1）教师联系一家技术现代化、运作模式先进的知名配送中心安排参观；教师讲解参观要求、实习报告撰写要求及安全注意事项等。

（2）学生约 6 人一组，查阅学习资料，参观时互助。

4. 实施步骤

（1）教师带学生到配送中心。

（2）在企业人员带领下参观学习，企业人员讲解时学生记好笔记，教师提醒学生认真观察操作人员的演示，如 RF 手持终端条码扫描收货拣货、叉车上货、WMS 信息系统操作界面及功能、自动化仓储系统、自动化分拣系统、配装配货、发车送货等。校内教师一起辅导，适当记录影像资料。

（3）课后学生撰写实习报告，教师组织交流，并做重点讲解。

5. 效果评价

教师参照表 1-1 对学生实习过程及实习报告质量给予评价，激励学生积极认真地实施项目，为后续的点评交流准备翔实的基础资料。

表 1-1 配送中心实习情况评价表

小组序号：			学生姓名：	学号：	
小组成绩（教师评价或小组互评）			个人最终成绩		
任务及标准	满分	得分	项目及标准	满分	得分
资料查阅丰富	10		小组分解得分	50	
参观时遵守纪律	10		报告书写认真	20	
参观时主动学习	10		报告内容翔实	20	
PPT 汇报效果好	20		感想与兴趣	10	
合计	50		合计	100	
评价者：			评价者：		
评价时间：　年　月　日			评价时间：　年　月　日		

6. 点评交流

选取典型报告进行展示点评，对表现优秀的学生和报告中的亮点给予表彰和推广，对于不足之处帮助其改进，提高以后项目实施的绩效。

 相关知识

一、配送的概念及分类

1. 配送的概念

配送是指在经济合理区域范围内，根据用户的要求，对物品进行拣选、加工、包装、分割、组配等作业，并按时送达指定地点的物流活动（参见《中华人民共和国国家标准物流术语》）。

配送是物流中一种特殊的、综合的活动形式，配送集存储、运输、装卸搬运、包装、信息处理于一身，几乎包括了所有的物流功能要素，是现代物流的一个缩影。特殊的配送还涉及流通加工。配送业务中，除了送货，还有"拣选"、"分货"、"包装"、"分割"、"组配"、"配货"等工作，这些工作必须依靠先进的信息管理系统、条形码技术（Bar Code）、地理信息系统（Geographical Information System，GIS）、全球卫星定位系统（GPS）、射频技术（Radio Frequency Identification，RFID）等，以提高工作准确性和工作效率，使配送工作在规模、水平、效率、速度、质量等方面远远超过以往的送货形式，使配送作业成为一种现代化的作业系统。

2. 配送的分类

为了满足不同企业、不同产品、不同流通环境的要求，配送分为多种形式。

（1）按配送组织者不同分类。根据配送组织者不同，配送可以分为商店配送、配送中心配送、仓库配送、生产企业配送。

① 商店配送。有些商店或连锁直营店除具备销售商品功能外，为了节约成本，组织者往往以这些基层店为节点，向下面更小的商店实施物流配送。商店将自己经营的商品和代客户订购的商品一起配齐后满足客户要求。

② 配送中心配送。配送中心是专门从事配送业务的物流场所。规模较大的配送中心经营商品种类多、配送量大、设施和管理方法先进，物流配送效率高、成本低。很多连锁零售企业采用

配送中心配送模式。

③ 仓库配送。为减少投资，尽量利用仓库原有的储备设施及能力、收发货场地、交通运输线路等，以仓库原功能为主，增加部分配送职能。由于不是专门按配送中心要求设计建立，因此仓库配送的规模较小，专业化程度较差。

④ 生产企业配送。进行多品种生产的大型企业，可以直接由本企业开始进行配送而无须再将产品发运到配送中心中转。

（2）按配送的商品种类及数量不同分类。按配送的商品种类及数量不同，配送可以分为少（单）品种、大批量，多品种、少批量，配套成套配送。

① 少（单）品种、大批量配送。对于规模较大的工业企业，由于原材料等需求量大，少量几个品种或单独一个品种就可以实现整车运输。因为几乎不需要进行商品搭配，此时从生产企业将这些商品直接运给用户，效果往往较好。

② 多品种、少批量配送。随着市场竞争的加剧，在避免产品过时滞销和降低库存成本的双重压力下，许多生产企业、商业企业都减少了进货存货量，以快捷的配送替代库存的策略得到广泛实施。因此，多品种、少批量配送日益增加。现在许多连锁企业都实施了多品种、少批量配送。这种配送形式难度较大，对管理程度要求较高。

③ 配套成套配送。一些汽车组装等装备型企业，需要的零部件品种规格很多，这些零部件往往由众多的供应商分别供应。组装企业为减少流动资金的占用，降低库存成本，一次要货量逐步减少，每个供应商单独送货导致了单品送货成本高、零部件配套繁琐等问题。在适当的位置设立配送中心，集齐零部件后按组装要求事先进行零部件的配套，再按生产节奏向企业定时送达配好的成套零部件。配送中心承担了生产企业大部分的供应工作，使生产企业专注于生产组装环节。

（3）按配送时间及数量不同分类。按配送时间及数量不同，配送可以分为定时配送，定量配送，定时、定量配送，定时、定线路配送，即时配送。

① 定时配送。是指按规定时间间隔进行配送，比如数天或数小时等。这种配送模式计划性强，相对易于操作。

② 定量配送。是指按照规定的批量，在一个指定的时间范围内进行配送。由于数量固定，备货工作较为简单，能够有计划地利用托盘、集装箱等组配货物，实现整车配送，提高配送效率。

③ 定时、定量配送。是指按照所规定的配送时间和配送数量进行配送。对于生产节奏相对稳定的企业，在一段时期内可以采用。

④ 定时、定线路配送。是指在规定的运行路线上，制定到达时间表，按运行时间表进行配送。在经济发达、用户较多的地区，通常采用这种方式安排固定的班线进行配送。

⑤ 即时配送。是指完全按用户突然提出的时间、品种、数量等配送要求，随即进行配送的方式。这种配送方式要求配送企业有较高的灵活性和应急性，配送成本往往较高。

（4）按经营形式不同分类。按经营形式不同分类，配送可以分为销售配送，供应配送，销售—供应一体化配送，代存、代供配送。

① 销售配送。是指为已销售商品进行的配送服务工作。以低成本、高效快捷的配送服务满足客户需求是销售企业的竞争策略之一，良好的配送服务可以增加客户的满意度和忠诚度。

② 供应配送。是指为了企业的生产或销售需要进行的配送。例如，连锁零售企业集中采购后以配送中心为据点向若干连锁门店进行供应配送，汽车组装企业将采购的零部件成套配套后向组装车间进行供应配送。

③ 销售—供应一体化配送。是指销售企业可以在自己销售商品的同时，承担向其他用户配送供应商品的职能。一些连锁直营店兼具向加盟店进行供应配送的职能。

④ 代存、代供配送。是指用户将属于自己的货物委托给配送企业代存、代供，有时还委托代订。这种配送在实施时不发生商品所有权的转移，商品所有权在配送前后都属于用户所有，所发生的仅是商品物理位置的转移。配送企业只是用户的委托代理人，仅从代存、代供中获取收益。

二、配送中心的概念及分类

1. 配送中心的概念

配送中心指从事配送业务的物流场所或组织。应基本符合下列要求：①主要为特定的用户服务；②配送功能健全；③完善的信息网络；④辐射范围小；⑤多品种、小批量；⑥以配送为主，储存为辅。这是《中华人民共和国国家标准物流术语》的描述。

2. 配送中心的分类

（1）按配送中心的设立者分类。配送中心可分为制造商型配送中心、批发商型配送中心、零售商型配送中心、专业配送中心。

① 制造商型配送中心（Distribution Center built by Maker，M.D.C）。制造商配送中心是制造商为存储、配送自己生产制造的物品而设立的，以便及时将预先配齐的成组元器件配送到规定的加工和装配工位，有时也为了提高售后服务质量，降低流通费用等。制造商设立配送中心，直接控制相应物流配送环节的运作，容易实现与生产、销售的匹配及协作。多数制造商配送中心不提供社会化服务。

② 批发商型配送中心（Distribution Center built by Wholesaler，W.D.C）。批发商型配送中心是由批发商（或代理商）设立的，一般是按物品类别或部门把不同制造厂商的物品集中起来，再配送给消费地的零售商（单一品种或按订单搭配）。批发商型配送中心的主要活动是对物品进行集货和再销售，属于社会化配送。

③ 零售商型配送中心（Distribution Center built by Retailer，Re.D.C）。零售商型配送中心由规模较大的零售商设立，集中采购不同生产厂商的商品后，向零售门店、超级市场、百货商店、建材商场、粮油食品商店、宾馆饭店等进行配送服务。这种类型的配送中心可以只向自身的连锁门店配送，有的也适当扩充社会化配送服务。

④ 专业物流配送中心（Distribution Center built by TPL，T.D.C）。专业物流配送中心是以第三方物流企业（包括传统的仓储企业和运输企业）为主体设立的，一般具有很强的运输配送能力，地理位置优越，可迅速将到达的货物配送给用户。专业物流配送中心的货物属于制造商或供应商所有，配送中心只提供配送服务。这种社会化配送往往专业化、标准化程度高，以其大量的客户服务实现规模效益、集约效益。

（2）按配送辐射的范围分类。配送中心可分为城市配送中心、区域配送中心。

① 城市配送中心。城市配送中心是以城市范围为配送范围的配送中心，由于城市范围一般处于汽车运输的经济里程，运距短，反应能力强，这种配送中心可直接配送到最终用户。城市配送中心往往和零售经营相结合，从事多品种、少批量、多用户的配送较有优势。

② 区域配送中心（Regional Distribution Center，R.D.C）。区域配送中心是以集中的库存准备和较强的辐射能力，向省（州）际、全国乃至国际范围的用户进行配送的配送中心。这种配送中心规模较大，设施设备先进，往往是既配送给下一级的城市配送中心，也配送给商店、企业用户，

某些特殊商品也往往直接配送给最终用户。

（3）按配送中心的内部特性分类。配送中心可分为储存型配送中心、流通型配送中心、加工型配送中心。

① 储存型配送中心。储存型配送中心是指有很强储存功能的配送中心。这种配送中心储存区域较大，能够保有较大量的商品库存。辐射区域广的区域配送中心就属于这种类型。我国目前已建的大型配送中心中，多数采用集中库存形式，有很强的储存功能。美国赫马克配送中心的储存区可储存16.3万个托盘。

② 流通型配送中心。流通型配送中心是指仅以暂存或随进随出方式进行配货、送货的配送中心。这种配送中心几乎没有长期储存功能，不需要高层货架。随进随出的配送方式使得配送成本低，配送效率高。典型方式为：大量货物整批进入，按一定批量零出。一般采用大型分货机，其进货直接进入分货机传送带，分送到各用户货位或直接分送到配送汽车上。例如，中国邮政的信件配送中心就属于此类。

③ 加工型配送中心。加工型配送中心是指在配送作业流程中储存作业和加工作业居主导地位的配送中心。这种配送中心的流通加工多为单品种、大批量的加工作业，尽管进货量较大，但分类、分拣工作量不多。按照用户要求加工好的产品（特别是生产资料产品）可直接运到为用户划定的货位区域，再进行包装、配货。

（4）按配送货物的属性分类。配送中心可以分为家电品配送中心、电子（3C）产品配送中心、汽车零件配送中心、食品配送中心、日用品配送中心、医药品配送中心、化妆品配送中心、书籍产品配送中心、服饰产品配送中心以及生鲜处理中心等。

根据配送产品的属性不同，配送中心的规划会有所区别。例如，生鲜品配送中心要处理的新鲜蔬菜、水果与鱼肉等保质期短，易腐烂，对于加工配送各环节温度有要求，适宜冷链物流运作。医药产品对环境温度、湿度、空气质量等要求较高，食品对物流运作的温度、卫生条件等有严格要求。配送中心的规划、运作等要根据所配送物品的属性进行合理规划。

三、配送中心的功能

（1）采购功能。配送中心必须采购所要供应配送的商品，才能及时准确地为用户提供配送服务。有些商品是配送中心根据配送业务预估，事先实施采购，有些商品可能等到有顾客配送订单后再实施采购，然后快速配送。

（2）存储保管功能。为满足用户的随机需求，保证正常配送的需要，配送中心需要保持一定量的商品储备，同时要做好商品保管、保养工作，以确保储备商品的数量准确，质量完好。一些存储功能强大的配送中心普遍采用立体货架，增加单位面积的存储数量。

（3）分拣、配组功能。每个用户对商品的品种、规格、型号、数量、质量、送达时间等要求不同，配送中心必须按用户订单要求对商品进行分拣和配组。强大的分拣能力是配送中心实现按客户要求组织送货的基础。有些配送中心分拣业务量很大，为了同时向不同的用户配送多种货物，配送中心必须采取适当方式拣选货物，提高拣选效率和拣选准确率。分拣、配组是配送中心的重要特征之一，也是与传统仓库的明显差别。

（4）流通加工功能。为解决生产及采购中追求大批量、少规格和消费中追求小批量、多样化要求的矛盾，配送中心按照用户对货物的不同要求对商品进行分装、配组、分割、贴标签等简单加工，满足用户小批量、多批次、个性化的配送要求，某些配送中心把不同供应商的零部件进行配套后送货供应，平衡生产成本和流通成本。

（5）信息处理功能。配送中心可以对采购商品、数量、到货情况、库存品种及数量、货物储位、保质期、周转情况、人力安排、客户订单特性、成本构成等多种信息进行汇总、分析，为管理决策提供参考依据，并把相关信息传递给企业有关部门，加强部门间合作和供应链管理，提升管理效益。

（6）送货功能。将组配好的货物按顺序装车，按客户要求及优化的线路进行送货。运输车辆可用自己的车队或租用社会车辆。

（7）集散及衔接功能。在一个大的物流系统中，配送中心将不同生产企业的产品集中后，通过分拣、配货、配装等环节向多家用户进行发送。配送中心凭借其在物流系统中的特殊地位，在产、销之间建立起缓冲平台，衔接生产与消费、供应与需求。

四、配送中心业务流程

1. 基本业务流程

配送中心在运转过程中，必须合理安排各个作业环节及其先后顺序，即优化配送业务流程，减少浪费环节和无效劳动，提高作业效率，降低运作成本。配送中心因其在供应链中所处环节不同，配送货物特性、用途、需求状况、服务水平、服务对象等存在差别，各配送中心的配送流程也不尽相同，同一配送中心不同的货物或同一种货物针对不同客户的配送流程都有较大差异。

为满足零售店铺多品种、小批量的订货需要和消费者在购买商品后对配送的时限要求，配送中心必须合理安排备货、储存、拣选、分拣、流通加工、配货、配装、送货等作业环节。多品种、少批量、多批次、多用户为特点的商品需求，能够最有效地通过配送实现末端的资源配置。这种类型的配送对象，配送工艺流程比较复杂，具有代表性。这种配送流程通常被确定为标准的配送流程，如图 1-1 所示。

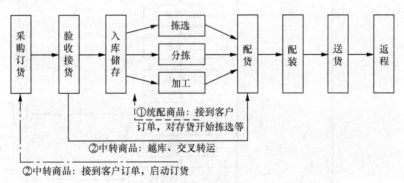

图 1-1　配送基本作业流程（统配商品和中转商品）

根据配送中心的类别不同，配送中心的作业项目包括订货、收货、验货入库与存储管理、订单处理、货物分拣、出货、理货、包装、配装送货、送达服务及退货处理等作业。图 1-2 所示为某配送中心业务流程总图。图 1-3 所示为某配送中心配送作业流程图。

2. 主要作业环节

（1）备货。备货包括采购订货、验收接货、入库储存等作业。配送中心为满足零售商店等企业客户及消费者短时间的要货时限，一般需要预先备货，即根据销售预测向供应商采购订货，货物到达后进行验收、入库、储存，以备接到客户订单后能及时拣选，进行订单货物的准备，快速配送到位。

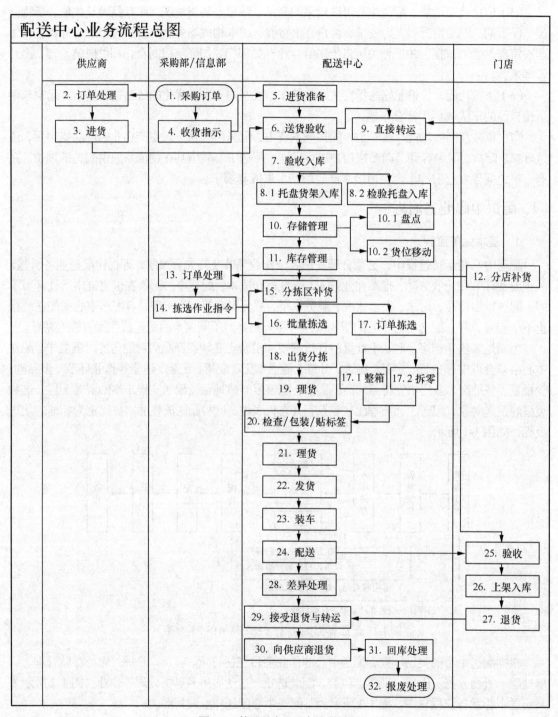

图 1-2　某配送中心业务流程总图

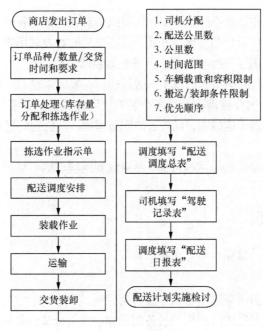

图 1-3 某配送中心配送作业流程图

配送中心集中多个客户的批量需求进行较大规模采购、进货，可以从价格折扣、物流运作中取得适度的规模效益。为完成一定量的货物储备，配送中心需要配置现代化的仓库及仓储设备。对于配送中心来说，在满足客户需求的前提下尽量减少存储量，可以降低存储成本，降低产品过时的风险。

值得注意的是，为了减少存储成本，缩短配送时限，越来越多的配送中心尽量采用中转（又称越库、交叉转运或通过式物流）方式，即采购来的商品不入库就直接配货送出。这种运作通常不需提前备货，而是收到客户订单才启动订货。

（2）拣选、分拣、加工。拣选作业是配送中心根据客户订单要求的商品种类、规格、型号、数量等，从储存货位（高层货架中下层常为拣货货位）上拣出商品。分拣，是对批量的特定商品，按照客户订单将同一客户的所有种类商品集中存放在同一理货区，形成每一客户的送货单元。配送中心的加工作业属于流通加工，根据客户需要把商品进行分装、切割、组装等，满足客户的个性化需求，为客户提供增值服务，同时为配送中心创造经济效益。

拣选、分拣作业是配送中心的核心环节之一。有些配送中心经营的商品种类、规格、型号繁多，客户要求配送时间越来越短，每天需要处理大量小批量、多品类、时间紧的订单，货物的拣选、分拣已成为一项复杂而繁重的作业。为提高效率，商品的拣选、分拣技术也成为现代物流技术发展的一个重要领域。选择合适的设备，采用合理的拣选及分拣方法，能够提高作业效率，降低成本。例如，中国邮政的信件配送中心把收集来的信件由分拣机按照邮政编码把相同目的地的信件分拣到同一包装单元里；一些高层货架仓库确定底层货架为拣货位，合理安排作业，事先把货物移到底层货架拣货区，缩短了订单响应时间。配送中心加工可以适度弥补生产追求大规模和个性需求小规模之间的矛盾，使客户以较小的总成本享受到个性化的产品和物流服务。

（3）配货、配装。配货、配装是根据客户订单和送货包装单元进行货物配备、拼箱、拼车的作业过程。当某一客户需求的单品不能装满某个包装单元时，可用同一客户需求的其他商品合理拼箱装满；单个客户配送商品量不能达到车辆的有效负载或有效容积时，为降低配送成本，可以考虑将不同客户的商品进行合理搭配装满车辆，提高车辆的有效利用率。用多个客户商品进行车辆配载时，装车顺序要与配送线路相匹配，合理规划装卸作业。

（4）送货、返程。配送的送货运输属于末端运输，一般运距较短、规模小、频度高，多采用汽车公路运输。一辆车一次往往需要配送多个客户，因此送货前需要根据交通路线、客户送货地点、送货时间要求等规划配送线路，以较近的配送里程、较低的配送成本完成送货任务，与客户办好交接手续。

尽量合理规划配送网络或联系回程货源，尽量做到返程车辆不空载，提高车辆利用率，降低配送总成本。

五、配送中心设备概况

配送中心设备主要包括仓储设备、运输设备等。

1. 仓储设备

仓储设备是指仓储业务所需的所有技术装置与机具，即仓库进行生产作业或辅助生产作业以及保证仓库及作业安全所必需的各种机械设备的总称。常见仓储设备如表1-2所示。

表1-2   常见仓储设备

功能要求	设备类型
存货、取货	货架、叉车、堆垛机械、起重运输机械等
分拣、配货	分拣机、托盘、搬运车、传输机械等
验货、养护	检验仪器、工具、养护设施等
防火、防盗	温度监视器、防火报警器、监视器、防盗报警设施等
控制、管理	计算机、条码打印机、信息采集及传输设备等
配套设施	站台、轨道、道路、场地等

具有仓储功能的配送中心为提高仓库利用率，往往采用多层货架（见图1-4），货架层高及总高度视储存物品及仓库高度而定。

自动化立体仓库   旋转式货架   多层货架

图1-4 仓储货架

配送中心越来越多地采用托盘（见图1-5）存放货物，以单元化操作提高作业效率。叉车、堆高车和搬运车是用途广泛的装卸搬运设备，具有操作灵活、机动性强、转弯半径小的特点，在配送中心经常与托盘配合使用，用于货物的装卸、堆垛和短距离输送，如图1-6、图1-7所示。

钢制托盘　　　　塑料托盘

图 1-5　托盘

平衡重式叉车　　　高起升拣选叉车　　　站立式电动叉车

图 1-6　叉车

手动液压堆高车　　　　手动液压搬运车

图 1-7　堆高车、搬运车

输送机可以连续不断地沿同一方向输送散料、重量不大的单件物品或小包装物品，有助于提高生产率。配送中心自动仓库的入库作业、自动分拣机的分拣作业等，都依靠输送机提高工作效率。输送机是自动分拣机的重要组成部分，被拣货物经由各种方式（如人工搬运、机械搬运、自动化搬运等）送入分拣系统，经合流汇集到一条输送机上。物品接受激光扫描器对其条码的扫描（或通过光学文字读取装置、声音识别输入装置等方式），将分拣信息输入计算机中央处理器。计算机通过将所获得的物品信息与预先设定的信息进行比较，将不同的被拣物品送到特定的分拣道口位置上，完成物品的分拣工作。分拣道口可暂时存放未被取走的物品。当分拣道口满载时，由光电控制，阻止分拣物品再进入分拣道口。常见输送机如图 1-8 所示。

仓储设备对搬运要求较高，但对速度的要求较低；运动线路较固定；专业化程度高；标准化程度高；机械化、自动化程度高；对节能性和经济性的要求高；有环保性要求。

2．运输设备

一般配送中心的运输设备主要有载货汽车。载货汽车俗称卡车（见图 1-9）。中国是按汽车载重量将卡车分为轻型载货汽车、中型载货汽车和重型载货汽车。载重量 1 吨以下的轻型载货汽车主要用于城市区域配送食品、日用工业品等小批量货物，有的制成客货两用车。

多层皮带输送机　　　　　　　　转弯网带输送机

辊子输送机　　　　　　　　　悬挂式输送机

图 1-8　输送机

东风平头厢式运输车　　　　　平头载货汽车

图 1-9　普通运输车辆

载货汽车的货厢分为通用和专用两种。通用货厢有多种形式。运送大件箱装货物可用平板或低栏板货厢，运送轻浮货物则用高栏板或长货厢，运送牲畜家禽等宜用高栏板、双层或多层货厢。敞开式货厢的栏板可以一面或三面开放，以便于货物装卸。长货厢的栏板多隔为两段或三段，可分别开启，以防止其侧胀。封闭式货厢可减少货损货差，一般用薄钢型材或铝合金型材和铝板制造。有些载货汽车装有随车装卸设备，其专用货厢的形式更为繁多。装有专用货厢的汽车称为专用运输汽车，如冷藏汽车（见图1-10）、液罐汽车、自卸汽车、散装水泥汽车等。

申集公司冷藏车　　　　　　　东风冷藏车

图 1-10　冷藏车

六、仓储管理系统（WMS系统）

1. 仓储管理系统（WMS系统）概述

仓储管理系统（Warehouse Management System，WMS）是一个实时的计算机软件系统，它能够按照运作的业务规则和运算法则，对信息、资源、行为、存货和分销运作进行更完美的管理，使其最大化地满足有效产出和精确性的要求。这里所称的"仓储"包括生产和供应领域中各种类型的储存仓库和配送中心。

传统的仓储管理运作包括：收货、上架、补货、拣货、包装、发货。在目前的竞争环境下，企业必须不断改进仓储管理运作方式，以适应供应链竞争的需要。现代仓储管理已经转变成履行中心，它的功能包括：传统的仓储管理、交叉转运/在途合并、增值服务流程（组合/装配；包装/贴标；一对一营销等）、退货、质量保证和动态客户服务等。

WMS按照常规和用户自行确定的优先原则，来优化仓库的空间利用和全部仓储作业。对上，它通过电子数据交换（EDI）等电子媒介，与企业的计算机主机联网，由主机下达收货和订单的原始数据；对下，它通过无线网络、手持终端、条码系统和射频数据通信（RFID）等信息技术与仓库的员工联系。上下相互作用，传达指令、反馈信息并更新数据库，同时生成所需的条码标签和单据文件。图1-11所示为WMS系统涉及的一些设备。

数据采集器　　　数据采集器　　　PDA或智能手机　　　条码打印机

图1-11　数据采集、传输及条码打印设备

2. 仓储管理系统（WMS系统）功能简介

WMS的基本软件包支持仓储作业中的全部功能，如图1-12所示。

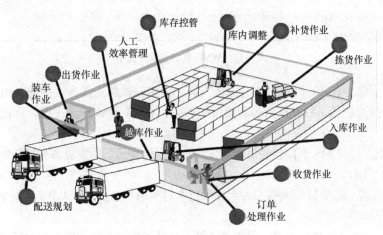

图1-12　WMS系统功能

仓储管理系统（WMS）是现代仓库进行货物管理和处理的业务操作系统。它可以实现制造业、物流企业、连锁零售业在一个广域范围内、异地多点仓库的管理；可以对仓储作业流程的全

过程进行电子化操作；可以使客户通过网上客户服务系统实现远程货物管理。

WMS系统可作为企业ERP（企业资源规划调度系统）在供应链执行层面的有机补充，与ERP实现无缝连接。

（1）收货上架。货到站台，收货员将到货数据由射频终端（RF Terminal）传到WMS，WMS随即生成相应的条码标签，粘贴（或喷印）在收货托盘（或货箱）上，经扫描后，这批货物即被确认收到，由WMS指挥进库储存。图1-13所示为某配送中心新建WMS系统收货作业单界面。

（2）库存管理。WMS按最佳的储存方式，选择空货位，通过叉车上的射频终端，通知叉车司机，并指引最佳途径，抵达空货位，扫描货位条码，使货物接收正确无误。货物就位后，再扫描货物条码，WMS即确认货物已储存在这一货位，可供以后订单发货。

（3）订单处理。订单到达仓库，WMS按预定规则分组，区分先后，合理安排。例如：需交由UPS公司快运的，要在下午2:00前发货；需由公路长途运输的，要在5:00前发货；有些货物需特别护送等。WMS按这些需要，确定如何安排，以保证最优地、及时地交付订单货物。

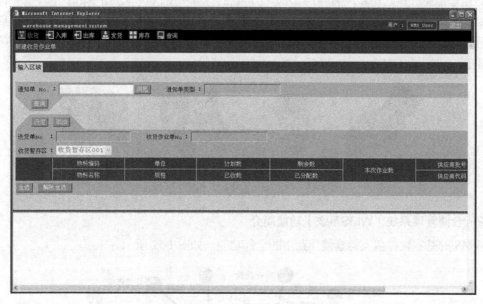

图1-13　WMS系统收货作业单

（4）拣选下架。WMS确定最佳的拣选方案，安排订单拣选任务。拣选人由射频终端指引到货位，显示拣选数量。经扫描货物和货位的条码，WMS确认拣选正确，货物的存货量也同时减除。

（5）发货出库。WMS制作包装清单和发货单，交付发运。称重设备和其他发货系统也能同时与WMS联合工作。

（6）站台直调（越库）。货到收货站台，如已有订单需要这批货，WMS会指令叉车司机直送发货站台，不再入库。

除此之外，WMS还能提供更多的附加支持，包括存货补充、循环盘存、班组工作实时监管等，更先进的WMS还能连接自动导向车（AGV）、输送带、回转货架和高架自动储存系统（AS/RS）等。最近的新趋势则是与企业的其他管理系统相结合，例如，运输管理系统（TMS）、订单管理系统（OMS）和企业资源规划调度系统（ERP）等，使之融入企业的整体管理系统之内。

3. 仓储管理系统（WMS系统）实施效益

WMS 仓储管理系统可以计划、执行、监控和优化复杂的库存要求，从而保证在正确的地点、正确的时间、以正确的规格为客户或生产线提供所需的物品。其具体效益主要体现在以下几个方面。

- 确保仓储数据的准确性和时效性。
- 确保精细管理和先进先出。
- 优化资源利用率，降低人力成本。
- 减少作业错误和货物寻找时间。
- 减少工作量和工作时间。
- 提高仓库存货的可视性。
- 提高客户服务水平。
- 增加营业收入。

七、配送中心的作用

1. 完善物流系统，提高末端物流经济效益

配送中心的配送环节一般属于支线运输，突出灵活性和服务性，使运输过程和物流系统得以优化和完善。配送中心把不同用户的小批量需求集中为较大经济批量进货，再整合资源集约配送给多个用户，有效解决大批量生产与个性化小批量需求的矛盾，提高末端物流经济效益。

2. 通过集中型库存，帮助企业实现低库存或零库存

配送中心实施高频率配送，尤其是实施准时制配送之后，企业只需保留少量安全库存不必留有经常储备，配送中心的配送服务可以帮助企业实现"零库存"目标，使企业降低库存成本，减少对流动资金的占用，同时减少库存过时的风险。配送中心实行集中库存，其库存总量远低于不实行集中库存时各企业分散库存之和。配送中心的规模经济以及对库存的集中调剂作用，提高了社会经济效益。

3. 减少用户多处采购工作

配送中心集中了众多供应商的商品，可以对用户进行多品种集中配送，即用户只需要向配送中心集中订购，就能得到以前多处采购的商品，因而大大减轻了用户寻求供应商和多处采购的工作量，降低了订货、接货等一系列费用开支和采购风险。

八、物联网技术在配送中的应用

1. 物联网技术简介

物联网（Internet of Things）技术是继计算机、互联网和移动通信之后信息产业的第三次浪潮，其理念是 1999 年基于 RFID／EPC 技术提出的。现代物联网是指通过 RFID 识读器、红外感应器、GPS 系统、激光扫描器等传感设备，按约定的协议，把任何物品与互联网连接起来，进行信息交换和通信，以实现智能化识别、定位、跟踪、监控和管理的网络。

随着物联网技术的不断发展和成熟，其应用前景越来越广阔。美国已将物联网上升为国家创新战略的重点之一，欧盟制定了促进物联网发展的 14 点行动计划，日本的 U-Japan 计划将物联网作为四项重点战略领域之一。我国已将物联网列入战略性新兴产业，工信部公布了《物联网"十

二五"发展规划》。2012年，我国物联网产业市场规模达到3 650亿元，工信部预测，到2015年，我国物联网市场规模将逾5 000亿元，2020年将达万亿元。

物联网技术具有全面展示、可靠传送、智能处理三大特性，包含感知、传输和处理三个关键环节，其体系架构（见图1-14）可以划分为感知层、网络层和应用层。

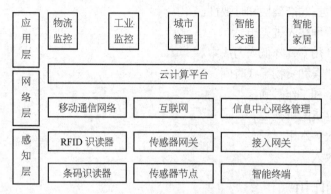

图1-14　物联网的体系架构图

感知层。是物联网发展和应用的基础，包括传感器或读卡器等数据采集设备、数据接入到网关之前的传感器网络。感知层以RFID、传感与控制、短距离无线通信等为主要技术，其任务是识别物体和采集系统中的相关信息，从而实现对"物"的认识与感知。

网络层。是建立在现有通信网络和互联网基础之上的融合网络，网络层通过各种接入设备与移动通信网和互联网相连，其主要任务是通过现有的互联网、广电网络、通信网络等实现信息的传输、初步处理、分类、聚合等，用于沟通感知层和应用层。目前国内通信设备和运营商实力较强，是我国互联网技术领域最成熟的部分。

应用层。是将物联网技术与专业技术相互融合，利用分析处理的感知数据为用户提供丰富的特定服务。应用层是物联网发展的目的。物联网的应用可分为控制型、查询型、管理型和扫描型等，可通过现有的手机、电脑等终端实现广泛的智能化应用解决方案。

2. 物联网技术在物流中的应用领域

物联网技术应用领域非常广泛，从智能交通、自动化配送到智能安防、智能电网，从二维码普及到"智慧城市"落地，作为被寄予厚望的新兴产业，物联网正四处开花，悄然影响着人们的工作及生活。物联网技术首先在物流领域得到大量应用。

（1）物流过程的可视化智能管理。运用基于GPS卫星导航定位、RFID技术、传感技术等多种技术，在物流活动过程中实时实现对车辆定位、运输物品监控（包括物品温度、集装箱门开启等）、在线调度与配送的可视化智能管理。

（2）产品的智能可追溯网络系统。基于RFID等技术建立的产品智能可追溯网络系统可以对产品质量实施追溯管理。如今该系统在货物追踪、识别、查询、信息采集与管理等方面发挥了巨大作用，在医药、农产品、食品等行业和领域已有很多成功应用的案例，在物流环节保障了食品和药品的安全。

（3）自动化的物流配送管理。运用基于传感、RFID、声、光、电、机、移动计算等各项先进技术，建立配送中心智能控制和自动化操作网络，在物流配送中心实现自动化管理。如自动化输送、智能化分拣作业，直至整个物流配送作业系统完全实现自动化、智能化。

（4）企业的智慧供应链。21 世纪的竞争表现为全球供应链之间的竞争，供应链管理对企业的物流系统、生产系统、采购系统与销售系统提出很高的要求。快速满足顾客的个性化需求需要智慧物流供应链的网络系统作为支撑。物联网的推广应用使每个物流供应链的参与者可以按照预定的权限和流程行事，信息流无缝链接，物流协调运作，共同提升供应链的反应速度和竞争实力。

3. 物联网技术应用案例

为提高配送中心的工作效率，一些优势企业逐步在配送中心推广应用物联网技术。下面是苏宁南京物流配送中心和耐克江苏太仓智能配送仓库两个物联网应用案例。

【相关案例 1】 苏宁电器南京物流配送中心案例

2009 年，物联网技术的应用使苏宁电器南京物流配送中心具有崭新的运转方式。

① 系统"指挥"人，人成了"机器"。配送中心是在物联网核心技术 RFID（射频识别电子标签技术）基础上构建的一个物物相联、物网相联的信息化系统。配送中心 4 万多平方米的仓储运作，完全听从系统"指挥"，人只是拿着手持 RFID 终端，照着显示屏上信息系统发出的指令，进行入库、移库、出库操作的"机器"，作业人员的所有操作不能和系统指令有一点不符，否则整个配送中心就可能出大乱子。该配送中心日配送量达 1.1 万～1.2 万台，可完成宁、镇、扬、泰地区每年 130 亿～140 亿元的销售配送任务，工作人员总数却不到 300 人。

② 每件入库商品都有"姓名"。配送中心里每件入库商品必须有能被 RFID 系统识别的"姓名"，即商品外包装上的 RFID 电子标签。

配送中心每个工人手上都有一台价值 1 万多元的 RFID 手持终端，每件商品每移动一次，都要用手持终端扫描一次电子标签，将其在库内的最新动态上传信息系统。从商品入库的第一个环节开始，这个"姓名"就被 RFID 手持终端扫描记入了系统，它什么时候移动、移到哪儿，全听信息系统安排。

理论上讲，物联网中"物"的"姓名"，应该是存储在电子标签上的 EPC 电子产品编码，这种编码可全球识别。但是，目前苏宁物流配送中心使用的还是另一套电子编码，只能被苏宁上下游供应链系统识别。苏宁计划下一步在沈阳、成都分别再建一个物流配送中心，届时很可能进行 EPC 电子产品编码试点。

在物联网系统成熟之后，这种能够全球识别的商品"姓名"，就大有用武之地了。比如，当身处东半球的你，从冰箱里取出一罐可乐准备饮用时，智能化的冰箱会自动读取可乐罐上的电子产品编码，并即时通过物联网传送到西半球的物流配送中心和生产厂家。从无数条这样的信息中，厂家、商家可以立即知道，某类产品在某个地方、某家商场卖了多少，还剩多少，好不好卖，需不需要补货。

③ 开着"宝马"上货、下货。所有运作流程信息化的背后，还有高度的机械化。这里没有传统物流仓储的手工操作和人工装卸。一辆辆被称为"宝马"的高位叉车，承担了所有的"重体力活"。

在"宝马"的驾驶室里，除了有手持 RFID 射频识别终端，还有一台视频监视器。驾驶员通过监视器操控叉杆，轻轻松松就从 20 米高的货架上搬下来一托盘冰箱。货架上的所有商品都拼装在物流托盘上。如果没有"宝马"车这样的机械搬运工具，靠传统人力，是无法搬上货架的。这种作业模式比传统仓储人工装卸效率提高了好几倍。

传统仓储日配送量也就几百台，最多一两千台，而全信息化、机械化的物联网物流仓储，日配送量最少也要上万台，其对市场销售效益的提升可达 40%以上。该配送中心库存周转率比传统物流仓储提高了 60%，资金占用率下降 40%，大大缩短了商品市场流通周期，商品运送的出错率更是大大降低。

▌【相关案例2】 耐克江苏太仓智能配送中心案例 ▐

2011 年初，耐克中国物流中心（CLC）在江苏太仓启用，这也是其全球第七个、第二大物流中心。当耐克在大中国区的年销售额达到 18.64 亿美元（财报披露 2009 年 12 月至 2010 年 11 月数字），什么是它现在最优先和最重要的应该做的事？不是品牌，不是营销，而是一个能够高效管理库存和快速补货的强大的物流支持系统。

这个巨型方盒的建筑面积达 20 万平方米，拥有超过 10 万个货品托盘，年吞吐能力超过 2.4 亿个件次，同时可满足 79 个集装箱货车装卸货。更重要的是，耐克将藉此缩短 15%的交货时间——一件货品从门店下单到发货将只需要数小时。

这里就像是一个巨型的中央处理器。所有商品分拣和管理的基础都依赖于强大的数字化采集和处理能力。所有货品都嵌入了电子标签，并逐一扫描，工人们根据电子显示屏上的信息来分拣配送货品，其信息通过专门数据端口与耐克全球连接，每天都会有完整的共享数据反馈给相关部门。海量信息如此之多，以至于计算机所需要的编码数量几乎与全球最大的购物网站亚马逊一样多——这里是物流专家们把对数字和技术的热爱转化为成果的乐园。

总长达 9 公里的传送带、顺序拣货机、无线射频扫描仪、自动化仓库管理系统等在内的诸多物流技术与装备，让这座仓库在分配效率、吞吐力、弹性力三项指标上均达到了全球最高水准。

这座耐克在中国的第一家大型物流中心有两幢建筑，分别储存鞋类和服装类货品，两者之间通过传送带装置接驳。仓储区被分为整箱区和托盘区两大单元，散装托盘区分布其间。如果有大订单到来，整箱区即可直接配送；小订单补货则可以直接从托盘区内散装货品中抽取。根据配送分拣需求，服装配送楼层被分割为三层：顶层是拥有 4.5 万个设置了独立编码的货架区，二层则是两套自动分拣系统，一层为打包和装车配送区。

出人意料的是，拥有 4.5 万个独立编码的顶层货架区的编码其实并无规律可言，这主要是为了避免操作员因频繁操作会熟记下编码，从而产生误操作。取货操作员运用机器语音系统与计算机对话，核对存货信息——取货前自动控制系统会告知操作员取货区域，操作员到达后，通过麦克风和耳机先向电脑系统报告货架区编码以及取货数量进行确认。这套语音识别系统由耐克独立研发完成，它可以识别各国语言，甚至包括方言，系统会事先采集记录每一个操作员的音频信息。为以防万一，耐克另配备了一套应急装置，一旦语音识别系统发生故障，取货员可以用手持扫描设备救急，这也是货架编码的另一用途。

同时，这些货架安放的角度按照人体工程学设计，最大限度地避免员工腰肌劳损。耐克规定，在货架充裕的情况下货品必须先存在中间层，方便员工取货。在货架最下端，底层货架与地板的间隙可以容纳临时扩充的货架，便于其在发货高峰期存放物料。

CLC3 楼顶层的仓储区高达 10 多米，为了最大限度提高空间使用率、增加货品容纳量，耐克采用了窄巷道系统，货架之间的巷道宽度也被压缩到最低，与叉车的宽度相差无几。耐克在地板下方安装了用于叉车牵引的特殊磁力导线系统。这套智能引导系统可以令驾驶员在磁力线的自动引导下，以最精确的行车姿态进入取货巷道，完全避免任何碰撞。在自动引导取货时，叉车只能沿着磁导线的分布前后直来直往，而不会左右摇摆；取货小车装运完毕，关掉磁导线开关，货车方可左右拐弯。

CLC 配送货品的一般流程是：接到订单，区分订单大小，仓储区取货。仓储区整箱订单货品通过传送带运至 2 楼分拣区，操作员和传送带会进行两次核对分拣；订单货品的余额件数由 3 楼操作员人工补货，自动分拣机验货、装箱后，再运至 1 楼，进行扫描核对、装车及发运。

作业过程中，最关键的要素是精确。以服装分拣为例，当 3 楼仓储区的整箱货品通过传送装置送到 2 楼时，操作员会通过手持扫描设备进行标签扫描。所有货品标签的贴放位置和高度都有严格规定，以提高核对效率。核对无误后，在传送带送至 1 楼的过程中，沿途每隔数米均有扫描设备对包装箱条码进行扫描，记录下位置信息。这些信息又与分布于物流中心各功能区的自动化分拣设备相连，使产品可以快速被传送至不同的操作区。一旦分拣有误，传动带会自动将错误货品甩出，进入特殊通道交由专人处理。

当货品经过层层校验，从分拣来到打包环节时，CLC 的系统会自动打印一张货品标签单，清楚地标明货品编号和件数。电脑还能估算出货物体积，并提示操作员大概选用何种型号的包装箱最为合适。

装箱操作员除了核对货品件数和编码外，另一重要工作就是要把货品发货标签贴到规定位置，便于下一个环节的机器或人工再次抽查核对。在装车发货之前，仓储管理系统再次进行信息甄别，根据订单的时间配送要求，采用不同的交通工具和多级物流网络，确保产品高效、准确、及时及以最低成本送达。

发生火灾怎么办？CLC 在设计之初就避免了这一切。这里一共安装了超过 220 个空气探测器，一旦失火，自动报警系统会响应，并打开喷水灭火系统。在仓储区之外，耐克还设立了"防火墙"，即便发生火灾，楼层只会朝着特定方向倒塌，保证另一个独立区域安然无恙。在两道墙壁中央，CLC 专门设置了消防人员救援通道和避难走道，后者还有特制的正压送风系统，只会依照特定风道排放烟雾，不会伤害人身安全。

九、电子商务物流配送介绍

1. 电子商务对现代化物流配送的需求

近 5 年来，中国电子商务发展迅猛，已经形成 B2B(Business to Business)、B2C(Business to Customer)、C2C(Customer to Customer)、B2G(Business to Government)、G2C(Government to Customer)等多种模式。天猫商城（tmall.com）、淘宝商城（taobao.com）、京东商城（JD.com）、苏宁易购（suning.com）、当当网（DangDang.com）等都是国内著名的电商网址。2012 年，中国电子商务交易规模达 8.1 万亿元，国内使用第三方电子商务平台的中小企业用户规模已突破 1700 万。其中，B2B 电子商务交易额达 6.25 万亿，网络零售市场交易规模达 1.32 万亿元。预测 2015 年中国电子商务交易规模将达到 18 万亿元。

电商创造的"双十一"购物狂欢节引发海量的网购订单。2010 年"双十一"大量订单让淘宝的物流几乎瘫痪，2012 年淘宝 191 亿元的"双十一"订单让各大快递公司物流"爆仓"，持续一周都无法完成递送任务。2013 年"双十一"，仅阿里巴巴所属的淘宝和天猫一天成交 350.19 亿元，支付宝总交易笔数 1.88 亿，这一天国内电子商务销售全天产生的订单快递物流量约 1.8 亿件（淘宝系电商占据了 80% 份额），全天各快递企业共处理 6 000 多万件快件，该日产生的订单将持续一周左右时间完成，为此，2013 年 13 家主要快递企业为此投入了 130 亿元资金进行业务升级，将 100 多架货运飞机投入到"双十一"的物流递送中。电商的快速发展需要强大的物流配送体系支撑，电商间的激烈竞争使物流配送的价格、可控性、服务水平等变得至关重要甚至成为竞争的制高点，"得物流者得天下"成为大型电商的共识。

电子商务下的物流配送，应该是信息化、现代化、社会化的物流配送。在美国，由于有强大的第三方物流企业做支撑，很多电子商务公司都是采用物流外包的模式。以全球最大网上书店亚马逊为例，其国内配送业务外包给美国邮政和 UPS，国际快递业务则外包给国际海运公司等专业物流公司，这样既节约了成本，又使其可以专注于主业。当然，也有电子商务公司投资于干线运输环节，但干线之外的同城和区域配送依然是交给 UPS 和联邦快递等专业快递公司。在中国，十多年来快递业等第三方物流有了长足发展，但依旧无法跟上电子商务发展的脚步，快递企业规模偏小、技术先进的设施设备投资不足，高质量的快递能力不足给电子商务企业带来了很大困扰，我国规模较大的顺丰快递自有和租用货机 30 多架，远远低于美国联邦快递拥有的 600 多架飞机。国内很多快递公司根本没有一架自己的飞机，自动化分拣投资不足，物流操作停留在手工分拣阶段。

为疏通物流配送瓶颈，一些电子商务企业不得不筹划自建物流配送体系。如京东商城、阿里巴巴、苏宁易购和国美商城等。

【相关案例 3】 京东自建物流体系并向合作伙伴开放

京东商城是中国专业的综合网络零售企业，2010 年，京东商城跃升为中国首家规模超过百亿的网络零售企业。截至 2013 年 3 月底，京东已拥有遍及全国的超过 9000 万的优质用户，数万家供应商，在线销售家电、电脑、手机数码、服饰鞋帽、家居家装、个护化妆、钟表珠宝、运动健康、汽车用品、母婴玩具、食品、图书音像、虚拟产品等 13 大类数万个品牌数百万种优质商品，日订单量已超过 100 万单，网站日均访问量超过 2 亿。2013 年 5 月京东商城超市业务正式上线，京东将超市也搬到线上。

为解决第三方物流配送滞后问题，京东通过 7 年时间打造了庞大的自建物流网络。目前，京东已在全国拥有 6 大物流中心、27 个城市仓储中心、近 1 000 个配送站点、300 多个自提点，覆盖全国 1 188 个区县，除了一二级主流城市外，三四级市县地区也有京东物流的身影。为提升配送服务水平，京东推出极速达、夜间配、211 限时达、GIS 包裹实时跟踪等一系列特色服务，以此提升用户体验赢得消费者认可。

2013 年，京东投入 50 亿元用于物流建设，其重点是"亚洲 1 号"项目。目前京东已在上海、广州、武汉、沈阳等地投建"亚洲一号"仓库。最早动工的上海库一期工程主体结构已经封顶，总面积将达到 23 万平方米。此外，广州库已完成打桩，武汉、沈阳仓库也已开工。沈阳仓储项目占地面积 17.4 万平方米，建筑面积约 11.7 万平方米，该项目计划于 2013 年底完成封顶，2014 年 5 月投入使用。"亚洲一号"体系建成后，京东日订单处理能力将提升数十倍。

京东自建物流体系借助于最新的物联网技术提升运作效率，2011 年 7 月 14 日，京东投资 8 亿元在广州建设物联网基地华南总部，如图 1-15 所示，该基地位于中新广州知识城，占地面积达 17.2 万平方米。该项目是一个面向全国的集电商、仓储配送、物流增值服务、物联网研究应用、金融结算等一体的综合交易平台，承担着京东未来云计算与物联网应用的基地功能。

图1-15 京东商城的华南物流中心

基于规模化、体系化的物流实力基础，京东物流还向第三方卖家开放。京东物流向合作伙伴提供一站式的仓储、配送、售后、客服等B2C物流服务，同时为合作伙伴提供其他线上线下所需的物流配送，帮助第三方卖家整合物流渠道，打通"货品存储—消费订单—快递配送—售后保障"的各个环节，优化成本提升效率。京东致力于成为"技术驱动型"企业，在云计算和大数据等技术领域引领行业。

【相关案例4】 阿里巴巴牵头成立"菜鸟网络"构建物流集成平台

阿里巴巴早在2007年9月战略会上就第一次提到物流。2007年淘宝网销售额才400多亿元，战略会讨论的是，淘宝发展到4 000亿元甚至到4万亿元销售额的时候，物流会不会成为问题。到了2010年的"双十一"，大量订单让淘宝的物流几乎瘫痪，物流的瓶颈问题凸显，同年阿里巴巴投资了百世物流和星晨急便，但星晨急便最终倒闭。随后，阿里巴巴又通过不断结盟来试图改善物流环节。2011年，淘宝宣布结盟第三方服务商。2012年5月，天猫宣布与包括邮政在内的九大物流商结盟，但"双十一"191亿元海量订单引致的物流爆仓让消费者大为不满。

经历过种种物流阵痛后，2013年5月28日，阿里巴巴牵头组建的菜鸟网络科技有限公司（以下简称菜鸟网络）正式成立，马云亲任董事长。菜鸟网络希望用5～8年时间，打造遍布全国的开放式、社会化物流基础设施，建立一张能支撑日均300亿元网络零售额的智能骨干网络（CSN），该项目将能实现全国任何两个城市之间购物24小时必达。

菜鸟网络不是做物流公司，而是联合产业链上下游合作伙伴，搭建一个基于数据的物流基础设施平台。菜鸟网络是阿里巴巴天猫（占43%股权）联合银泰（占32%股权）、复星（10%股权）、富春（10%股权），以及顺丰、申通、圆通、中通、韵达五家快递（各1%股权）组建的新公司，在物流网络上采取一部分自建，一部分合作的方式由其他第三方仓储、快递、配送公司与该平台来对接，旨在把原本个体、独立甚至是竞争关系的买家连通起来，形成最大的数据集中，让物流信息流动起来。

菜鸟网络将在全国选择8个重要城市设立支点。菜鸟网络计划首期投资人民币1 000亿元，第二期继续投入2 000亿元。2013年已经有十几个城市的项目在同时推进，包括杭州、金华、海宁、广州、武汉、北京等。

2. 电子商务物流配送案例

【相关案例5】 京东模式：电子商务互联网到物联网的"换代"

京东通州3C配送仓库大致分为四大区域：拣货区、存储区、商品分配区和打包发货区，一个完整的流程不超过50分钟。该仓库面积超过4万平方米，每天承接的订单超过6万单。下面是记者采访记录的一个配送实例。

家住北京市西城区的王先生在京东商城选中了一套松下迷你音响作为送给妻子的生日礼物。上午10时，王先生上网点击了"提交订单"。

同一时刻，位于北京通州的3C仓库里，两台高速打印机正在不间断地打印着新到的订单。王先生的订单很快出现在其中。

这间巨大的库房里，十余万种商品并没有按常规做法依类别摆放。京东商城自主研发的信息系统，将整个仓库"切割"成了几十万个虚拟方格子，每个格子有自己的编号，而所有商品都由这套系统根据销量等数据摆放进这些格子里面，最畅销的货品通常都摆放在靠近通道的货架上。

"看似无序，实则有序。"10时10分，拣货员左力进入库房，他需要一次性拣出约40份订单的货品，其中就有王先生的订单。而电脑已经为这些订单设计好了一条最短路线，并通过拣货员手中的PDA告知。

"我其实更像机器人，因为PDA会一一告诉我下一步怎么做。"左力举例说，PDA上首先显示订单中距离他最近的一份商品所处货架，在取出这一商品后，PDA又会根据他所处的新位置定位出另一份最近商品的货架。

10分钟后，王先生的订单已经完成了整个库房内的流程，被分配到了相应的配送站点，和上万单商品一起等待配送车辆前来。从订单打印，到发货员将其处理完毕送到发货区，只花了大约35分钟。

属于"京东"自己的配送车辆"211限时送"前来取走了这批货，与此同时，王先生收到了京东商城的电子邮件，告知："您的商品已经出库。"

17时，配送员小李来到位于北京市西城区西直门附近的配送点，提走了他所负责辖区的所有货品，王先生订购的迷你音响就在其中。每隔半分钟，小李身上的GPS设备就会将他当前的位置发回到总部的GIS（包裹实时跟踪）系统中，王先生可以在网页上实时看到迷你音响一步一步接近他家。

从商品入库到用户下订单、拣货打包，从商品出库再到用户手中，整个物流过程都在京东商城自主研发的信息系统控制之下完成，电子商务实现了由互联网到物联网的升级换代。

由于受到第三方物流能力的限制，目前只有部分京东商品实现了可视化配送。在春节高峰时期，一些商品也难免出现配送延迟。

就在几个月前，京东商城完成了第三轮15亿美元的融资，这是中国互联网市场迄今为止单笔金额最大的融资。北京市电子商务协会秘书长林亚表示，这说明投资者对京东商业模式的认可，对于正在发展的京东商城乃至中国电子商务行业具有非常积极的意义。林亚说："在巨大消费市场的驱动下，中国的电子商务领域从技术到应用已最接近国外发达国家水平，北京则已成为第一集团军。"

案例介绍

沃尔玛的配送中心

沃尔玛诞生于1945年的美国。在它创立之初，由于地处偏僻小镇，几乎没有哪个分销商愿意为它送货，于是不得不自己向制造商订货，然后再联系货车送货，效率非常低。在这种情况下，沃尔玛的创始人山姆·沃尔顿决定建立自己的配送组织。1970年，沃尔玛的第一家配送中心在美国阿肯色州的一个小城市本顿维尔建立，这个配送中心供货给4个州的32个商场，集中处理公司所销商品的40%。

沃尔玛配送中心的运作流程是：供应商将商品的价格标签和UPC条形码（统一产品码）贴好，运到沃尔玛的配送中心；配送中心根据每个商店的需要，对商品就地筛选，重新打包，从"配区"运到"送区"。

由于沃尔玛的商店众多，每个商店的需求各不相同，这个商店也许需要这样一些种类的商品，那个商店则有可能又需要另外一些种类的商品。沃尔玛的配送中心根据商店的需要，把产品分类放入不同的箱子当中。这样，员工就可以在传送带上取到自己所负责的商店所需的商品。那么在传送的时候，他们怎么知道应该取哪个箱子呢？传送带上有一些信号灯，有红的，绿的，还有黄的，员工可以根据信号灯的提示来确定箱子应被送往的商店，来拿取这些箱子。这样，所有的商店都可以在各自所属的箱子中拿到需要的商品。

在配送中心内，货物成箱地被送上激光制导的传送带。在传送过程中，激光扫描货箱上的条形码，全速运行时，只见纸箱、木箱在传送带上飞驰，红色的激光四处闪射，将货物送到正确的卡车上，传送带每天能处理20万箱货物，配送的准确率超过99%。

20世纪80年代初，沃尔玛配送中心的电子数据交换系统已经逐渐成熟。到了20世纪90年代初，它购买了一颗专用卫星，用来传送公司的数据及其信息。拥有这种以卫星技术为基础的数据交换系统的配送中心，将自己与供应商及各个店面实现了有效连接。沃尔玛总部及配送中心在任何时间都可以知道，每一个商店现在有多少存货，有多少货物正在运输过程当中，有多少货物存放在配送中心等；同时还可以了解某种货品上周卖了多少，去年卖了多少，并能够预测将来能卖多少。沃尔玛的供应商也可以利用这个系统直接了解自己昨天、今天、上周、上个月和去年的销售情况，并根据这些信息来安排组织生产，保证产品的市场供应，同时使库存降低到最低限度。

由于沃尔玛采用了这项先进技术，配送成本只占其销售额的3%，其竞争对手的配送成本则占到销售额的5%。仅此一项，沃尔玛每年就可以比竞争对手省下近8亿美元的商品配送成本。20世纪80年代后期，沃尔玛从下订单到货物到达各个店面需要30天，现在由于采用了这项先进技术，这个时间只需要2～3天，大大提高了物流的速度和效益。

从配送中心的设计上看，沃尔玛的每个配送中心都非常大，平均占地面积大约有11万平方米，相当于23个足球场。一个配送中心负责一定区域内多家商场的送货，从配送中心到各家商场的路程一般不会超过一天的行程，以保证送货的及时性。配送中心一般不设在城市里，而是在郊区，这样有利于降低用地成本。

沃尔玛的配送中心虽然面积很大，但它只有一层，之所以这样设计，主要是考虑到货物流通的顺畅性。有了这样的设计，沃尔玛就能让产品从一个门进，从另一个门出。如果产品不在同一层就会出现许多障碍，如电梯或其他物体的阻碍，产品流通就无法顺利进行。

沃尔玛配送中心的一端是装货月台，可供30辆卡车同时装货；另一端是卸货月台，可同时停放 135 辆大卡车。每个配送中心有 600～800 名员工，24 小时连续作业；每天有 160 辆货车开来卸货，150 辆车装好货物开出。

在沃尔玛的配送中心，大多数商品停留的时间不会超过 48 小时，但某些产品也有一定数量的库存，这些产品包括化妆品、软饮料、尿布等各种日用品，配送中心根据这些商品库存量的多少进行自动补货。到现在，沃尔玛在美国已有 30 多家配送中心，分别供货给美国 18 个州的 3 000 多家商场。

沃尔玛的供应商可以把产品直接送到众多的商店中，也可以把产品集中送到配送中心。两相比较，显然集中送到配送中心可以使供应商节省很多钱。所以在沃尔玛销售的商品中，有 87%左右是经过配送中心配送的，而沃尔玛的竞争对手仅能达到 50%的水平。由于配送中心能降低物流成本 50%左右，使得沃尔玛能比其他零售商向顾客提供更廉价的商品，这正是沃尔玛迅速成长的关键所在。

 实训练习

案例：配送中心改善美国通用汽车的零部件供应

美国通用汽车公司在美国的 14 个州中，大约有 400 个供应商负责把各自的产品送到 30 个装配工厂进行组装。由于卡车满载率很低，使得库存和配送成本急剧上升。为降低成本，改进内部物流管理，提高信息处理能力，通用汽车公司委托 Penske 专业物流公司为它提供第三方物流服务。

Penske 物流公司调查了半成品的配送路线后，建议通用汽车公司在 Cleverland 使用一家有战略意义的配送中心实施零部件配送。配送中心负责接受、处理、组配半成品，实施配送，并由 Penske 派人管理。Penske 公司通过 EOI 系统帮助通用汽车公司调度供应商车辆，同时 Penske 提供 60 辆卡车和 72 辆拖车以便实现准时制（JIT）送货。通过优化送货线路，来增加供应商送货频率，减少库存水平，改善外部物流活动。运用全球卫星定位技术，使供应商随时了解行驶中送货车辆的方位。配送中心组配半成品后对装配工厂实施共同配送，从而降低卡车空载率，减少通用汽车公司的车辆保有量，降低企业物流成本。

要求：

1. 画出供应商、装配工厂、配送中心分布的模拟草图，粗略模拟标示建立配送中心前后的送货线路，比较配送线路总里程的差别。

2. 比较建立配送中心前后物流成本中哪些项目发生了变化？是如何实现的？

综合练习

1. 小组讨论：生鲜配送中心的业务流程。

2. 结合查阅资料思考，WMS 系统与传统的进、销、存系统在功能上有何区别。

3. 思考配送中心仓库与普通型的、以存储为主要功能的传统仓库的管理目标有何不同。

4. 结合文中记者记录的京东配送中心为王先生配送迷你音响的个案，谈谈物联网技术应用对配送管理产生了哪些影响？

项目二

入库流程及存储管理

【知识目标】

1. 掌握配送中心入库流程管理
2. 熟悉越库、交叉转运的流程
3. 掌握越库、交叉转运的适用条件
4. 掌握托盘堆码的要求和方式
5. 了解商品分类常用标准和方法
6. 掌握商品分类与差别化管理知识

【技能目标】

1. 能进行一般商品入库流程管理
2. 会进行越库、交叉转运作业安排
3. 能根据商品、包装、托盘情况合理堆码
4. 能根据经营情况选择标准对商品分类
5. 能制定分类商品的差别化管理策略
6. 能对入库、在库管理进行简单的利弊分析

任务一　入库流程及岗位任务

 任务引入

采购商品到达配送中心后的第一项工作就是入库作业。与一般仓库相比，配送中心更强调对客户的快速反应能力，商品入库只是暂存，最终目的是以最快速度流转出去。因此，针对商品流转速度快、单位时间流转量大的特性，配送中心较多采用条码技术、无线射频技术、WMS库存管理系统等，通过各部门、各岗位人员的明确分工和高效协作，来实现商品的快速准确入库。处于流通领域的连锁配送中心，商品种类繁多，为提升管理效益，配送中心根据商品类别分别优化入库流程，实行差异化管理。

1. 任务要求

复习入库管理，查阅资料，学习流程管理内容，结合以前的实训、实习，完成以下事项。

（1）在教师辅助下完成入库流程的设计。

（2）以小组为单位，完成入库岗位分工及入库流程管理训练。

（3）完成教师预设问题的研讨，展示答案。

（4）完成案例分析和实训练习，形成报告。

2. 任务分析

入库流程管理不仅仅是入库各环节的独立操作，而是在合理划分各岗位的工作范围和工作职责的基础上，使各岗位合理衔接、高效合作，快速顺畅地完成入库作业的过程。学生通过流程岗位任务设计、作业环节及流程管理演练、理论研讨等项目，学习配送中心入库流程管理的方法和技能。

3. 实施准备

（1）材料准备：相关岗位角色挂牌若干；相关流程图每位学生1份（教师点评时发放）。

（2）场地准备：仓储配送实训室，相关入库商品、单据每组1套，设备调试正常。

（3）学生约6人一组，确定主管（组长）1名，分工协作。

4. 实施步骤

（1）请学生结合曾经实习的某配送中心情况，参照表2-1画出一般商品入库流程图，包括岗位及工作内容划分，教师辅助提醒。

表2-1　　　　　　　　　　　　　　一般商品入库流程

_____人员	_____人员	_____人员	_____人员	_____人员

（2）成果展示及点评。各小组展示流程图，教师最后发放企业运用的流程图，点评讲解，引出流程管理知识。

（3）入库流程管理训练。按下列步骤进行。

① 布置任务：教师向每组布置入库任务，发放单据。

② 小组制定入库流程，岗位分工，合作完成入库任务。

③ 成果分享：各小组总结经验及不足，交流讨论。

（4）问题研讨。

问题 1：不同类别商品的入库流程是否一致？为什么？

问题 2：手工入库与运用条码技术、RF 扫描、WMS 库存管理系统等入库有哪些区别？

问题 3：单个作业环节与流程管理的关系怎样？

（5）点评交流。学生汇报：讨论观点；教师点评：讲解要点。

5. 效果评价

参照表 2-2 对学生学习过程及完成质量给予评价，激励学生主动学习，在小组中勇于担当重任，既分工又合作。小组成绩主要考核团队整体完成情况，个人部分主要考核个人执行情况。

表 2-2　　　　　　　　　　　　　　入库流程及岗位任务实训评价表

小组序号：			学生姓名：	学号：	
小组成绩（教师评价或小组互评）			个人最终成绩		
任务及标准	满分	得分	项目及标准	满分	得分
流程图设计情况	10		小组分解得分	50	
入库训练的流程设计	10		资料学习	10	
入库训练的执行结果	10		个人角色及执行	10	
组织与分工合理性	10		讨论及发言	20	
研讨及汇报	10		友好互助	10	
合计	50		合计	100	
评价者：			评价者：		
评价时间：　　年　　月　　日			评价时间：　　年　　月　　日		

6. 点评交流

在以学生为主体，教师辅助的启发式教学组织中，每当学生完成一个学习任务，教师及时组织成果展示交流，通过点评，巧妙穿插相关理论知识，详细讲解重点和难点，引导学生在"做中学、学中做"，训练专业技能，学习理论知识。

 相关知识

一、流程管理

流程管理（Process Management），是一种以规范化地构造端到端的卓越业务流程为中心，以持续地提高组织业务绩效为目的的系统化方法。其内容包括流程分析、流程定义与重定义、资源分配、时间安排、流程质量与效率测评、流程优化等。因为流程管理是为了满足客户需求而设计的，因而这种流程会随着内外环境的变化而需要被优化。

流程管理的核心是流程，流程是任何企业运作的基础，企业所有的业务都是需要流程来驱动。一个企业的不同部门、不同人员、不同客户和不同的供应商都是靠流程来进行协同运作的。流程在流转过程中可能会带着相应的数据，如文档、产品、财务数据、项目任务、人员、客户等信息进行流转，如果流转不畅一定会导致企业运作不畅。

二、入库作业流程及环节

配送中心采购商品后，供应商送货前会把送货清单、送货时间通知配送中心。配送中心具备接货条件即可提前安排相关接货作业。入库作业流程管理涉及多个环节和人员。每次进货的货种性质、进货量以及供应商的位置，接货人员的配合等因素都可能影响入库过程，一般来说，其中的人员、单证和记录及其流程衔接决定入库效率。

首先，完整的接货入库作业一般涉及供应商送货员（或司机）、仓管员、检验员、信息员、财务会计以及搬运工人等人员。其中司机负责货运，检验员检验货物质量和数量，仓管员严守货物入库，信息员则将进货、检验、入库等信息进行传递和登记，财务会计要登录财务进货账并决定进货付款或预付款，搬运工人则从事货物装卸车、贴条码、上架等短距离移动活动。其次，进货各环节需要各类单据和证明，以完成货物交接、入库指示、显示信息和确认货物等作用。最后，入库记录应详细和真实地记录商品状况、发生问题的原因、损伤程度、时间、地点、责任人、请示处理、是否可避免等情况，如检验记录、入库数量、供应商和各类负责任人的记录。

明确各类人员的工作职责、做好单证和记录工作，能够使入库工作更周密，更易分清其中的责任，从而为解决贸易纠纷、维护企业利益提供条件。

一般商品的入库作业操作主要涉及以下几个操作环节（见图2-1），入库前的准备、商品接运、商品验收、安排货位、搬运、进货登记确认等。

1. 入库准备

在商品到达之前，有关人员必须根据合同客户的要求及时、细致地对货物的货位、人力、物力等方面进行安排和协调，保证货物能够顺利入库。商品入库的准备工作主要有以下几项。

（1）根据实际情况，拟定进货流程。初次进货或新品种进货，要根据采购合同的规定、发货方式、进货类型、货物种类、供应商位置、信息条件等拟定进货流程，要明确货物交接过程中的信息单证流转和实物的实际处理顺序。人员分工及工作衔接等可以用流程图清楚标示。

（2）熟悉入库商品和仓库状况。入库操作时，管理人员必须通过认真查阅相关资料或询问货主的方式了解商品的相关信息，如商品名称、商品物理化学特点、规格数量、到库时间、保管要求等。另外，还要了解仓库库场的相关信息，如货物入库场所的设置、库位分布、库存数量、设备和人员分配变动情况等。了解这些信息是为了更快更好地安排新入库货物的库位，并为今后保管、保养措施的制定奠定基础。

图 2-1　入库作业环节及顺序

（3）制定仓库作业计划。仓库工作人员根据要到达货物的特点和仓库状况制定相应的仓储工作计划，并及时将工作计划下达给相关部门，使之得到执行。

（4）安排货位。安排货位是进行入库作业之前的一项非常重要的准备工作。工作人员要根据了解到的入库货物的信息和仓库状况合理安排货物的储位，保证货物按照仓储的原则进行保管和保养，并且要便于货物的出入库操作。除此之外，在货物到达之前，还要做好储位的清理和维护工作，保证相关设备正常运行。

（5）组织人力，准备工具。在货物入库之前，根据仓储作业计划，安排相应的工作人员进行装卸、搬运、检验及堆码作业；同时要准备好进行堆码、入库操作时用到的工具、设备及材料，如搬运车、托盘、检测工具、苫盖材料等。

（6）确定装卸搬运的工艺流程。根据货物的特点和仓储保管的环境与条件，仓储部门要对货物的入库作业流程进行设计和制定，保证用尽可能高的工作效率完成作业。

（7）相关文件单证的准备工作。货物入库前，需要准备各类相应的报表、单据、记录簿等，以备货物到达后方便取用。

商品入库前的准备工作必须认真、准确、及时地完成。不同仓库、不同行业的仓储作业规范不太相同，所以准备工作的多少和内容也会有所差别。近年来，新建的现代化配送中心采用先进的 WMS 软件优化存储计划，系统自动安排库位，节约大量人力、物力，许多环节使用电子单证代替纸质单证，甚至实现无纸化办公。

2. 商品接运

准备工作就绪后，下一步就是接运。接运地点不同，接运形式也就不同。接运形式主要有四种：码头、车站接货；铁路专用线接货；仓库自行接货；库内接货。不管采用何种形式，配送中心都应保证商品的接运安全，并及时到达指定的卸货和验货地点。

3. 商品验收

货物到达仓库后必须经过验收，符合企业各项预定标准的货物才能准许入库。验收商品可以根据以下几项标准来进行：采购合同和订单规定的相关信息；采购时确定的样本；采购合同中的规格和图解；货物的国际或国家品质标准。

商品的入库验收工作主要包括验收准备工作、核对验收单据、验收比例确定、实物验收等几个环节。验收工作的具体操作流程如图 2-2 所示。

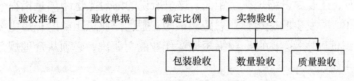

图 2-2　货物验收作业流程

（1）验收准备。验收准备工作主要是对验收货物的货位、验收工具与设备、验收人员进行准备。具体的准备工作主要包括以下几个方面：收集验收标准和有关要求；准备验收的工具、仪器及设备等，保证设备、仪器准确可靠；准备相应的人员配备和防止意外的防范用品。

（2）验收单据。商品验收的单据主要是供货商提供的入库通知单、质量保证书、装箱单、说明书、保修卡及合格证，特殊货物还须出示相关商检部门的检验证明。另外，验收单据还包括承运人提供的运输单据，如提货通知单、货运交接单、货物运输记录等。验收时必须保证这些单据与相关资料相对应，若出现不符或缺失的情况，应及时向有关部门反映并解决问题。

（3）确定比例。在最初签订仓储合同时，仓储双方当事人已对检验条款做出了明确的规定，双方只需按照合同相关条款的要求选择合理的检验比例。如果合同没有规定该条款，仓库管理人员应根据具体的情况确定合适的比例，如商品的数量、厂家的信誉、商品存放时间的长短、生产技术等，这些因素都影响商品检验比例的确定。

（4）实物验收。实物验收是仓库管理验收的核心，主要包括对商品的数量、质量及包装的验收。商品的数量验收往往采取计件、称重、量体积三种形式，一次确认商品实际数量与合同及其他单据的一致性。质量检验主要是对商品的外观和物理化学特性进行检验，保证货物的质量符合相关规定。包装检验是通过感官对商品在运输过程中是否有包装损坏进行校验，包装完整、标志清晰的商品才能准许入库。

货物验收的方法有很多种，我们可以通过感官验收，也可以采取仪器验收。具体来讲，货物验收的方法主要有视觉检验、听觉检验、触觉检验、嗅觉检验、味觉检验、应用仪器检验、货物自行运行检验等。

4. 装卸搬运

配送中心一般需要在收货月台上进行装卸搬运作业。装卸搬运工作要以尽可能少的人力和物力消耗，高质量、高效率地完成仓库的装卸搬运任务，保证供应任务的完成。由于配送中心各方面客观条件的限制，其装卸搬运作业不可能实现绝对的合理。

装卸搬运合理化应从减少装卸搬运作业量、减轻劳动强度、提高作业效率和作业质量等方面加以考虑。装卸搬运作业合理化的标志主要有：装卸搬运次数最少；装卸搬运距离最短；各作业环节衔接要好；库存物品的装卸搬运活性指数较高、可移动性强。

（1）尽量减少装卸次数。物品在仓储过程中从进库到出库一般需要经过卸车、计量、入库码垛、下垛出库、集中货位、装车发运等多道工序。每一道工序都要发生一次装卸搬运作业，因此一个单位的储存量往往会发生数个单位的装卸作业量。

仓库除物品的收发外，还有物品的检斤、码垛、倒垛、分拣、集中等多种作业，这些也都属于装卸搬运作业。仓库能否实现收发料中一次性作业，能否减少其他环节的装卸次数，主要取决于仓库的设施条件和组织管理水平。

（2）缩短搬运距离。配送中心在入库的过程中存在水平的搬运作业。这种作业与装卸作业是不可分的，一般的形式为装—搬运—卸，即搬运在中间，两端为装卸。前面已提及应尽量减少装卸次数，与此同时，还要尽量缩短搬运距离。这里所说的缩短搬运距离是指在仓库的库存量和吞吐量一定的情况下，所发生的搬运作业总距离最短。搬运作业总距离的长短主要取决于仓库的合理平面布局和组织管理水平。为此，要缩短搬运作业的总距离，必须从合理规划仓库平面布局和提高组织管理水平做起。

（3）提高物品的活性指数。被装卸搬运的物品处于什么状态，这对装卸搬运作业影响非常大。为了便于装卸搬运，我们总是期望物品处于最容易移动的状态。物品便于装卸搬运的程度称为活载程度，简称活性，可以用活性指数来表征。如表2-3所示，活载程度一般分为5个等级，用相应的活性指数0~4表示。活性指数越小，越不容易移动；活性指数越大，越容易移动。

表2-3　　　　　　　　　　存放方式与活性指数的关系

存放方式	需要作业阶段				需要阶段数	取消阶段数	活性指数
	整理	架起	提取	运走			
散放地上	√	√	√	√	4	0	0
一般容器	×	√	√	√	3	1	1
托盘	×	×	√	√	2	2	2
车辆	×	×	×	√	1	3	3
输送带	×	×	×	×	0	4	4

从表2-3中可以看出，若物品散乱地堆放在地面上，欲将其运走需要经过四个作业阶段，即进行整理、装入容器、将容器架起（为铺放钢丝绳或铲脚叉做准备）、用起重机械将其吊起，最

后运走。如果物品一开始就放在容器内，运走它就可省去一个作业阶段。若物品堆码在具有叉口的托盘上，利用叉车可直接叉取，这样就省去了整理和架起两个阶段。若物品直接装在车辆上，何时需要即可运走，这样就省去了整理、架起、提取三个阶段。当然最好是将物品放置在移动的输送带上，输送带不停地运动，物品随时都能被运走，这就完全取消了上述四个作业阶段。

从理论上讲，活性指数越高越好，但还必须考虑到实施的可行性。例如，活性指数为 4 的输送带和活性指数为 3 的车辆，通常很少被一般仓库所采用，因为大批量的物品不可能存放在车辆或输送带上，这两种方式其实没有实际意义。仓库采用活性指数为 2 的托盘是最适宜的。

（4）实现装卸搬运省力化。配送中心的装卸搬运就是使商品发生垂直或水平位移。无论哪种位移，必须通过做功才能实现。物品装卸搬运属于重体力劳动，劳动强度大、条件差，消耗体力多，单靠拼体力提高劳动生产率是很有限的。如果能在入库作业的操作设计环节依靠一些手段来实现装卸搬运作业的省力化，可以达到事半功倍的效果。

5. 进货记录

传统手工操作需要填制各种纸质单证，现今许多配送中心采用条码技术、手持终端无线传输、WMS 库存管理系统软件等进行信息采集、传输和记录，减少了手动填制单证，提高了工作效率和信息的准确度。

6. 货位确认

手工操作的入库作业靠人工进行货位确认，现代化的配送中心一般采用条码标识货位，通过无线手持终端从系统下载商品货位安排指示，货物上架后再次扫描货架条码完成货位确认，同时库存信息实时得到更新。

三、WMS系统收货入库界面示例

图 2-3～图 2-7 所示为 WMS 系统收货入库界面示例。

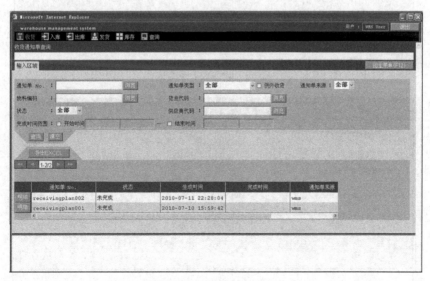

图 2-3　收货通知单（查询）

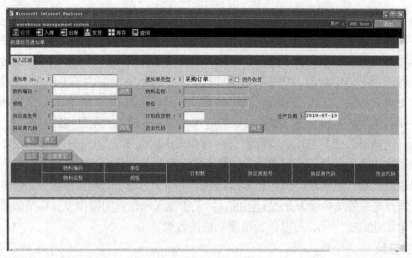

图 2-4　收货通知单（新建）

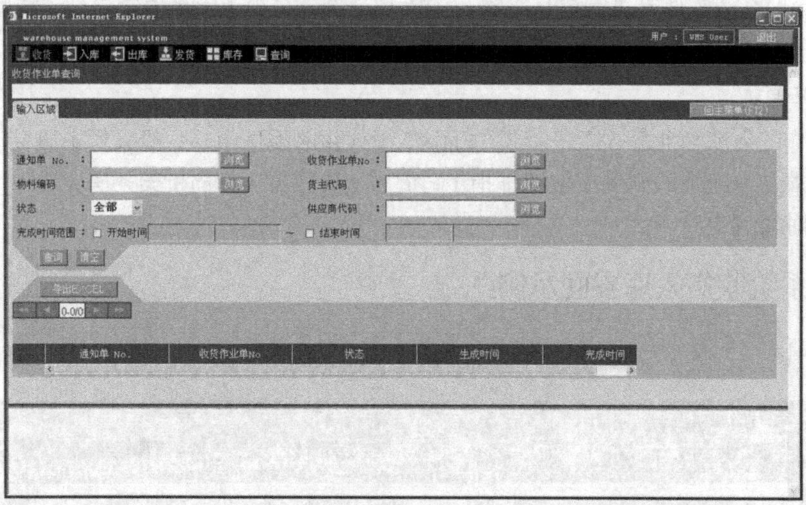

图 2-5　收货作业单查询

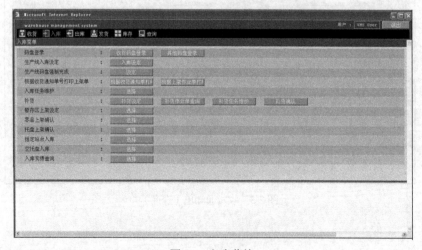

图 2-6　入库菜单

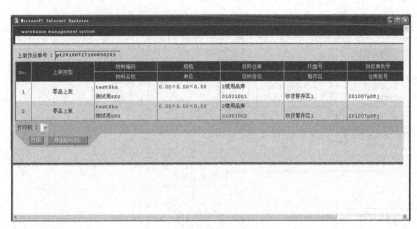

图 2-7　上架作业单

四、某配送中心入库作业流程

入库作业流程是对入库各作业环节的顺序安排，是由相关人员进行的一系列有规律的、连续的操作。流程图是流程的具体化、形象化描述。我国一般单位的作业流程图只列示了工作内容和事项，与工作人员的对应关系不反映在流程图中。某配送中心为了加强流程管理，在流程图中，把工作人员、工作事项、衔接关系等一一标明，使流程管理清晰明了。

1. 某配送中心入库作业流程

图 2-8 所示为流程图，流程描述如下。

- 供应商在送货之前，应当在 B to B 系统进行送货预约。
- 门卫对供应商车辆进行检查，已经预约且送货商品与预约商品完全相同的车辆，直接放行；没有预约或已经预约但与预约商品不完全相同的车辆进入等待区，重新进行预约。
- 供应商车辆根据 LED 显示直接停靠指定月台，或者进入停车场等待。
- 仓管员接到《作业通知单》（见图 2-9），到达指定月台；车辆如果停靠不正确，要求其调整。
- 仓管员按《作业通知单》确定是否质检。
- 装卸人员根据《作业通知单》进行条码粘贴和卸货拼盘（见图 2-10）。
- 仓管员收货过账后，填写《作业通知单》。
- 供应商送货人员凭《作业通知单》到物流财务处，缴纳相关费用，并领取入库单。
- 至门卫处，归还《临时通行证》后出门。

2. 某配送中心入库月台卸货拼盘流程

入库月台卸货拼盘流程为上述入库作业流程的子流程，图 2-10 所示为其流程图。
流程描述如下。

- 仓管员领取《作业通知单》和条码。
- 装卸人员在仓管员的指挥下，依照《作业通知单》的要求，进行卸货、拼盘，加贴标签；拼盘时应保持中心平衡，并使用捆扎带加固。
- 仓管员根据《作业通知单》对已拼盘的商品进行检验清点。
- 仓管员根据检验清点情况，使用 RF 对托盘进行入库确认。

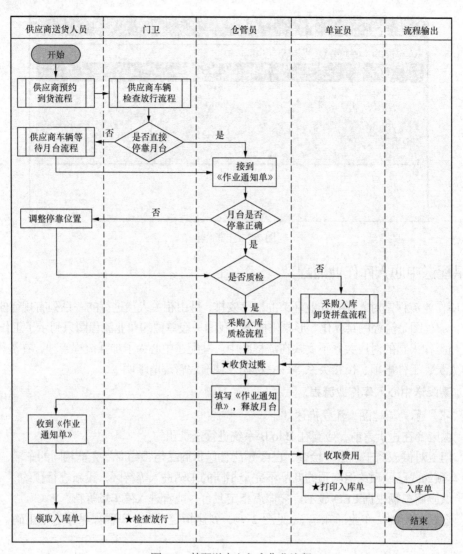

图 2-8　某配送中心入库作业流程

备注：流程图中标示的"供应商预约到货流程"、"供应商车辆检查放行流程"、"供应商车辆等待月台流程"、
"采购入库质检流程"、"采购入库卸货拼盘流程"均为子流程。流程图中★表示此事项通过信息系统完成。

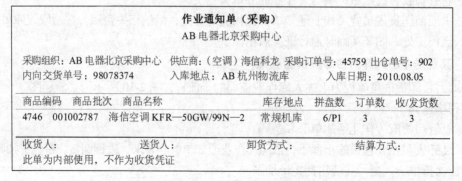

图 2-9　入库作业通知单

备注：《作业通知单》主要包括以下内容：待入库商品的拼盘数量说明；待入库
商品是否需要粘贴条码；如果为质检供应商，多一页质检要求。

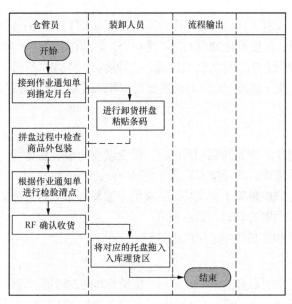

图 2-10　某配送中心入库月台卸货拼盘流程图

- 装卸人员将托盘放入入库理货区。
- 全部收货完毕后，仓管员将收货情况及力资费收取情况填写在《作业通知单》上。
- 供应商送货人员凭《作业通知单》到物流财务处领取入库单。

案例介绍

某配送中心手机数码商品入库上架流程

流程描述如下。

- 仓管员接到《作业通知单》。
- 仓管员对于调拨入库的，进行包装箱外观检查，称重，确认与所注是否一致；确认无误后，清点包数，签收。
- 仓管员对于采购入库的商品，先开箱检查每一个商品的外观、附件、保修卡，确认无误后，进行收货过账。
- 入库收货过账完成的商品，全部放入入库理货区；理货工使用 RF 或者根据打印的《上架清单》，对入库理货区进行整理，并将商品放入指定仓位。

实训练习

1. 调研一家大型家电连锁销售企业的配送中心空调柜机的入库流程，与小家电入库流程进行比较，分析异同。
2. 调研空调、液体饮料、水果入库时的质检验收项目及方法。

任务二　入库越库流程及岗位任务

任务引入

配送中心为节约仓储成本、加快商品流转速度，一些货物从进货月台进货后，直接到出货月台至配送货车上出货，没有入库、储存、拣货等作业，国内称为越库；或者是在某一个中转仓库内，集货车辆运送的货物所要到达的目的地不是一个，必须在仓库内按照货物流向重新分派，而不在仓库内做长时间停留，国内称为交叉转运。这种接货入库方式不同于一般的入库存储接货，流程安排有其特殊性。由于越库、交叉转运的低成本和高效率，国内配送中心越来越多地采用这种先进模式。

1. 任务要求

查阅资料，学习越库、交叉转运相关内容，结合以前的参观及实习，完成以下事项。

（1）在教师辅助下完成越库（交叉转运）流程的设计。

（2）以小组为单位完成越库（交叉转运）岗位分工及越库（交叉转运）流程管理训练。

（3）完成教师预设问题的研讨，展示答案。

（4）完成案例分析和实训练习，形成报告。

2. 任务分析

越库和交叉转运方式可以减少入库、储存、拣货等作业的时间，降低存储成本，加快商品的流通速度。但只有那些已有客户订单，短时间（通常为 24 小时内）内需要配送出去的商品才适合此种方式。结合以前的参观和实习，在教师辅助下，学生通过设计越库操作流程、模拟流程操作和管理、研讨越库和交叉转运的优势和适应条件等，训练越库和交叉转运相关技能，掌握相关操作和理论知识。

3. 实施准备

（1）材料准备：相关岗位角色挂牌若干，相关流程图每位学生 1 份（教师点评时发放）。

（2）场地准备：仓储配送实训室，相关越库商品、单据每组 1 套，场地腾空。

（3）学生约 6 人一组，确定主管（组长）1 名，分工协作。

4. 实施步骤

（1）请学生结合曾经实习的某配送中心情况，参照表 2-4 画出商品越库（交叉转运）作业流程图，包括岗位及工作内容划分，教师辅助提醒。

表 2-4　　　　　　　　　　　商品越库（交叉转运）作业流程

月台调度员	仓 管 员	装 卸 工 人	流 程 输 出

（2）成果展示及点评。各小组展示流程图，教师最后发放企业运用的流程图，点评讲解，引出越库和交叉转运相关知识。

（3）越库（交叉转运）作业流程管理训练。按下列步骤进行。

① 布置任务：教师向每组布置越库（交叉转运）作业任务，发放单据。

② 小组制定越库（交叉转运）流程，岗位分工，合作完成入库任务。

③ 成果分享：各小组总结经验及不足，交流讨论。

（4）问题研讨，点评交流。

问题1：以前实习及调研了解的情况中，哪些商品实施越库和交叉转运的较多？

问题2：哪些商品适合采用越库（交叉转运）模式？为什么？

问题3：交叉转运模式商品暂存时应该注意什么？暂存区与存储区如何划分界定？

问题4：采用越库和交叉转运的商品，其采购、进货、配送等发生了哪些变化？

5. 效果评价

参照表2-5对学生学习过程及完成质量给予评价，激励学生主动学习，在小组中勇于担当重任，既分工又合作。小组成绩主要考核团队整体完成情况，个人部分主要考核个人执行情况。

表2-5　　　　　　　商品越库（交叉转运）流程及岗位任务实训评价表

小组序号：			学生姓名：　　　　　　学号：		
小组成绩（教师评价或小组互评）			个人最终成绩		
任务及标准	满分	得分	项目及标准	满分	得分
流程图设计情况	10		小组分解得分	50	
越库训练的流程设计	10		资料学习	10	
越库训练的执行结果	10		个人角色及执行	10	
组织与分工合理性	10		讨论及发言	20	
研讨及汇报	10		友好互助	10	
合计	50		合计	100	
评价者：			评价者：		
评价时间：　　年　　月　　日			评价时间：　　年　　月　　日		

6. 点评交流

在以学生为主体，教师辅助的启发式教学组织中，学生每当完成一个学习任务，教师及时组织成果展示交流，通过点评引出相关理论知识，穿插讲解重点和难点，引导学生建构任务型知识结构。

 相关知识

一、越库及交叉转运的含义

1. 越库及交叉转运的含义

（1）越库操作是指货物从进货月台进货后，直接到出货月台至配送货车上出货，没有入库、储存、拣货等作业。越库亦称接驳或通过型物流。

越库配送按照确定配送目的地的时间不同，主要有三种情况。

① 在供应商运出商品之前就确定配送目的地。产品可以被标记（如贴条码），运到配送中心后直接装到相应配送车上，不用等待被重新分拣发货。

② 产品到达配送中心后可作分配。可以使用标签，启动自动分拣系统，把产品分配到各承担配送任务的运输组。

③ 没有提前得到商品配送地信息，可使用配送中心入库月台的空地作为待运区，实施越库配送。

（2）交叉转运是指在某一个中转仓库内，集货车辆运送的货物所要到达的目的地不止一个，必须在仓库内按照货物流向重新分派，而不在仓库内做长时间停留的一种转运方式。

2．越库及交叉转运的优点

（1）减少时间：越库和交叉转运操作能够减少入库、储存、拣货等作业的时间，加快商品的流通速度。

（2）减少固定成本：减少仓储设施与仓库空间。

（3）减少变动成本：减少入库理货费、储保费、出库理货费和商品资金占用等成本。

二、越库及交叉转运的实施

越库和交叉转运虽然有诸多优势，但不是任何企业、任何商品都可以实施这种运转模式。要想获得较好的实施效果，企业运营必须具备一定的条件。

1．实施前提

具备以下条件，可以提升越库和交叉转运实施的效果。

（1）足够的人员与搬运设备：人员与搬运设备可以有效地提高货物进入月台和货物离开月台的效率。

（2）良好的车辆排程：有足够的车辆与班次以装载货物，避免货物被迫储存。

（3）精确的预先收货通知。

（4）实时的仓库管理系统（WMS）。

（5）商品通过条形码或 RFID 标签识别。

这种方式在零担货运业、包裹运输和有标准取货路线的汽车总装厂的站所或集运中心普遍使用。

2．中转仓库的布局和作业

承担交叉转运的仓库主要承担的是货物组合协调的中转功能，而不是储存保管功能。这种仓库的布局和作业如图 2-11 所示。

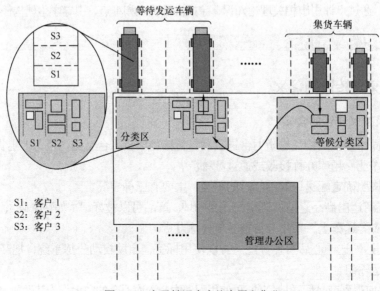

图 2-11　交叉转运仓库的布局和作业

3. 交叉转运的工作内容

（1）中转库功能布局规划。

（2）接收到货和发货信息。

（3）根据到货和发货信息进行业务分配和调整。

（4）制定到货和发货时间窗口。

（5）提供增值服务（如贴标签、包装、存货管理等）。

4. 越库配送的操作步骤

针对确定配送目的地的时间的 3 种不同情况，越库配送操作步骤也略有区别。

（1）提前确定配送目的地。在饰品零售行业，每逢节假日的促销活动，对时间地点都有比较准确的要求。此类情况下，如果能够提前预知商品配送目的地，我们可以用以下步骤完成配送业务。

① 采购订单以及产品的分发说明，同时发往供应商。

② 供应商把每个店的商品集中到一个货箱或托盘。

③ 供应商用代表商品号和托盘号的条形码标记各箱，并用总码代表（给定托盘上的所有商品）。

④ 在零售商要补货的当天，供应商将货运到零售商的配送中心。

⑤ 扫描所有送来的货箱上的条形码验货，并立即把货箱转到相应零售商集货月台。

⑥ 按零售商分类将货配装后送到零售店，或集中在月台等待数量凑足时装车（即合装整车）。

⑦ 送货入店，店内人员进行核点，核查送货清单与货箱/托盘内的实物。

（2）应用自动分拣系统的越库配送。如果零售商配送中心具备自动分拣系统，供应商就不必按店分货。另外，因为在库房收货可以使用标签，货物抵达配送中心前可以不用进行事先分配。这种情况下，操作步骤如下。

① 供应商收到采购订单，得到配送中心的要货信息。

② 供应商只用库存量单位（Stock Keeping Unit，SKU）集中所有商品。

③ 供应商在货物运抵配送中心前通知零售商准确的货运内容如 SKU、箱数等。

④ 如果商品在订货时已被分配好，供应商在货箱上贴标签；如果在收货时分配，配送中心在货箱上贴标签。

⑤ 箱子被装上传送带，按各店分拣，然后将货装上送货卡车。

（3）没有提前得到商品配送地信息。这种情况不需要事先分配或运输商的协助，只要知道产品须在 1～2 天内运出就可以。货物到达后，马上转到运输码头或旁边的"热线订货运营"区。然后这些大宗货物会被运走。这样，商品储存、补货和运货时间大大减少。

5. 企业未实施越库、交叉转运的因素分析

对于越库、交叉转运，一些企业无法真正付诸于实践运作，其主要原因如下。

（1）认为交叉转运只是大型企业才能运用。

（2）不能有效地管理和协调库内供应循环和同步时间需求。

（3）采购、运输和配送系统不能完全融入供应链通道中。

（4）担心在库库存的断货风险。企业习惯于销售库存品，而不是销售即将到达的货物。

（5）业务流程不适应，企业缺少主动变革流程的能力。

6. 配送中心中转商品流程示例

图 2-12 所示为某连锁超市配送中心中转商品流程。

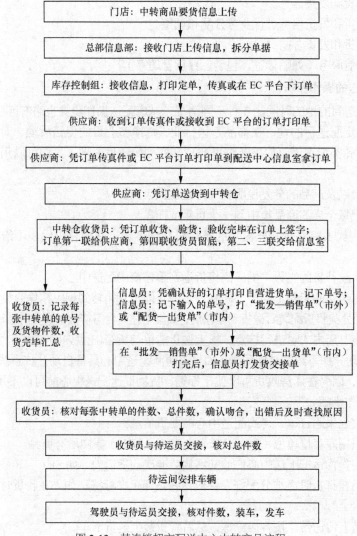

图 2-12　某连锁超市配送中心中转商品流程

三、WMS系统的交叉转运功能

一些 WMS 仓储管理系统软件可以提供交叉转运（Cross-docking）功能，可为客户在不涉及存货所有权的情况下提供货品。再者，在途的存货可在需要的情况下并入现有的存货（Merge-In-Transit），从而减少成本。

WMS 提供了全面的交叉转运功能。此项技术已被广泛接受为有效加快物流速度、提高可用库存品类、降低库存量的重要手段。其功能如下。

1. 中途转送（Transshipment）

在供应商送货来时，已经按客户分好，在物流中心，只需要从收货码头转移到发货码头即可。在调研中发现，医药物流中心如有紧急订单，会出现从生产线直接出货的情况，这可以根据系统功能和客户实际业务情况配置交叉转运。

2. 直通发运（Flow-Thru）

这是零售行业的一种常用特殊交叉转运，需要在站台进行二次分配的交叉转运。

3. 见缝插针式的交叉转运管理（Opportunistic Cross-docking）

当一批商品进入仓库时，如果存在一些订单需要出货，而这些收货的商品可以相匹配，系统会自动触发分配流程，将收货的商品直接满足发运要求。这个功能针对缺货的订单，可以在收到货物时，第一时间将该货品配送给缺货的客户。

 案例介绍

沃尔玛靠越库操作节约成本

沃尔玛以 Every Day Low Price 闻名。为实现这个目标，沃尔玛有很多节约成本的措施，越库操作可以说是沃尔玛对供应链管理和成本控制的一个贡献。

越库操作逻辑上并不复杂。商品经过配送中心送到门店，一般需要经过以下步骤：商品接收—上架—拣货—装车—发运；商品入库上架与装车发运之间存在一个时间差，这个时间差就是库存。显然，库存要占用资金，库存要占用仓库，库存需要维护，库存还可能随着时间而贬值，这些都是成本。有没有办法能够减少这些成本呢？

沃尔玛采取了这样的措施：商品接收—商品发运，这就是越库操作的由来。

这样做的好处是：仓库面积减少了，提高配送中心运作效率，减少了一次上架和拣货的操作，库存周转率加快；如果商品每日进出量很大的话，越库操作对于库存的降低是很可观的。

越库操作并不是商品 100% 不经过仓库，而是把能够直接装车发运的就直接装车发运，不能够直接发运的还是要入库。

要实现越库操作需要哪些条件呢？首先需要在商品接收之前就有明确的发货计划；其次，要对供应商的送货计划和配送中心发运计划的编制规则进行调整，供应商送货以及给各个门店配货要尽量在时间上匹配，还要保证装车的数量满载（送来的货物不是 100% 及时发运，发运的货物也不是 100% 来自于越库操作，只是比例尽量高）。这显然需要一套功能强大的信息系统，还需要有很大的商品流通量。

越库操作是一个降低成本的好思路，这个思路不仅可以应用在配送中心，也可以应用在渠道物流配送中。直送二批商就是一个类似的供应链优化措施。

从业务关系上，生产商把产品卖给经销商，经销商把货物卖给二批商，二批商卖给终端。与此对应的物流操作也是：生产商把货运到经销商仓库，经销商再把货物运到二批商仓库。

直送二批商的操作是：业务关系不变，还是生产商把产品卖给经销商，经销商把货物卖给二批商，二批商卖给终端。但是在物流关系上，生产商直接根据经销商对二批商的销售数据，把货送到二批商手中。这样就减少一次装卸，减少库存时间，也可能减少运输里程。（直送二批商也存在量的问题，如果每个二批商订货量都很少，生产商直送二批商就需要通过配送方式实现。）

生产商为什么不直接把货物卖给二批商呢？原因是：大的经销商对生产商有利；经销商空手倒卖，承担的是应收账款风险，做的是发展客户、维护客户的工作。不过，渠道发展的趋势是渠道缩短，只要经销商的作用不再显著，生产商抛弃经销商就是可能的。直送二批商的操作方式涉及不同的利益主体，是各方利益平衡与博弈的结果。

实训练习

　　调研本地中国邮政信件分拣或零担货运站场情况，分析其越库或交叉转运的实施情况，形成调研报告。内容包括：调研时间、调研单位、调研内容（主要业务、越库及交叉转运实施情况、优势及问题）体会或改进建议。

任务三　托盘堆码成组作业

 任务引入

　　仓库存放货物的方式一般有6种：地面平放式（将保管物品直接堆放在地面上）；托盘平放式（将保管物品直接放在托盘上，再将托盘平放于地面）；直接堆放式（将货物在地面上直接码放堆积，俗称地堆）；托盘堆码式（将货物直接堆码在托盘上，再将托盘放在地面上）；货架存放式（将货物直接码放在货架上）；货架托盘式（将货物直接堆码在托盘上，再将托盘放在货架上）。配送中心的存储区虽然用于存放货物，但目的都是尽快周转配送出去，相对于一般的仓库，其入库、出库等装卸搬运作业频繁。为了提高仓储区利用率，提高装卸搬运效率，配送中心更多地采用托盘堆码存放，然后或放置于货架上，或放置于地面上。托盘堆码是配送中心的日常工作，科学、合理地快速堆码是理货及管理人员的必备技能。

　　1. 任务要求

　　查阅资料，学习堆码有关知识，结合以前的实训、实习，完成以下事项。

　　（1）在教师辅助下以小组为单位完成堆码的设计及操作。

　　（2）完成教师预设问题的研讨，展示答案。

　　（3）完成案例分析和实训练习，形成报告。

　　2. 任务分析

　　托盘和货物各有规格，尤其是货物的种类、包装、规格、型号更多，理货人员及管理人员要根据这些变量进行堆码设计并快速完成堆码工作，在保持货垛应有的活性，提高仓储空间利用率的同时，保证后续搬运、装卸工作的效率。本次学习任务为：学生以小组为单位，在教师辅助下，训练完成教师预设的堆码设计及操作任务，并学习相关理论知识。

　　3. 实施准备

　　（1）材料准备：教师示范用商品包装箱（规格与学生用的不同）若干，托盘2个；学生每组2个托盘，商品包装箱若干（据具体项目而定）。

　　（2）场地准备：仓储配送实训室，场地腾空。

　　（3）学生约6人一组，确定主管（组长）1名，分工协作。

　　4. 实施步骤

　　（1）教师讲解托盘规格、商品规格及堆码知识，示范堆码过程。

　　演示地点：仓储配送实训室

　　物品数量：48箱

　　货位：教师设定

　　要求垛型：平台垛

　　垛高：3层

堆垛方法：纵横交错式

堆垛要求：奇偶层压缝合理，货垛活性指数为 2

（2）学生分组进行堆码设计（画出设计图）及堆码操作训练，记录完成时间。

（3）成果展示交流，教师点评。教师针对具体情况强调技巧和注意事项。

（4）问题研讨，点评交流。

问题 1：托盘堆码后的货物活性指数是多少？哪些行为会导致其降低活性？

问题 2：哪些货物适合托盘堆码后放在货架？哪些打地堆合适？为什么？

问题 3：配送中心经常用阁楼存放部分货物，为什么？放哪些货物合适？

5. 效果评价

参照表 2-6 及表 2-7 对学生堆码的过程、质量、研讨等给予综合评价，鼓励学生积极动脑、动手，不怕苦，不叫累，既分工又合作。小组成绩主要考核团队整体完成情况，个人部分考核个人执行情况。

表 2-6   **托盘堆码成组实训评价表**

小组序号：			学生姓名：	学号：	
小组成绩（教师评价或小组互评）			个人最终成绩		
任务及标准	满分	得分	项目及标准	满分	得分
托盘堆码成组设计及操作（指标见表 2-7）	50	由表 2-7 折算而来	小组分解得分	70	
			个人角色及执行	15	
组织与分工合理性	10		讨论及发言	10	
研讨及汇报	10		友好互助	5	
合计	70		合计	100	
评价者：			评价者：		
评价时间： 年 月 日			评价时间： 年 月 日		

表 2-7   **托盘堆码成组设计及操作评分表**

专业：	班级：		组别：		
序 号		评 分 标 准		满分	得分
1		堆码设计图（主视图、俯视图）		20	
2		堆码时间		20	
3	货垛质量	垛形		15	
		堆垛质量（缝隙均匀，垛形美观、稳固）		15	
		货垛活性		10	
4	过程质量	轻拿轻放，避免野蛮装卸		10	
		搬运过程避免出现货品脱手落地现象		5	
		场地 5S		5	
		总分		100	
考核人：		考核日期： 年 月 日			

6. 点评交流

在以教师辅助学生训练为主线的"学、做合一"教学模式中，对学生小组完成的成果，教师及时组织交流，以学生的设计及完成的成果为载体，通过点评，引出相关理论知识，详细讲解重点和难点。

相关知识

一、商品堆垛设计原则及要求

商品堆垛是指根据商品的包装、外形、性质、特点、种类和数量，结合季节和气候情况，以及储存时间的长短，将商品按一定的规律码成各种形状的货垛。堆垛的主要目的是便于对商品进行维护、查点等管理，提高仓库利用率。

1. 商品堆垛的设计原则

（1）分类存放。分类存放是仓库储存规划的基本要求，是保证物品质量的重要手段，因此也是堆垛需要遵循的基本原则。不同类别的物品需要分类存放，甚至需要分区分库存放；不同规格、不同批次的物品也要分位、分堆存放；残损物品要与原货分开存放；对于需要分拣的物品，分拣之后应分位存放，以免混串。此外，分类存放还包括不同流向物品、不同经营方式物品的分类分存。

（2）选择适当的搬运活性。为了减少作业时间与次数，提高仓库物流速度，应该根据物品作业的要求，合理选择物品的搬运活性。对搬运活性高的入库存放物品也应注意摆放整齐，以免堵塞通道，浪费仓容。

（3）面向通道，不围不堵。货垛及存放物品的正面要尽可能面向通道，以便查看；所有物品的货垛、货位都应有一面与通道相连，处在通道旁边，便于对物品进行直接作业。只有当所有的货位都与通道相通时，才能保证不围不堵。

2. 商品堆垛的操作要求

（1）牢固。必须严格遵守安全操作规程，防止建筑物超过安全负荷量。码垛时必须不偏不斜，不歪不倒，牢固坚实，与屋顶、梁柱、墙壁保持一定的距离，确保堆垛的安全和牢固。

（2）合理。不同商品的性能、规格、尺寸不相同，码垛时应采用各种不同的垛形。不同品种、产地、等级、批次及单价的商品，应分开堆码，以便收发、保管。货垛的高度要适度，不能压坏底层商品和地坪，并与屋顶、照明灯保持一定距离；货垛的间距、走道的宽度、货垛与墙面和梁柱的距离等都要合理、适度。垛距一般为0.5～0.8m，主要通道为2.5～4m。

（3）整齐美观。货垛应按一定的规格、尺寸叠放，排列整齐、规范。商品包装标识应一律向外，便于查找。

（4）定量。商品储存量不应超过仓储定额，即应储存在仓库的有效面积、地坪承压能力和可用高度允许范围之内。同时，应尽量采用"五五化"堆码方法，便于记数和盘点。

（5）节约。堆垛时应注意节省空间位置，合理地安排货位的使用，提高仓容利用率。

（6）货垛"五距"要求。货垛"五距"应符合安全规范要求。货垛的"五距"指的是垛距、墙距、柱距、顶距和灯距。垛距是指货垛与货垛之间的必要距离，库房垛距一般为0.3～0.5m，货场垛距一般不少于0.5m。墙距是指货垛与墙壁之间的距离。它的作用是防止库房墙壁和货场围墙上的潮气对商品造成影响，同时便于散热通风、消防工作、建筑安全、收发作业等。墙距可分为库房墙距和货场墙距，其中库房墙距又分为内墙距和外墙距。内墙距是指货物离没有窗户的墙体的距离，此处潮气相对较少，一般距离为0.1～0.3m；外墙距是指货物离有窗户的墙体的距离，这里湿度相对较大，一般距离为0.1～0.5m。柱距是指为了防止库房柱子的潮气影响货物、保护仓库建筑物的安全而保留的距离，一般为0.1~0.3m；顶距是指货垛堆放的最大高度与库房、货棚屋顶横梁间的距离，一般为0.5~0.9m，具体距离视情况而定。灯距是指货垛与照明灯之间的必要距离，按规定应保持不少于0.5m的安全距离。

二、商品堆垛的内容

1. 垛基

垛基是货垛的基础，其主要作用是：承受整个货垛的重量，将物品的垂直压力传递给地基；将物品与地面隔开，起到防水、防潮和通风的作用；垛基空间为搬运作业提供方便条件。因此，对垛基的基本要求是：将整垛货物的重量均匀地传递给地坪；保证良好的防潮和通风条件；保证垛基上存放的物品不发生变形。

2. 垛形

垛形是指货垛的外部轮廓形状。垛形按坪底的平面形状可以分为矩形、正方形、三角形、圆形、环形等；按货垛立面的形状可以分为矩形、正方形、三角形、梯形、半圆形，另外还可以组成矩形—三角形、矩形—梯形、矩形—半圆形等复合形状，如图2-13所示。

矩形　　正方形　　三角形　　梯形　　矩形—三角形　矩形—梯形　矩形—半圆形

图2-13　垛形示意图

不同立面的货垛都有各自的特点。矩形、正方形垛易于堆码，便于盘点计数，库容整齐，但随着堆码高度的增加，货垛的稳定性就会下降。梯形、三角形和半圆形垛的稳定性好，便于苫盖，但不便于盘点计数，也不利于仓库空间的利用。矩形—三角形等复合货垛恰好可以整合它们的优势，尤其在露天存放的情况下，更应加以综合考虑，有效地利用复合货垛。

3. 货垛参数

货垛参数是指货垛的长、宽、高，即货垛的外形尺寸。

通常情况下，需要首先确定货垛的长度。例如，长形材料的尺寸长度就是其货垛的长度，包装成件物品的垛长应为包装长度或宽度的整数倍。货垛的宽度应根据库存物品的性质、要求的保管条件、搬运方式、数量多少及收发制度等来确定，一般多为两个或五个单位包装。货垛高度主要根据库房高度、地坪承载能力、物品本身和包装物的耐压能力、装卸搬运设备的类型和技术性能，以及物品的理化性质等来确定。在条件允许的情况下，应尽量提高货垛的高度，以提高仓库的空间利用率。

三、堆码方式

1. 非托盘堆码方式介绍

（1）散堆法。散堆法是直接用堆扬机或铲车在确定的货位后端起，直接将物品堆高，在达到预定的货垛高度时，逐步后推堆货，后端先形成立体梯形，最后成垛。

（2）堆垛法。对有包装的物品，如箱、桶，包括裸装的计件物品，采取堆垛的方式储存较为合适。堆垛方式储存能够充分利用仓容，保持仓库内整齐，方便作业和保管。

物品的堆垛方式主要取决于物品本身的性质、形状、体积、包装等。一般情况下，多采取平放方式，使重心最低，最大接触面向下，方便堆码，稳定牢固。常见的堆垛方式如下。

① 重叠式。也称直堆法，是逐件、逐层向上重叠堆码，一件压一件的堆码方式（见图2-14）。为了保证货垛稳定性，在一定层数后改变方向继续向上堆放，或者长宽各减少一件继续向上堆放。该方法方便作业、计数，但稳定性较差适用于袋装、箱装、箩筐装物品，以及平板、片式物品的码放。

② 纵横交错式。指每层物品都改变方向向上堆放（见图2-15），适用于管材、捆装、长箱装物品等。该方法较为稳定，但操作不便。

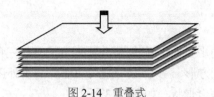

图2-14 重叠式

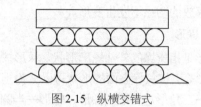

图2-15 纵横交错式

③ 仰伏相间式。指将物品仰放一层，再在上面反扣一层，仰伏相向相扣（见图2-16），适用于上下两面有大小差别或凹凸的物品，如槽钢、钢轨等。该垛极为稳定，但操作不便。

④ 压缝式。指将底层并排摆放，上层放在下层的两件物品之间（见图2-17）。

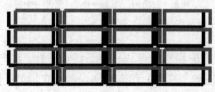

图2-16 仰伏相间式

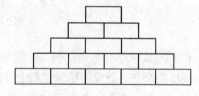

图2-17 压缝式

⑤ 通风式。指物品在堆码时，任意两件相邻的物品之间都留有空隙，以便通风。层与层之间采用压缝式或纵横交错式码放。通风式堆码适用于所有箱装、桶装及裸装物品的码放，可以起到通风防潮、散湿散热的作用，如图2-18所示。

⑥ 栽柱式。指码放物品前先在堆垛两侧栽上木桩或铁棒，然后将物品平码在桩柱之间，码放几层后用铁丝将相对两边的桩柱拴连，再往上摆放物品（见图2-19）。此法适用于棒材、管材等长条状物品的码放。

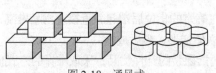

图2-18 通风式

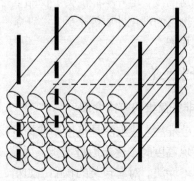

图2-19 栽柱式

⑦ 衬垫式。指码垛时，隔层或隔几层铺放衬垫物，衬垫物平整牢靠后，再往上码。此法适用于不规则且较重的物品，如无包装电机、水泵等。

2. 托盘堆码方式

托盘在物流系统中运用广泛，因此形成了物品在托盘上的堆码方式。托盘是具有标准规格尺寸的集装工具，在托盘上堆码物品可以参照典型堆码图谱来进行。例如，硬质直方体物品可参照中华人民共和国国家标准 GB/T 4892—1996《硬质直方体运输包装尺寸系列》中的硬质直方体在 1 140mm×1 140mm 托盘上的堆码图谱进行；圆柱体物品可参照中华人民共和国国家标准 GB/T 13201 — 1997《圆柱体运输包装尺寸系列》中的圆柱体在 1 200mm×1 000mm、1 200mm×800mm、1 140mm×1 140mm 托盘上的堆码图谱进行。

托盘存放物品，进行最多的方式有以下几种情况：重叠式堆码、纵横交错式堆码、旋转交错式堆码和正反交错式堆码。这 4 种堆码的主要区别如表 2-8 所示。

表 2-8　　　　　　　　　　托盘 4 种堆码形式的对比

项目 方式	稳 定 性	操 作 性	利 用 率	耐 压 性
重叠式	较差	简单	高	高
正反交错式	好	较简单	较高	较高
纵横交错式	好	简单	较高	较高
旋转交错式	最好	较简单	低	较高

3. "五五化"堆垛

"五五化"堆垛就是以五为基本计算单位，堆码成各种总数为五的倍数的货垛，以五或五的倍数在固定区域内堆放，使货物"五五成行、五五成方、五五成包、五五成堆、五五成层"，并堆放整齐，上下垂直，过目知数（见图 2-20）。此法便于货物的数量控制与清点盘存。

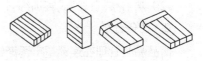

图 2-20　"五五化"堆垛图

案例介绍

某配送中心托盘堆码图片如图 2-21～图 2-23 所示。

图 2-21　托盘直接放地面

图 2-22　托盘放在地面和阁楼

图 2-23　托盘放在货架上

实训练习

现有若干托盘，规格 1 200mm×1 000mm，有货物规格及数量如表 2-9 所示，请在地面托盘上进行货物堆码（画出托盘堆码的奇偶层俯视图及整体的主视、俯视图，根据图纸进行堆码）。

表 2-9　　　　　　　　　　　　　货物规格及数量

序号	货品编号	货品名称	单位	数量	外包装尺寸（m）
1	A001	美的电水壶	箱	10	0.6×0.4×0.25
2	S001	鲁花花生油	箱	7	0.55×0.38×0.54
3	S002	娃哈哈饮料	箱	30	0.4×0.2×0.2
4	F003	康师傅方便面	箱	20	0.4×0.3×0.2

任务四　商品分类管理

 任务引入

连锁超市经营的商品品类繁多，为提升经营效益，商品品类管理在超市管理中逐渐普及。同样，配送中心存储商品品种多，货号杂，周转速度快。众多商品的销售状况、存储要求、进货频率等各有不同，对所有商品采取统一的存储及管理方法显然是不经济的或者错误的。为了适应商品存放要求，方便入库、分拣、出库等操作，提高效率，降低固定成本和变动成本，配送中心对商品进行分类，实行差别化管理，以较低的成本获得较好的管理效益。

1. 任务要求

（1）查阅资料，学习配送中心商品分类管理的知识，结合以前的参观及实习，完成课堂实训、研讨、成果展示等事项。

（2）学习案例，完成实训练习，形成报告。

2. 任务分析

商品品类管理在连锁超市逐渐铺开，配送中心为提高效益实施了多种分类管理策略，根据经营情况优选分类指标，运用实用匹配的分类方法，对不同商品实施切实高效的差别化管理策略。这些技能和知识是配送中心管理人员必须熟练掌握和灵活运用的。通过资料学习、案例演练、实习调研、理论提升研讨等环节，学生学习相关知识，练习分类管理技能。

3. 实施准备

（1）材料准备：案例资料每位学生 1 份（配送中心平面图每组 1 份），发放阅读材料。

（2）场地准备：仓储配送实训室。

（3）学生约 6 人一组，确定主管（组长）1 名，分工协作。

4. 实施步骤

（1）请学生陈述、展示学习调研成果——配送中心分类管理状况。

（2）在教师辅助下完成预设案例的 ABC 分类。

（3）分组完成分类后，将 A、B、C 3 类商品的差别化管理策略在配送中心平面图中标示。

（4）成果展示，教师点评。教师重点讲解分类法的难点及差别化管理策略。

（5）分组讨论如下问题。如何灵活运用分类方法？常用分类指标有哪些？为什么？差别化管理的意义能否体现。

（6）成果展示交流，教师点评。结合学生研讨结论，教师讲解 ABC 分类灵活运用的案例、指标选用的方法、如何体现差别化管理的意义等。

5. 效果评价

参照表 2-10 对学生学习过程及完成质量给予评价，引导学生勤于思考，从实践中发现问题，在学习小组中勇于担当重任和协调管理工作。小组成绩主要考核团队整体完成情况，个人部分主要考核个人执行情况。

表 2-10　　　　　　　　　　　　　商品分类管理实训评价表

小组序号：			学生姓名：		学号：
小组成绩（教师评价或小组互评）			个人最终成绩		
任务及标准	满分	得分	项目及标准	满分	得分
学习调研汇报	20		小组分解得分	50	
商品分类情况	10		资料学习	10	
差别化管理策略	10		个人角色及执行	20	
研讨及汇报情况	5		主动发言	10	
组织及协调	5		友好互助	10	
合计	50		合计	100	
评价者：			评价者：		
评价时间：　　年　　月　　日			评价时间：　　年　　月　　日		

6. 点评交流

学生个体学习与小组学习相结合，教师针对个人及小组完成情况，组织交流、点评，结合案例演练，讲解分类管理的重点和难点，引导学生训练专业技能，建构必要的知识结构。

 相关知识

一、连锁超市的商品分类及管理

随着经济的发展及生产加工能力的提高，居民可以消费的商品品种越来越丰富。一些大型连锁超市及其配送中心的商品有成千上万种，如何对这些商品进行恰当的管理，节约企业资源，提高经营效益，是每个企业不断探讨的重要问题。通过科学分析经营状况，选取重要指标对商品进行适当分类，然后实施商品的差别化管理，使许多企业获得了显著的效益。

1. 商品的分类

商品分类可以根据不同的目的，按不同的分类标准来进行。如商品群分类，就是按不同类别商品在卖场销售中的比重与作用来划分的，其目的是通过经营单位或经营区域的组合，促进卖场整体销售业绩。

在超级市场实际商品管理中，商品分类一般采用综合分类标准，将所有商品划分成大分类、中分类、小分类和单品四个层次，目的是为了便于管理，提高管理效率。虽然超市各种业态经营品种存在较大差异，如小的便利店经营品种不到 3 000 个，而超大型综合超市有 30 000 多种，但商品分类都包括上述四个层次，且每个层次的分类标准也基本相同，只不过便利店各层次类别相对较少，而大型综合超市各层次类别相对较多。

（1）大分类。大分类是超级市场最粗线条的分类。大分类的主要标准是商品特征，如畜产、水产、果菜、日配加工食品、一般食品、日用杂货、日用百货、家用电器等。为了便于管理，超级市场的大分类一般以不超过 10 个为宜。

（2）中分类。中分类是大分类中细分出来的类别。其主要分类标准如下。

① 按商品功能与用途划分。如日配品这个大分类下，可分出牛奶、豆制品、冰品、冷冻食品等中分类。

② 按商品制造方法划分。如畜产品这个大分类下，可细分出熟肉制品的中分类，包括咸肉、熏肉、火腿、香肠等。

③ 按商品产地划分。如水果蔬菜这个大分类下，细分出国产水果与进口水果的中分类。

（3）小分类。小分类是中分类中进一步细分出来的类别。主要分类标准如下。

① 按功能用途划分。如"畜产"大分类中、"猪肉"中分类下，可进一步细分出"排骨"、"肉糜"、"里脊肉"等小分类。

② 按规格包装划分。如"一般食品"大分类中、"饮料"中分类下，可进一步细分出"听装饮料"、"瓶装饮料"、"盒装饮料"等小分类。

③ 按商品成分分类。如"日用百货"大分类中、"鞋"中分类下，可进一步细分出"皮鞋"、"人造革鞋"、"布鞋"、"塑料鞋"等小分类。

④ 按商品口味划分。如"糖果饼干"大分类中、"饼干"中分类下，可进一步细分出"甜味饼干"、"咸味饼干"、"奶油饼干"、"果味饼干"等小分类。

（4）单品。单品是商品分类中不能进一步细分的、完整独立的商品品项。如上海申美饮料有限公司生产的"355 毫升听装可口可乐"、"1.25 升瓶装可口可乐"、"2 升瓶装可口可乐"、"2 升瓶装雪碧"，就属于四个不同单品。

需要说明的是，商品分类并没有统一固定的标准，各超市公司可根据市场和自身的实际情况对商品进行分类。但商品分类应该以方便顾客购物、方便商品组合、体现企业特点为目的。

2. 商品分类与货架管理

出于自身管理的需要，连锁超市还可以灵活设定分类标准。如某大型连锁超市将商品分类与货架管理结合考虑，并指定管理人员。

（1）促销商品货架陈列，由业务员管理。

（2）各商品大类的货架资源分配比例，由业务员管理。

（3）新品的货架陈列，由业务员管理。

（4）战略性商品的货架陈列，由业务员管理。

（5）季节性商品的货架陈列，由业务员管理。

（6）其他稳定品的货架，由门店管理。

某些大型连锁超市在品类管理方面主要包含品类优化和货架管理两部分。品类优化是通过数据评估卖场中某个品类下各规格单品的销售业绩，比照市场数据，作出品类规格决策；货架管理则是在各规格销售份额的基础上，合理安排货架。

据报道，早在 2000 年，上海华联超市和宝洁公司就通力合作实施了品类管理项目。他们根据门店规模及现有货架的不同，对众多门店进行了分类，并针对不同类型的门店进行了品类优化和货架图纸的制作。在对洗发水品类的测试与推广中，这一合作取得了十分明显的效果。据对 50 家测试门店的统计，品类管理成功地降低了品类的总脱销率（由 11%降至 5%），洗发水品类销量当月提高 7%。

二、配送中心的商品分类及管理

大型连锁超市和连锁家电卖场的配送中心负责门店大部分商品的采购配送工作。商品种类多，工作量大，操作复杂。基于提升运营效率及效益的考虑，配送中心运用较多的分类方法主要有以下几种。

1. 基于统配库、中转库安排的分类

根据门店（或其他顾客）对商品到货要求的紧急程度、采购提前期长短等，将商品分配在存储仓库和中转仓库进行入库及配送操作。如顾客对某种商品要求的送货时间为接到要货信息（订单）3 天内即可，配送中心采购此类商品的采购周期为 12 小时，这种商品可以安排在中转仓库进行操作，即配送中心不必提前备货，只要接到要货信息后再启动订货，在中转仓库安排交叉转运配送；若把 3 天和 12 小时分别改为 12 小时和 3 天，则这种商品必须提前备货，以便接到要货信息后 12 小时配送到位，即必须安排在有存储功能的统配仓。

2. 基于不同保管要求的存储区分类

配送中心根据商品特性和保管要求的不同进行仓储区域的分区，如食品区、饮料区、日用品区、日化用品区、生鲜区等。商品按这些标准进行分门别类存放，以便温度、湿度、气味等符合商品保管的要求。有时针对订购单位和存放要求将商品分类存放在单件存放区、整件（箱）存放区、托盘单元存放区等，方便拣货、配货作业。

3. 基于优化进出货成本和效率的分类

配送中心根据出货量大小、重量、体积等进行储位的优化分配。如在大型家电连锁企业非常畅销的定制品、包销品等每日出货量很大，商品进出频繁，吞吐量大，这些商品适宜安排在出入库方便、搬运路径短、面临主要通道的储位，这样可以提高出库、入库的效率，减少行走搬运路径，缩短物流运作时间。对吞吐量类似的商品再根据其重量、体积等进一步优化安排，对于较重的商品，托盘堆码后直接放在地面上，或者放在底层货架上；重量轻的商品放在货架较高的层格中；对于体积很大、重量很轻的商品（如膨化食品），托盘堆码后通常放在阁楼上。近年来兴建的电子商务配送中心常采用此类方法进行商品储位的管理。

配送中心通常根据销售量将商品分为畅销品、稳定品、滞销品或过季商品、淘汰品，并据此进行储位分配。随着季节的变换、消费口味的改变、市场竞争等因素，商品的畅销和滞销会发生不同程度的改变，因此会带来储位的调整。如洗衣机销售，冬天是旺季，夏天进入淡季，空调则夏天为旺季，冬天为淡季，蚊香夏天为旺季，其他季节为淡季，一场特别策划的促销推广活动可能使滞销品变成畅销品，因此，配送中心要根据这些因素提前调整储位，优化作业效率，降低作业成本。

4. 基于优化库存控制和减少资金占用的分类

有些配送中心的商品品类多，价格差异大，备货通常占用企业大量的流动资金。为了科学规划库存水平和订货策略，通常可以按商品价值比例和品类比例对商品进行分类，确定哪些商品要小批量、多频率采购，保持较低库存，日常紧密监控保证不缺货；哪些需要较大批量、少频次采购，管理上实施一般监控即可。例如，为汽车组装厂供应零部件的配送中心，可以根据这一分类方法实施差别化管理，价值高、品类少、不允许缺货的零部件可以通过多频次、小批量订货，紧密的日常监控（自动提醒的最低库存警戒等）大幅降低日常流动资金的占用，降低库存成本；对于价值低、体积小的零部件可以适当大批量、少频次采购，以较高的库存保证供货，对资金占用、

库存成本没有太大影响。

5. 基于保质期管理、库龄管理的分类

某些商品如食品、药品、饮料、化妆品等，顾客购买时非常关注保质期，这类商品一旦接近保质期销售量会大幅下降。配送中心必须进行严格的保质期管理，安排补货、拣货、出货时，同类商品生产日期早的先行出货，杜绝商品沉淀导致有效期缩短而影响销售。

某些商品如家用电器、日常用品、生产用的零部件、物料等，商品没有明确的保质期，但是库存管理中需要计算资金和商品的周转率，此时采用先进先出法进行入库、出库安排，计算商品的库龄，及时了解热销商品和滞销商品及其分布情况，合理地进行库存调度和市场促销，在提高库存周转率，促进销售的同时，降低库存资金积压风险。

如某些大型家用电器配送中心，库存管理设定目标为库龄 80 天，当库龄分析发现有超过 80 天的存货时就要引起注意，分析原因并采取措施解决。一些大型连锁综合超市对供应商常常采用售后结账的做法，即超市门店销售一批商品后才向供应商支付货款，配送中心库存商品资金多数来自供应商。但是为了提高门店和配送中心的效益，超市以及配送中心通过库龄分析查阅到滞销商品及其分布后，要么联系供应商退货，要么取得供应商同意后进行降价促销等。

6. 基于物流网络规划的商品分类

一些连锁企业发展的初级阶段，为了保证商品配送的响应速度，普遍采取在接近目标市场的地方设置仓库进行分散配送。随着连锁企业规模的快速扩张，目标市场迅速扩大，仓库数量不断增加，众多的分散仓库使企业总库存急剧膨胀，各仓库功能定位平行、品项雷同、慢销品不能共享，沉淀在各地仓库的大量慢销商品消耗大量资金、仓库库容、人力等企业资源，分散配送模式成为企业发展的沉重负担。此时，企业面临整合物流网络进行重新规划的挑战。我国一些企业参照国外的做法，建立分层级的物流网络，如"全国配送中心—区域配送中心—前端配送中心—配送点"，此时结合网络规划及各层级仓库的功能定位，连锁企业会根据销售快慢对商品分类：快销品和慢销品。慢销品只存放在全国配送中心或区域配送中心，以共享抵消各地仓库对这类商品的库存。国外有的公司甚至建立全球配送中心，对慢销品集中存放，以快速配送应对全球对这类商品的需求。

不同的配送中心的商品分类方法不尽相同，分类指标和分类方法可以根据管理的需要灵活选定。例如，有的按毛利润分类，毛利润高的商品保证不缺货；有的按对顾客的吸引程度分类，那些体积大、价值低的雪饼、膨化食品等，配送中心的作业量大、占用库容多，但是出于吸引顾客的需要，春节等节日来临时，超市的配送中心必须大量备货，安排出入方便的位置，保证足量供应。

三、ABC分类法及其运用

1. ABC分类法概述

ABC 分类法是由意大利经济学家帕雷托首创，又叫做帕雷托分析法。该分析法的核心思想是在决定一个事物的众多因素中分清主次，识别出少数的、但对事物起决定作用的关键因素和多数的、但对事物影响较少的次要因素，按照此规则，将事物分为三类：A 类、B 类、C 类。随着研究的不断深入，ABC 分析法也逐渐应用于各个行业。1951 年，美国通用电气公司董事长迪基将 ABC 分析法用于库存管理中，投入更多的力量用于解决那些具有决定性作用的少数事物。

ABC 分类法是运用数理统计的方法，对种类繁多的各种事物，根据属性或所占权重不同，进行统计、排列和分类，划分为 A、B、C 三部分，分别给予重点、一般、次要等不同程度的相应管理。库存管理中为了降低库存，减少流动资金占用，通常根据品类占总库存品类比例和资金比例对商品进行 ABC 分类，对品类少、占用资金多的 A 类商品采用较低库存，即小批量、多频次订货，日常加强对该类库存的管理监控；对 B 类、C 类分别实施差别化的管理策略（见表 2-11）。

表 2-11　　　　　　　　　　库存管理 ABC 分类法常用指标及标准

类　　别	品　种　比　例	资　金　比　例
A	5%～15%	60%～80%
B	20%～30%	20%～30%
C	60%～80%	5%～15%

配送中心库存周转快，进出库操作量大，通常根据商品的出库量对商品进行分类，对出库量大的少数商品安排在出入库操作方便、搬运路径短的货位储存。

2. 商品ABC分类计算步骤

某零部件仓库为了降低库存资金占用，对其产品（共有 20 个类别）按全年库存平均资金占用额大小进行 ABC 分类。

第一步：按产品类别统计全年库存平均资金占用额，并按从大到小的顺序填入表 2-12 第（4）列。

表 2-12　　　　　　　　　　　　ABC 分类法计算表

（1）产品代码	（2）顺序	（3）产品累计百分比	（4）资金占用	（5）资金占用累计	（6）资金占用累计百分比	（7）分类
1002			1 680 400			
1119			1 202 256			
2019			839 317			
1019			485 726			
0005			139 589			
2116			98 605			
0015			76 286			
0105			46 202			
3016			43 835			
1116			38 660			
1010			27 192			
0880			18 856			
0715			16 304			
0625			10 256			
0304			89 331			
3913			7 817			
3221			4 240			
2310			2 807			
0458			2 503			
1092			2 015			

第二步：在第（2）栏填上资金占用额由大到小的顺序，如表 2-13 所示。

第三步：在表格第（3）栏中计算顺序百分比，在第（5）栏中计算全年平均资金占用累计额，在第（6）栏中计算资金占用累计百分比，如表 2-13 所示。

表 2-13   ABC 分类法计算表

（1） 产品代码	（2） 顺序	（3） 产品累计 百分比	（4） 资金占用	（5） 资金占用 累计	（6） 资金占用 累计百分比	（7） 分类
1002	1	5	1 680 400	1 680 400	35	A
1119	2	10	1 202 256	2 882 656	60	A
2019	3	15	839 317	3 721 973	77	A
1019	4	20	485 726	4 207 699	87	B
0005	5	25	139 589	4 347 288	90	B
2116	6	30	98 605	4 445 893	92	B
0015	7	35	76 286	4 522 179	94	B
0105	8	40	46 202	4 568 381	95	B
3016	9	45	43 835	4 612 216	95	C
1116	10	50	38 660	4 650 876	96	C
1010	11	55	27 192	4 678 068	97	C
0880	12	60	18 856	4 696 924	97	C
0715	13	65	16 304	4 713 228	98	C
0625	14	70	10 256	4 723 484	98	C
0304	15	75	89 331	4 812 815	99	C
3913	16	80	7 817	4 820 632	100	C
3221	17	85	4 240	4 824 872	100	C
2310	18	90	2 807	4 827 679	100	C
0458	19	95	2 503	4 830 182	100	C
1092	20	100	2 015	4 832 197	100	C

第四步：根据计算结果，在第（7）栏填上具体分类 A 或 B 或 C。以第（3）栏顺序百分比为横坐标，以第（6）栏资金占用累计百分比为纵坐标，将各产品的数值在图中点出，并将各点连成曲线，这个曲线就是 ABC 曲线。

3. 制定A、B、C三类产品差别化管理策略

完成产品分类不是最终目的，重要的是根据本企业情况制定不同类别产品的差别化管理策略。笼统地说就是：A 类重点管理，B 类一般管理，C 类次要管理。不同企业的具体策略（项目及内容）会有所不同，但管理项目通常都库存水平、订货方法、盘点频度、订货批量等，目的也都是以较低的管理成本实现较高效益。表 2-14 所示为此 3 类管理策略举例。

表 2-14   A、B、C 3 类商品差别化管理策略举例

类 别	平均库存	盘点频度	订货批量	订货方法	……
A	低	适时更新	小	订货点法	
B	适中	适中	较小	……	
C	较高	较低	较大	定时订货	

4. ABC分类法的扩展

商品的 ABC 分类法只是提供一种分类思路，企业可根据自身情况灵活运用。比如在初步 A、B、C 分类基础上，可以另选关键指标针对每一类商品再进行 A、B、C 分类，这样可得到 9 类：A-A 类、A-B 类、A-C 类、B-A 类、B-B 类、B-C 类、C-A 类、C-B 类、C-C 类。或只对 A、B 两类进行再分，就得到七类：A-A 类、A-B 类、A-C 类、B-A 类、B-B 类、B-C 类、C 类。

案例介绍

医药连锁配送中心设置商品管理部

根据该公司经营现状整合采购部、门店管理部、质量管理部、仓运部等有关商品管理职能，结合未来业务发展的需求，建立专门的商品管理部门，其职能是通过对商品结构、商品价格（进价、零售价、配送价、促销价）、商品进销存变动数据的分析，商品采购、配送的合理配置，安全库存的控制，供应厂商的科学评价，形成统一的公司商品管理体系。

1．商品部主要职能

（1）商品配置管理：采购计划的制订和执行，对门店实现自动补货。

（2）商品价格管理：价格政策的制定和维护，价格信息的处理。

（3）商品品类管理：界定公司管理的具体品类以及该品类中的相关品牌；根据公司确定的标准，包括品类的战略地位（角色）、供应商和品类管理的能力、检测指标中的差距以及品类的复杂程度等，选择若干个品类制定其经营计划；界定品类在商店中的角色；进行市场细分，将已确定的品类分为各个档次，并在各档次下确定相应的品牌及其供应商；进行商品表现评估，通过数据分析进行商品评估，扩大和保留表现良好的商品，调整和改善表现欠佳的商品，淘汰那些表现极差的商品。

（4）厂商管理：厂商分类，基本资料建档；各厂商商品台账建立；厂商销售数据的统计分析；厂商评价。

（5）统计分析：进销存销售数据资料的分析整理，分类构成比分析。

（6）毛利率分析，商品周转率的分析，单品贡献率的分析，门店订货商品到位率指标分析，配送商品的销售率指标分析，商品有效销售发生率指标分析，新商品引进率指标分析，商品淘汰率指标分析。

2．商品部工作模式

参与核心业务流程分工与管理支持相结合，也就是说，要保证商品部全部职能都发挥出来，必须与核心业务流程相结合，承担流程工作；但是该部门作为配送中心的核心业务部门和经营部门，又必须作为配送中心的代表者向公司其他部门和领导提供商品体系的所有管理信息，比如对财务中心进行商品业务核对、应收应付的计划安排等；对供应商进行采购安排、市场推广、重点品种的渠道选择等，对门店进行品种管理、重点商品的考核安排等，因此，管理支持就是该部门的高级职能。该部门的工作模式是一般职能和高级职能紧密结合，应避免使该部门仅成为配送中心的一个信息汇总或者事务性部门。

管理支持体现在：厂商评价、数据分析、价格指数等以定期报表的方式向公司领导及其他有关部门汇报和传阅，有利于公司对商品经营的决策管理。

 实训练习

1．调研一家大型配送中心划分正常品、预淘汰品、淘汰品的标准和管理方法。

2．调研连锁超市如何进行新品管理，管理内容和策略有哪些？

综合练习

1．某配送中心有 600 种商品，进行 ABC 分类时会有什么困难？如何解决？

2．请简述如何根据商品特性进行存储区货位分配？

项目三

配送订单处理及反馈

【知识目标】

1. 熟悉配送中心内部和外部订单流转程序
2. 熟悉进行电子商务实时订单状况统计所需的数据类型
3. 掌握根据订单编制表格的相关知识
4. 熟悉根据订单进行库存查询及分配的方法
5. 掌握对订单进行相关运输调度的基本要务
6. 熟悉电子商务订单处理流程

【技能目标】

1. 能熟练完成对客户及订单的确认
2. 能有效接收相关订单
3. 能根据订单信息进行存货查询
4. 能根据订单对存货进行配发
5. 能根据订单对运输工具进行调度，选择运输方式并确认
6. 能熟练进行电子商务环境下订单处理相关操作

任务一　配送订单接收及统计

 任务引入

配送作业的一个核心业务流程是配送订单（连锁企业通常也叫"内部要货单"）处理，包括订单准备及接受、订单传递、订单登录、按订单供货、订单处理状态跟踪等活动。订单处理是实现企业顾客服务目标最重要的影响因素。物流信息系统是改善包括订单处理在内的物流管理过程的主要工具，订单处理是其核心部分。订单接受及统计是配送订单处理流程的首要步骤。

1. 任务要求

通过情景模拟学习，掌握配送订单接收和统计的基本操作流程，内容包括以下几个方面。

（1）能根据采购信息正确制定订单并有效确认。

（2）对已确认的订单，根据商品特征及数量做出统计。

（3）完成相关背景下的订单制定和接收任务。

（4）订单明细分析及确认。

（5）订单商品统计。

2. 任务分析

学生已经通过仓储管理的相关训练，学会了相应的仓储内部物流实体的操作流程，但对配送订单的信息处理流程尚未接触。通过本次任务训练，学生应学会根据采购信息正确制定订单并有效确认，并对已确认的订单根据商品特征及数量做出统计。

3. 实施准备

（1）材料准备：教师根据教学实际提供相关订单样本，根据学生及分组情况准备。

（2）学生约6人一组，确定主管（组长）1名，分工协作。

4. 实施步骤

（1）布置任务：教师向每组学生发放相关文字材料，要求学生以组为单位制定订单并进行分配。

（2）完成任务：学生小组制定最终方案并实施，教师辅助。

（3）成果展示：方案汇总，并让各小组代表简述完成过程。

（4）教师点评：教师针对完成过程情况逐一点评，分析问题产生的原因，同时穿插引出相关理论知识，以任务为载体详细讲解。

（5）修正方案：各组修正方案，重新完成订单接收任务并统计数据。

（6）布置新任务：新背景下的订单制定与确认制定。

（7）启发讨论：如何进行批量复合订单接收处理？

5. 效果评价

教师对学生实施过程及实训报告质量给予评价，激励学生积极认真地实施项目；对学生制订的方案样本进行汇总，通过讨论明确订单中的必填项目和机动项目，并给出最后评价，具体可参考评价表3-1。

6. 点评交流

挑选若干典型订单进行讨论和反馈，进一步强化学生对订单接收操作流程的理解，对实施订单接收及确认流程中表现优秀的学生给予表彰和推广，不足之处予以改进，促进后续任务顺利开展。

表 3-1 　　　　　　　　　　　配送订单接收及统计执行情况评价表

姓名：	学号：	总分：
学习内容	分值比例（分值/100）	得分
熟悉订单接收基本流程	30	
能制定完整的配送订单	25	
熟悉订单接收方式	25	
能根据客户需求建立相应档案信息	20	

 相关知识

一、订单处理概述

所谓订单（连锁企业也称为内部要货单）处理，就是由订单管理部门对客户的需求信息进行及时的处理，这是物流活动的关键之一。它包括从客户下订单开始到客户收到货物为止，涉及这一过程中所有的单据处理活动，与订单处理相关的费用属于订单处理费用。订单处理涉及的主要内容及步骤如图 3-1 所示。

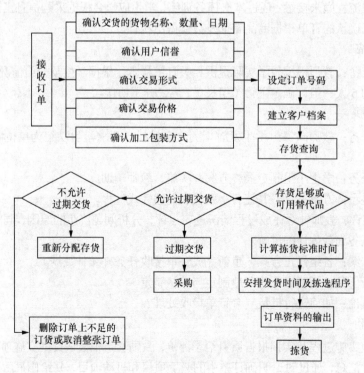

图 3-1　订单处理内容和步骤

1. 接收订单

（1）订单接收并确认。订单制定后，能根据订单商品内容确认商品所属状态，明确各种商品的可靠性并向采购商发出确认通知。每一订单都要有其单独的订单号码，此号码由控制单位或成本单位来指定，除了便于计算成本外，还可用于制造、配送等一切有关工作，所有工作说明单及进度报告均应附此号码。为了便于后续库位查询及分配工作，将上述订单的商品类别、数量进行统计。

（2）订单信息完善。根据学生制定的各类订单，通过汇总讨论，引导学生分析并明确订单基本内容，给出订单格式范例（见表3-2）。根据汇总结果，让学生进一步完善原有订单或重新缮制。订单信息包括客户信息、商品完备信息、交货日期等。

表 3-2　　　　　　　　　　　　　　　　订单格式样本

客户代码	×××			送货地址	WH001
下单日期	2/10/98			要求到货时间	2/15/98
产品代码	品名	单价	下单数量	金额	分配数量	金额

2. 根据订单建立客户主档

（1）引导学生认识建立客户主档的目的。一个优秀的物流订单管理者，不仅能根据客户需求快速准确地确认及统计相关订单信息，还要能够根据一切可用信息来优化服务质量，拓展业务渠道。根据订单建立客户档案，既是进一步完善物流服务的需要，也是拓宽和稳定业务渠道的良好途径。

（2）讨论并明确客户主档相关信息。客户主档应包含订单处理需要用到的信息及与物流作业相关的资料，包括如下内容。

① 客户姓名、代号、等级形态（产业交易性质）。

② 客户信用额度。

③ 客户销售付款及折扣率的条件。

④ 开发或负责此客户的业务员。

⑤ 客户配送区域。

⑥ 客户收账地址。

⑦ 客户点配送路径顺序：根据区域、街道、客户位置，将客户分配于适当的配送路径顺序。

⑧ 客户点适合的车辆形态：通常客户所在地点的街道有车辆大小的限制，因而须将适合该客户的车辆形态建于资料档案中。

⑨ 客户点下货特性：客户所在地点或客户下货位置，由于建筑物本身或周围环境特性（如地下室有限高或高楼层），可能造成下货时有不同的需求或难易程度，在车辆及工具的调度上需加以考虑。

⑩ 过期订单处理指示：若客户能统一决定每次延迟订单的处理方式，则可事先将其写入资料档案，以省去临时询问或避免需紧急处理时的不便。

二、订单处理的基本内容

订单处理可以由人工或资料处理设备来完成，其中，人工处理较具有弹性，但只适合少量的订单，一旦订单数量稍多，处理将变得缓慢且容易出错。而电脑化处理能提供较大速率及较低的成本，适合大量的订单。订单处理的基本内容包括以下几个方面。

1. 接受订货的方式

接单作业为订单处理的第一步骤，随着流通环境及科技的发展，接受客户订货的方式也逐渐由传统的人工下单、接单，演变为通过电脑网络直接送、收订货资料的电子订货方式。

（1）传统订货方式。传统订货方式在我国发展得比较成熟，在当前仍得到广泛的应用，其主要包括以下几个方面。

① 厂商铺货。供应商直接将商品放在车上，一家家去送货，缺多少补多少。此种方式对于周转率较快的商品或新上市商品较常使用。

② 厂商巡货、隔日送货。供应商派巡货人员提前一天先至各客户处巡查补充之货品，隔天再予以补货的方式。采用此方法，厂商可利用巡货人员为门店整理货架、贴标或提供经营管理意见、市场资讯等，亦可促销新品或将自己的商品放在最占优势的货架上。此种方式的缺点是厂商可能会将巡货人员的成本加入商品中，而且厂商乱铺货将造成零售业者难以管理、分析自己所卖商品。

③ 电话口头订货。订货人员将商品名称及数量，以电话口述向厂商订货。但因客户每天订货的品项可能多达数十项，而且这些商品常由不同的供应商供货，因此利用电话订货所费时间太长，且错误率高。

④ 传真订货。业者将缺货情况整理成书面资料，利用传真机传给厂商。利用传真机虽可快速地传送订货资料，但其传送资料的品质不良，常增加事后确认工作。

⑤ 邮寄订单。客户将订货表单，或订货磁片、磁带邮寄给供应商。

⑥ 客户自行取货。客户自行到供应商处看货、补货，此种方式多为以往传统杂货店因地缘近所采用。客户自行取货虽可省却物流中心配送作业，但个别取货可能影响物流作业的连贯性。

⑦ 业务员跑单、接单。业务员至各客户处推销产品，而后将订单携回或紧急时以电话先联络公司，通知客户订单情况。

不管利用何种方式订货，上述这些订货方式皆为人工输入资料而且经常重复输入、重复传票、重复誊写、并且在输入输出间常造成时间耽误及产生错误，这些都是无谓的浪费。尤其现今客户更趋于高频度订货，且要求快速配送，传统订货方式已无法满足需求，这使得新的订货方式——电子订货应运而生。

（2）电子订货方式。电子订货，顾名思义即由电子传递方式，取代传统人工书写、输入、传送的订货方式，也就是将订货资料转为电子资料形式，由通信网路传送，此系统即称为电子订货系统，是采用电子资料交换方式取代传统商业下单、接单工作的自动化订货系统。其操作方法可分为以下三种。

① 订货簿或货架标签配合手持终端机扫描。订货人员携带订货簿巡视货架，若发现商品缺货则用扫描器扫描订货簿或货架上的商品标签，再输入订货数量，当所有订货资料皆输入完毕后，利用数据机将订货资料传给供应商或总公司。

② 销售时点管理系统（Point of Sale，POS）客户若有 POS 收款机则可在商品库存档案里设定安全存量，每当销售一笔商品时，电脑自动扣除该笔商品库存量信息，当库存低于安全存量时，即自动产生订货资料，将此订货资料确认后即可通过电信网路传给总公司或供应商；也有客户将每日的 POS 资料传给总公司，总公司将 POS 销售资料与库存资料比对后，根据采购计划向供应

商下订单。

③ 订货应用系统。客户资料系统里若有订单处理系统，可将应用系统产生的订货资料，转换成与供应商约定的共通格式，在约定时间里将资料传送出去。

一般而言，通过电脑直接连线的方式最快也最准确，而邮寄、电话或销售员携回的方式较慢。由于订单传递时间是订货前置时间内的一个因素，其可经由存货水平的调整来影响客户服务及存货成本，因而传递速度快、可靠性及正确性高的订单处理方式，不仅可大幅提升客户服务水平，亦能有效地缩减与存货相关的成本费用。

2. 品项数量及日期的确认

这里对订货资料项目的基本检查，包括检查品名、数量、送货日期等是否有遗漏、笔误或不符公司要求的情形。尤其当要求送货时间有问题或出货时间已延迟时，应再与客户确认订单内容或更正预期运送时间。

3. 客户信用的确认

不论订单由何种方式传至公司，配销系统的第一步骤即要查核客户的财务状况，以确定其是否有能力支付该订单的款项，其作法多是检查客户的应付账款是否已超过其信用额度。

三、订单处理基本流程

订单处理是企业的一个核心业务流程，包括订单准备、订单传递、订单登录、按订单供货、订单处理状态跟踪等活动。订单处理是实现企业顾客服务目标最重要的影响因素。改善订单处理流程，缩短订单处理周期，提高订单满足率和供货的准确率，提供订单处理全程跟踪信息，可以大大提高顾客服务水平与顾客满意度，同时也能够降低库存水平，在提高顾客服务水平的同时降低物流总成本。一般的订单处理基本流程如图 3-2 所示，其过程主要包括以下五个部分。

1. 订单准备

订单准备是指搜集所需产品或服务的必要信息和正式提出购买要求的各项活动。

2. 订单传输

传送订单信息是订单处理过程中的第二步，涉及订货请求从发出地点到订单录入地点的传输过程。订单传输可以通过两种基本方式来完成：人工方式和电子方式。

3. 订单录入

订单录入指在订单实际履行前所进行的各项工作，主要包括：

（1）核对订货信息（如商品名称与编号、数量、价格等）的准确性；

（2）检查所需商品是否可得；

（3）如有必要，准备补交货订单或取消订单的文件；

（4）审核客户信用；

（5）必要时，转录订单信息；

（6）开具账单。

4. 订单履行

订单履行是由与实物有关的活动组成的，主要包括 4 个方面：

（1）提取存货，生产或采购客户所订购的货物；

（2）对货物进行运输包装；

（3）安排送货；

（4）准备运输单证。

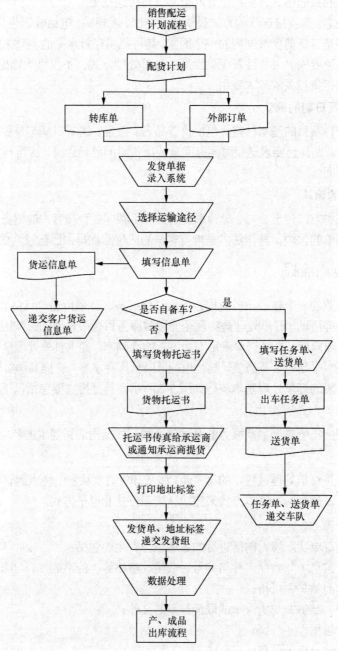

图 3-2　订单处理流程图

其中有些活动会与订单录入同时进行，以缩短订单处理时间。

订单处理的先后次序可能会影响到所有订单的处理速度，也可能影响到较重要订单的处理速度。这里可借鉴优先权法则：

（1）先收到，先处理；

（2）使处理时间最短；

（3）预先确定顺序号；

（4）优先处理订货量较小、相对简单的订单；

（5）优先处理承诺交货日期最早的订单；

（6）优先处理距约定交货日期最近的订单。

5. 订单跟踪

订单处理过程的最后环节是通过不断向客户报告订单处理过程中或货物交付过程中的任何延迟，确保优质的客户服务。具体包括：

（1）在整个订单周转过程中跟踪订单；

（2）与客户交换订单处理进度、订单货物交付时间等方面的信息。

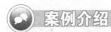 **案例介绍**

Fastenal 公司利用 SOA 加快订单实时处理

SOA 专家 Joe McKendrick 称，我一直在寻找 SOA 提高企业实际竞争力和增长的报道。最近有关 Fastenal 公司的报道就是一个很好的例子。

为了加快订单完成过程，使这个过程尽可能实现实时处理，Fastenal 公司采用了 SOA 方法。Fastenal 是一家工业和建筑材料供应商。对于该公司而言这是一个很困难的业务，即使在经济状况好的时候也是如此。因为，延迟订单就意味着失去客户。

Fastenal 公司的集成开发人员 Adam Swift 说，业务的利润率很薄，竞争非常激烈。客户很容易转换供应商。为了保留和吸引新的客户，我们需要一种方法使我们更加出众和成为真正的供应商。当寻求改善客户满意度的方法时，我们的订单管理系统很快为我们创造了巨大的商机。

Swift 的团队把 SOA 方法看作是向商店实时下订单的最有效的方法。Swift 说，这将增加透明度并且保证我们所有的企业订单都通过这个新的系统，无论这些订单的来源是什么。

这里的工作原理是这样的：订单通过网站、电子数据交换系统或者企业自己开发的厂商管理系统等途径到达 Fastenal 公司的总部，然后由人工分配给单个的商店。正如 Swift 解释的那样：我们组合一个客户文件传输系统，以"发后不理"的模式把文件从这里传送到商店。有时候，有些东西会丢失。对于丢失的订单没有真正的解释，因为我们的传输系统没有记录这个传输。因此，我们没有办法回过头来检查故障发生在什么地方和发生故障的原因。

Swift 说，还有及时性的问题。订单以批量的方式每个小时向商店发送一次。如果刚刚发出订单就又接到一个订单，你就要等候一个小时在下一次批量发送订单的时候把这个订单发出。诸如采购确认书等任何文件都会被延迟。

Swift 的团队部署了一个架构。在这个架构中，所有的订单请求都发送给一个使用 Active Endpoints 公司的 Active VOS 软件的系统。这个系统能够让公司编排整理之后的所有的流程。他们使用甲骨文 Web 服务管理器中的一个中心门户管理所有的服务。

这种新的、具有服务功能的订单管理系统与老式的、批量模式的文件传输系统一起使用了几个月的时间，直到完全停用老式的系统。通过一起使用老式的和新式的系统，Swift 团队的记录显示，新系统向商店做出响应的时间加快了 32 分钟。

此外，随着新项目的应用，这家公司能够迅速地利用可再利用的服务组建一个流程。Swift 说，这比每一次遇到一个新的项目都做客户化开发更节省成本且效率更高。作为一个团队将更灵活，因为采用一个 SOA 计划，我们能够提前构建一个组件，并且根据我们的意愿插入这个组件或者撤销这个组件，而不用再去部署新版本的程序或者增加流程。

 实训练习

社区蔬菜物流与配送

随着生活节奏的加快，人们生活水平的提高和对更高生活品质的追求，新鲜蔬菜销售走出传统模式，以现代配送方式走进家庭是大势所趋。

要求：

（1）搜集与蔬菜配送相关的国内外资料并进行总结；

（2）请结合所在社区或高教园区的情况，制订一套园区蔬菜订单的配送计划。

任务二　依订单信息分配存货

 任务引入

在物流配送中心，物流工作人员需要根据订单信息处理不同批次、不同规模的各类订单，并确保对每张订单进行正确无误的操作。依照订单信息对货物进行相应的、正确有效的处理是订单处理流程的重要步骤。

1. 任务要求

通过情景模拟学习，能掌握订单存货查询，依订单分配存货的基本操作流程，内容包括如下几个方面。

（1）实时查询订单存货。

（2）根据订单及相关原则对存货进行分配。

（3）依订单排定出货时序。

2. 任务分析

学生已经通过订单接收的相关训练，学会了订单处理首要步骤的操作流程，但对配送订单的信息处理流程尚未接触。通过本项任务训练，使学生学会并掌握根据采购信息正确制定订单并有效确认，并对已确认的订单根据商品特征及数量进行统计的相关技能。

3. 实施准备

（1）材料准备：准备若干订单，要求学生根据订单信息进行查询，根据订单分配存货并确认出货方式。

（2）知识准备：要求学生在任务进行之前预习订单查询及分配的相关内容，尽可能了解货物品项、SKU 号码。

4. 实施步骤

（1）布置任务：教师引导学生查阅相关资料，熟悉货物品项、SKU 号码，并能对产品进行完备的信息描述。

（2）完成任务：学生制定订单查询方案并实施，教师辅助。

（3）成果展示：学生代表简述完成过程。

（4）教师点评：教师针对完成情况逐一点评，分析产生差异的原因，同时穿插引山相关理论知识，以本任务为载体详细讲解。

（5）修正方案：各组修正方案，重新完成订单查询及分配任务，统计数据。

（6）启发讨论：讨论并交流批次分配存货的原则及方法。

5. 效果评价

教师对学生实施过程及实训报告质量进行评价，激励学生积极认真地实施项目；对学生样本进行汇总，通过讨论明确订单中的必填项目和机动项目，并给出最后评价，具体可参考评价表 3-3。

表 3-3　　　　　　　　　配送订单存货查询及分配执行情况评价表

姓名：	学号：	总分：
学习内容	分值比例（分值/100）	得分
熟悉货物品项、SKU 号码	30	
能对产品进行完备信息描述	20	
熟练实时查询并分配存货	30	
熟悉批次划分存货的原则及方法	20	
合计	100	

6. 点评交流

交流讨论存货查询的相关重点和难点，进一步强化学生对存货查询的理解，促进后续任务的顺利展开。

 相关知识

一、存货查询概述

存货是指企业在日常活动中持有以备出售的产成品或商品，处在生产过程中的在产品、在生产过程或提供劳务过程中耗用的材料、物料等。存货区别于固定资产等非流动资产的最基本特征是，企业持有存货的最终的目的是为了出售，不论是可供直接销售的存货，如企业的产成品、商品等；还是需经过进一步加工后才能出售的存货，如原材料等。

存货查询是配送中心流程的一个重要环节，此程序在于确认是否有效库存能够满足客户需求，通常称为：事先拣货（Prepicking the Order）。存货档案的资料一般包括品项名称、SKU 号码、产品描述、库存量、已分配存货、有效存货及预期进货时间。

输入客户订货商品的名称、代号，系统即查对存货相关资料，看商品是否缺货，若缺货则可提供商品资料或是此缺货商品的已采购未入库信息，便于接单人员与客户协调是否改订替代品或是允许延后出货，提高人员的接单率及接单处理效率。

二、依据订单分配存货的方法及原则

订单资料输入系统并确认无误后，最主要的处理作业是根据大量的订货资料，作最有效的汇总分类和调拨库存，以便后续的物流作业能有效地进行。存货的分配模式可分为单一订单分配和按批次分配两种。

1．单一订单分配

此种情形多为线上即时分配，即在输入订单资料时，就将存货分配给该订单。单一订单分配存货的流程比较简单，主要适用于大批量的存货分配。

2．按批次分配

这种分配是累积汇总数笔的已输入订单资料后，再一次性分配库存。物流中心因订单数量多、客户类型等级多，且多为每天固定配送次数，因此通常采用批次分配以确保库存能作最佳的分配。按批次分配时，应注意订单的分批原则，即批次的划分方法。随着作业的不同，各物流中心的分批原则亦可能不同，总的来说有下面几种方法。

（1）按接单时序划分。将整个接单时段划分成几个区段，若一天有多个配送批次，可配合配送批次，将订单按接单先后分为几个批次处理。

（2）按配送区域路径划分。将同一配送区域路径的订单汇总一起处理。

（3）按流通加工需求划分。将加工处理或相同流通加工处理的订单汇总一起处理。

（4）按车辆需求划分。若配送商品需要特殊的配送车辆（如低温车、冷冻车、冷藏车）或客户所在地的下货特性要求由特殊的车辆配送，可汇总合并处理。

按批次分配时，在选定参与分配的订单后，若这些订单的某商品总出货量大于可分配的库存量，则应如何取舍来分配这有限的库存？可依以下4个原则来决定客户订购的优先性。

① 具特殊优先权者先分配。对于一些例外的订单，如缺货补货订单、延迟交货订单、紧急订单或远期订单，这些在前次就应交货的订单，或客户提前预约的订单，应有优先取得存货的权利。因此，当存货已补充或交货期限到时，应确定这些订单的优先分配权。

② 依客户等级来取舍，将客户重要性程度高的作优先分配（可参考储存作业所介绍之客户类别进行A、B、C分类）。

③ 依订单交易量或交易金额来取舍，将对公司贡献度大的订单作优先处理。

④ 依客户信用状况，将信用较好的客户订单作优先处理。

此外，也可依上述原则，在接受客户订单时就将优先顺序性输入（以A、B、C或1、2、3来表示）系统，而后在作分配时即可依此顺序自动作取舍，也就是建立一套订单处理的优先系统。

三、拣货单分配

拣货单是拣货的重要依据。拣货单的形式设计是根据物流配送中心拣货作业方式和拣货系统来设计的。不同的拣货方法对应不同的拣货信息。拣货方式因配送中心的特性而有所不同。其主要分配模式有以下几种。

1．单一订单拣货

指每次拣货只针对一张订单进行作业，又叫摘果法。这种方法是拣货车巡回于储存场所之中，按用户单位的订单拣出每一种商品，巡回结束即完成了一次配货作业，并将配齐的商品之中于待发区。

（1）一人拣货。这种方法是每一张订单由一个人负责到拣货完毕。

（2）分区接力拣货。这种拣货方式是把储存区或拣货区分成几个区域，按照接力方式由各区拣货人员共同完成一张拣货单的拣货作业。

（3）分区汇总拣货。这种拣货方式是把储存区或拣货区分成几个区域，把一张订单分为各区的拣货单，再把各区拣出的商品汇集起来。一般的分区方式有按储存或拣货单位分区和按工作分区两种方式。

① 按储存或拣货单位分区：即把商品储存区和拣货区按照储存单位或拣货单位分成几个区域，例如托盘拣货区、料箱拣货区和单品拣货区等。这种分区方式的优点在于方便储存管理，提高拣货效率。

② 按工作分区：即把储存区或拣货区分成几个区，有一个或一组人员负责拣区内的商品。此拣货方式的优点在于拣货人员熟悉商品的位置，可以缩短拣货时间，提高拣货效率。

单一订单拣货的优点包括订单处理前置时间短，作业人员责任明确，派工容易，拣货后不再进行分拣作业，适于大批量、少品种订单的处理；其缺点是：对于多品种、少批量的商品，则拣货路线和时间长，效率低。

2. 批量拣货

把多张订单整合为一批，再把各订单中相同商品的数量汇总起来进行拣货，又叫播种法。其分批拣货方式如下。

（1）按拣货单位拣货：把同一种拣货单位的物品汇总起来集中拣货。

（2）按配送区域或路线拣货：把同一配送区域或路线的订单汇总起来统一拣货和配送。

（3）按流通加工要求拣货：把需要加工处理的商品或相同流通加工的商品订单汇总起来统一拣货。

（4）按车辆要求拣货：当配送商品需要特殊车辆（如低温车、冷冻车、冷藏车）时，这些商品可以统一拣货和配送。

批量拣货适用于订单数量大的多品种、小批量商品，可减少巡货距离，提高拣货效益。

3. 批次分配拣货

累积汇总数笔订单资料后，再一次性分配库存。配送中心因订单数量多、客户类型等级多，且多为每天固定配送次数，因此通常采用批次分配以确保库存能作出最佳的分配。采用批次分配时，要注意订单的分批原则，即批次的划分方法。由于作业的不同，各分配中心的分批原则也可能不同，总的有下面几种方法：按接单顺序、按配送路线要求等划分。

如果订单是按正常步骤进行操作的，那么这整个处理过程会按照事先设定的流程进行，并准时出货。但是在现实中常常会发生一些意想不到的情况，导致一些订单处理无法按正常步骤进行，因此在分配订单时，要考虑这些因故未能按时出货的订单是否继续参与配送。

（1）延迟交货订单。因缺货而顺延的订单，现在是否已有库存，有的话是否参与分配，完成出货。

（2）已参与分配而未出货的订单。对于已经参与库存分配，却因故未出货的订单，是否重新分配库存。

（3）缺货补送订单。对于客户前一份订单上的缺货物品，这次是否已有库存，这些缺货资料是否参与分配，以便补送出货。

（4）解除锁定订单。在订单资料输入后进行核查及确认处理的作业环节中，由于某些条件不符合而被锁定的订单，事后经再次审核通过，解除锁定的订单是否参与当次库存分配。

（5）远期订单。对于一些还未到交货期限的订单，系统会自动追踪其交货日期，以便在交货日自动将其纳入参与分配范围，做到按时交货。

4. 多仓/多储位/多批号的库存分配选择

若物品存放地点有多个仓库、多个储位或有多个批号时，则在分配库存时应该考虑如何选择适当的出货仓库、出货批号、出货储位，以便达到适时（选择离客户最近的仓库出货）、适品（即批号或储位的选择，做到先进先出）的配送。

四、送货及缺货处理

1. 送货单

物品交货配送时，通常附上送货单据供客户清点签收。因为送货单是给客户签收、确认的出货资料，其正确性及明确性很重要。要确保送货单上的资料与实际送货相符，除了出货前的清点外，出货单据的打印时间以及一些订单变动情况（如缺货品项或缺货数量等）也需打印注明。

（1）单据打印时间。最能保证送货单上的资料与实际出货一致的方法是：在出车前，一切清点工作完毕，且不符合的资料也在电脑上修改完毕之后，再打印出货单。但此时再打印出货单，常因单据数量多，耗费许多时间，影响出车时间。若提早打印，则在因为拣货、分类作业后发现实际存货不足，或是客户临时更改订单等原因造成原出货单资料与实际不符时，须重新打印送货单。

（2）送货单资料。送货单据上除了列明基本的出货资料外，还应列明订单变动情况，如缺货品项或缺货数量等。

2. 缺货资料的处理

库存分配后，对于缺货的商品或缺货的订单资料，系统应提供查询或报表打印功能，以便工作人员处理。库存缺货产品，应提供依商品或供应商类别查询的缺货商品资料，以提供采购人员紧急采购；缺货订单，应提供依客户类别或外务员类别查询的缺货订单资料，以便外务员查询。

 案例介绍

自动补货系统在沃尔玛的应用

沃尔玛之所以能够取得成功，是因为沃尔玛有一个依据订单的自动补货系统。它的每一个商店都有这样的系统，包括在中国的商店。

它使得沃尔玛在任何一个时间点都可以知道：现在这个商店中有多少货品，有多少货品正在运输过程当中，有多少是在配送中心等。同时它也使沃尔玛可以了解某种货品上周卖了多少，去年卖了多少，近而预测将来可以卖多少这种货品。

沃尔玛之所以能够了解得这么细，就是因为沃尔玛有 UPC 统一货品代码。商场中所有的产品都有一个统一的产品代码，即 UPC 代码，这是非常重要的。这个代码在中国叫 EAN 数码。沃尔玛之所以认为所有这种代码都是非常必要的，是因为可以对它进行扫描，可以对它进行阅读。在沃尔玛的所有商场中，都不需要用纸张来处理订单。

沃尔玛这个自动补货系统可以自动提示商场经理订货，这样就可以非常及时地对商场进行帮助。经理们在商场中走一走，然后看一看这些商品，选到其中一种商品，对它扫描一下，就知道现在商场中有多少这种货品，有多少订货，而且知道有多少这种产品正在运输到商店的过程当中，会在什么时间到达。所有关于这种商品的信息都可以通过扫描这种产品代码得到，不需要其他人再进行任何复杂的汇报。

在商场中，商场的经理拥有这样的自由度——他可以不听从这些物流系统对他的建议。虽然系统的建议很多，但是经理还可以订更多的货；或是系统建议的数额太大，经理有自主权来减少一些。在美国，这个系统每天提供的这种信息，都下载到沃尔玛在世界各地的办公室中，世界各地的这些信息又都可以传送到沃尔玛的总部。只要有一个人订货，沃尔玛就通过这种电子方式来

和供货商进行联系。

　　沃尔玛还有一个非常好的系统，可以使得供货商们直接进入到沃尔玛的系统，沃尔玛把这个系统叫做零售链接。任何一个供货商可以进入这个系统来了解他们的产品卖得怎么样：今天、昨天、上一周、上个月和去年卖得怎么样。他们可以知道这种商品卖了多少，而且他们可以在 24 小时之内就进行更新。供货商们可以通过沃尔玛公司的每一个店及时了解到有关情况。

　　在中国，沃尔玛有三百多家供货商，在深圳他们也可以进入沃尔玛的零售链接当中，了解他们的商品卖得如何。通过零售链接，供货商们可以了解销售情况，并据此来决定生产。根据沃尔玛每天的销售情况，他们可以对将来的销售状况进行预测，以决定他们的生产情况，这样他们产品的成本也可以降低。

 实训练习

　　1. 小组讨论：订单信息处理的基本步骤。
　　2. 结合查阅资料思考：影响订单完成的主要因素是什么？
　　3. 通过案例分析思考：配送订单处理和物流信息系统的关系是什么？

任务三　订单状况跟踪及处理

 任务引入

　　通过接单作业及信息处理作业，订单进入物流配送中心进行输入、查实、确认和库存分配等处理，最后生成发货指示书。根据发货指示书可以进行拣货、发货、配送、用户验收签字、结账。因此，对于订单在物流过程中的执行情况，必须进行实时跟踪和处理，以确保订单有效执行。

　　1. 任务要求

　　通过情景模拟学习，能掌握配送订单状态跟踪的相关操作流程，包括以下内容。

　　（1）确认订单状态。

　　（2）根据订单信息处理相关档案资料。

　　（3）能灵活进行订单变化处理。

　　2. 任务分析

　　学生已经通过订单相关信息查询及分货的相关训练，学会了如何根据订单信息对订单进行查询及分配货物的技能，由于订单处理本身是一个动态流程，学生尚未接触订单状态的实时跟踪。通过本项任务训练，学生将学会并掌握实时跟踪订单状态并对订单变化进行及时处理的相关技能。

　　3. 实施准备

　　（1）材料准备：准备相关数据资料，明确订单相关信息。

　　（2）学生约 6 人一组，确定主管（组长）1 名，分工协作。

　　4. 实施步骤

　　（1）布置任务：教师向每组学生发放相关文字资料，引导学生熟悉订单状态跟踪的几个阶段，要求学生进行模拟操作，对订单进行分析并汇总。

　　（2）完成任务：学生小组根据任务要求进行订单跟踪和实施，教师辅助。

　　（3）成果展示：小组代表简述完成过程，交流订单状态跟踪处理的相关原则及方法。

（4）教师点评：教师针对完成情况逐一点评，分析产生差异的原因，同时穿插引出相关理论知识，以本任务为载体详细讲解。

（5）修正方案：各组修正方案，重新进行订单跟踪及处理。

（6）启发讨论：最常见的订单变动情况有哪些？应如何处理？

5. 效果评价

教师对学生实施过程及实训报告质量进行评价，激励学生积极认真地实施项目；对学生样本进行汇总，通过讨论明确订单中的必填项目和机动项目，给出最后评价，具体可参考评价表3-4。

表3-4 　　　　　　　　　　　　　　配送订单状态跟踪及处理情况评价表

姓名：	学号：	总分：
学习内容	分值比例（分值/100）	得分
熟悉订单转移的几大阶段	30	
能准确描述订单所处状态	20	
能根据订单快速搜索相关档案信息	20	
能对变动订单进行有效处理	30	
合计	100	

6. 点评交流

交流讨论订单状态跟踪的相关重点和难点，进一步强化学生对订单跟踪的理解，促进后续任务的顺利展开。

 相关知识

一、订单状态追踪

随着物流过程的进展，订单状态也随之而变化。变化状态有以下几种。

（1）已输入订单。把用户订单输入系统中，其内容有商品品项、数量、单价和交易配送条件等。此订单也是发货依据。

（2）已分配订单。经过输入确认的订单可进行库存分配作业，并进一步确认订单是否如数拣货。一旦发生缺货应及时处理。

（3）已拣货订单。经过库存分配产生的发货指示书，是实际的拣货基础。

（4）已发货订单。已拣货订单经过分类、装车、发货后，变成已发货订单。

（5）已收款订单。已发货订单经过用户的确认验收后，便是实际发货的资料。这种资料是收款的依据。根据这种资料制作发票，便于用户申请款项。收到款项的发货订单就是收款订单。

（6）已结案订单。已收款订单经过内部确认后变成已结案订单，这种已结案订单表示和用户的交易活动已经结束，已结案订单就成为了历史交易档案。

二、订单相关档案记录

1. 订单相关资料及档案

（1）预计销售资料及不合格资料。客户的原始订单资料或电子订货接收的电子订货资料进入订单处理系统，经过确认核实后，将正确的订单资料记录为预计销售资料文件；而不合格的订单资料记录为不合格资料文件。

（2）已分配而未出库销售资料、缺货资料、合并订单档案、补送订单档案。预计销售资料经过库存分配后，转为已分配、未出库销售资料。而分配后缺货的资料记录为缺货资料文件；缺货的订单若要合并到下一张订单则记录为合并订单文件，若有库存时予以补送则记录为补送订单文件。

（3）已拣货而未出库销售信息包括缺货信息、转录信息、补送信息等。已分配、未出库销售资料经过打印拣货单后转为已拣货、未出库销售资料，如果拣货后发现缺货则转录为缺货资料文件；缺货的订单若要合并到下一张订单则记录为合并订单文件，若有库存时予以补送则记录为补送订单文件。

（4）在途销售资料。已拣货而未出库资料，出货配送后即转为在途销售资料。

（5）销售资料。在途销售资料，经过客户签收确认后即转为销售资料，此为实际的销售资料，为应收账款系统的收款资料来源。

（6）历史销售资料。销售资料，经过结账后即为历史销售资料。

2. 订单状态资料的查询打印

当订单的状态及相关档案记录完毕后，就可以随时查询并打印订单的状况资料，如：

（1）订单状态明细表；

（2）未出货订单明细表；

（3）缺货订单明细表；

（4）未取款订单；

（5）未结案订单等。

三、订单变化处理

一般而言，处理变化订单常遇到的情况有以下几种。

1. 客户取消订单

由于各种原因，常有用户取消订单的情况。一旦用户取消订单会造成损失，一方面要和用户协商；另一方面应从订单系统内部跟踪了解这个订单执行到了什么程度，详细掌握订单状态，然后再取消订单交易。

若此订单处于已分配而未出库状态，则应从已分配、未出库销售信息中找到此笔订单，将其删除。与此同时，恢复相关商品的库存信息。若此订单处于已拣货状态，则应从已拣货、未出库销售信息中找到此笔订单，将其删除，并恢复相关品项的库存信息。之后，把已拣出的货品回库上架。

2. 新增订单

在物流过程中，经常发生用户增加订单的情况。在这种情况下，首先查询用户订单执行状态，若接受增订，应及时追加此笔订单信息；若用户订单状态处于分配状态时，应修改已分配、未出库销售信息档案中的订单内容。

3. 拣货时发现缺货

若现有存货数量无法满足用户需求，客户又不愿以替代品替代时，则应按照客户意愿与公司政策来决定应对方式。其处理方式有以下几种。

（1）重新调拨。若客户不允许过期交货，而公司也不愿失去此客户订单时，则有必要重新调拨订单。

（2）补送。若客户允许不足额的订货等待有货时再予以补送，且公司政策也允许，则采用补送方式。若客户允许不足额的订货或整张订单留待下一次订单一起配送，则也采用补送处理。

（3）删除不足额订单。若客户允许不足额的订货等待有货时再予以补送，但公司政策并不允许分批出货，则只好删除不足额订单。若客户不允许过期交货，而公司也无法重新调拨时，则可考虑删除不足额订单。

（4）延迟交货。延迟交货主要包括以下几种情况。

① 有时限延迟交货，即客户允许一段时间的过期交货，且希望所有订单一起配送。

② 无时限延迟交货，即不论需要等多久，客户都允许过期交货，且希望所有订货一起送达。此时则应等待所有订货到达再出货。对于这种将整张订单延后配送的，也应将这些顺延的订单记录成档。

（5）配送时发现缺货。在物流配送过程中，装车点货时发现缺货。应从已拣货、未出库销售信息中找到这笔缺货订单，加以修改，并重新打印清单。

（6）拒收。当用户对物品和数量等有异议而拒收时，应从在途销售信息中找到此用户订单，并加以修改。

四、订单资料分析

通过建立订单档案资料，并进行整理、分析，物流中心可以获得大量的商业信息。这些信息对客户而言也是极其重要的。订单资料一般包括：物品销售量、每种物品的市场销售情况、客户等级、每位客户的订货特点、订单处理过程中的库存情况、每种物品的库存情况、物流中心的作业效率等相关资料。

 案例介绍

美国南方公司的订单处理系统

美国南方公司（The Southland Corporation）因其拥有7 800家快捷式便利店（Quick Mark Store）而闻名于世。

由于零售店内绝大部分空间都要用于商品销售，所有货架上的商品必须频繁得到补给。因此，订单处理系统必须做到方便、快捷、准确，以保证店里的货源不断。

每家分店都有一份针对该店印就的库存清单或称订货指南（Order Guide），其上列明授权各分店销售的商品（Authorized Items）。店铺经理或工作人员用一个手持电子订单录入器读出订货指南或货架上的条码，接着输入每种商品所需的数量。该信息随后通过电话线传到南方公司的物流中心，在那里进行订单录入，进入订单履行系统。

物流中心的订单录入和订单履行系统把全天收到的订货及调整信息按商品、仓库汇总起来。在全部订单都收讫后，系统按商品、各仓库供货区的订购量生成一张拣货清单（Picking List）。

同时，系统还监控各货架上的货量，一旦某货架上的库存量低于预先设定的临界点，系统就会生成一张大宗货物拣货单（Bulk Picking Label），指示仓库的工作人员从托盘货物存储区提取一整箱货物，送到单品拣货区。在这份大宗货物拣货单上，还标明应附在商品上的零售价格，并指明贴过价签后的商品应摆放在哪个拣货区。在单品拣货区，商品是从货架的后部补充进来的，从货架的前部被放入塑料拣货箱或纸板物品箱里。

当大宗货物或托盘货物储存区的库存不足时，系统就会根据经济订货批量向采购人员提出理想的订货量。采购人员在审核订货量后，视情况对订货规模作出调整，随后系统即开始准备针对供应商的采购订单。

系统还可以根据各分店订购货物的体积，每天利用可变的运输调度法安排货车装货，调整送货路线。通过对各货车车厢的合理配货，系统可以保证最大限度地利用载货空间，并使每条路线的行车里程最短。然后，系统按与装货次序相反的顺序打印交付收据（Delivery Receipt），以方便各分店或货车司机清点货物。

南方公司通过这个订单处理系统获益匪浅，订单平均履行率在99%以上，仓库库存每22天周转一次。

 实训练习

世界上的很多公司为了降低销售成本和存货风险，都采取零库存销售方式。美国南方公司的7 800家快捷式便利店也采用零库存销售方式，若没有一个频繁、及时的补货系统作为支撑，很难做到不缺货。

请根据上述案例，分析美国南方公司的物流中心订单处理的特点。

任务四　电子商务环境下的订单处理

 任务引入

订单处理是电子商务物流配送的重要流程，改善订单处理过程，缩短订单处理周期，提高订单满足率与供货正确率，提高客服水平的同时降低物流总成本，确保企业竞争优势。

1. 任务要求

通过情景模拟学习，掌握配送订单接收和统计的基本操作流程，内容包括以下几个方面。

（1）能根据电商客户信息正确制定订单并有效确认。

（2）完成相关背景下的订单制定和接收任务。

（3）订单明细分析及确认。

2. 任务分析

学生已经通过配送管理的相关训练，学会了相应的配送中心内部物流实体的操作流程，但对电子商务环境下配送订单的信息处理流程尚未接触。通过本次任务训练，使学生学会根据电商信息正确制定订单并有效确认，并对已确认的订单根据商品特征及数量做出统计。

3. 实施准备

（1）材料准备：教师根据教学实际提供相关订单样本，根据学生及分组情况准备。

（2）学生约6人一组，确定主管（组长）1名，分工协作。

4. 实施步骤

（1）布置任务：教师向每组学生发放相关文字材料，要求学生以组为单位制定订单并进行分配。

（2）完成任务：学生小组制定最终方案并实施，教师辅助。

（3）成果展示：方案汇总，并让各小组代表简述完成过程。

（4）教师点评：教师针对完成过程情况逐一点评，分析问题产生的原因，同时穿插引出相关理论知识，以任务为载体详细讲解。

（5）修正方案：各组修正方案，重新完成订单接收任务并统计数据。

（6）布置新任务：新背景下的订单制定与确认制定。

（7）启发讨论：如何进行混合订单接收处理？

5. 效果评价

教师对学生实施过程及实训报告质量给予评价，激励学生积极认真地实施项目；对学生制定的方案样本进行汇总，通过讨论明确订单中的必填项目和机动项目，并给出最后评价，具体可参考评价表 3-5。

表 3-5　　　　　　　　　　　配送订单接收及统计执行情况评价表

姓名：	学号：		总分：
学习内容	分值比例（分值/100）		得分
熟悉订单接收基本流程	30		
能制定完整的配送订单	25		
熟悉订单接收方式	25		
能根据客户需求建立相应档案信息	20		

6. 点评交流

挑选若干典型订单进行讨论和反馈，进一步强化学生对订单接收操作流程的理解，对实施订单接收及确认流程中表现优秀的学生给予表彰和推广，不足之处予以改进，促进后续任务顺利开展。

 相关知识

一、电子商务订单处理概述

所谓电子商务订单处理，就是由电子商务企业针对网络客户的需求对信息进行及时处理，这是电子商务配送活动的关键之一。它包括从客户下订单开始到客户收到货物为止，涉及这一过程中所有的单据处理活动，以及与订单处理相关的费用属于订单处理费用。电子商务订单处理涉及的主要内容及步骤如图 3-3 所示。

二、电子商务订单处理程序

1. 订单接受

接受订货的第一步是接收订单，接收订单的方式包括传统与电子订货两种。

2. 订单确认

（1）确认所需货品、数量、交期。

（2）确认客户信用。核查客户的财务状况，一般是核查客户应收账款是否超过信用额度。

（3）确认订单形态。一般交易、现金交易、间接交易、合约式交易、寄库存式交易。

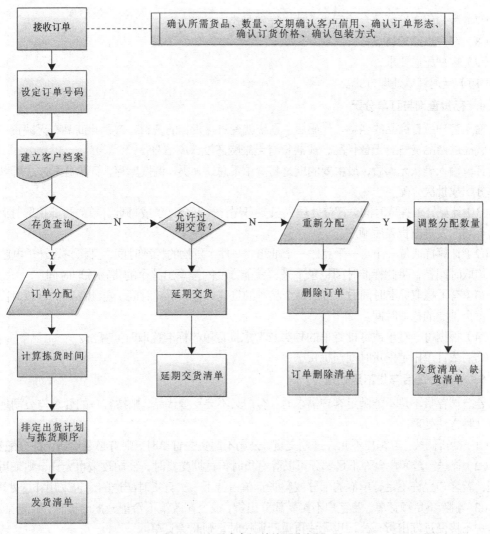

图 3-3 电子商务订单处理流程图

（4）确认订货价格。不同客户、不同数量，可能有不同的货物价格，在输入价格时应审查，若输入价格不符（输入错误或业务员降价强接单），应予以锁定，以便主管审核。

（5）确认包装方式。客户所订货品，是否有特殊的包装、分包装、与贴标签要求，或有无易腐、或易湿物品在其中。

3. 建立客户档案

客户档案应包括以下内容：

（1）客户名称、编号、等级，客户信用额度；

（2）客户付款及折扣率条件；

（3）开发负责此客户的业务员资料；

（4）客户的配送区域；

（5）客户的收货地址；

（6）客户配送路径的顺序；

（7）客户所在地区适合的运输方式、车辆形态；

（8）客户点卸货特点；

（9）客户配送要求；

（10）延迟订单处理方式。

4. 存货查询与订单分配

输入客户所订商品的名称、代码后，系统就查对存货档的资料，查看此商品有无缺货，如有缺货就提供商品资料有无替代品，或缺货有无采购还没入库信息。

订单输入确认无误后，最主要的就是将订单汇总、分类、调拨库存，订单分配方式可以单一订单分配或批次分配。

（1）计算订单拣取时间。订单处理人员要事先计算每个订单或每批订单的可能拣取时间，以便有计划的安排出货先后顺序。

（2）计算拣取每一个（一千克、一个纸箱、一件）货物的标准时间，且将它设计于电脑记录标准拣取时间档，将此标准时间记录下来，就能方便的推算出整个的货物拣取时间。

（3）有了拣取标准时间后，可依每个品种的订购数量（所耗时间）再配品项的寻找时间，计算出每个种类的拣取时间。

（4）根据每一订单或每批订单的种类及考虑批订单的标准拣取时间算出。

（5）依订单排定出货时间与拣货顺序。

5. 订单分配后存货不足处理

若公司存货不足不能满足客户需求时，客户又不接受替代品，则按客户的要求与公司规定有如下几种方法处理。

（1）重新调拨。若客户不允许过期交货，公司不愿失去订单时，则有必要重新调拨分配订单。

（2）补送。若客户允许不足部分可以等有货时再过期交货时，公司政策也允许，则采用补送处理；若客户允许不足订单额的部分或整张订单留待下一次订货时配送的，也采用补送处理。

（3）删除不足额订单。若客户不接受部分出货，或公司政策不希望分批出货时，则删除订单；若客户不接受过期出货，公司也无法再重新调拨时，则删除订单。

（4）延迟交货。延迟交货分以下两种。

① 有时限延迟交货，客户允许在一段时间内过期交货，且希望所有订单一起送达。

② 无限延迟交货，客户允许不论延迟多久交货，希望所有订单一起送达，则等所有订货到后再一起配送；对延迟订单需要有记录存档或单独列项。

（5）取消订单。若客户希望所有订单一起到达，且不允许延期交货，公司也无法再重新调拨，则取消订单。

（6）订单资料输出。需要打印出的资料包括：拣货单（或拣货单条码）、缺货资料。

以上为订单处理所涉及的方方面面。物流在订单执行过程中扮演及时、安全、足额配送的关键角色，并直面门店和终端客户，也是了解客户需求与服务反馈的一个重要信息源。

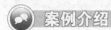 案例介绍

联想"借力"电商自动化订单系统实现再次飞跃

联想从2008年正式发展电子商务以来，通过与第三方物流合作开发EDI自动化订单信息系

统，在 2009 取得了年处理订单趟过 8 万件，平均日订单处理量为 200 件左右，销售总额超过 4 亿元人民币的良好业绩，同时供应链成本持续降低，在运营后期配送成本低于每订单价格的 1%，通常每单的供应链成本为 30～40 元，根据地区有所区别，但是仍然低于业界平均的 2% 左右的平均水平。

当电子商务零售年订单额在达到万量级之后，供应链通常将面临严峻的考验。行业研究表明，随着订单的增加，仓储、打包和配送成本并不是像通常想象的按照线性上升，而是呈阶梯状上升，即物流成本将在订单量在达到某个拐点后，将会快速上升至一个平台之后随之平稳，在订单达到另外一个新高之后又快速上升。如何降低物流成本在订单临界点的快速提升对于电子商务网站运营的影响，是电子商务运营运营过程中面临的巨大挑战。

多数电子商务企业在市场份额快速提升的阶段都面临物流配送方面的困惑，特别在于大多数电子商务从业者缺乏传统行业的物流建设和维护经验，这种经验和知识的欠缺导致物流本身的特点对企业经营的影响更加明显。

联想电子商务运营部门通过创新地将供应链管理通过外包的形式，通过与第三方物流商紧密合作，引入 EDI 数据交换提供自动化订单信息系统，而自身则专注于电子商务中的营销和客户运营的形式，有效地补充了自身物流能力的不足，为联想电子商务的突出表现打下了基础。

联想电子商务的供应链管理与联想电子商务自身资源和能力有一定的相关性，但是联想在其供应链管理中的创新和努力，使其成为采用第三方物流的电子商务运营商中的佼佼者。

 实训练习

高校社区餐饮外卖订单系统设计

随着生活节奏的加快，人们生活水平的提高和对更高生活品质的追求，以现代配送方式走进家庭是大势所趋。良好的订单系统可以为用户提供更完善、便捷的服务。

要求：

（1）以淘宝作为电商平台，分析其订单处理系统的基本流程。

（2）请结合所在社区或高教园区的情况，设计一套高校社区餐饮网上外卖订单处理流程。

综合练习

1. 结合查阅资料思考，订单跟踪处理对信息系统的要求应该有哪些？

2. 思考对变动订单进行处理应该注意哪些问题？

项目四

拣货、补货与流通加工

【知识目标】

1. 熟悉拣货作业环节
2. 掌握拣货作业方式及策略知识
3. 熟悉拣货作业流程管理的主要内容
4. 掌握拣货作业流程的管理重点
5. 掌握补货、理货工作内容及方法
6. 熟悉简单评价拣货效率及效果的指标
7. 掌握流通加工的主要内容

【技能目标】

1. 会进行拣货作业操作
2. 能根据配送中心布局、商品特性、订单特性优选拣货策略
3. 会针对不同商品和不同设施进行拣货流程设计
4. 能对拣货作业流程进行分工管理
5. 能根据具体情况选择补货方法及时机
6. 会根据企业要求进行商品理货作业
7. 会简单计算、评价拣货效率及效果
8. 能区分生产加工与流通加工
9. 能根据客户要求合理安排流通加工作业

任务一　拣货作业与策略

 任务引入

在物流配送中心，每张客户订单至少有一种货物需要处理。按订单要求，从储存区域将多种类、多数量的货物拣选出来并集中在指定地点等待配装送货的作业，就是拣货作业。据统计，在配送中心的搬运成本中，拣货作业的搬运成本约占90%；在劳动密集型的配送中心，与拣货作业直接相关的人力占50%；拣货作业时间约占整个配送中心作业时间的30%~40%。

完成货物拣选任务的方式、方法有多种：可以针对一个订单拣选，也可以同时拣选多个订单的货物然后再集中分配订单；可以一人完成，也可以多人接力完成；可以人工拣选，也可以利用机器设备拣选等。不同的拣货流程、拣货策略，其对应的成本、效率、准确率不同，适用条件也不同。制定适合的拣货策略及方法，是管理人员重要的工作职责。

1. 任务要求

课前查阅学习资料，按要求在课上完成教师预设的训练学习任务：

（1）完成6个订单（1~3为一组，4~6为一组）的拣选方案制订及实施。

（2）选取成本低、效率高的拣选方案，重新完成拣选任务。

（3）制定新背景下的订单拣选方案。

（4）在电子标签系统中完成订单拣选任务。

（5）学习自动分拣系统相关知识。

（6）相关理论的学习及研讨。

2. 任务分析

拣货作业在配送中心作业中所占比重较大，是最耗费人力和时间的作业，拣选作业及策略选择是配送中心的核心工作，直接影响着配送中心的作业效率和经营效益，也是关系配送中心服务水平高低的重要因素。一般仓库中大批量、少品种、时间相对宽松的出货比较简单。配送中心面临多品种、小批量、时间紧的密集订单时，通过高效的拣货作业平衡运作成本与顾客服务水平就显得至关重要。针对订单特性、货物特性、配送中心规模、服务水平要求等优化选择拣货的方式、方法是学习的重点。学生借鉴超市购物的经历，在教师辅助下完成从简到繁的系列任务训练，学习相关拣货作业技能和策略选择知识，锻炼职业能力。

3. 实施准备

（1）材料准备：手工拣货订单或出货单每组1套（初始订单6个）；电子标签拣货出货单每组1套；商品库位布局图（标注相关尺寸）每组1份；推车、周转箱（购物篮）等根据学生及分组情况准备；自动分拣系统视频资料。

（2）场地准备：配送中心或超市（超市货架可充当配送中心货架）一定区域，相关商品按商品库位布局图位置摆放，电子标签拣货系统调试正常，商品按要求摆放。

（3）学生约6人一组，确定主管（组长）1名，分工协作。

4. 实施步骤

（1）布置任务：教师向每组学生发放任务单2组（6个初始订单，3个订单为一组任务），要求学生在一定时间内完成任务（把每个订单的货物放到指定地点），同时记录完成时间（秒），然后计算所走路程（米）、统计拣货差错率。

（2）完成任务：学生小组制订方案并实施，统计数据，教师辅助。

（3）成果展示：教师把各组完成情况数据填入表格，小组代表简述完成过程。

（4）教师点评：教师针对完成情况及表格数据逐一点评，分析产生差异的原因，同时穿插引出相关理论知识，以本任务为载体详细讲解。

（5）修正方案：各组修正方案，重新完成拣货任务，统计数据。

（6）布置新任务：新背景下的拣货方案制定（4个订单任务）。

（7）启发讨论：如何提高拣货效率并降低差错率？

（8）电子标签拣货系统组成及应用介绍，操作演示。

（9）教师发放订单任务，布置电子标签系统下的 DPS 拣货和 DAS 分货两项任务。

（10）学生小组在电子标签拣货系统中完成 DPS 拣货和 DAS 分货任务，记录时间，统计差错率。

（11）关闭电子标签，学生重新完成拣货和分货任务，记录时间，统计差错率。

（12）启发讨论：DPS 系统和 DAS 系统的优劣势及适用条件。

（13）自动分拣系统视频播放。

（14）启发讨论：自动分拣系统的优劣势及适用条件。

5. 效果评价

参照表 4-1 对学生任务完成过程及完成质量给予综合评价，激励学生积极认真地完成任务。小组成绩考核团队整体完成情况，个人部分考核个人执行情况，鼓励团队成员友好互助。

表 4-1　　　　　　　　　　　　拣货作业及策略实训评价表

小组序号：			学生姓名：		学号：
小组成绩（教师评价或小组互评）			个人最终成绩		
任务及标准	满分	得分	项目及标准	满分	得分
初始订单任务完成	10		小组分解得分	50	
方案修正实施情况	15		个人角色及执行	10	
新订单任务方案	10		代表发言陈述	10	
电子标签拣货	10		讨论发言	25	
讨论及合作情况	5		友好互助	5	
合计	50		合计	100	
评价者：			评价者：		
评价时间：　年　月　日			评价时间：　年　月　日		

6. 点评交流

学生完成任务后，教师及时组织成果展示，结合小组汇报及效益数据进行逐一点评，穿插引出拣货单位、拣货作业模式、拣货信息传输方式、拣货方式及策略等理论知识，以本次任务为载体进行重点讲解。以启发式提问适时引出电子标签拣货系统、自动分拣系统等知识，引导学生思考、讨论这些先进设备的优劣势及其适用条件。

点评、讨论环节，对积极发言、主动思考、勇于担当重任的学生及时肯定和鼓励，对于小组及某些学生的不足之处帮助其改进，提高任务实施的绩效。

相关知识

一、拣货作业基本过程

拣货作业的基本过程包括如下 4 个环节。

（1）拣货信息的形成。拣货作业开始前，指示拣货作业的单据或信息必须先行处理完成。一些配送中心直接利用顾客订单或公司交货单作为拣货指示，但此类单据容易在拣货过程中受到污损而产生错误，所以多数拣货方式仍需将原始单据转换成拣货单或电子信号，使拣货员或自动拣取设备进行更有效的拣货作业。将订货单转换成拣货单或电子信号需要考虑众多管理因素和技术因素。

（2）行走与搬运。拣货时，拣货作业人员或机器必须直接接触并拿取货物，这样就形成了拣货过程中的行走与货物的搬运。这一过程有两种完成方式。

① 人到物方式。即拣货人员步行或搭乘拣货车辆到达货物储位。这一方式的特点是物静而人动，拣取者包括拣货人员、自动拣货机或拣货机器人。

② 物到人方式。与第一种方式相反，拣取人员在固定位置作业，而货物保持动态的储存方式。这种方式的特点是物动而人静，如轻负载自动仓储、旋转自动仓储等。

此外，还有无人拣取方式，拣取动作由自动的机械完成，电子信息输入后自动完成拣选作业，无须人工干预。

（3）拣取。当货品出现在拣选员面前时，接下来就要抓取和确认。确认的目的是为了确定抓取的物品、数量是否与指示拣选的信息相同。实际作业中都是利用拣选员读取品名与拣货单作对比，比较先进的方法是利用无线传输终端机读取条码由计算机进行对比。准确的确认可以大幅度降低拣选的错误率，同时也比出库验货发现错误再处理来得直接而有效。拣货信息被确认后，拣取的过程可以由人工或自动化设备完成。

（4）分类与集中。配送中心在收到多个客户的订单后，可以形成批量拣取，然后再根据不同的客户或送货路线分类集中，有些需要进行流通加工的商品还需根据加工方法进行分类，加工完毕后再分类出货。多品种分货的工艺过程较复杂，容易发生错误，必须在统筹安排形成规模效应的基础上，提高作业的精确性。分类完成的每一批订单的类别和货品经过检验、包装等作业后出货。

拣货作业消耗的时间主要包括 4 大部分：订单或送货单经过信息处理过程，形成拣货指示的时间；行走与搬运货物的时间；准确找到货物的储位并确认所拣货物及数量的时间；拣取完毕，将货物分类集中的时间。

拣货作业管理就是通过合理安排拣货的批量、环节、时间、人力、设备等，缩短拣货时间，减少行走路径，降低误拣率，控制拣货成本。

二、拣货单位

拣货单位是指拣货作业中拣取货物的包装单位，根据订单分析来确定，分为单品、箱、托盘、特殊品 4 种。

（1）单品。拣货作业的最小单位，人工作业通常可用单手拣取。

（2）箱。由单品装箱组成，人工作业时通常需用双手拣取。

（3）托盘。由箱堆叠在托盘上形成搬运单元，无法徒手人工搬运，须利用叉车、堆垛机等设备进行拣货搬运。

（4）特殊品。形状特殊、体积较大或商品属性特殊，无法按上述3种常规方法完成取货搬运，需在特殊条件下作业。如大型设备、长杆形货物、冷冻货品等都具有特属的商品属性。

三、拣货作业模式

货物储存通常以托盘、箱、单品为单位存放保管。拣货时，根据货物存放形式、拣货单位、配备设备及系统的差别，拣货作业可以有不同的模式（见表4-2）。

表4-2　　　　　　　　　　　　　拣货作业模式分类

序　号	保管单元形式	拣货单元形式	符　号
1	托盘	托盘	P→P
2	托盘	箱	P→C
3	托盘	托盘、箱	P→P+C
4	箱	箱	C→C
5	箱	单品	C→B
6	箱	箱、单品	C→C+B
7	单品	单品	B→B

（1）P→P（托盘→托盘）。P→P拣货作业模式指货物以托盘形式存放在储存区，再以托盘为单位拣出。此拣货作业模式下的代表性设备包括托盘货架、叉车、堆垛机、移载机器人、自动化立体仓库等。存储、拣货实现单元化，作业效率高。

（2）P→C（托盘→箱）。P→C拣货作业模式指货物以托盘形式存放在储存区，再以箱为单位拣出。此拣货作业模式下的代表性设备包括托盘货架、叉车、堆垛机、自动化立体仓库等。

（3）P→P+C（托盘→托盘+箱）。P→P+C拣货作业模式指货物以托盘形式存放在储存区，再以托盘或箱为单位拣出。此拣货作业模式下的代表性设备包括驶入式货架、自动化立体仓库等。

（4）C→C（箱→箱）。C→C拣货作业模式指货物以箱的形式存放在储存区，再以箱为单位拣出。此拣货作业模式下的代表性设备通常为重力式货架及输送机、箱式旋转（水平或垂直）货架、箱式流利货架、箱式自动化立体仓库等。

（5）C→B（箱→单品）。C→B拣货作业模式指货物以箱的形式存放在储存区，再从箱中拣出单品，为多品种、小批量拣货的代表性模式，多应用于食品领域。此拣货作业模式下的代表性设备通常有旋转货架、流利货架、拣货台车、电子标签拣货系统、自动分拣系统等。

（6）C→C+B（箱→箱+单品）。C→C+B拣货作业模式指货物以箱的形式存放在储存区，再以箱或单品为单位拣出。此拣货作业模式下的设备通常有轻型货架和简单式重力货架等。

（7）B→B（单品→单品）。B→B拣货作业模式指货物以零散单品的形式存放在储存区，再以单品为单位拣出，为多品种、小批量拣货模式，多用于化妆品、药品等货物。此拣货作业模式下的常用设备有旋转货架、电子标签拣货系统、自动售货机拣货系统、拣货机器人等。

实际运作中，各模式并非单一实施，可能需要两种以上模式合理组合。

上述 7 种模式中，各英文字母代表的含义如下：P——托盘（Pallet），C——箱（Case），B——单品散装（Bulk）。

四、拣货信息传输方式

拣货信息来自于客户订单，拣货人员按照拣货信息的指示，正确而迅速地完成拣货任务。拣货信息的显示方式、传输方式非常重要，与拣货系统的工作效率直接相关。随着计算机的普及及无线扫描技术的应用，拣货信息的显示和传输方式也发生了变化，现在拣货工作中常见的信息传输及显示方式有以下几种。

（1）订单传票拣选。订单传票拣选是最原始的拣选方式，直接利用客户订单或公司的交货单作为拣货指示。由于订单传票上未标识产品的货位，拣选人员只能依靠记忆在储区中寻找存货位置，造成搜寻时间长、行走路径远。用这种方式拣货时，拣货员往往把缺货信息直接标注在订单传票上，传票容易在拣货过程中污损，导致作业过程中发生错误或信息太乱而无法判别确认。拣选员依据订单传票寻找货品，不需要电脑等设备处理拣货信息。订单传票拣选适合于订购品项数目较少或小量订单的情况。

（2）拣货单拣选。拣货单拣选是目前最常用的拣选方式。配送企业把原始的客户订单输入计算机进行拣货信息处理，打印出拣货单据。拣货单上印有货位编号，拣货单的品名排列按照货位编号重新编排，拣选员按拣货单品名顺序寻找货物即可实现最短路径拣选，避免重复迂回。

订单量较大时拣货单可配合拣货策略。拣货单可根据拣货的作业区和拣货单位分别打印，例如整盘拣货（P-P）、整箱拣货（P-C）、拆箱拣货（C-B）或（B-B）等的拣货单分别打印、分别拣货，然后在出货暂存区集货等待出货。出货前需要与订单传票核对检验，确保订单产品正确无误。图 4-1 所示为交货拣配清单，此单为一辆送货车的商品，即经过派车装配优化后形成的拣货单。

（3）拣货标签。订单经过计算机处理，依据货位的拣货顺序排列打印拣货标签，订购几箱（件）货品就打印几张标签，标签张数与订购数一致。拣货人员根据拣货标签上的顺序拣货，拣货时将标签贴在所拣货品上。若拣取未完成标签即贴完，或拣取完成但标签多余，则表示拣取过程可能有错误发生，这样可提高拣货的准确性。这种方式由拣选标签取代了拣货单，并结合拣取与贴标签的动作，缩短整体作业时间。

在拣货标签上，不仅可以印出货品名称及货架位置，如果连条形码也打印出来，则可利用扫描仪来读取货品上的条形码，有利于该货品的追踪调查。

标签拣选主要用在高单价的货品拣货上，可以应用在按商店类别拣货及按货品类别拣货上，按单品类别拣货的应用较多。因为可以利用标签上的条码来自动分类，效率非常高。应用在整箱拣货时，整箱拣货的标签除了单品拣货标签上的内容外还包括客户地址及配送线路等。因此可以直接当作出货标签使用，必要时也可以增加条码的打印，以增加作业效率。而单品拣货之后大部分都必须装入纸箱或塑料箱中，因此必须增加出货标签，客户地址和配送线路等资料需在出货标签上打印，所以单品拣货标签就可以暂时省略这部分内容。

（4）电子标签辅助拣选。电子标签辅助拣选是一种计算机辅助的无纸化拣货系统，1977 年在美国开发而成，是配送中心常用的一种拣货方式。其原理是：在每一个货位上安装电子标签数字显示器及指示灯，电子标签有多个字元的液晶显示器，可显示拣选数量；利用计算机将订单信息传输到显示器内，灯亮表示该货位的货品是待拣货品，拣货人员根据显示器所显示的数字信息拣货，拣货之后按确认钮熄灭指示灯即完成拣货工作。

交货拣配清单							
车号：盛大浙A123B0		送达方：	装运编号：215645			备注：29	
序号	转储单号	商品	发货仓位	目的地仓位	商品描述	数量	校验码
1	197	10279467	01C—01—01	924962	长虹彩电 LT32730EX（JDXX）	1.00	3364
2	198	10220495	03C—01—05	924959	长虹彩电 LT26720	1.00	3364
3	208	10337047	05A—01—04	923816	海信彩电 LED32K11	1.00	4824
4	200	10236675	20A—01—04	922496	美的空调 KFR-26GW/BP2D	1.00	3183
5	201	10236676	20A—01—08	922468	美的空调 KFR-32GW/BP2D	1.00	3183
6	202	10258003	21A—01—08	923567	海信空调 KFR-35GW08FZJ	1.00	8029
7	203	10258003	21A—01—08	923578	海信空调 KFR-35GW08FZJ	1.00	8029
8	206	10248279	B03—07	920665	三星冰箱 BCD-220MMVF	1.00	3093
9	199	10163389	B05—22	929325	美菱冰箱 BCD221CHC	1.00	3364
10	204	10221257	CKC005	928395	夏普彩电 LCD-40G100A	1.00	6105
11	211	10239254	K01—37	927324	索尼彩电 KLV-46EX500	1.00	9076
12	209	10263211	RKC—009	921035	TCL 彩电 L32E19（珠黑）	1.00	3555
13	632	10263211	RKC—009	921298	TCL 彩电 L32E19（珠黑）	1.00	7063
14	631	10263211	RKC—009	921654	TCL 彩电 L32E19（珠黑）	1.00	7014
合计						14.00	
打印人：0256897			打印时间：2010.05.09			拣配人：	

图4-1 某配送中心交货拣配清单

这种拣货方式中，电子标签取代拣货单，在货架上显示拣选信息，减少"寻找货品"时间，分拣的动作仍由人工完成。电子标签是很好的人机界面，计算机负责烦琐的拣货顺序的规划与记忆，拣选员只需依照信息指示执行拣选作业。电子标签设备包括电子标签货架、信息传送器、计算机辅助拣选台车、条码、无线通信设备等。

（5）RF辅助拣选。RF也是拣选作业的人机界面，通过无线式终端机，显示所有拣选信息，比电子标签更具作业弹性，但价格高于电子标签。其原理是：利用掌上计算机终端、条形码扫描器及RF无线控制装置，将订单资料由计算机主机传输到掌上终端，拣货人员根据掌上终端所指示的货位，扫描物上的条形码，如果与计算机的拣货资料不一致，掌上终端就会发出警告，直到找到正确的货品货位为止；如与计算机的拣货资料一致就会显示拣货数量，根据所显示的拣货数量拣货，拣货完成后按确认按钮即完成拣货作业，信息利用RF传回计算机主机同时将库存数据扣除更新。

RF辅助拣选适合于以托盘为拣选单位，并采用叉车辅助。此种拣货方式尤其适合于货品品项很多的场合，故常被应用在多品种、小批量订单的拣选上，与拣选台车搭配最为常见。

（6）自动拣选。拣选动作由自动的机械负责，电子信息输入后自动完成拣选作业，无须人手介入。自动拣选方式有A型拣选系统、旋转仓储系统、立体式自动仓储系统等多种形式。

五、拣货方式及策略

1. 拣货作业方式

（1）按单拣选（摘果法）。按单（订单）拣选是拣选人员或拣选工具巡回于各储存区，依次拣选同一订单所要求的所有货品（见图4-2）。

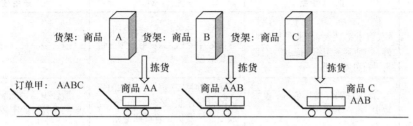

图4-2 订单拣选示意图

这种方法类似于农夫进入果园，依次在每棵树上摘下已成熟的果子，因此又称为摘果式或摘取式。其特点如下。

① 作业的前置时间短，作业方法简单灵活。不需要积累订单，接到订单即可开始拣选作业，针对紧急需求可以快速拣选，操作容易，对机械化、自动化无严格要求，订单集中时可根据要货紧急程度灵活安排作业，有利于开展即时配送。

② 作业对象明晰，作业责任明确。拣货后不需再进行分类作业，分工容易、公平。

③ 通常适用于少量用户的小批量物品或大批量、少品种物品的处理。

④ 适用于货品规格型号差异小，容易分类错误时。

⑤ 多品种拣选适应性差。当用户订单多、货物品种多、拣货区域大时，该方法作业前置时间短，但是，当订单数量、商品品项较多，拣选区域较大时，此方法并不适用。

（2）批量拣选（播种法）。批量拣选作业是由分货人员或分货工具从储存区集中取出各个客户共同需要的一种货物，再按每个客户的需要量依次分放到相应货位，如此反复进行，直至客户需要的所有货物都分放完毕即完成各订单的拣货工作（见图4-3）。此方法类似农民在土地上巡回播种，因此又称为播种法。其特点如下。

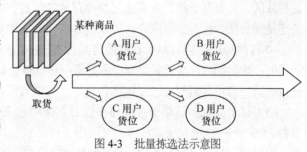

图4-3 批量拣选法示意图

① 合理计划可以缩短拣选路径，降低拣选、送货等配送费用。批量订单加大了每种货物的拣选量，可减少拣选路径及时间，有利于合理规划车辆和配送线路，节约费用。

② 订单配货错误率较高。集中一批订单实施货物的共同拣取再二次播种分配，与订单拣选相比，订单配货时规格型号差异小的容易发生配货错误。

③ 不利于对订单及时反应。需要积累一定量订单后才能进行拣货，积累订单的间隔时间处于等待状态。

④ 拣货作业安排不均衡。积累订单的间隔时间里，拣货员相对轻松，一旦开始拣货就非常忙碌甚至人员、设备不够。

⑤ 适合配送时间相对宽松，批量少、品种多的订单。

（3）复合拣选。是指按单拣选与批量拣选组合运用，按订单品项、数量和出库频率决定哪些订单适合按单拣选，哪些适合批量拣选。

表 4-3 所示为各种拣货方式的比较。

表 4-3 拣货方式的比较

拣货方式	优　　点	缺　　点	适用场合
按单拣选	作业方法简单、订货前置期短、作业弹性大、作业员责任明确、作业容易组织、拣选后不必再进行分类作业	货品品种多时拣选路径加长，分拣效率降低；拣货单必须配合货架号码	适合多品种、小批量订单场合
批量拣选	合计后拣货，效率较高；盘亏较少	所有种类实施困难；增加出货后的分货作业；必须全部作业完成后才能发货，前置期增加	适合少品种批量出入货、且订单的重复订购率较高的场合
复合拣选			订单密集且订单量大的场合

2. 拣货作业实施策略

拣货作业实施策略是影响拣货作业效率的关键，主要包括分区、订单分割、订单分批、分类四个因素，这四个因素与拣货方式相互结合可产生多个拣货策略。

（1）分区。是指将拣货作业场地进行区域划分。主要的分区原则有以下 3 种。

① 按拣货单位分区。如将拣货区分为箱装拣货区、单品拣货区等，作业实施分区与存储单位分区基本对应，目的在于将存储与拣货单位分类统一，以便拣取与搬运单元化。

② 按物流量分区。这种方法是按各种货物出货量的大小以及拣取次数的多少进行分类，再根据各组群的特征，决定合适的拣货设备及拣货方式。这种分区方法可以减少不必要的重复行走，提高拣货效率。

③ 按工作分区。将拣选作业场地划分成若干区域，每个作业员负责拣选固定区域内的商品。这种分区方法有利于拣货人员记忆货物存放的位置，熟悉货物品种，加快拣选速度。无论是摘果法还是播种法，配合分区原则，可以提高工作的效率。

（2）订单分割。当订单所订购的商品种类较多，或设计一个要求及时快速处理的拣货系统时，为了能在短时间内完成拣货处理，需要将一份订单分割成多份子订单，交给不同的拣货人员同时进行拣货。订单分割与分区原则结合运用，可以取得较好的作业效果。

（3）订单分批。订单分批是将多张订单集中起来进行批次拣取的作业。订单分批的方法有多种。

① 按照总合计量分批。在拣货作业前将所有订单的订货量按品种进行累计，然后按累计的总量进行拣取，其好处在于可以缩短拣取路径。

② 按时窗分批。有紧急订单的情况下可以开启短暂而固定的 5 分钟或 10 分钟的时窗，然后将这一时窗的订单集中起来进行拣取。这一方式非常适合间隔时间短而平均的订单，常与分区以及订单分割联合运用，不适宜订购量大以及品种过多的订单。

③ 固定订单量分批。订单按照先到先处理的原则，当累计订单量达到设定的固定量时即开始拣货作业。这种分批方法可以维持较稳定的作业效率。

④ 智能型分批。订单输入电脑后，经过复杂运算将拣取路径相近的各订单集合成一批。这种方法可以有效减少重复行走的距离。这种方式对紧急插单作业处理较为困难。

（4）分类。如果采用分批拣货的方式，还必须明确相应的分类策略。分类的方法主要有两种。

① 分拣时分类。在分拣的同时将货品按订单分类。这种分类方法常与固定量分批、智能型分批方式联用，较适合于少量、多品种的情况，使用电脑辅助台车作为拣选设备，加快拣选速度，避免拣货错误。

② 分拣后集中分类。先批量拣取，集中后再按订单分类。可由人工集中分类，也可采用自动分类机进行分类。

六、电子标签拣货系统

电子标签拣货系统（见图 4-4 和图 4-5）是计算机辅助拣货系统（Computer Assisted Picking System，CAPS）最常用的方式之一，有的称为 Pick To Light（PTL）。该系统中，货架的每一货格上安装电子数字显示器，订单（配送单）上的物品数量输入计算机后，货位指示灯和数字显示器立即指示所需物品在货架的具体位置和数量，向拣选作业人员及时、明确地下达从货位上取货（或向货位内分货）的指示。实际运用中有两种方式：电子标签拣货系统（Digital Picking System，DPS）和电子标签分货系统（Digital Assorting System，DAS）方式。

图 4-4　电子标签拣货系统

图 4-5　电子标签及其货架系统

1. 电子标签拣货系统

电子标签拣货系统（Digital Picking System,DPS）利用电子标签实现摘果法出库。首先要在仓库管理中实现库位、品种与电子标签对应。拣货时，拣货信息通过系统处理并传到相应库位的电子标签上，显示出该库位存放货品需要拣出的数量，同时发出光、声音信号，指示拣货员完成作业。DPS 无需费时去寻找库位和核对商品，只需核对拣货数量。

DPS 在设计时合理安排了拣货人员的行走路线，因此可以减少拣货员无谓的走动。DPS 系统通常和各种传送带（或传送辊）配合使用，减少拣货人员对货物的搬运。DPS 系统在提高拣货速度、准确率的同时，还降低了人员劳动强度。

采用 DPS 时可设置多个拣货区，以进一步提高拣货速度。这种方式适合以"件"或"箱"

为单位的拣货作业，对于客户多，每位客户订单需求商品品种多、批量小、交货期短，要求高准确率的情况，DPS系统比人工拣选效率高。DPS系统实现了用电脑进行实时现场监控，具有紧急订单处理和缺货通知等各项功能。现在常用于烟草、药品、日用百货、电子元件、汽车零配件等行业的配送。

若每一品种均配置电子标签，对企业来说投资较大，某些企业采用可多屏显示的电子标签，用一只电子标签实现多个货品的指示（如其中一两个数位显示具体货位信息）。

2. 电子标签分货系统

电子标签分货系统（Digital Assorting System，DAS）利用电子标签实现播种法分货出库。DAS系统中的每一个储位代表一个客户（各个商店，生产线等），每一储位都设置电子标签。操作员首先通过条码扫描把将要分拣货物的信息传输到系统中，订单客户的分货位置所在的电子标签就会亮灯，发出蜂鸣，同时显示该位置所需分货的数量，分拣员根据这些信息进行快速分货作业。

DAS也可多区作业提高效率。DAS尤其在零散货品分拣作业中有绝对优势，在连锁便利超市配送、药品流通以及冷冻品、服装、服饰、音像制品中前景广阔。DAS较适合品种集中、多客户的情况。目前国内有连锁便利超市冷链物流分拣的成功案例。

3. 电子标签拣货系统的优点

（1）提高拣货速度及效率。电子标签借助于明显易辨的储位视觉引导，简化拣货作业为"看、拣、按"三个单纯的动作。减少拣货人员思考、判断、寻找货物存放位置的时间。

（2）误拣率大幅降低。利用条码（Bar Code）由电脑对货物进行检查。统计资料显示，误拣率可由原来拣货表单检查的千分之三降低为万分之二。

（3）降低作业成本。除拣货效率提高可减少用工人数外，拣货作业不依赖熟练工，人员不需特别培训即能上岗，可降低劳动力成本。

企业是否应导入电子标签，主要从服务时间要求、准确率要求、成本要求等方面考虑，取得企业在服务水平和成本方面的平衡。目前电子标签拣选系统已成功应用于工厂生产制造、配送仓库拣选等领域。随着我国顾客对服务时间、准确率要求的提高，以及劳动力成本的不断提升，电子标签拣货和分货系统必将得到广泛应用。

七、自动分拣系统

自动分拣系统（Automatic Sorting System，ASS）是先进配送中心所必需的设施条件之一（见图4-6）。它具有很高的分拣效率，通常每小时可分拣商品6 000~12 000箱；可以说，自动分拣机是提高物流配送效率的一项关键因素。

图4-6 自动分拣系统

自动分拣机是自动分拣系统的一个主要设备。它本身需要建设短则 40～50m，长则 150～200m 的机械传输线，还有配套的机电一体化控制系统、计算机网络及通信系统等，这一系统不仅占地面积大（动辄 2 万平方米以上），而且还要建 3～4 层楼高的立体仓库和各种自动化的搬运设施与之相匹配。这项巨额的先期投入通常需要花 10～20 年才能收回。

1. 自动分拣系统作业描述

自动分拣系统（Automated Sorting System）是第二次世界大战后在美国、日本的物流中心广泛采用的一种自动分拣货物的系统，该系统目前已经成为发达国家大中型物流中心不可缺少的一部分。该系统的作业过程可以简单描述如下：物流中心每天接收成百上千家供应商或货主送来的成千上万种商品，在最短的时间内将这些商品卸下并按商品品种、货主、储位或发送地点进行快速准确的分类，将这些商品运送到指定地点（如指定的货架、加工区域、出货站台等），同时，客户通知物流中心按配送指示发货时，自动分拣系统在最短的时间内从庞大的高层货架存储系统中准确找到要出库的商品所在位置，并按所需数量出库，将从不同储位上取出的不同数量的商品按配送地点不同运送到不同的理货区域或配送站台集中，以便装车配送。

2. 自动分拣系统的组成

自动分拣系统能把商品从主输送线上按一定的规律分别导入到指定的分支输送线上，对商品进行分类或重组。自动分拣系统一般由控制装置、分类装置、输送装置及分拣道口组成。

（1）控制装置的作用是识别、接收和处理分拣信号，根据分拣信号的要求指示分类装置，商品品种、商品送达地点或货主的类别对商品进行自动分类。这些分拣需求可以通过不同方式，如可通过条形码扫描、键盘输入、重量检测、语音识别、高度检测及形状识别等方式，输入到分拣控制系统中去，根据对这些分拣信号的判断，来决定某一种商品该进入哪一个分拣道口。

（2）分类装置的作用是根据控制装置发出的分拣指示，在具有相同分拣信号的商品经过该装置时，该装置动作，使该商品改变在输送装置上的运行方向进入其他输送机或进入分拣道口。分类装置的种类很多，一般有推出式、浮出式、倾斜式和分支式几种，不同的装置对分拣货物的包装材料、包装重量、包装物底面的平滑程度等有不同的要求。

（3）输送装置的主要组成部分是传送带或输送机，按主输送线场地布局可有多种方式，常见的有直线形、L 形或环形布置。其主要作用是使待分拣商品鱼贯通过控制装置、分类装置。输送装置的两侧，一般要连接若干分拣道口，使分好类的商品滑下主输送机（或主传送带）以便进行后续作业。

（4）分拣道口是已分拣商品脱离主输送机（或主传送带）进入集货区域的通道，一般由钢带、皮带、滚筒等组成滑道，使商品从主输送装置滑向集货站台，在那里由工作人员将该道口的所有商品集中后或是入库储存，或是组配装车后进行配送作业。

以上四部分装置通过计算机网络联结在一起，配合人工控制及相应的人工处理环节，构成一个完整的自动分拣系统。

3. 自动分拣系统的优势

（1）能连续、大批量地分拣货物。由于采用大规模生产中使用的流水线自动作业方式，自动分拣系统不受气候、时间、人的体力等限制，可以连续运行。自动分拣系统单位时间分拣件数多，每小时可分拣 7 000 件包装商品，如用人工则每小时只能分拣 150 件左右，同时分拣人员也不能在这种劳动强度下连续工作 8 小时。

（2）分拣误差率极低。自动分拣系统的分拣误差率主要取决于所输入分拣信息的准确性，这又取决于分拣信息的输入机制，如果采用人工键盘或语音识别方式输入，则误差率在3%以上；如采用条形码扫描输入，除非条形码的印刷本身有差错，否则不会出错。因此，目前自动分拣系统主要采用条形码技术来识别货物。

（3）分拣作业基本实现无人化。国外建立自动分拣系统的目的之一就是减少人员的使用，减轻员工的劳动强度，提高人员的使用效率，因此自动分拣系统能最大限度地减少人员的使用，基本做到无人化。分拣作业本身并不需要使用人员，人员的使用仅局限于以下工作。

① 送货车辆抵达自动分拣线的进货端时，由人工接货。

② 由人工控制分拣系统的运行。

③ 分拣线末端由人工将分拣出来的货物进行集载、装车。

④ 自动分拣系统的经营、管理与维护。

如美国一公司配送中心面积为10万平方米左右，每天可分拣近40万件商品，仅使用大约400名员工，这其中大部分人员都在从事上述①、③、④项工作，自动分拣线做到了无人化作业。

4. 自动分拣系统的劣势

自动分拣系统分拣效率高，但其对使用者的技术经济条件要求很高。

（1）一次性投资巨大。自动分拣系统本身需要建设短则40～50 m，长则150～200 m的机械传输线，还有配套的机电一体化控制系统、计算机网络及通信系统等，这一系统不仅占地面积大，而且一般自动分拣系统都建在自动主体仓库中，这样就要建3～4层楼高的立体仓库，库内需要配备各种自动化的搬运设施，这丝毫不亚于建立一个现代化工厂所需要的硬件投资。这种巨额的先期投入要花10～20年才能收回，因此该系统大都由大型生产企业或大型专业物流公司投资，小企业无力进行此项投资。

（2）对商品外包装要求高。自动分拣机只适于分拣底部平坦且具有刚性包装规则的商品。袋装商品、包装底部柔软且凹凸不平、包装容易变形、易破损、超长、超薄、超重、超高、不能倾覆的商品不能使用普通的自动分拣机进行分拣。为了使大部分商品都能用机械进行自动分拣，可以采取两条措施：一是推行标准化包装，使大部分商品的包装符合国家标准；二是根据所分拣的大部分商品统一的包装特性定制特定的分拣机。但要让所有商品的供应商都执行国家的包装标准是很困难的，定制特定的分拣机又会使硬件成本上升，并且越是特别的其通用性就越差。因此企业要根据经营商品的包装情况来确定是否建设或建设什么样的自动分拣系统。

5. 自动分拣系统应用领域及特点

我国自动分拣机的应用大约始于20世纪80年代，近期的市场化普及始于20世纪90年代中后期。自动分拣的概念先在机场行李处理和邮政处理中心得到应用，随着各行业对分拣作业的速度、精准度要求不断提高，自动分拣机普及到其他行业，如烟草、医药、图书及超市配送、色纱生产企业等领域，并向化妆品及工业零配件等领域扩展。这些领域的共同特点是产品种类繁多、附加值高、多客户端（如门店多）、准确性要求高和人工处理效率低等。

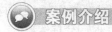 **案例介绍**

某医药物流中心电子标签拣货系统

图4-7所示为某医药物流中心的电子标签系统。

该公司仓库改造前采用传统的纸单作业，根据客户需求打印出订单，拣货人员依照订单一一拣取所需商品，拣货完成后再进行验货、出货等流程。随着出货量的大量增加，传统的纸单拣货容易造成拣货错误、拣货速度与效率低、新员工培训时间长等问题，严重影响公司效益。

现公司对仓库进行改造，硬件方面，在一楼出货区、二楼存货区间配备输送线并安装电子标签；软件方面，WCS 整合输送线传送系统与电子标签拣货系统，二者配合实现入库、存货、拣货、出库的全电子化管理。拣货过

图 4-7　某医药配送中心的电子标签系统

程中，仓库管理人员可以随时查看每张订单的进展情况和每个库位上剩余货物的数量，做到拣货快速准确、补货迅速及时，最大程度地引导拣货人员正确、快速、轻松地完成拣货工作。

拣货系统全部采用 AT506-2W-24 六位两窗电子标签、一对多的方式，前两位显示货位，后四位显示拣货数量。整个存货区被划分成几个通道，每个通道与一把扫描枪关联，每张订单与一或多个周转箱关联。当有订单时，周转箱随输送线流动，到达拣货区时自动停下，拣货工人用扫描枪扫描箱号，订单中在这个通道的货物对应的电子标签亮起，工人按照标签上显示的货位和数量进行拣货。这个通道拣货完成后，周转箱会流向下一个通道，其他工人则重复上述过程，直到全部拣货完成。然后，周转箱流到一楼出货区进行复核，最后打包出货。整个拣货过程井然有序，真正做到高速度、高效率、低出错率。

 实训练习

配送中心仓库主管的拣货难题

国庆节销售部"买一送一，回馈顾客"的促销活动使得网上订货量大增。仓库员工加班加点配合促销活动。但很快，客户抱怨不能准时收到货物的消息接连传来，不少客户闻讯也取消了部分订单。公司正处在能否 3 个月内扭亏为盈的关键时刻，一时间，来自各方的巨大压力落在仓库主管黄豪的肩上。

在黄豪的组织安排下，仓库的管理人员根据功能不同分成收货组、存货管理组、发货组。收货组主要负责接收并且检验从不同供应商那里发来的货品是否数量正确，质量合格；存货管理组的主要职责是负责所有在库商品的保质期监督，以及及时把仓库各种货物的消耗情况汇报给黄豪，以便通知公司的采购部门及时补充必要的存货；而发货组的任务是处理客户的订单，并且组织人力到仓库进行相应的拣货及配货工作，然后送交运输部门进行运送。现在仓库的收货、存货指标正常，库存商品足够应付每天的订单数量，没有缺货现象，但发货组工人吃紧，由于每张订单所订购商品的品种和数量不同，有些时候订单处理很快，有些时候则会有一些延迟。黄豪和发货组长一起来到了仓库的拣货区。拣货区在仓库的东端，紧靠着装货口，所有的订单都会在拣货区完成分拣、配货，然后由装货区发送。黄豪走进拣货区的时候，十多个工人正推着小货车，在这里穿梭往返。黄豪仔细地打量了一遍拣货区，食品区、饮料区、日用品区、电器区和礼品区的货物都有条不紊地堆放着，虽是有多有少，可多的少的都不至于太离谱，每个区有固定的员工负责该区商品的分拣。这种方法就是公司上个季度新推行的分区拣货法。经过试验，比起以前的单人拣货法，效率确实有不少的改进。所谓单人拣货法，就是一张订单上所有商品的分拣都由一名拣货员完成，不管商品的种类、数量多少，这个拣货员会依次经过整个拣货区的各个区域进行拣货。黄豪接手以前，这里用的就是单

人拣货法。而分区拣货法，就是把整个拣货区分成几个区，每张订单都从食品区开始，而食品区的拣货员只负责分拣订单上所有的食品项目。当他完成所有食品的分拣后，就把订单交到食品区和饮料区之间的交接点，而饮料区的拣货员则会从交接点这里取得订单，继续进行订单上饮料的拣货。以此类推，订单依次经过日用品区、电器区和礼品区，最后到达装货区的时候，所有商品的分拣也就完成了。相比较而言，由于分区拣货法中拣货员所负责的范围较小，更容易熟悉自己分区内商品的分布，因此效率会比单人拣货法高。另外，按照订单的次序进行拣货，对后面的配送非常重要。送货队通常会根据不同的客户地址有一个先后排序，为了避免重复搬运和移动，送货队对货物在车内存放的位置很有讲究。后送达的货物会先装车，尽量安排在车的靠里面的位置；先送达的货物要尽量靠近车门方便提取，所以后装车。所以当送货队有了客户排程之后，拣货部会按照送货的逆序来排列订单，再发放给拣货工人依次分拣。这样就能保证分拣完的货物按照需要的顺序送到装车处，不用再花时间、人力进行调整排序，这也是分区拣货法的优点之一。黄豪最先到达食品区。眼前的景象让他颇觉满意，3个拣货员聚集在一排货架前，正麻利地配着货。让他不解的是，拣货小车前进的速度却慢得像蜗牛爬。发货组长见状苦着脸说："今天订单里的食品需求量很大，我们的人手不够，瞧！还有那么多订单积压在那里呢。"黄豪一扭头，看见食品区前面的小桌上堆积着厚厚的订单。走过两排货架，就是饮料区，这里却是另一番光景。3个拣货员正闲坐着聊天，拣货车里空空如也，交接点上一张订单也没有。发货组长解释说："这3个是饮料组的，负责饮料的拣货，今天的订单上饮料的需求不多，所以他们暂时比较空闲。" 黄豪问为什么不多调些人手去食品组？发货组长又苦着脸说："经理呀，每张订单包括的类目都是不确定的，现在您看到的这些订单大多是食品多，饮料少，所以出现了食品组忙得焦头烂额，而饮料组却无所事事的情况。可有的时候又完全相反，饮料多而食品少，我总不能老把人调来调去吧？我们无法预测下一张订单究竟是哪个组的商品比较多，所以人手很难调配。其实不光是食品区和饮料区，其他分区也存在同样的情况。由于每张订单上各类商品的比例不一样，造成不同分区的工作量分配变化很大，很难根据时刻变化的工作量在各个分区之间进行调度。因为为每个拣货区的人员配备制定预算的时候考虑了这一因素，特意比计算所得多加了一点富余，前一阵子订单量不多的时候，问题还不是太严重。但是最近我们搞促销，每天订单数量增加很多，这个问题顿时就变得棘手了。虽然各组拣货员们开足马力，加班加点，但还是不能保证每张订单都能按时发出。今天从一大早开始忙，到现在也只出了150多张订单，估计今天还有三四十张要赶。订单比平时多了一倍有余，现在已经快临近下班时间了，天天加班也不是个办法，工人们已经开始抱怨了。我真不知道该如何应付了！"

要求：

（1）请根据自己对案例的理解，画出货架布局及拣货、出货区分布草图。

（2）请各小组结合文献查阅及调研，协助该仓库主管解决面临的拣货困境和人手短缺的难题。

任务二　拣货作业流程管理

 任务引入

拣货作业是配送中心作业系统的核心。拣货作业包括拣货信息资料的生成打印、拣货信息的核对确认、行走、拣取、搬运、分类与集中等过程。一项拣货作业流程通常需要几人合作才能完成，不同的拣货流程设计与管理可能导致拣货的成本效益有明显差异，合理规划与管理拣货作业流程，对配送中心作业效率的提高具有决定性的影响。

1. 任务要求

针对一家超市配送中心或家电销售配送中心的拣货管理进行调研，根据教师的安排，在课上完成以下事项。

（1）绘制完成相应的拣货流程图，内容包括工作内容、人员分工、作业衔接顺序等。

（2）以小组为单位进行角色扮演，模拟演练拣货流程作业（或到配送中心体验、实习）。

（3）讨论流程管理的重点、难点。评价流程设计、执行的合理性。

（4）讨论、交流企业流程再造的实施情况。

2. 任务分析

整个拣货作业流程涉及多岗位、多种工作的协调配合，既有分工又要合作、衔接。传统的校内教育往往注重知识点、技能点的学习讲述，对企业实际运作中的劳动分工、流程协作、岗位职责划定、工作标准控制等忽略较多。拣货流程管理涉及信息技术运用、拣货方式、拣货策略组合、人力资源的管理调配等诸多要素。本次任务是学生在掌握拣货单个环节基本作业的基础上，学习根据实际情况进行综合作业管理、优化作业流程的训练，任务具有综合性、复杂性。

3. 实施准备

教师准备一套运营模式先进的某配送中心拣货作业流程图，联系该配送中心接受学生调研、实习，要求学生做好以下准备工作。

（1）查阅教材、期刊，通过互联网等寻找拣货作业管理案例，搜集拣货流程图自学。

（2）多渠道搜集拟调研配送中心的资讯，了解技术运用及业务概况。

（3）查阅资料，学习企业流程再造的相关理论知识。

（4）学生约 6 人一组，确定主管（组长）1 名，分工协作。

4. 实施步骤

（1）教师向每组学生发放绘制流程图用纸一套。

（2）教师与企业人员一起，把不同组别学生带到相应的流程岗位上。

（3）学生认真观察企业拣货作业现状，初步绘制拣货流程图。

（4）校内教师或企业教师查看、巡视流程图绘制情况，针对错误以及难点、重点进行提醒和引导，学生重点观察相应岗位及工作。

（5）教师把企业运作实施的流程图发给学生。

（6）学生对比两套流程图，再次观察、提问、理解、修正自行绘制的流程图。

（7）由企业人员安排学生到重点岗位实习演练。（或学生按小组进行模拟演练）。

（8）讨论流程管理的重点、难点。教师点评指导。

（9）分析、研讨本流程管理的合理性。

（10）教师让不同流程组别的学生互换资料，让学生完成新流程的设计，绘制流程图。

（11）讨论、交流流程再造的背景、意义、注意事项等。

5. 效果评价

参照表 4-4 对学生调研、学习过程及形成的成果质量给予综合评价。小组成绩主要考核团队总体完成情况及分工协作情况，个人部分主要考核个人执行完成情况。

6. 点评交流

教师结合绘制的流程图、岗位实习或小组模拟演练、讨论发言、前期资料查阅及理解等，对存在的共性问题、重要的知识点、技能点、流程的衔接、流程的改进、综合管理等逐一点评、启发、详细讲解。使学生在调研学习过程中，体验并理解流程管理与单个作业环节的关系，掌握流程管理的合理性对工作效率产生的影响。

表 4-4　　　　　　　　　　　拣货作业流程管理实训评价表

小组序号：			学生姓名：　　　　学号：		
小组成绩（教师评价或小组互评）			个人最终成绩		
任务及标准	满分	得分	项目及标准	满分	得分
资料搜集	10		小组分解得分	50	
流程图绘制	15		个人角色及执行	10	
分工合理性	10		代表发言陈述	10	
岗位实习或模拟演练	10		讨论发言	25	
研讨表现	5		友好互助	5	
合计	50		合计	100	
评价者：			评价者：		
评价时间：　　年　　月　　日			评价时间：　　年　　月　　日		

点评讨论环节，对积极发言、主动思考的学生及时肯定和鼓励，以启发式提问引导学生积极参与。

 相关知识

一、企业流程管理

1. 企业流程管理

企业流程管理主要是对企业内部进行改革，改变企业职能管理机构重叠、中间层次多、流程不闭环等状况，使每个流程可从头至尾由一个职能机构管理，做到机构不重叠、业务不重复，起到缩短流程周期、节约运作资本的作用。

企业的流程按其功能可以区分为业务流程与管理流程两大类别。业务流程是指以面向顾客直接产生价值增值的流程。管理流程是指为了控制风险、降低成本、提高服务质量、提高工作效率、提高对市场的反应速度，最终提高顾客满意度和企业市场竞争能力，并达到利润最大化和提高经营效益的目的的流程。

企业内的一切流程都应以企业目标为根本依据，尤其是管理流程，对外，面向客户，提高业务流程的效率；对内，面向企业目标，提高管理流程的效率，平衡企业各方资源，控制总体效率的平衡，实现企业总体绩效。

流程决定绩效。管理层可以通过动员、强调达到一时效果，但不改变流程及其背后的规则，这种效果是暂时的。流程管理和改进的关键是确定目标和战略，并使之书面化，然后实施流程，确定流程责任人。在此基础上，开发一系列的指标，确保流程按既定方式运作，定期评估流程绩效。这样，从流程到绩效，再由绩效反馈到流程，形成一个封闭的管理圈。一般而言，流程改进更多的是渐进性的而非革命性的，通过不断微调来优化使风险最小化。当然，也有大幅度进行流程再造并取得显著绩效的企业案例，但是多数企业会面临很大的再造风险。

2. 流程管理的原则

流程是因客户而存在的，流程管理的真正目的是为客户提供更好、更快的服务。我们经常讲流程的起点是客户，终点也是客户。但在实际工作中，由于部门的藩篱，我们明显忽略了客户，甚至不知道客户是谁。从为客户服务出发，流程管理应遵循如下原则。

（1）树立以客户为中心的理念。

（2）明确流程的客户是谁、流程的目的是什么。

（3）在突发和例外的情况下，从客户的角度判断问题。

（4）关注结果，基于流程的产出制定绩效指标。

（5）使流程中的每个人具有共同目标，对客户和结果达成共识。

3. 流程管理的程序

企业流程管理就是重新设计和安排企业的整个生产、服务和经营过程，使之合理化。通过对企业原来生产经营过程的各个方面、各个环节进行全面的调查研究和细致分析，对其中不合理、不必要的环节进行彻底的变革。在具体实施过程中，可以按以下程序进行。

（1）对原有流程进行全面的功能和效率分析，找出其存在的问题。根据企业现行的作业程序，绘制细致、明了的作业流程图。从以下方面分析现行作业流程的问题。

① 功能障碍。技术发展可能导致需要团队协作完成的工作增加，个人完成的工作额度及在流程中的地位发生变化，原来连贯的工作流程可能被打乱，组织机构设计及部门功能出现矛盾。

② 重要性。不同的作业流程环节对企业的影响是不同的，随着市场的发展、情况的变化，作业流程中的关键环节以及各环节的重要性也在变化。

③ 可行性。根据市场、技术变化的特点及企业的现实情况，分清问题的轻重缓急，找出流程再造的切入点。为了对上述问题的认识更具有针对性，还必须深入现场，具体观测，分析现存作业流程的功能、制约因素以及关键问题。

（2）设计新的流程改进方案，并进行评估了设计更加科学、合理的作业流程，必须群策群力，集思广益，鼓励创新。在设计新的流程改进方案时，可以考虑以下方法。

① 将现在的数项业务或工作组合，合并为一。

② 工作流程的各个步骤按其自然顺序进行。

③ 给职工参与决策的权利。

④ 为同一工作流程设置若干种方式进行。

⑤ 工作应当超越组织的界限，在最适当的场所进行。

⑥ 尽量减少检查、控制、调整等管理工作。

⑦ 设置项目负责人。

对于提出的多个流程改造方案，还要从成本、效益、技术条件和风险程度等方面进行综合考虑，选择可行性强的方案。

（3）制定与流程改进方案相配套的组织结构、人力资源配置和业务规范等方面的改进计划，形成系统的企业流程方案。

业务流程的实施，是以相应的组织结构、人力资源配置方式，业务规范、沟通渠道甚至企业文化作为保证的。所以，只有以流程改进为核心形成系统的企业流程方案，才能达到预期的目的。

（4）组织实施与持续改善。实施企业流程方案，必然会触及原有的利益格局。因此，必须精心组织，谨慎推进，既要态度坚定，克服阻力，又要积极宣传，形成共识，以保证企业流程管理的顺利进行。同时，流程管理方案不是一成不变的。因为企业总是不断面临新的挑战，这就需要对企业流程再造方案不断进行改进，以适应新形势发展的需要。

二、拣货作业流程及管理

拣货作业流程是配送中心为完成订单拣选任务而进行的一系列有规律的行动（包括拣货信息资料生成、拣配分工、信息确认、拣选、搬运等一系列有规律的行动）。完整的拣货作业流程包括岗位人员分工及工作标准。

通常，确定拣选流程需要考虑的因素及顺序如图 4-8 所示。企业商品拣选流程通常用流程图标示。图 4-9 所示为某配送中心拣选作业流程图。

图 4-8　确定拣选流程因素及顺序图

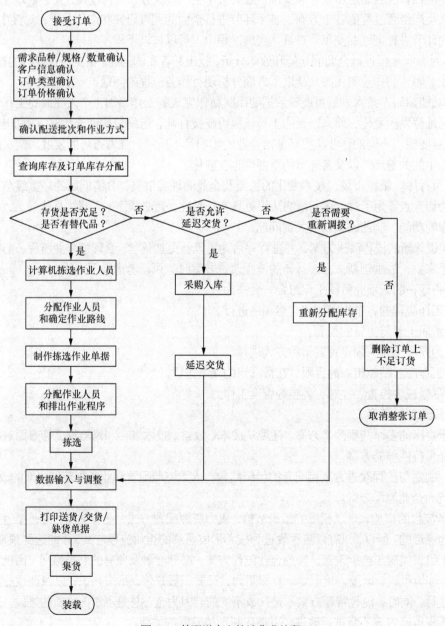

图 4-9　某配送中心拣选作业流程

拣货作业流程管理内容包括各作业环节作业方式及策略的优化、信息传递及处理、单证流转的顺畅、人力资源职责安排及协调等。拣货作业是配送中心最复杂的作业之一，尤其在销售需求不稳定，订单品类复杂、批量小，订单响应时间要求紧急的状况下，拣货作业策略安排面临挑战。容易发生的状况有：高峰时人手、设备不够，低峰时人员、设备闲置；拣货方式难以适应订单的品类及拣选单位的频繁变化；前后环节的工作任务不协调；拣选差错率高，效率低，延误订单等。

现代化的配送中心采用先进信息技术和 WMS 库存管理系统，辅助拣货决策，输出的拣货清单中常常包含了适合的拣货路径，使流程管理效率得到很大提升。

三、拣货作业考核指标

1. 拣货人员作业能力考核指标

拣货人员作业能力指标可以衡量拣货的作业效率，对比分析后帮助找出作业方法及管理方式上存在的问题。

（1）计算公式。

人均每小时拣货品项数＝订单总笔数÷（拣货人数×日拣货时数×工作天数）

该指标主要用于人工或机械化的物流配送中心。

人均每小时拣货件数＝拣货单位总件数÷（拣货人数×日拣货时数×工作天数）

该指标适用于自动化拣货系统仓库。

（2）提高该类指标的方法。①合理配置储位；②合理规划拣货路径；③选择高效拣货方式；④培训拣货人员，对其数量、能力进行合理配置；⑤采用机械化、电子化程度高的设备。

2. 拣货策略考核指标

衡量每批次拣货的能力及负担，掌握对紧急订单的适应处理能力，以确定是否需要改变拣货策略。计算公式：

批量拣货时间＝（日拣货时间×工作天数）÷拣货分批次数

该指标时间越短，表示拣货反应时间越快，即处理紧急订单的能力越强，拣货策略较好。

3. 拣货成本考核指标

（1）计算公式。

每订单投入拣货成本＝拣货投入成本÷订单数量

每拣货单位投入拣货成本＝拣货投入成本÷拣货单位累计总数

该两项指标数值越高，表示成本投入越高，效益欠佳。

（2）降低成本的方法。①提高设备利用率；②做好设备维护保养；③提高拣货人员工作效率；④加强信息处理能力，降低各种成本消耗；⑤加强管理，减少浪费。

4. 拣货质量考核指标

衡量拣货作业的质量，对拣货人员、自动拣货系统及相应管理进行评估。

（1）计算公式。

误拣率＝拣选错误笔数÷订单总笔数

每笔订单误拣率＝拣错件数÷该笔订单总件数

误拣率过高，表示拣货准确率差。

（2）提高拣货准确率的主要方法。①选择合理拣货方式和策略；②加强时间研究和动作研究，提高培训效果；③使用电子化、自动化拣货系统；④制定有效的奖惩制度。

 **案例介绍**

比热卡夫物流配送

比热卡夫是荷兰的一家百货连锁店，拥有 7 个店、3 600 名员工。经营的商品品种达 30 万种之多，包括时装、家电、电子、图书、家具、保健品等，且商品种类变化频繁。

比热卡夫所有的店都由同一个物流配送中心供货。物流配送中心除了负责分拨配送外，还要负责货物清点、质量检查、贴标签等。一部分商品直接送到商店，另一部分储存到 4 个库区之一。一个库存放挂式时装，其他三个库有传统的仓储设备，如箱柜区、托盘区和开放货架区。

在箱柜区，商品存放在塑料箱柜中，提货时再从这些箱柜中取出，这个区取货最耗费人力。

库房中有两层存放箱柜，每层有 12 个货架，中间有 11 个高 18.6cm、宽 90cm 的通道，每个货架有 42 格，每格分 8 层，可放 8 个塑料箱。两个相邻的货架形成一个首选区，由商店收银台的指令决定提货。因此，在一个收银台出售的产品在首选区组合到一起。箱柜存储区最重要的活动是把入库货物放到塑料箱中和从塑料箱中取出送往商店的货物。

在箱柜储存区，采用半随机的储存策略。即如果一组箱柜存有一种商品，信息系统显示有货要存放在该区内，仓库职员可以把箱柜放到任何位置，当然尽可能按垂直方向紧凑摆放。在存放时，每位职员都想就近放置，最好走路少一点，存放完毕后，对信息系统发出确认信息。

提货单是由店内的一个收银台填发的订货单据，提货员按此提单在选货区提货。每个提货员一次只按一张提货单选取货物，所选货物放到手推车上的塑料箱内，必须按指定的次序选货。选完货后，相应信息输到计算机系统。把选货箱放到传输带，送到分拣系统，按每个店的需求再分类，为进一步运作作准备。

1992 年，比热卡夫开始了一场大规模的流程再造活动，旨在进一步提高配送系统的效率。这项活动引发了许多重要的变化。首先，引进了一套支持采购、配送和销售的新物流信息系统（VIRGO）。此系统能跟收银台的扫描器连接，生成的 POS（Point-of-Sales）信息跟商店存货作比较，必要时，生成相应的订单发送到仓库。其次，为了促销需要，店内开放货架区的面积扩大了，可供陈列大量的商品，而不是把许多商品都放在仓库里。随着陈列商品的增加，店内每种商品的存放量都减少了。

这给仓库带来了压力，所有的商店都要求每天供货，而不再是每两周一次。在库内箱柜区，收到的都是小订单，而不再是少数几张大额的订单。配货所需的总的行走距离大大增加了。根据研究显示，箱柜区的配货员每天平均行走距离是 7 000 米。

比热卡夫开始通过各种方法重点研究如何减少配货员的行走距离。他们选择的方法步骤如下。

（1）分析。对照两个有代表性的箱柜选货区，对大量的订单进行分析。内容包括：订单所包含的商品；每种商品的储存位置；配货员选择的路径；配货员用于取货、行走和管理的时间分配；按订单要求需要提取的箱量；登记空货位、空箱，以及在所指示位置上没有的商品。

（2）当前状况的模拟。在模拟程序中实现当前的订单结构和路径方法。

（3）选择路径策略的模拟。在模拟程序中实施若干路径策略，跟大量当前方法下的订单作比较。

（4）模拟分批策略。定义若干不同的分批策略，调查其现实可能性。

（5）结果比较。在模拟程序中实施若干以前的分批策略，跟大量当前的订单处理方法作比较。

（6）结论。得出结论和最佳选择。

（7）实施。保证当前实施的是最佳的解决方案。

经过研究，在比热卡夫的箱柜储存区，通过使用简单的诸如选线方法，就可使行走距离减少30%，配货员减少 1～2 人。如果对订单合理分类，使用节省时间的方法和混合的选线等方法，行走距离还可节省 68%，配货员可减少 3～4 人。除了上述的节省，还可以通过减少每一订单的处理时间，获得更好的效果。例如，在取货时使用条码和扫描器，还可省去订单确认的过程。

 实训练习

请从时间需求、商品品种、客户情况、效率、效益等方面入手，比较邮政信件处理中手工分拣与自动分拣的差别。

任务三　补货及理货

 任务引入

补货、理货工作是配送中心的常规性工作，同时也是拣货作业顺利进行的基础，拣货作业的有效执行取决于有货可拣及准确无误的库存信息。因此理货人员的岗位职责及作业效率是配送管理的基础，补货流程、补货时机的确定是配送中心管理的重要内容。

1. 任务要求

选择一家超市配送中心或家电销售的配送中心进行考查、调研，完成以下事项。

（1）记录理货员岗位工作职责。

（2）记录不同仓储区的补货方式、时机、流程的确定方法，绘出补货流程图。

（3）研讨、分析补货工作中存在的问题，给出改进建议。

2. 任务分析

补货作业的目的是保证拣货区有货可拣，通常以托盘为单位，从货物保管区将货物移至拣货区，并对此移库作业进行库存信息处理。补货要按照补货流程规定进行作业。理货工作主要包括日常货物的入库、出库、摆放、倒库、拣货、扫描、信息登记及处理等工作，并做好库内的卫生和安检工作。

3. 实施准备

教师准备一套某配送中心的补货作业流程图，联系该配送中心接受学生调研、实习，要求学生做好以下准备工作。

（1）查阅教材、期刊，通过互联网等学习理货作业、补货作业、补货流程管理等知识。

（2）多渠道搜集拟调研配送中心的资讯，了解技术运用及业务概况。

（3）学生约 6 人一组，确定主管（组长）1 名，分工协作。

4. 实施步骤

（1）教师向每组学生发放绘制流程图用纸一套。

（2）教师与企业人员一起，把不同组别学生带到相应的流程岗位上。

（3）企业人员或校内教师向学生介绍补货作业及流程，学生绘制补货流程图。

（4）结合前面学习的内容，总结理货员的工作职责和要求。

（5）校内教师或企业教师查看、巡视流程图绘制情况，针对错误及难点进行提醒、引导。

（6）学生根据教师的指导，修改补货流程图。

（7）教师把企业运作实施的流程图发给学生。

（8）由企业人员安排学生到重点岗位实习演练（或学生按小组进行模拟演练）。

（9）分析、研讨理货及补货工作的合理性，讨论补货的原则有哪些。

5. 效果评价

参照表4-5对学生调研和学习过程及学习成果质量给予评价，增加趣味性和引导激励性。小组成绩主要考核团队协作情况，个人部分主要考核个人执行完成情况。

表4-5　　　　　　　　　　　　　补货作业流程管理实训评价表

小组序号：			学生姓名：　　　　　　学号：		
小组成绩（教师评价或小组互评）			个人最终成绩		
任务及标准	满分	得分	项目及标准	满分	得分
资料搜集学习	5		小组分解得分	30	
流程图绘制	10		个人角色及执行	30	
分工合理性	5		代表发言陈述	20	
岗位实习或模拟演练	5		讨论发言	10	
研讨表现	5		友好互助	10	
合计	30		合计	100	
评价者：			评价者：		
评价时间：　　年　　月　　日			评价时间：　　年　　月　　日		

6. 点评交流

教师结合学生绘制的流程图，岗位实习或小组模拟演练、讨论发言、前期资料查阅学习等，对存在的共性问题、重点问题进行点评，详细讲解、启发，通过师生互动使学生体验、归纳理货和补货工作的重要性和管理重点。

 相关知识

一、补货方式

与拣货作业息息相关的是补货作业。补货作业的策划必须满足两个前提，即"确保有货可配"和"将待配商品放置在存取都方便的位置"。通常，在配送中心里主要采用下列两种补货方式。

（1）由储存货架区与流动货架区组成的补货系统。此补货方式为货架存放于保管区，动管拣货区为两面开放式的流动式货架，拣货时拣货员在流动货架拣取区拣取单品放入周转箱，而后放置于输送机运至出货区。当拣取后发现动管区的存货低于要求数量则进行补货。其补货方式为作业员至货架保管区取货箱，以手推车载箱运至拣货区。这种保管、动管区存放形态的补货方式比较适合体积小且少量、多样出货的物品。

流利式货架又称滑移式货架，是将货物置于滚轮上，利用一边通道存货，另一边通道取货（见图4-10）。货架朝出货方向向下倾斜，货物在重力作用下滑动，可实现先进先出，并可实现一次补货，多次拣货。流利货架存储效率高，适合大量货物的短期存放，同时使操作人员在较少位移的情形下可取到更多货品，极大地提高了效率。

流利式货架　　　加装拣货斜板的流利货架　　　货架滚道

图 4-10　流利式货架

（2）上层货架向下层货架补货的系统。将货架的上层作为储存区，下层作为拣货区，组织商品由上层货架向下层货架补货的系统。

进货时将动管区放不下的多余货箱放至上层保管区。针对动管拣货区的物品进行拣货作业。当动管区的存货低于标准水平时，则可利用叉车将上层保管区的物品搬至下层动管区补货。

此保管、动管区存放形态的补货方式较适合体积不大，每项存货量不高，且出货多为中小量（以箱为单位）的物品。

说明：本专题不包括采购补货。

二、补货时机

补货作业的发生与否主要看动管拣货区的货物存量是否符合需求，因此究竟何时补货要看动管拣货区的存量，避免拣货中途出现货量不足的问题。通常采用的补货方式有三种：批次补货、定时补货、随机补货。

（1）批次补货。批次补货即在每天或每一批次拣货之前，由计算机计算所需货品的总拣取量，再查看动管拣货区的货品量，计算差额并在拣货作业开始前补足货品。这种"一次补足"的补货原则，比较适合于一天内作业量变化不大、紧急追加订货不多，或是每一批次拣取量大而需事先掌握的情况。

（2）定时补货。定时补货即将每天划分为若干个时段，补货人员根据货品总拣货量在时段内检查动管拣货区货架上的货品存量，如果发现不足，马上予以补足。这种"定时补足"的补货原则，较适合于分批拣货时间固定，且处理紧急追加订货的时间也固定的情况。

（3）随机补货。补货人员随时巡视动管拣货区的分批存量，发现不足随时补货。此种"不定时补足"的补货原则，比较适合于每批次拣取量不大，紧急追加订货较多，以至于一天内作业量不易事前掌握的场合。

三、补货流程

若配送中心保管区为货架存放区，动管拣货区为两面开放式的流动式货架。当拣货员发现动管区的存货低于要求存量时，即可开始补货。

某配送中心流利式货架补货流程如图 4-11 所示。

其流程描述如下。

- 创建补货转储单；打印《补货下架清单》。
- 理货工根据《补货下架清单》，按商品型号将商品从隔板区取出。
- 理货工使用 RF 扫描商品 EAN，将商品放入指定的流利式货架仓位。

● 扫描仓位，确认补货转储单。

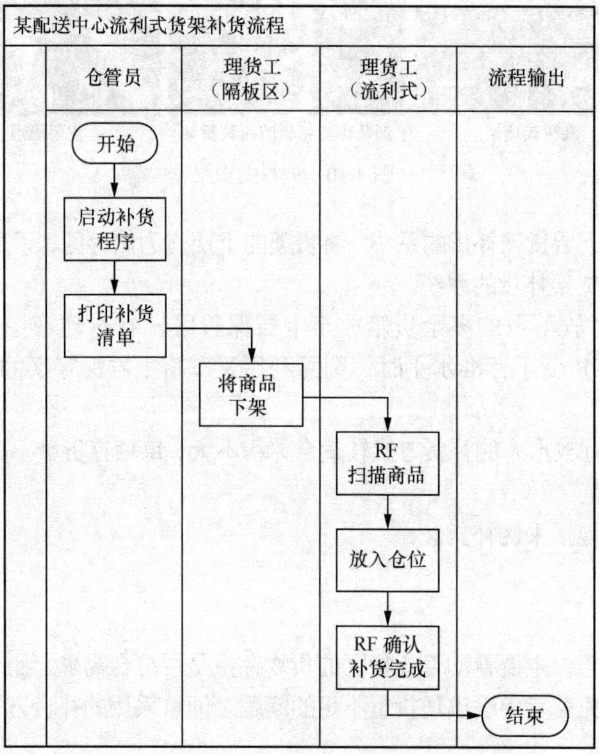

图 4-11　某配送中心流利式货架补货流程

其策略描述如下。

● 电子标签仓位的商品库存来源：入库时直接放入；补货时转入。

● 补货策略：电子标签仓位的商品，在主数据库中维持最大仓位数量，当库存低于最大仓位数量时，以相差数量生成补货需求。

四、补货原则

当系统或人工发现拣货位库存为零或库存低于设定值时，即可启动补货程序。

1. 依据保质期、批次确定补货

发现拣货位货物不足时，根据保质期管理规定，优先选择临近保质期期限的货物补入拣货区。若实施的是批次管理，优先选择批次靠前的补入拣货位。

2. 就近原则

从距拣货位最近的存储位移动货物补充到拣货位。

（1）先上下、后左右的原则。从同一货架上移动货物补入拣货位，优先选择拣货位上面存储位的货物补入；若上面没有货物再选择左、右两边的货物补入。

（2）同一巷道优先，相邻其次的原则。补货时优先选择同一巷道存储货架的货物补入拣货位，同一巷道没有时考虑相邻巷道。

3. 先小批量、后大批量的原则

选择补货的存储货位时，优先移动货位内货物批量小的补入拣货位，以便腾空货位方便再次存储；无小批量时再考虑移动大批量的货位货物。

WMS 系统有补货作业功能如图 4-12～图 4-14 所示。

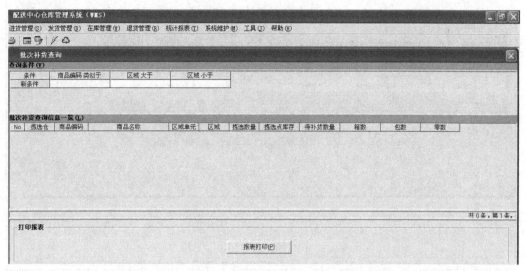

图 4-12 WMS 系统批次补货查询界面

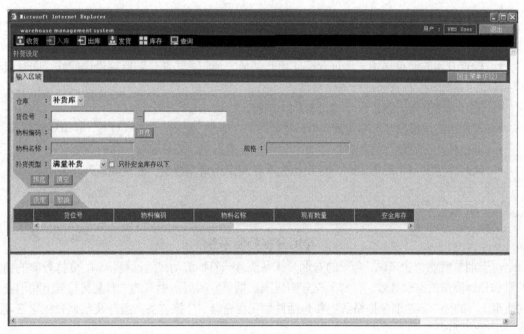

图 4-13 WMS 系统补货设定界面

五、理货作业内容

理货作业是配送中心的常规工作，理货员的岗位职责主要包括以下内容。

- 对商品进行验收（包括核对货物的名称、品种、规格、数量、等级、型号以及重量等）。
- 根据货物的特性，对货物进行整理、拣选，按照货物的流向、受理顺序、发运时间和到达地点，来合理安排仓储堆码；商品拆码垛时，禁止投掷、翻滚、倒置和摔落。

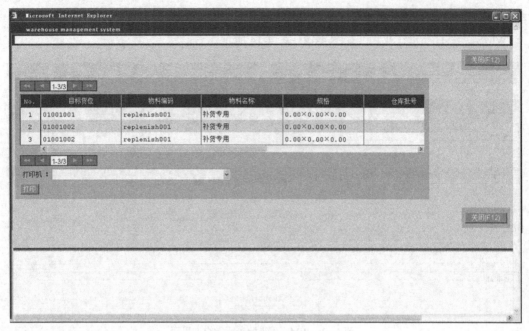

图 4-14　WMS 系统补货作业单界面

- 了解货物构造、性能、储存、保管及养护知识，对有保质期的商品和易变质商品填写《重点商品养护卡》，避免造成损失。
- 检查仓库的储存环境，保证仓库防雨、通风、消防、防窃、防鼠等设施完好，同时根据各种环境因素对仓库及货物进行安全管理。
- 适时调整管理方案，保证单证与货物相符，货物在仓库安全储存。
- 理货员应该根据客户的提货凭单，对货物进行拣选、配货、包装、置唛，并填写好装箱单。
- 准确使用和管理库房配备的工具、设备并准确登记，妥善保管，按时保养。
- 做好库房的日常勤务工作，定期检查库存及商品储存情况，发现问题及时解决。

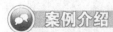 案例介绍

卷烟分拣补货系统

对于烟草商业企业来说，合理的卷烟分拣系统意味着物流动线的通畅协调、分拣效率的稳定可靠和分拣质量的准确高效，有利于充分响应国家烟草专卖局所倡导的"国家利益至上和消费者利益至上"的要求。卷烟分拣系统主要包括件烟托盘仓储、分拣前备货缓存及条烟分拣这三段流程，下面分别说明。

1. 件烟托盘仓储

烟草公司配送中心的仓储，主要分为三层货架存储和立库存储两种形式。这两种形式在国内都有大量的应用案例，属于较为成熟的应用模式，可根据各地烟草公司不同的年销量选择适合的形式。

2. 分拣前备货缓存

分拣前货缓存顾名思义就是指在仓储与分拣之间的过渡缓存，其主要功能是用于向分拣线及

时、准确地补货，特别是针对 A 类品牌采用自动补货方式后，分拣前备货缓存的设计就显得更为重要。

经过国内各分拣系统供应商多年的研究，分拣前备货缓存的设计思路和工艺设备已经过数次更新换代，并经过不同规模烟草公司的应用和验证，已有数种成熟的模式值得推广。

（1）库内结合分拣线旁备货缓存模式。该模式采用库内结合分拣线旁缓存的方式进行分拣前件烟的备货缓存，适合采用三层货架平库的烟草公司使用。这种模式有效利用了库内空间和分拣区空间，通过 LED 显示屏提示补货的方式，及时将分拣所需件烟送至分拣线旁，节省了占地面积，保证了补货的及时性。同时分拣区整洁有序，工作界面清晰。典型案例如嘉兴烟草公司。

（2）立库和件烟平库相结合的备货缓存模式。该模式采用立库和件烟库结合的模式分别处理 A、B、C 类卷烟，充分发挥不同设备的效能以达到及时补货的目的，适用于采用立库的烟草公司使用。

一般来说，由于 A 类品牌分拣耗量大，因此立库主要针对 A 类品牌进行补货。而对于分拣总量不大的 B、C 类卷烟，其分拣耗量不稳定，如采用立库补货的方式会导致补货效率低，无法保证分拣所需件烟的及时补货，因此可采用件烟库的形式。根据自动化程度要求的不同，件烟库可采用件烟立库和件烟平库两种形式。

件烟立库是指将 B、C 类卷烟以件烟的方式存储在立库中，而不是以往以托盘的形式进行存储。这种存储方式自动化程度高，有很大的灵活性，可根据分拣线的实际需求按件烟的实际耗量出库，避免整托盘的 B、C 类卷烟多次重复出入库。典型案例如白沙烟草公司、青岛烟草公司。

件烟平库是指将 B、C 类卷烟以整托盘形式提前由立库区备货缓存运至件烟平库中，当分拣线需要时，再由人工将所需的 B、C 类卷烟输送至分拣线旁。这种存储方式可将 B、C 类卷烟统一进行处理，占地面积不大，灵活性好，适用于不采用自动补货的烟草公司。典型案例如荷泽烟草公司。

（3）重力式缓存的备货缓存模式。该模式是采用重力式货架将全部上线品牌卷烟进行备货缓存的模式。重力式缓存入口端采用柔链升降的自动补货车代替普通输送设备，出口端采用可进行自动合、分流的件烟升降设备进行处理，保证件烟输送的准确性。这种方式在有限的空间内充分利用高度进行件烟存储，同时可以兼顾全部的上线品牌；单通道存储单一品牌，分拣线之间补货互不干扰，是目前最主要的一种应用方式。典型案例有：南宁烟草公司、合肥烟草公司。

（4）密集缓存的备货缓存模式。密集缓存模式是昆船公司根据多年来烟草行业分拣系统的实施经验和发展趋势研发的新一代备货缓存模式，适合于年销售量在 16 万箱以上的烟草公司。这种缓存模式主要针对 A 类品牌的卷烟。由于 A 类品牌的卷烟分拣总量大，分拣消耗快，因此如何保证 A 类卷烟的及时补货尤为关键。虽然在 A 类烟自动补货方面也有采用堆叠式等其他形式，但都存在无法实现对分拣设备的一对一补货、分拣线之间补货互相干扰、对条烟挤压损伤等问题。而密集缓存方式的推出，使上述问题迎刃而解，整个补货动线流畅、清晰、高效、稳定地运行。典型案例有：成都烟草公司、大理烟草公司。

3. 条烟分拣

如何针对不同烟草公司配送中心的实际情况进行合理的分拣线设计，取决于分拣工艺模式的选择和分拣设备的配置。并不是一种工艺模式或某些分拣设备就可以适用于所有的烟草公司，在设计的时候往往需要根据各地烟草公司的实际情况进行分析和研究。

卷烟分拣系统的定位决定了采用何种工艺模式，这通常需要结合烟草公司的年销售量、销售品牌分布、场地条件、运行方式、自动化程度要求、投资水平等多方面因素进行决策。

一般说来，对于年销售量在 16 万箱以下的烟草公司，建议选用人工补货的 12 000 条/小时的自动分拣线。其中 60%～80%的卷烟采用整件补货的形式，20%～40%的卷烟采用条烟补货的形式，这样既充分发挥操作人员的作用，又降低了劳动强度。在这样的分拣线配置中，分拣线人员配置数量及劳动强度与采用自动补货的配置基本相同，但分拣线的占地面积与投资却大为减少，是一种性价比最高的配置方式。

对于年销量在 16 万箱以上的烟草公司，建议选用部分自动补货、部分人工补货的 15 000～18 000 条/小时的自动分拣线。其中 60%～80%的卷烟采用自动补货的形式，20%～40%的卷烟采用人工补货的形式，同时结合自动化程度较高的分拣前件烟备货缓存。这样既符合国家烟草专卖局关于"适度自动化"的要求，又提高了自动化程度，降低了操作人员的劳动强度。整个分拣场地人员配置较少、整洁，作业效率高。

 实训练习

选取一家企业，分析其超市或门店货架补货与其配送中心的拣货位补货作业的区别。

任务四　流通加工

 任务引入

一些商品的大包装不适合顾客要求，如 25kg 一袋的大米不适合城市大部分家庭的购买习惯，120 个一袋的清洁球在小便利店甚至要卖一年，生产厂家的大块统一尺寸的玻璃不适合客户的个性化需求。遇到这种情况，就需要在流通环节进行分装、分割等简单作业。这就是"流通加工"。流通加工是现代物流的主要环节和重要功能之一。一般认为，流通加工是在物品进入流通领域后，到达最终消费者、使用者之前，为了促进商品销售、维护商品质量和实现物流效率化，对商品所进行的物理性的或化学性的加工。流通加工作业在配送中心中越来越普遍，甚至成为配送中心创造增值服务的重要作业环节。

1．任务要求

课前查阅资料、企业调研，学习流通加工的相关知识内容。

（1）课前学习流通加工，每小组准备报 PPT（上课展示）。

（2）课上进行 PPT 展示交流、分析惠普打印机案例、完成教师布置的研讨。

（3）课后调研农村地区超市配送中心，记录拆零等流通加工内容，分析其流程安排的合理性，及其在配送中的地位、作用，以及相关的绩效考核方法等，形成一份调研报告。

2．任务分析

流通加工是生产加工的必要补充，流通加工可以协调生产的规模效益和顾客个性化需求的矛盾，在配送中心合理安排流通加工的内容、方法，使流通加工成为配送中心重要的增值环节是本次学习的主要内容。

3．实施准备

教师准备流通加工的案例、图片、视频资料，有条件的联系配送中心参观相关作业。

要求学生做好以下准备工作。

（1）查阅资料，学习流通加工相关知识，有条件的到配送中心参观流通加工作业。

（2）各组准备预习成果，汇报PPT。

（3）学生约6人一组，确定主管（组长）1名，分工协作。

4. 实施步骤

（1）各组进行预习成果展示：流通加工的内容、方法、与生产加工的区别等。

（2）教师展示案例——惠普打印机的流通加工；展示图片、视频等。

（3）讨论及点评以下问题。

① 为什么要进行流通加工，流通加工有哪些作用？

② 流通加工与生产加工的区别是什么？

③ 流通加工的形式有哪些？

④ 不合理流通加工该如何判断？

⑤ 流通加工的日常管理策略是什么？

5. 效果评价

参照表4-6对学生学习过程及学习成果质量给予综合评价。小组成绩考核团队完成情况，个人部分考核个人执行完成情况。

表4-6　　　　　　　　　　　　　流通加工实训评价表

小组序号：			学生姓名：　　　　　　学号：		
小组成绩（教师评价或小组互评）			个人最终成绩		
任务及标准	满分	得分	项目及标准	满分	得分
资料搜集、调研情况	10		小组分解得分	50	
PPT制作及汇报	10		个人角色及执行	30	
课堂讨论组织	10		讨论及主动性	10	
发言展示	10		观点新颖性	5	
分工、协作	10		友好互助	5	
合计	50		合计	100	
评价者：			评价者：		
评价时间：　　年　　月　　日			评价时间：　　年　　月　　日		

6. 点评交流

教师根据学生调研、讨论、汇报等情况，结合相关理论知识和技能重点给予点评，对存在的共性问题、重点问题进行详细讲解、启发，通过师生互动使学生学到流通加工知识和技能。

 相关知识

一、流通加工的概念

（1）流通加工的概念。国家标准（GB 18354—2001）将流通加工定义为：物品在从生产地到使用地的过程中，根据需要施加包装、分割、计量、分拣、组装、价格贴附、标签贴附、商品检验等简单作业的总和。流通加工是为了方便流通、方便运输、方便储存、方便销售、方便用户及实现物资的充分利用和综合利用而进行的加工活动。

（2）流通加工与生产加工的区别。流通加工与一般的生产型加工在加工对象、加工程度等方面差别较大（见表4-7）。

表4-7 流通加工与生产加工的差别

	生 产 加 工	流 通 加 工
加工对象	形成产品的原材料、零配件、半成品	进入流通过程的商品
加工程度	复杂的形成产品主体的加工	简单的、辅助性的补充加工
附加价值	创造价值和使用价值	完善其使用价值并提高附加价值
加工责任人	生产企业	流通企业
加工目的	交换、消费	促进销售、维护产品质量、实现物流高效率

二、流通加工的作用和形式

1. 流通加工的作用

（1）提高加工材料利用率。

（2）方便用户。

（3）提高加工效率及设备利用率。

（4）充分发挥各种输送方式的优势。

（5）改变功能，提高收益。

2. 流通加工的形式

按加工目的不同，流通加工有以下基本形式。

（1）为弥补生产领域加工不足的深加工。

（2）为满足需求多样化进行的服务性加工。

（3）为保护产品所进行的加工。

（4）为提高物流效率，方便物流的加工。

（5）为促进销售的流通加工。

（6）为提高加工效率的流通加工。

（7）为提高原材料利用率的流通加工。

（8）衔接不同运输方式，使物流合理化的流通加工。

（9）以提高经济效益，追求企业利润为目的的流通加工。

（10）生产—流通一体化的流通加工。

三、流通加工的内容与方法

1. 生鲜食品的流通加工

（1）冷冻加工。为解决鲜肉、鲜鱼在流通中保鲜及搬运装卸的问题，采取低温冻结方式的加工。这种方式也用于某些液体商品、药品等。

（2）分选加工。农副产品离散情况较大，为获得一定规格的产品，采取人工或机械分选的加工方式称为分选加工。这种方法广泛用于瓜果类、谷物、棉毛原料等。

（3）精制加工。精制加工多用于农、牧、副、渔等产品，是在产地或销售地设置加工点去除无用部分，其至可以进行切分、洗净、分装等加工。这种加工方便了购买者，同时可以对淘汰物进行综合利用。例如，鱼类精制加工时剔除的内脏可以加工某些药物或饲料，鱼鳞可以制成高级黏合剂，头尾可以做成鱼粉等；蔬菜的加工剩余物可做饲料、肥料等。

（4）分装加工。许多生鲜食品零售起点较小，为保证高效输送，厂家常采用较大包装，或者采用集装运输方式运达销售地区。在销售地区则需要按要求的零售起点量进行新的包装，即大包装改小包装，散装改小包装，运输包装改销售包装，这样的方式称为分装加工。

2．其他典型的流通加工

其他典型的流通加工主要有：钢材流通加工、木材流通加工、平板玻璃流通加工、煤炭流通加工、水泥流通加工、组装产品的流通加工、生产延续的流通加工等。

四、流通加工合理化

（1）实现流通加工合理化的途径。流通加工合理化的含义是实现流通加工的最优配置，在满足社会需求这一前提的同时，合理组织流通加工生产，并综合考虑加工和配相相结合，加工和配套相结合，加工和合理运输相结合，加工和合理商流相结合，加工和节约相结合。

（2）不合理流通加工的几种主要形式。流通加工地点设置不合理；流通加工作用不大，形成多余环节；流通加工方式选择不当；流通加工成本过高，效益不好。

五、流通加工日常管理指标

（1）增值指标。反映经流通加工后单位产品的增值程度，以百分率表示，计算公式为：

$$增值率 = [（产品加工后价值 - 产品加工前价值）/ 产品加工前价值] \times 100\%$$

（2）品种规格增加额及增加率。反映某些流通加工方式在满足用户，衔接产需方面的成就。品种规格增加额以加工后品种、规格数量与加工前之差决定。

$$品种规格增加率 = （品种、规格增加额 / 加工前品、规格）\times 100\%$$

 **案例介绍**

拆零、切割、分包——配送中心流通加工

为取得规模效益，一些商品在生产和干线运输环节往往采取大批量，大包装的生产和流通模式，如大米，猪肉、蔬菜等，而消费终端的顾客往往需要小包装购买，一些农村地区的连锁小超市某些商品总销量小，如果只能大包装采购会造成长时间库存。此时，配送中心的拆零，分包工作就至关重要，如 25kg 一袋的大米需要分包为 5kg 或 2.5kg 袋装；大块猪肉需要切开后以小保鲜盒分装作为销售单元；蔬菜需要洗净分装为顾客需要的小包装；大个的菠萝蜜需要切开后以更小的保鲜盒分装销售；200 个一袋的钢丝清洁球需要拆零分装为小包装向门店配送。拆零、切割、分包、贴标签等流通加工已经成为一些配送中心不可或缺的重要功能，对低库存、快速配送策略的实施起到了很好的支持作用。

实训练习

阿迪达斯公司在美国有一家超级市场，设立了组合式鞋店，摆放的不是做好了的鞋，而是做鞋用的半成品，款式花色多样，有 6 种鞋跟、8 种鞋底，均为塑料制造的，鞋面的颜色以黑、白

为主，搭带的颜色有 80 种，款式有百余种，顾客进来可任意挑选自己所喜欢的各个部位，交给职员当场进行组合。只需 10 分钟，一双崭新的鞋便出现了。

这家鞋店昼夜营业，职员技术熟练，鞋子的售价与成批制造的价格差不多，有的还稍便宜些。所以顾客络绎不绝，销售金额比邻近的鞋店多 10 倍。

问题：

1. 分析流通加工的作用。
2. 结合平时的观察，请列出你所见到的农贸市场、超市等的流通加工。

综合练习

1. 分别叙述配送中心向供应商采购补货与拣货位补货的流程。
2. 思考研讨：WMS 系统在拣货、补货流程中的运用。

项目五

配装与送货管理

【知识目标】

1. 熟悉配装基本作业流程
2. 了解配送车辆配载作业技术
3. 了解车辆调度原则与方法
4. 熟悉物流配送应急管理及决策技巧
5. 掌握物流信息技术在送货业务中的应用
6. 掌握配送线路制定及优化方法

【技能目标】

1. 能对车辆进行合理的配载与调度工作
2. 能正确指导车辆装货作业
3. 能对配送线路进行简单优化设计
4. 能根据配送线路变化指导车辆配装
5. 在途送货出现意外后会采取合理的措施
6. 会应用物流信息技术进行送货管理

任务一　车辆配装

 任务引入

某物流配送中心某次需运输白糖和食盐两种货物，白糖质量体积为 0.9 立方米/吨，食盐是 1.6 立方米/吨，计划使用的车辆的载重量为 11 吨，车厢容积为 15 立方米。

1. 任务要求

如何装载才能使车辆的载重能力和车厢容积都被充分利用？

2. 任务分析

车辆合理的配载可以给物流配送中心带来更大的经济效益及社会效益。然而，到目前为止，国内大部分配送中心在实际操作中仍然凭借经验进行配载，这样原始的配载往往不能够更好地利用车辆的运能、运力，增加了运输成本。因此，降低运输成本，节约车辆的使用空间，提高汽车在配载过程中的运用效率，将是改变这一现状的好方法。

3. 实施准备

（1）学生 3~5 人为一组进行讨论，计算并思考合理的车辆配载。

（2）教师讲解有关车辆配载核算要求和需提交的书面材料要求。

4. 实施步骤

（1）布置任务：教师向每组学生发放任务单，要求学生在一定时间内完成任务。

（2）完成任务：学生小组制定方案并实施，教师指导。

（3）成果展示：教师把各组完成情况数据填入表格，小组代表简述完成过程。

（4）教师点评：教师针对完成过程情况及表格数据逐一点评，同时穿插引出相关理论知识，以本任务为载体详细讲解。

（5）启发、讨论：采取何种措施实现配装合理化并提高服务质量？

5. 结果评价

参照表 5-1 对学生实施过程及提交的书面材料质量给予评价，激励学生积极认真地实施项目。

表 5-1　　　　　　　　　　车辆合理配载核算情况评价表

小组序号：			学生姓名：	学号：	
小组成绩（教师评价或小组互评）			个人最终成绩		
任务及标准	满分	得分	项目及标准	满分	得分
资料查阅丰富	10		小组分解得分	50	
实施时主动学习	15		书写材料认真	10	
实施时遵守纪律	20		材料内容齐全	10	
小组讨论气氛	3		材料内容翔实	25	
答辩效果	2		有感想体会	5	
合计	50		合计	100	
评价者：			评价者：		
评价时间：　　年　　月　　日			评价时间：　　年　　月　　日		

6. 点评交流

学生完成任务后，教师及时组织成果展示，结合小组汇报及效益数据进行逐一点评，巧妙引出配装作业的流程、车辆调度的目标、装车作业的原则等理论知识，以本次任务为载体进行穿插讲解。通过启发提问等方式适时地引出在目标确定的前提下，合理调度车辆、降低配送成本的策略等知识，启发学生思考、讨论。点评讨论环节，对积极发言、主动思考的学生给予及时肯定和鼓励，对于某些小组及学生的不足要帮助其改进，以提高任务实施的绩效。

 相关知识

一、配装作业

配装作业是物流配送的一个重要环节。所谓配送是"配"与"送"的有机结合。它与一般送货的重要区别在于，配送是通过集合、分拣、配货等环节，使送货达到一定规模，以利用规模优势实现较低的送货成本。因此，在单个用户配送数量不能达到车辆的有效载运负荷时，应集中不同用户的配送货物进行搭配装载以充分利用运能、运力，即通过有效配装提高配送的效率，降低配送成本。但是由于配送的货物种类繁多、特性各异，故其包装也各异，或为袋装，或为箱装，或为桶装等，即使同为一种材料的包装，其尺寸、形状等也有不同。另外，为确保配送服务质量，还应选择适宜的配送车辆类型。因此，在物流配送决策中，往往需要面对很多这样的情况：同一时间有很多种不同的货物需要配送，且可供选择的运输车辆有很多种，如何选择合适的运输车辆，以最小的运输成本，合理、快速地进行配送。

物流配送中心的配装作业流程如下。

（1）划分基本配送区域。为使整个配送有一个可遵循的基本依据，应首先将客户所在地的具体位置做一个系统统计，并将其进行区域上的整体划分，将所有客户囊括在不同的基本配送区域之中，以作为下一步决策的参考基础。如按行政区域或交通条件划分不同的配送区域，可在这一区域划分的基础上再做弹性调整。

（2）车辆配载。由于配送货品品种和特性各异，为提高配送效率，确保货物质量，必须首先对特性差异大的货物进行分类。在接到订单后，将货物依特性进行分类，以分别采取不同的配送方式和运输工具，如按冷冻食品、速冻食品、散装货物、箱装货物等分类配载。其次，配送货物也有轻重缓急之分，必须初步确定哪些货物可配于同一辆车，哪些货物不能配于同一辆车，以做好车辆的初步配装工作。

（3）暂定配送先后顺序。在考虑其他影响因素，做出最终的配送方案前，应先根据客户订单要求的送货时间将配送的先后作业次序做一次概括的预计，为后面车辆积载做好准备工作。计划工作的目的是为了保证达到既定的目标，所以预先确定基本配送顺序既可以有效地保证送货时间，也可以尽可能地提高运作效率。

（4）车辆安排。车辆安排首先要解决的问题是安排什么类型、吨位的货运车辆送货。一般企业拥有的车型有限，车辆数量亦有限，当本公司的车辆无法满足要求时，可以使用外雇车辆。其次，安排车辆之前，还必须分析订单上的货物信息，如体积、质量、数量、对于装卸的特别要求等。综合考虑各方面因素的影响，做出最合适的车辆安排。

（5）选择配送线路。知道了每一辆车负责配送的具体客户后，如何以最快的速度完成对这些货物的配送，即如何选择配送距离短、配送时间短、配送成本低的线路，这需要根据客户的具体位置、沿途的交通情况等做出优先选择和判断。除此之外，还必须考虑有些客户或其所在地环境对送货时间、车型等方面的特殊要求，如有些客户不在中午或是晚上收货，有些道路在高峰期实行特别交通管制等。

（6）确定最终配送顺序。做好车辆安排及选择好最佳的配送路线后，依据各车负责配送的具体客户的先后，即可确定客户的最终配送顺序。

（7）完成车辆积载。明确了客户的配送顺序后，接下来就是如何将货物装车，以什么顺序装车的问题，即车辆的积载问题。原则上根据客户的配送顺序将货物依"后送先装"的顺序装车即可。但有时为了有效利用空间，可能还要根据货物的性质（怕震、怕压、怕撞、怕湿）、形状、体积及质量等做出弹性调整。此外，对于货物的装卸方法也必须依照货物的性质、形状、质量、体积等来做具体决定。

在以上各阶段的操作过程中，需要清楚了解订单内容，掌握货物的性质，明确具体配送地点，适当选择配送车辆，选择最优的配送线路，充分考虑各作业点的装卸货时间。

二、车辆调度

1. 物流配送车辆调度的定义

物流配送车辆调度问题可以描述为：在一个存在供求关系的系统中，有若干台车辆、若干个物流配送中心和客户，要求合理安排车辆的行车路线和出行时间，从而在给定的约束条件下，把客户需求的货物从物流配送中心送到客户处，把客户供应的货物从客户处取到物流中心，并实现配送总里程最短、配送总费用最低、配送总时间最少、使用的配送车辆数最少、配送车辆的满载率最高等目标。

2. 物流配送调度的常见车辆种类

用于配送的运输工具中，汽车是最普遍也是最便利的运输工具。但是由于配送中心的情况各有不同，所使用的运输工具也有许多不同。另外由于配送中心服务的客户有很大差别，所以在运输工具的选择上也存在着这样或那样的差别。就是在公路运输这一方面，有关汽车的选择也有很多学问。

在物流领域中使用的汽车种类很多，主要有以下几种。

（1）普通货车。按载重量的不同分为轻型货车、中型货车、重型货车；按有无车厢分为平板车、标准挡板车和高挡板车。

① 轻型货车。载重吨位在 2 吨以下，较多为低货台，人力装卸比较方便，主要用于市内运输、集货、配送、宅配运输等。

② 中型货车。载重吨位为 2～8 吨，主要用于市内运输，我国比较多的用于城市与城市，以及城市与乡村间的运输。

③ 重型货车。载重吨位在 8 吨以上，通常是高货台，主要用于长途干线的运输。

（2）厢式货车。厢式货车具有载货车厢，还具有防雨、隔尘等功能，安全性能好，能防止货物散失、被盗等；但由于自重较重，所以无效运输比例较高。主要种类如下。

① 按货厢高度分为高货厢、低货厢两种。高货厢底座为平板，虽不大适合人力装卸，但车上堆垛没有障碍；低货厢的货台在车轮位置有凸起，影响装车。

② 按开门方式分为后开门式、侧开门式、两侧开门式、侧后开门式、顶开式和翼式。后开门式适于后部装卸，方便手推车进入装卸，车后部与站台接近，占用站台位置短，有利于多辆车

同时装卸；侧开门式适于边部叉车装卸，货车侧部与站台接近，占用站台长度较长；顶开式适于吊车装卸；翼式适于两侧同时装卸。

（3）专用车辆。这种车适于装运某种特定的，用普通货车或厢式货车装运效率较低的货物。这种车的通用性较差，往往只能单程装运，运输成本高。主要有汽车搬运车、水泥车、油罐车、洒水车、混凝土搅拌车、挂肉车等。

（4）自卸车。这种车力求使运输与装卸有机结合，在没有良好的装卸设备的条件下，依靠车辆本身的附件设备进行装卸作业。如翻卸车、随吊车、尾部带升降板的尾板车等。

（5）牵引车和挂车。牵引车又称拖车，是专门用于拖车和牵引挂车的。牵引车分为全挂式和半挂式两种。挂车本身没有发动机驱动，通过杆式或架式拖车装置，由牵引车或其他的汽车牵引，而挂车只有与牵引车或其他汽车一起组成汽车列车，才能构成一个完整的运输工具。挂车有全挂车、半挂车、轴式挂车、重载挂车等。

3. 物流配送车辆调度的主要组成要素

物流配送车辆调度问题主要包括货物、车辆、物流中心、客户、约束条件和调度目标等要素。

（1）货物。货物是配送的对象，可将每个客户需求（或供应）的货物看成一批货物。每批货物都包括品名、包装、重量、体积、要求送到（或取走）的时间和地点、能否分批配送等属性。货物送到（或取走）的时间和地点是制定车辆的出行时间和配送路线的依据。

（2）车辆。车辆是货物的运载工具。其主要属性包括：车辆的类型、装载量、一次配送的最大行驶距离等。车辆的类型有通用车辆和专用车辆之分，通用车辆适于装运大多数普通货物，专用车辆适于装运一些性质特殊的货物。

（3）物流调度中心，也称为物流基地、物流据点，是指进行集货、分货、配货、配装、送货作业的配送中心、仓库、车站、港口等。物流车辆调度系统中可能涉及一个或者多个物流调度中心。

（4）客户，也称为用户，包括分仓库、零售商店等。客户的属性包括需求（或供应）货物的数量、需求（或供应）货物的时间、需求（或供应）货物的次数及需求（或供应）货物的满足程度等。

（5）约束条件，物流配送车辆调度问题应满足的约束条件主要包括以下几方面。

① 满足所有客户对货物品种、规格、数量的要求。

② 满足客户对货物发到时间范围的要求。

③ 在允许通行的时间进行配送（如有时规定白天不能通行货车等）。

④ 车辆在配送过程中的实际载货量不得超过车辆的最大允许装载量。

⑤ 在物流中心现有运力范围内。

⑥ 按客户对货物取（送）时间的要求分为有无时限问题（客户对货物的取走或送到的时间无具体要求）和有时限问题（客户要求将需求的货物在规定的时间窗内送到，将供应的货物在规定的时间窗内取走，也称为有时间窗问题）。有时限问题又可以分为硬时间窗问题（客户要求货物必须在规定的时间窗内送到或取走，不能提前也不能拖后）和软时间窗问题（客户要求将货物尽量在规定的时间窗内送到或取走，但也可以提前或拖后，只不过在提前或拖后时，要对配送企业实施一定的惩罚）。

（6）调度目标。对物流配送车辆的调度问题，可以只选用一个目标，也可以选用多个目标。经常选用的调度目标如下。

① 配送总里程最短。配送里程与配送车辆的耗油量、磨损程度以及司机疲劳程度等直接相关，它直接决定运输的成本，对配送业务的经济效益有很大影响。由于配送里程计算简便，它是确定配送路线时用得最多的指标。

② 综合费用最低。降低综合费用是实现配送业务经济效益的基本要求。在物流配送中，与取、送货有关的费用包括车辆维护和行驶费用、车队管理费用、货物装卸费用、有关人员工资费用等。

③ 准时性最高。由于客户对交货时间有较严格的要求，为提高配送服务质量，有时需要将准时性最高作为确定配送路线的目标。

④ 运力利用最合理。该目标要求使用较少的车辆完成配送任务，并使车辆的满载率最高，以充分利用车辆的装载能力。

⑤ 劳动消耗最低。即以司机人数最少、司机工作时间最短为目标。

4. 物流配送车辆调度方法

求解物流配送车辆调度问题的方法很多，究其实质，可以分为精确算法和启发式算法两大类。精确算法是指可求出其最优解的算法，主要有：分支定界法、平面法、网络流算法、动态规划法等。由于精确算法的计算量一般会跟随问题规模的增大而呈指数增长，在实际中其应用范围很有限。因此，物流配送车辆调度常采用启发式算法，如遗传算法等。

三、装车作业

1. 装车作业的原则

理货结束后，要进行具体的装车，在此环节一般要遵循以下原则。

（1）重不压轻，大不压小。轻货应放在重货上面，包装强度差的应放在包装强度好的上面。

（2）货物堆放要前后、左右、上下重心平衡，以免发生翻车事件。尽量做到"先送后装"，即同一车中有目的地不同的货物时，要把先到站的货物放在易于装卸的外面和上面，后到站的货物放在里面和下面。

（3）货与货之间、货与车辆之间应留有空隙并适当衬垫，防止货损。

（4）货物的标签朝外，以方便装卸。

（5）装货完毕，应在门端处采取适当的稳固措施，以防开门卸货时，货物倾倒造成货损或人身伤亡。

2. 公路运输包装件的尺寸界限

运输包装，在我国国标（GB/T 4122.1—1996）中定义为：以运输储存为主要目的的包装称之为运输包装，它具有保障产品的安全，方便储运、装卸，加速交接、点验等作用。运输包装件通用尺寸长、宽、高分别小于 3 540mm、1 600mm、1 650mm；运输包装件允许尺寸长、宽应分别小于 12 160mm、2 500mm，装车后运输包装件最高离地不得超过 4 000mm，超过此界限时，应视为特殊运输。

根据不同的货车车型，其运输包装件的长、宽、高应分别小于车型车厢的最小长、宽、高（厢式车高、宽分别取厢门高和厢门宽），最大应分别小于车型车厢的最大长、宽、高（厢式车高、宽分别取厢门高和厢门宽）。

3. 堆码原则

装车时，应注意下列基本的堆码原则。

（1）堆码采取方式有行列式堆码方式和直立式堆码方式，堆码方式要有规律、整齐，并且堆码高度不能太高。

（2）货物在横向不得超出车厢宽度，前端不得超出车身，后端不得超出车厢的长度标准为：大货车不超过2m，载重量1 000kg以上的小型货车不得超过1m，载重量1 000kg以下的小型货车不得超过50cm。

（3）堆码时应重货在下，轻货在上；包装强度差的应放在包装强度好的上面。

（4）货物应大小搭配，以利于充分利用车厢的装载容积及核定载重量。

（5）按顺序堆码，先卸车的货物后码放。

 **案例介绍**

百胜物流降低连锁餐饮企业的运输成本

对于连锁餐饮这个锱铢必较的行业来说，靠物流手段节省成本并不容易。然而，作为肯德基、必胜客等业内巨头的指定物流提供商，百胜物流公司抓住运输环节大作文章，通过合理地运输安排，降低配送频率，实施歇业时间送货等优化管理方法，有效地实现了物流成本的"缩水"，给业内管理者指出了一条细致而周密的降低物流成本之路。

对于连锁餐饮业（QSR）来说，由于原料价格相差不大，物流成本始终是企业成本竞争的焦点。据有关资料显示，在一家连锁餐饮企业的总体配送成本中，运输成本占到60%左右，而运输成本中的55%～60%又是可以控制的。因此，降低物流成本应当紧紧围绕运输这个核心环节。

1. 合理安排运输排程

运输排程的意义在于，尽量使车辆满载，只要货量许可，就应该做相应的调整，以减少总行驶里程。由于连锁餐饮业餐厅的进货时间是事先约定好的，这就需要配送中心按照餐厅的需要，制作一个类似列车时刻表的主班表，此表是针对连锁餐饮餐厅的进货时间和路线详细规划制定的。

众所周知，餐厅的销售存在着季节性波动，因此主班表至少有旺季、淡季两套方案。有必要的话，应该在每次营业季节转换时重新审核运输排程表。安排主班表的基本思路是：首先计算每家餐厅的平均订货量，设计出若干条送货路线，覆盖所有的连锁餐厅，最终达到总行驶里程最短、所需司机人数和车辆数最少的目的。

规划主班表远不是人们想象的那样简单。运输排程的构想最初起源于运筹学中的路线原理，其最简单的模型是从起点A到终点O有多条路径可供选择，每条路径的长度各不相同，要求找到最短的路线。实际问题要比这个模型复杂得多，首先，需要了解最短路线的点数，从几个点增加到成百甚至上千个点，路径的数量也相应增多到成千上万条。其次，每个点都有一定数量的货物流需要配送或提取，因此要寻找的不是一条串联所有点的最短路线，而是每条串联几个点的若干条路线的最优组合。另外，还需要考虑许多限制条件，比如车辆装载能力、车辆数目、每个点在相应的时间开放窗口等，问题的复杂度随着约束数目的增加呈几何级数增长。要解决这些问题，需要用线性规划、整数规划等数学工具，目前市场上有一些软件公司能够以这些数学解题方法作为引擎，结合连锁餐饮业的物流配送需求，开发出优化运输路线安排的软件。

在主班表确定以后，就要进入每日运输排程，也就是每天审视各条路线的实际货量，根据实际货量对配送路线进行调整，通过对所有路线逐一进行安排，可以去除几条送货路线，至少能减少某些路线的行驶里程，最终达到增加车辆利用率、增加司机工作效率和降低总行驶里程的目的。

2. 减少不必要的配送

对于产品保鲜要求很高的连锁餐饮业来说，尽力和餐厅沟通，减少不必要的配送频率，可以有效地降低物流配送成本。如果连锁餐饮餐厅要将其每周配送频率增加 1 次，会对物流运作的哪些领域产生影响？在运输方面，餐厅所在路线的总货量不会发生变化，但配送频率上升，结果会导致运输里程上升，相应的油耗、过路（桥）费、维护保养费和司机人工费用都要上升。在客户服务方面，餐厅下订单的次数增加，相应的单据处理作业也要增加。餐厅来电打扰的次数也相应上升，办公用品（纸、笔、电脑耗材等）的消耗也会增加。在仓储方面，所要花费的拣货、装货的人工会增加。如果涉及短保质期物料的进货频率增加，那么连仓储收货的人工都会增加。在库存管理上，如果涉及短保质期物料的进货频率增加，由于进货批量减少，进货运费很可能会上升，处理的厂商订单及后续的单据作业数量也会上升。

由此可见，配送频率增加会影响配送中心的几乎所有职能，最大的影响在于运输里程上升所造成的运费上升。因此，减少不必要的配送，对于连锁餐饮企业显得尤为关键。

3. 提高车辆的利用率

车辆时间利用率也是值得关注的，提高卡车的时间利用率可以从增大卡车尺寸、改变作业班次、二次出车和增加每周运行天数四个方面着手。由于大型卡车可以每次装载更多的货物，一次出车可以配送更多的餐厅，由此延长了卡车的在途时间，从而增加了其有效作业的时间。这样做还能减少干路运输里程和总运输里程。虽然大型卡车单次的过路（桥）费、油耗和维修保养费高于小型卡车，但其总体上的使用费用绝对低于小型卡车。

运输成本是最大项的物流成本，所有别的职能都应该配合运输作业的需求。所谓改变作业班次就是指改变仓库和别的职能的作业时间，以适应实际的运输需求，提高运输资产的利用率，否则朝九晚五的作业时间表只会限制发车和收货时间，从而限制卡车的使用。

如果配送中心实行 24 小时作业，卡车就可以利用晚间二次出车配送，大大提高车辆的时间利用率。在实际物流作业中，一般会将餐厅分成可以在上午、下午、上半夜、下半夜 4 个时间段收货，据此制定仓储作业的配套时间表，从而将卡车利用率最大化。

4. 尝试歇业时间送货

目前我国城市的交通限制越来越严，卡车只能在夜间时段进入市区。由于连锁餐厅运作一般到夜间 24 点结束，如果赶在餐厅下班前送货，车辆的利用率势必非常有限。随之而来的解决办法就是利用餐厅的歇业时间送货。

歇业时间送货避开了城市交通高峰时段，既没有顾客的打扰，也没有餐厅运营的打扰。由于餐厅一般处在繁华路段，夜间停车也不用像白天那样有许多顾忌，可以有充裕的时间进行配送。由于送货窗口拓宽到了下半夜，使卡车可以二次出车，提高了车辆利用率。

在餐厅歇业时段送货的最大顾虑在于安全。餐厅没有员工留守，司机必须拥有餐厅钥匙，掌握防盗锁的密码，餐厅安全相对多了一层隐患。卡车送货到餐厅，餐厅没有人员当场验收货物，一旦发生差错很难分清到底是谁的责任，双方只有按诚信的原则妥善处理纠纷。歇业时间送货要求配送中心和餐厅之间有很高的互信度，如此才能将系统成本降低。所以，这种方式并非在所有地方都可行。

实训练习

某大型食品配送中心，某日需运送食用油 580 吨、大米 400 吨和不定量的面粉。该中心有大型车20辆，中型车20辆，小型车30辆。各种车每日只运送一种货物，运输定额如表5-2所示，如何合理安排车辆使运送的载重量达到最大？

表5-2　　　　　　　　　　　　　　车辆及商品

运输定额（吨）	食　用　油	大　米	面　粉
大型车	20	17	14
中型车	18	15	12
小型车	16	13	10

任务二　配送线路制定及优化

 任务引入

物流配送直接影响对顾客的服务水平和配送成本的高低，配送线路影响到车辆的调度、人力资源的安排、服务质量的保证。同样的配送任务可以按照不同的配送线路进行任务安排，但顾客服务水平和发生的成本可能大不相同，因此，在保证顾客服务水平的前提下，通过优化配送线路，提高车辆利用率，减少人力资源投入，提高配送效率，减低成本消耗是物流配送管理的重要工作内容。

1. 任务要求

查阅资料（教材、期刊、网络等），选取烟草类、家电类销售配送企业调研，完成以下事项。

（1）每组提交一份企业调研报告，Word文档和PPT格式。

（2）在教师引导下完成对教师预设问题的分析。

（3）学习制定、优化配送线路的原则。

（4）练习定性、定量优化配送线路的方法。

（5）完成后面的案例分析及实训练习。

（6）小组内分工协作完成任务。

2. 任务分析

配送线路制定及优化是一项长期持续的工作，不同的配送线路决定了车辆调度、商品配装、人力资源安排、服务水平等关键事项。配送线路制定及优化是物流管理人员常规而又重要的工作。配送线路制定及优化有一定的原则，学者的潜心研究和企业的长期实践积累了定性、定量优化方法，通过分析案例、线路优化模拟、理论研讨，学习配送线路制定及优化的相关知识和技能，是本次学习的重点。

3. 实施准备

（1）材料准备：教师准备课堂学习案例，模拟优化线路素材及准备研讨的问题。

（2）学生准备：查阅资料，联系烟草或家电销售配送企业（或利用实习机会）进行配送线路制定及优化情况调研，了解企业线路优化运用了哪些方法，效果如何。

（3）场地准备：能分组讨论、演练的实训室或普通教室。

（4）学生6~8人一组，确定管理人员（组长）1名，分工协作。

4. 实施步骤

（1）案例分析——烟草销售配送企业线路制定及优化。

① 布置任务：教师向学生阐述案例（教师准备或学生调研的案例）。

② 学生分组学习并讨论：线路制定原则，优化前后对比，优化方法总结。

③ 教师点评：学生阐述讨论结果，教师穿插讲解线路制定原则，常用优化方法。

（2）定量方法讲解：教师详细讲解定量优化方法，帮助学生理解、运用。

（3）线路优化练习：教师给出新案例背景材料，请学生进行线路优化设计，制定配送线路及车辆安排方案，教师辅助。

（4）调研成果汇报：小组轮流汇报调研企业线路优化状况及常用的方法。

（5）理论研讨：请学生讨论线性规划方法、表上作业法、节约里程法、中国邮递员问题等运筹方法在现实运用中的局限及注意事项。

（6）讨论：利用 GIS 系统进行配送线路优化设计的好处和注意事项。

5. 效果评价

参照表 5-3 对学生调研、资料查阅学习及课堂任务完成质量给予评价。小组成绩主要考核团队整体完成情况，个人部分主要考核个人执行情况。

表 5-3　　　　　　　　　　　　　　配送线路制定及优化实训评价表

小组序号：			学生姓名：	学号：	
小组成绩（教师评价或小组互评）			个人最终成绩		
任务及标准	满分	得分	项目及标准	满分	得分
资料查阅学习	10		小组分解得分	50	
企业调研及汇报	10		个人角色及执行	20	
线路优化练习	10		代表发言陈述	10	
研讨成果	10		讨论发言情况	10	
组织及合作情况	10		友好互助	10	
合计	50		合计	100	
评价者：			评价者：		
评价时间：　年　　月　　日			评价时间：　年　　月　　日		

6. 点评交流

本次教学采用以学生为主体，教师辅助的教学方法。教师要及时组织成果展示交流，在点评环节针对学生讨论或优化线路的结果穿插讲授相关理论及技能，启发学生探讨问题，教师适时引出学习重点和难点，保证教学目标的实现。

 相关知识

一、配送线路制定原则

配送路线合理与否对配送速度、成本消耗、服务水平影响很大，现代社会道路资源逐渐丰富，在城市和经济发达地区，可选配送线路组合多种多样，采用科学合理的方法制定配送路线，提高配送服务水平和配送效率，是配送管理中非常重要的一项工作。无论采用哪种具体方法制定配送线路，均需遵循一定的原则。

1. 明确目标和约束条件

完成配送任务可以由多种配送线路组合，如何取舍取决于企业对配送的要求和要达到的具体目标，当然，在现实生活中，企业配送的目标还要受到顾客要求、交通状况和企业本身资源的限制。脱离了现实状况的线路规划不仅不能达到预期目的，还可能根本无法实施。

（1）目标。企业对配送规划目标的要求通常有以下几种。

① 效益最高。这种目标是指以利润的数值最大为目标。选择以效益最高为目标的企业主要考虑的是企业当前的效益，同时兼顾企业的长远效益。由于效益是企业各项经济活动的综合反映，兼顾长期目标的效益无法准确定量表达，定性的愿望无法实施于数学模型的建立；若以短期利润来计算，由于配送本身的利润计算复杂，增加了建立数学模型的难度，因此，现实中企业很少直接采用此目标。

② 成本最低。相对于效益、利润目标而言有所简化，企业可以采用，但仍比较复杂。

③ 路程最短。若成本与路程相关性较大，可以此目标替代成本最低目标，简化模型和计算。

④ 吨公里最小。若成本与吨公里相关性较大，且车辆资源有限，可以选择此目标。

⑤ 准时性最高。若客户实施零库存等对配送时限要求严格时，可以采用此目标。

⑥ 运力运用最合理。企业运力资源有限，运力运用直接与成本相关，可以采用此目标。

⑦ 劳动消耗最低。当人力资源稀缺，或所占成本比例较大时，可以采用此目标。

需要说明的是，现实中企业配送的目标不一定是单一的，比如，满足客户配送准时要求的同时，企业希望配送成本最低；或在配送成本较低的方案中，选择顾客服务水平较高的方案等。企业受多种外界以及内部因素的影响，制订方案时未必选择单目标最优的，也可能按照目标顺序选择多指标较好的方案。因此，制订和优化线路的人员一定要充分了解企业战略和近期目标，制定出多种方案供有关人员决策选择。

（2）约束条件。企业配送的目标多种多样，但都受制于现实客观条件的约束。着手制定配送线路前，企业必须明确面临的约束条件有哪些，在此约束基础上规划的满足配送目标的方案才是可实施、可操作的。一般情况下，面临的约束条件通常有以下几类。

① 满足所有收货人对货物品种、规格、数量的要求。

② 满足收货人对货物发到时间范围的要求，并确定优先级别。

③ 在允许通行的时间内进行配送。交通管制越来越多，通行时间不容忽视。

④ 各配送路线的货物量不得超过车辆容积和载重量的限制。

⑤ 在配送中心现有运力允许的范围内。

⑥ 人力资源的限制。

根据实际情况，约束条件多少不一，疏漏约束条件会使制订出的方案效果不好或无法实施，而添加太多约束条件则可能导致无方案可选。如何根据现实情况提炼出必要的约束条件是对线路制定人员知识、经验的挑战。

2. 干线支线相结合

大的配送中心覆盖地区范围大，配送线路较远。此时制定配送线路时可以考虑干线、支线的分工及衔接问题。

（1）配送线程的设计。线程是整体配送主干线的集合，通常把线程设计纳入到物流规划中，配送线程适用于实行整体配送的地方。在配送线程设计中，必须遵循三个基本原则。

① 满足客户。配送线路的制定并不适合几何学的直线距离节约时间的论断，而应根据客户分布特点、道路资源情况进行整体规划，并要考虑到天气、交通、气候等诸多安全因素，有时客户到货时间要求也需尽量兼顾。

② 提高效率。效率直接关系到成本和服务，科学合理的配送线路可以达到事半功倍的效果，

因此线路规划应尽量避免回头路，少走弯头路。

③ 简化、优化线程。根据乡镇、村组行政区划确定线路，经常使配送线路复杂、重复，浪费严重。打破行政区划，根据客户分布、订单量变化等灵活确定区划和线路，使配送线路简捷、少重复。干线规划考虑到支线的辅助补充作用，在集中配送的地方，可以对所有的配送路线进行有效整合，精简不必要的支线。

（2）配送支线的设计。配送支线的设计是为了解决配送线程中无法解决的一些问题，弥补干线配送的不足，比如部分零售客户地处偏远且较为分散，运用支线配送较好。支线一般适用于单级配送。配送支线应根据路程的远近、客户集中度、道路情况、到达时间等进行有效设计，尽量避免走弯路、重复路。配送干线与配送支线的设计互相补充，共同整合。配送支线设计在部分县级乡镇得到了很好的应用。

二、配送线路优化简介

1. 经验与定量测算相结合

许多配送中心根据送货经验和数据测量，制定配送线路，运行一段时间后，存在的问题不断暴露，通过分析问题，再次访谈一线人员、测算相关数据，继续优化线路，获得明显效果。

【相关案例 1】根据客户分布整合配送线路

湖北某公司送货线路多，各条线路上的零售客户分布不均，有的线路上有 300 多户零售客户，有的线路则有 500 多户零售客户，送货线路重复现象较为严重，配送效率不高。2007 年 4 月，送货员对配送车辆的一次性装载量、配送往返时间进行测算，然后根据送货数量、送货户数和送货里程重新整合配送线路，将原来的 10 辆送货车、10 个片区和 10 条送货线路整合为 9 辆送货车、9 个片区和 9 条线路，还减少了 2 名送货员。整合后平均每条线路上有 460 多户零售客户，分布比以前均匀多了，同时节省了送货时间，提高了工作效率。

【相关案例 2】打破行政区划优化配送线路

我国卷烟配送中，按照行政区划制定配送线路似乎是行业惯例。江苏徐州市沈集村从行政区划上隶属于房村镇，乍一看距房村镇郭集街最近，但实际情况是郭集街与沈集村之间有一座小山，送货车只能花半个多小时时间绕道而去，浪费成本。后来打破行政区划，将沈集村划到相邻的张集配送线路上，送货只需要几分钟，大大提高了工作效率。

【相关案例 3】改变配送模式优化配送线路

江苏某公司原来采用"线形"配送模式，送货区域分布在全市的各个方向，一旦遇到销量增加的情况，送货车就需要再送一次货，增加配送成本，降低配送效率。2005 年改为"扇形"配送模式后，送货线路都集中在一个方向，送货车之间可以互相帮助携带卷烟，由于方向一致，一辆机动的送货车可以解决多辆送货车的配货问题，配送成本大大降低。

对于配送量小的县级以下乡镇零售户，有些公司改变原来直送的模式，改为由县公司统一进行二次分拣、配送，节约了配送成本。

【相关案例 4】数理统计支持线路优化，提升客户服务

某市级公司为全力打造优质、高效、低成本的现代物流体系，2007 年 3 月开始，专门组织人员对所有送货线路进行了认真调查，充分掌握每辆送货车、每条送货线路的送货量、往返时间、送货户数、送货里程、油耗等信息。然后对配送成本进行数据对比分析，依据分析结果

对 17 条送货线路进行优化整合。优化配送线路之后，全市减少了 2 辆送货车，精简了 3 名物流工作人员，有效提高了工作效率。客户称赞送货比以前及时多了。

【相关案例 5】 结合山区实际优化配送线路

陕西淳化县地处黄土高原腹地，是沟壑纵横的山区，某公司结合山区实际，合理划分送货区域和送货线路，根据实际制定合理的送货周期，降低配送成本，提高工作效率。

首先，合理划分送货区域和送货线路，按条块整合零售客户。根据山区受交通、气候影响较大的情况，科学划分送货区域和送货线路就显得尤为重要。按条块整合零售客户，就是要充分利用地形划分零售客户，在同一时间内集中配送同一条线路上的卷烟，这样可使送货员少走或不走回头路，减少送货员频繁爬坡的劳动强度，降低车辆的磨损程度，提高工作效率。其次，合理制定送货周期，按货量整合线路。偏远山区零售客户分散，每户卷烟销量小，所处地理环境复杂，每周送一次货没有必要而且浪费，改为两周送一次货，既解决了零售客户因资金困难无法保证货源的问题，又降低了配送成本。

2. 节约里程法，定量优化配送线路

配送中心出于成本考虑，其自有车辆或租用车辆的载重或容积资源会受到限制，既要满足客户货物配送要求，又要追求车辆载重或容积资源发挥最大效益，尽量减少行驶里程，降低成本。节约里程法比较适合解决此类问题。

（1）节约里程法的基本原理。请参见图 5-1。

如配送中心 DC 有两个配送客户 A 和 B，配送中心到 A 和 B 的距离分别为 a 和 b，A 和 B 之间的距离为 c。若一辆车载重能同时装载 A 和 B 两客户的货物要求，现有甲、乙两个配送线路方案，甲方案为一辆车按 DC→A→DC→B→DC 线路行驶，总里程 $L_1=2a+2b$，乙方案为该辆车按 DC→A→B→DC 线路行驶，总里程 $L_2=a+b+c$，比较两个方案的里程差异为：$L_1-L_2=a+b-c>0$（三角形两边长之和大于第三边长），即乙方案节约里程。

节约里程法就是利用这一原理，结合车辆载重情况制定和优化配送线路，充分挖掘车辆载重资源，尽量减少里程，节约成本。

（2）节约里程法案例。某一配送中心 P 向 10 个客户 A，B，C，……J 配送货物，其配送网络如图 5-2 所示。图中括号内的数字表示客户的需求量（t），线路上的数字表示两节点之间的距离（km）。配送中心有 2t 和 4t 两种车辆可供使用，用节约里程法制定最优的配送方案。

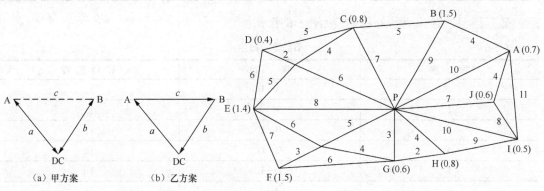

图 5-1　节约里程法基本原理　　　　　　　　图 5-2　配送网络图

第一步：计算网络节点之间的最短距离，如表 5-4 所示。

表 5-4　　　　　　　　　　　　　　　节点之间的最短距离

	P	A	B	C	D	E	F	G	H	I	J
P	—	10	9	7	8	8	8	3	4	10	7
A		—	4	9	14	18	18	13	14	11	4
B			—	4	10	14	17	12	13	15	8
C				—	5	9	15	10	11	17	13
D					—	6	13	11	12	18	15
E						—	7	10	12	18	15
F							—	6	8	17	15
G								—	2	11	10
H									—	9	11
I										—	8
J											—

第二步：计算各节点之间的节约里程，如表 5-5 所示。

表 5-5　　　　　　　　　　　　　　　节点之间的节约里程

	A	B	C	D	E	F	G	H	I	J
A	—	15	8	4	0	0	0	0	9	13
B		—	11	7	3	0	0	0	4	8
C			—	10	6	0	0	0	0	1
D				—	10	3	0	0	0	0
E					—	9	1	0	0	0
F						—	5	4	1	0
G							—	5	2	0
H								—	5	0
I									—	9
J										—

第三步：按节约里程大小排序，如表 5-6 所示。

表 5-6　　　　　　　　　　　　　　　节约里程排序

顺　　序	连　　线	节约里程
1	A—B	15
2	A—J	13
3	B—C	11
4	C—D	10
5	D—E	10
6	A—I	9
7	E—F	9
8	I—J	9

顺　　序	连　　线	节 约 里 程
9	A—C	8
10	B—J	8
11	B—D	7
12	C—E	6
13	F—G	5
14	G—H	5
15	H—I	5
16	A—D	4
17	B—I	4
18	F—H	4
19	B—E	3
20	D—F	3
21	G—I	2
22	C—J	1

第四步：根据节约里程安排配送线路，如图 5-3 所示。

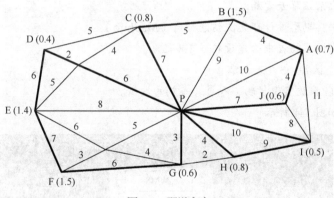

图 5-3　配送方案

配送线路 1：P—J—A—B—C—P，使用一辆 4t 车，送货量 3.6t，运距 27km。

配送线路 2：P—D—E—F—G—P，使用一辆 4t 车，送货量 3.9t，运距 30km。

配送线路 3：P—H—I—P，使用一辆 2t 车，送货量 1.3t，运距 23km。

配送总运距：80km。

配送使用车辆：一辆 2t 车，两辆 4t 车。

（3）适用性分析。节约里程法体现出优化的运输过程，与一般方法相比，缩短了运输路程。这种方法凸显了丰富配送网络和整合物流活动的优势，思路简单，便于操作。但此方法仍有自身的局限性。

第一，过于强调节约里程，没有考虑行程中的时间因素。某些情况下，时间比里程更能决定物流配送成本与服务质量，例如，城市配送中某些路段的拥堵；不同等级公路的车速不同；山区、丘陵地区不同道路的海拔落差；巡回配送过程中时间长短对司机精神和情绪的影响等。

第二，此方法缺乏对客户需求进行灵活多变的处理，更适合需求稳定或是需求时间较宽容的情况。

第三，节约里程法计算的配送线路不一定是总路程最短，因为此方法一方面要缩短总路程，另一方面又要充分利用车辆的运输空间（载重/容积），减少配送车次，且只要在前一条预设路线上运行的配送车辆的运输空间允许，就必须按照节约里程的大小顺序进行选择，不考虑其他预设路线。这些局限性在应用时应加以注意。现实中，可以将节约里程法与其他方法结合运用，使方案更贴近实际，更利于实际执行。

3. 基于3G技术的配送线路优化

关于3G概念。本节中的3G是指用于智能交通的GPS/GPRS/GIS技术。其中GPS（Global Positioning System）是全球定位系统的英文简称。GIS（Geographic Information System）是地理信息系统的英文简称，是将各种地理信息，如地形、河流、建筑、道路、位置、方向等，以一定格式和分类编码输入、处理、存储、输出，以满足应用需要的人一机交互信息系统。GPRS（General Packet Radio Service）是一种基于GSM系统的无线分组交换技术，是利用现有的无线语音网来进行数据传输的一种技术。将这三种技术整合，在物流配送中可以实现车辆监控、配送线路优化等功能。

【相关案例6】3G应用案例——北京烟草配送中心

案例目标：集中仓储和统一配送。

案例用户：北京烟草专卖局。

合作厂商：中兵勘察设计研究院信息公司（MapInfo）。

投资额：北京烟草物流中心建设耗资1.8亿元。

覆盖率：18个区县，3.6万个零售户。

核心技术：3G系统实现货物、人员、车辆的均衡。

信息流程：如图5-4所示。

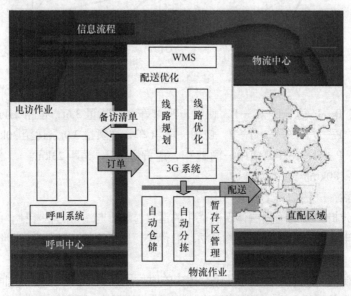

图5-4　北京烟草配送中心信息流程图

北京烟草物流配送 3G 系统包括四个部分，基于 MapInfo 的位置智能解决方案实现货物、人员、车辆的均衡；应用位置智能系统，根据订单优化线路，5 分钟完成所有车辆的线路优化。

2005 年 11 月 18 日，投资 1.8 亿元，北京市规模最大的烟草物流基地——北京烟草物流中心（以下简称物流中心）在通州竣工。随后，分布在全市 18 个区（县）公司的烟草物流中心被陆续取消，并集中到物流中心，实现全市烟草的统一仓储、集中分拣和分级配送。由此，北京烟草物流开始从传统商业向现代流通体制转变，标志着北京烟草将全方面实现现代化物流管理。

在集中之前，18 个区（县）公司各自有自己的仓库。自己访销、自己配送的时候，由于经销点过于分散，各区（县）的物流中心都忙得不亦乐乎。如今 18 个区（县）集中仓储和统一配送，物流中心怎样确保不出差错呢？

① 覆盖 3.6 万个零售户。我国是世界上最大的烟草生产国和消费国。目前我国烟草产品的物流配送工作由烟草专卖局统一管理。烟草物流配送具有长期性、零售户分散，配送商品品种多、数量大及季节波动大等特点。

在北京，大约有 3.6 万个烟草零售户。北京市烟草专卖局每天要给 7 000 户左右的零售户配送大约 1.2 万件（50 条/件）的烟草产品。在 1 月或春节，这段被称为"开门红"的时期，烟草产品的流量是平时的 3～5 倍。这给烟草的配送工作带来了非常大的压力。

烟草零售户不仅分布于商厦酒楼，还散落在街头巷尾。这种分散的市场特点使得北京市烟草专卖局为了确保烟草产品的及时配送，不得不在 18 个区（县）各自设立自己的仓库，自己分配。分散的配送中心使得北京市烟草专卖局的仓库投资非常高，资源浪费非常严重。

尽管如此，各区（县）配送中心的工作仍然非常复杂，分拣和配送的效率非常低。每天每辆配送车在发车之前，都要理顺车上的产品，并核对好单据。如果一辆车上的货物没有理顺，所有配送员都要帮忙理顺才能出发。有些配送中心有十多辆车，等货物设置完毕后，9 点半到 10 点才能同时出发。有的车辆一天只跑一个地方，只为送一个需求量大的商户；而有的则必须辗转好几条迂回的路线，送一些零星小户。这些都非常不合理，也使得配送人员数量非常庞大。

北京市烟草公司经济信息中心主任边疆认为：原来的运作方式成本高、效率低、资源浪费严重。烟草行业要从传统商业向现代流通转变，非常重要的标志就是要实现统一的仓储、集中的分拣和分级的配送。

为了从传统商业向现代流通体制转变，北京市烟草专卖局于 2005 年 3 月开始动工兴建物流中心。物流中心占地面积为 78 亩，总建筑面积达 3 100 平方米，库房采用现代化高架立体存储和激光定位堆垛机出入库。2005 年 11 月，物流中心竣工。建成后的物流中心成为一个覆盖城乡、设备先进、流程科学、统一管理、统一访销、统一配送的现代物流中心。不过，物流中心成立以后，怎么确保 3.6 万个零售户正常的物流配送这一问题变得非常严峻。"这种情况下就必须要上一套物流配送系统。"中国兵器工业勘察设计研究院信息公司（以下简称中兵勘察设计研究院信息公司）高工余又生说。

② 均衡货物、人员、车辆。为了真正实现全市的集中仓储和统一配送，实现安全存储、准确分拣、及时配送、优质服务的目标，打造烟草行业金牌物流，北京市烟草专卖局在 2005 年就开始着手考虑建设 GIS、GPS、GPRS 相结合的卷烟物流配送调度系统。

事实上，早在 1995 年，烟草行业就已开始接触 GIS 技术；到 2001 年，北京烟草专卖局就和中兵勘察设计研究院信息公司合作，开始将 GIS 应用于卷烟销售网络建设。这些给北京市烟草专卖局的业务带来了非常大的帮助。

这次北京烟草专卖局要建设的烟草物流配送 3G 系统，要将 GIS 和烟草销售业务密切结合，并大面积使用。北京烟草专卖局之所以做出如此选择，是因为 GIS 的应用正在使现代物流管理跨入智能化管理的领域，有利于缩短配车计划编制时间，提高车辆的利用率，减少闲置及等候时间，合理安排配送区域和路线。

中兵勘察设计研究院信息公司总经理陶亦军指出，系统的建设要解决两方面的问题：一方面是配送业务管理问题，另一方面是技术问题。在管理方面，物流配送要解决货物缺量和配送人员合理分配的问题，达到降低成本、提高服务水平的目的。因此，物流配送是建立在货物、人员和车辆三均衡的原则上，并通过 GPS 进行全程监视。

为了实现三均衡，中兵勘察设计研究院信息公司将烟草物流配送 3G 系统分成四个部分：物流配送的基础地理信息库，配送规划及优化，物流配送信息的可视化管理，GPS 物流配送在途监管。整个系统基于 MapInfo 的位置智能解决方案。

系统建设时的基础工作非常关键，而且工作量非常大。项目组要把整个北京的地图放进系统，借助 MapInfo 的定位功能将所有 3.6 万个营销点进行标注。同时，道路信息也要放入系统。配送线路规划及优化的依据之一就是道路行驶规则，在一个路口能否左、右转，能否直行，这些信息都在数据库中保存。由于零售户的数量是动态的，北京市的道路也在不停地变化，这些数据每个星期都要进行更新。

③ 5 分钟优化线路。物流配送 3G 系统具有信息展示可视化、物流配送更优化、以送定访均衡化、适应业务柔性化、数据维护日常化、系统操作简便化、物流管理网络化等特点，大大提升了北京市烟草配送管理。

通过应用烟草物流配送 3G 系统，北京烟草专卖局呼叫中心确认了每天的实际订单以后，系统根据实际订单进行配送线路的优化，并合理地配车、配线。每天早上配送车出发前，系统根据订单优化线路，完成所有车辆的线路优化仅需 5 分钟。这大大缩短了编车时间，提高了配送效率。物流中心能根据系统运算出来的数据进行装车、运输，整个过程非常顺利，避免了以往经常出现的装车错误问题。配送人员每天在出发前只需要拿着属于自己的路线图进行配送就可以了。

在北京城区，货物从物流中心直接送到客户那里；而在郊区，货物由物流中心的大车送到各个区县后，再由小车进行派送。这样，北京烟草专卖局顺利撤掉了原来 12 个区（县）的小物流配送中心，大幅度降低了仓库租用、人员雇佣的费用。

④ 用户声音。从 2005 年 12 月验收至今，系统已顺利运行了 5 年时间。2007 年 12 月的统计数据显示，系统每天能实现 5 000 户、1.2 万件烟草（50 条/件）的顺畅配送，工作效率提高了 28%。此外，系统还能实现物流配送信息的可视化管理，便捷、形象、全方位地掌控全市范围内的客户资源分布、烟草分布、烟草配送、配送车辆的运行情况等信息。北京烟草专卖局的相关负责人能根据需要看到每辆车的车牌号、车上的驾驶员是谁、在当前运行的位置、最近配送的客户是谁、当前运送了多少货物、车辆已行驶了多少公里……

如今，烟草物流配送 3G 系统已成为北京市烟草物流中心的重要组成部分，为北京市烟草专卖局实现安全存储、准确分拣、及时配送、优质服务的目标打下了坚实的基础。

 案例介绍

卷烟配送线路优化问题

1. 背景介绍

A县地处粤东北地区，韩江上游丘陵地带。整个市场分布呈腰带型排列，部分边远乡镇距县城达 100km 的里程。复杂的地貌和相对分散的卷烟零售客户分布，使公司卷烟配送工作不得不面临着客观限制条件。

随着公司的发展和卷烟销售网络的进一步发展、辖区内卷烟零售客户数量的增加，部分线路出现了运力吃紧的情况。随着时间的推移，与之相关的卷烟销售方面的问题一个个浮出水面，摆在了公司卷烟营销管理部的面前。

2. 问题的提出

为了从根本上解决阻碍公司卷烟营销发展的问题，A县公司专门召集了全部卷烟营销战线的相关人员进行了深入的交流。

首先发言的是公司的电访员："按照国家局对于电访员工作的规定，一个电访员一天可以访问 130 户零售客户，按说现在公司有 1 300 多个零售客户，按照分三批进行访销的方式，一天平均约 430 户，我们公司的 3 名电访员，应该能够完成访销任务。但是，由于一、四访销日和二、五访销日中访问的客户在客户总数中占据了较大的比重，因此，几乎每逢这几个工作日，我们都要加班加点进行电访，才能保证百分之百的拜访当日全部的零售客户。要完成卷烟销售任务的难度相当的大。"

"我们这边的情况也差不多。"卷烟配送人员接着吐苦水，"公司的卷烟销售量时大时小，有的时候车辆要超载行驶，在个别特殊的时候还要在市场和仓库跑两趟。但有些时候，部分车辆却基本没有什么装载，在跑'空车'。就拿周五来说，跑城网的车由于送货的对象基本是五类户，一辆车拉上 30 万～40 万支烟就跑上一趟，但是跑农网的 4 辆车，单单在路上就要消耗接近 3 个小时的时间，卷烟配送量大又要在不同的乡镇之间迂回送货，压力相当大。"

卷烟销售制定人员也反映："随着公司客户数的增加，公司的货源分配在农网客户和城网客户之间分布不均的程度加大，在对城网进行电访销售时，每天 430 多万支的销售计划基本上是可以保证全部完成的。而在对农网的电访销售中这个比率则基本在 50%～60%徘徊，日销售变化量太大。"

3. 分析问题

从基层反映的情况来看，公司卷烟营销面对的问题有以下几点。

（1）客户在不同访销日的分配不够合理。

（2）配送线路不合理，部分线路过长，部分车辆在部分时段配送工作量太大。

（3）销售计划受卷烟配送量的限制，不利于均衡销售。

（4）不同拜访日的客户因为销售计划的变化，得到的卷烟数量不合理，产生了部分客户对于公司销售不满的现象。

从表面上来看，造成这些问题的原因有两方面：一个是上文提到的复杂的地貌和相对分散的卷烟零售客户分布；另一个是公司发展的零售客户数量的增加（由 1 100 多户发展到 1 300 多户）和公司营销网络在辖区中的扩展和向山区的延伸。

但是公司现有 6 辆送货卡车，按照每辆 100 万支的额定装载量，每天的送货量在 600 万支左右。问题的症结不在现有的卷烟配送能力上，而应该在于公司在物流流程和资源应用上存在亟待解决的问题。

以往，送货都是以镇、自然村为单位，进行线路的划分。按线路进行电话访销。由于各地方的经济发展速度不同，新增的卷烟零售客户数量也不同。而客户增长较多的线路，访销、送货压力就大；客户增加较小的线路，访销、送货压力就小。所以造成部分线路送货压力过大，同时，又有部分线路的物流资源处在空闲状态的现象。

4. 解决问题

只有从公司的卷烟配送方式上动手，优化工作方法，理顺货流通道，在现有的工作条件下，从整体上提升 A 县的卷烟营销网络的销售能力。

A 县公司认真组织人员搜集资料，进行单车运输总量的测定。按照以往的卷烟销售历史数据，从全县的角度，创造性地对送货线路进行了调整，从根本上推倒了原来以镇为单位的线路设计方法，将线路精确到户，本着均衡分配、效率最优的原则，将送货线路进行如下调整（见表 5-7）。

表 5-7　　　　　　　　　　　　　调整内容及前后对比

时期 调整方面	线路调整前	线路调整后
电话访销方面	按乡镇设计线路，按线路进行访销，客户在不同的访销日分布极为不平均，不能保证访销的正常进行	按客户的卷烟历史销售数据进行每日的卷烟配送总量核算，按调整后均衡的配送线路进行访销，每天的访问人数基本相等
卷烟配送方面	按照城网每天 2 辆、农网每天 4 辆的比例进行配送。几个距离县区较远的乡镇也被分在不同的访销日中，导致送货车不断地在同一条路上来回的行驶，不仅加大了配送工作量，而且也增加了公司的物流成本	按客户的卷烟历史销售数据进行每日的卷烟配送总量核算，同时将距离县区较远的地区，统一安排在周三进行访销，每周一次集中配送，以减少总的车辆行驶公里数，减少配送成本

5. 调整的实践成果

经过这次大的线路调整，全县的零售客户，近乎均等地分配在了新的送货线路上。经过一个星期的试运行，实践表明，公司的物流渠道得到了很大的优化。电访员方面，经过以上的调整，每天的电访总数都控制在 450 户以内，使得电访员能按时完成电访任务，保证销售任务的完成。送货组方面，公司的送货车队不仅能轻松地完成每天 430 万支的卷烟配送任务，而且从试运行的工作情况来看，即使再增加相当数量，达到接近 650 万支的配送任务，送货组也能按时、按量地完成任务，卷烟配送能力比线路调整前的不足 400 万支有了大幅提高，全面激发了公司的卷烟配送潜力。销售管理组方面，原本不均衡的卷烟日销售量，在进行调整后也正在趋向均衡。而且在制订卷烟日销售计划时也没有以前担心部分送货车不能达到装载量或超载而感到束手束脚的情况，日计划制定也更加合理了。基于上述变化，零售客户得到的卷烟结构更加合理，数量也基本达到了各自的需求。

在经过这次大的、创新性的卷烟配送线路调整后，A 县的卷烟营销网络得到了很大幅度的加强，卷烟物流能力也得到了巨大的激发。卷烟营销的发展前景也更加乐观了。

实训练习

1. 查阅国内外物流配送运用 GIS 系统的资料，分析讨论在城市扩张过程中或在山区运用 GIS 系统进行物流配送线路优化的注意事项。

2. 请分析：现代城市配送中，运用中国邮递员问题模型优化车辆线路应该注意什么？

任务三　送货作业管理

 任务引入

送货服务是配送服务链的最后一环，送货员是最后一环工作的执行者，每个送货员都代表着公司为客户服务，但送货工作不仅仅是简单的"手到手"的送货到户。与客户进行友好合作，做到及时沟通，并及时将客户的动态信息反馈给公司，更是出色完成送货工作的重要组成部分。

1. 任务要求

查阅资料（教材、期刊、网络等），进行企业访谈，参观配送中心的送货部门后，完成一份调研报告。内容包括以下方面。

（1）基本信息：调研时间、调研形式、调研地点、小组成员等。

（2）实地参观的配送中心送货部门概况、送货业务流程以及与客户沟通的技巧。

（3）查阅资料获得的知识：送货业务在配送中心的地位、作用，在送货管理中常采用的物流信息技术，以及物流配送时如何实施应急管理。

（4）感想与体会。

2. 任务分析

送货工作完成得好坏，很大程度上会影响到整条服务链的衔接，影响到公司的形象，影响到零售客户的满意度。通过查阅资料、实地调研、参观，学生可以了解配送中心送货工作的基本业务和运作流程，认识业务实施必备的设施设备、自动识别信息技术与物流设备跟踪技术，以及意外情况发生后进行紧急物流配送管理的决策方法与技巧。

3. 实施准备

（1）教师联系配送中心安排参观，讲解安全注意事项、参观要求和报告撰写要求。

（2）学生 6～8 人一组，搜集要查阅的资料，寻找、联系配送中心送货部门进行访谈，分工协作。

4. 实施步骤

（1）布置任务：教师向每组学生发放任务单，要求科学、全面地调研物流配送中心送货作业管理、信息沟通与物流信息技术在配送中心的应用。

（2）完成任务：学生小组制定方案，并深入到配送中心进行实地调研。

（3）成果展示：小组代表简述完成过程并汇报调研报告。

（4）教师点评：教师针对完成情况及表格数据逐一点评，同时穿插引出相关理论知识，以本任务为载体详细讲解。

5. 结果评价

参照表 5-8 对学生实施过程及调研报告质量给予评价，激励学生积极认真地实施项目。

表 5-8　　　　　　　　　　　配送中心送货作业调研情况评价表

小组序号：			学生姓名：		学号：
小组成绩（教师评价或小组互评）			个人最终成绩		
任务及标准	满分	得分	项目及标准	满分	得分
资料查阅丰富	10		小组分解得分	50	
参观时主动学习	15		报告书写认真	10	
参观时遵守纪律	20		报告内容齐全	10	
实施企业访谈	3		报告内容翔实	25	
企业访谈效果好	2		有感想体会	5	
合计	50		合计	100	
评价者：			评价者：		
评价时间：　　年　　月　　日			评价时间：　　年　　月　　日		

6. 点评交流

学生完成任务后，教师及时组织成果展示，选取典型报告进行展示、点评，巧妙引出配送中心的送货作业管理，以及在配送作业过程中的应急物流等理论知识，以本次任务为载体进行穿插讲解。通过启发提问，适时引出应用物流信息技术来改善、提高送货作业中的信息反馈速度等内容。对表现优秀的学生给予表彰和推广，对于不足之处帮助其改进，提高以后项目实施的绩效。

 相关知识

一、送货作业管理概述

送货作业是利用配送车辆把用户订购的物品从制造厂、生产基地、批发商、经销商或配送中心，送到用户手中的过程。送货通常是一种短距离、小批量、高频率的运输形式，它以服务为目标，以尽可能满足客户需求为宗旨。对于配送中心来说，这里讲的送货作业是指利用货车等运载工具将货物从配送中心送至客户的作业。

1. 送货作业管理的重要性

配送作业管理的困难在于其可变因素太多，且因素与因素间往往又相互影响，因而很容易遇到下述问题。

（1）从接受订货至出货非常费时。

（2）配送计划难以制订。

（3）装、卸货时间太长，导致配送效率低下。

（4）无法按时配送交货。

（5）配送业务的评价标准不明确。

（6）配送路径的选择不顺利。

（7）驾驶员的工作时间不均，产生抱怨。

（8）物品配送过程的损毁与遗失。

（9）送货费用过高，影响整个配送中心的运作成本。

上述这些问题的发生，会严重影响到配送质量，影响配送服务水平。由于配送作业环节直接面对客户，因而显得更加重要。

2. 送货服务要求

送货是配送中心作业最终及最具体、直接的服务表现，其服务要点有下列各项。

（1）时效性。时效是流通业客户最重视的因素，也就是要确保能在指定的时间内交货。由于送货是从客户订货至交货各阶段中的最后一阶段，也是最容易无计划性延误时程的阶段（配送中心内部作业的延迟较易掌握，可随时调整），一旦延误便无法弥补。而且，即使内部阶段稍稍延迟，若能规划一个良好的送货计划，则仍可能补救延迟的时间，因而送货作业是掌控时效的关键点。

一般未能掌握送货时效性的原因，除司机本身问题外，不外乎所选择的配送路径、路况不当，或中途客户点卸货不易以及客户未能及时配合等，因此往往需要慎选配送路径，或增加卸货人员辅助每点的卸货，才能让每位客户都在期望时间收到期望的货。

（2）可靠性。指将物品完好无缺地送达目的地。这主要取决于送货人员的责任心和素质。以送货而言，要达到可靠性目标，关键原则在于：装、卸货时的细心程度，运送过程中对物品的保护，对客户地点及作业环境的了解，送货人员的素质。若送货人员能随时注意这几项原则，物品就能以最好的品质送到客户手中。

（3）沟通性。送货人员不仅仅是把物品交送到客户手中，也是客户最直接接触的人员，因而其表现出的态度、反应会给客户留下直接的印象，无形中便成为公司形象的体现，因而送货人员应能与顾客做有效的沟通，且具备良好的服务态度，这将有利于维护公司的形象，并巩固客户的忠诚度。

（4）便利性。送货最主要是要让顾客觉得方便，因而对于客户点的送货计划，应采取较具灵活性的系统，才能够随时提供便利的服务，例如紧急送货、信息传送、顺道退货、辅助资源回收等。

（5）经济性。满足客户的服务需求，不仅品质要好，价格也是客户重视的重要因素。因而若能让配送中心本身运作有效率，成本控制得当，自然对客户的收费也会低廉，也就更能以经济性来抓住客户了。

3. 提高送货效率的措施

为提高送货效率，可采用的措施包括以下几种。

（1）消除交错送货。消除交错送货，可以提高整个配送系统的送货效率。例如，将原来直接由各工厂送至各客户的零散路线，利用配送中心进行整合并调配转送，这样可缓解交通网路的复杂程度，且可大大缩短运输距离。

（2）开展直配、直送。由于"商物分流"，订购单可以通过信息网络直接传给厂商，因此各工厂的产品可从厂商的物流中心直接交货到各零售店。这种直配、直送的方式可大幅简化物流的层次，使得中间的代理商和批发商不设存货，下游信息也能很快地传达到上游。

（3）采用标准的包装器具。配送不是简单的"送货上门"，而要运用科学而合理的方法选择配送车辆的吨位、配载方式，确定配送路线，以达到"路程最短、吨公里最小"的目标。采用标准的包装工具，如托盘，可以使送货中货物的搬运、装卸效率提高，并便于车辆配装。

（4）建立完善的信息系统。完善的信息系统能够根据交货配送时间，车辆最大积载量，客户的订货量、个数、重量来选出一个最经济的配送方法；根据货物的形状、体积、重量及车辆的装载能力等，由电脑自动安排车辆和装载方式，形成配车计划；在信息系统中输入每一客户点的位置，电脑便会依最短距离找出最便捷的路径。

（5）改善运货车辆的通信设施。健全的车载通信设施，可以把握车辆及司机的状况、传达道路信息或气象信息、掌握车辆作业状况及装载状况、传递作业指示、传达紧急信息指令、提高运行效率及安全运转。

（6）均衡配送系统的日配送量。通过和客户沟通，尽可能使客户的配送量均衡化，这样能有效地提高送货效率。为使客户的配送量均衡，通常可以采用对大量订货的客户给予一定的折扣、制订最低订货量、调整交货时间等办法。

4. 突发事件的处理

物流配送过程中的突发事件是多种多样的，按照对物流配送过程的影响和控制，可以把物流配送过程中的突发事件分为对货物状况的影响、对车辆状况的影响和对道路状况的影响三类。

当突发事件发生时，企业对于车辆和道路出现的应急问题主要有车辆出故障、半路塞车以及道路中断等情形。

对于车辆出故障这种情形，进行应急决策主要需权衡调换车辆和就近修理车辆在货物配送中的时间和成本，一般可按照原来的行车路线进行货物配送。

对于半路塞车和道路中断这两种情况，进行应急决策主要需权衡车辆绕道行驶或者改用交通工具在货物配送中的时间和成本，往往需要临时运用点点间运输模型或者 TSP（Traveling Salesman Problem）模型等求得新的最佳配送路线。

货物出现的紧急情况主要是配送中心临时缺货。这种情况的应急决策，可分为两种类型，第一种情况是绝大部分的网点都需要这种货物，第二种情况是只有少数的几个网点需要。对于第一种情况，只需从周边一个货源比较充足的配送中心运输一部分货物过来补充即可。对于第二种情况，则需要两个配送中心之间的信息完好对接，在两个配送中心原有的配送路线上寻找最短的连通路线进行衔接。

二、信息技术的应用

1. 自动识别技术

企业竞争的全球化发展、产品生命周期的缩短和用户交货期的缩短等都对物流服务的可得性与可控性提出了更高的要求，实时物流理念也由此产生。如何保证对物流过程的完全掌控，物流动态信息采集技术的应用是必需的要素。动态的货物或移动载体本身具有很多有用的信息，例如货物的名称、数量、重量、质量、出产地或者移动载体（如车辆、轮船等）的名称、牌号、位置、状态等一系列信息。这些信息可能在物流中反复使用，因此，正确、快速地读取动态货物或载体的信息并加以利用，可以明显地提高物流的效率。在目前流行的物流动态信息采集技术应用中，一、二维条码技术应用范围最广，其次还有射频识别（RFID）等技术。

（1）一维条码技术。一维条码是由一组规则排列的条和空以及相应的数字组成，这种用条、空组成的数据编码可以供机器识读，而且很容易译成二进制数和十进制数。因此该技术广泛地应用于物品信息标注中。因为符合条码规范且无污损的条码的识读率很高，所以一维条码结合相应的扫描器可以明显地提高物品信息的采集速度。加之条码系统的成本较低，操作简便，又是国内应用最早的识读技术，所以在国内有很大的市场，国内大部分超市都在使用一维条码技术。但一维条码表示的数据有限，条码扫描器读取条码信息的距离也要求很近，而且条码污损后可读性极差，所以限制了它的进一步推广应用。同时，一些其他信息存储容量更大、识读可靠性更好的识读技术开始出现。

（2）二维条码技术。由于一维条码的信息容量很小，如商品上的条码仅能容纳几位或者十几位阿拉伯数字或字母，商品的详细描述只能依赖数据库提供，离开了预先建立的数据库，一维条码的使用就受到了局限。基于这个原因，人们发明了一种新的条码技术，除具备一维条码的优点外，同时还有信息容量大（根据不同的编码技术，容量是一维的几倍到几十倍，从而可以存放个人的自然情况及指纹、照片等信息），可靠性高（在污损50%后仍可读取完整信息），保密、防伪性强等优点。这就是在水平和垂直方向的二维空间存储信息的二维条码技术。二维条码继承了一维条码的特点，条码系统价格便宜，识读率强且使用方便，所以在国内银行、车辆等管理信息系统上开始应用。

（3）射频技术（RFID）。射频技术的基本原理是电磁理论，利用无线电波对记录媒体进行读写。射频技术的优点是不局限于视线，识别距离比光学系统远，射频识别卡可具有读写能力，可携带大量数据，难以伪造和智能化等特点。射频识别系统的传送距离由许多因素决定，如传送频率、天线设计等，射频识别的距离可达几十厘米至几米，且根据读写的方式，可以输入数千字节的信息，同时，还具有极高的保密性。射频识别技术适用于物料跟踪、运载工具和货架识别等要求非接触式数据采集和交换的场合，尤其是频繁改变数据内容的场合。

射频识别系统在具体的应用过程中，根据不同的应用目的和应用环境，系统的组成也会有所不同，但从射频识别系统的工作原理来看，系统一般由信号发射机、信号接收机、发射接收天线等几部分组成。

射频识别系统根据其完成的功能不同，包括四种类型。

① EAS系统。EAS系统是设置在需要控制物品出入门口的RFID技术。这种技术的典型应用场所是商店、图书馆、数据中心等地方，当未被授权的人从这些地方非法取走物品时，EAS系统会发出警告。在应用EAS系统时，应在物品上贴附EAS标签。当物品被正常购买或者合法移出时，在结算处通过一定的装置使EAS标签失活，物品就可以取走。物品经过装有EAS系统的门口时，EAS装置能自动检测标签的活动性，发现活动性标签，EAS系统会发出警告。EAS技术的应用可以有效防止物品被盗。

② 便携式数据采集系统。便携式数据采集系统是使用带有RFID阅读器的手持式数据采集器采集RFID上的数据，适用于不宜安装固定式RFID系统的应用环境。手持式阅读器可以在读取数据的同时，通过无线电波数据传输方式适时地向主计算机系统传输数据，也可以暂时将数据存储在阅读器中，成批地向计算机系统传输数据。

③ 物流控制系统。在物流控制系统中，RFID阅读器分散布置在给定的区域，并且阅读器直接与数据管理信息系统相连，信号发射机是移动的，一般安装在移动的物体、人体上面。当物体、人体经过阅读器时，阅读器会自动扫描标签上的信息并把数据信息输入数据管理信息系统进行存储、分析、处理，达到控制物流的目的。

④ 定位系统。定位系统用于自动化加工系统中的定位以及对车辆、轮船等进行运行定位支持。阅读器放置在移动的车辆、轮船上，或者自动化流水线中移动的物料、半成品、成品上，信号发射机嵌入到操作环境的地表下面。信号发射机上存储有位置识别信息，阅读器一般通过无线的方式或者有线的方式连接到主信息管理系统。

从上述物流信息技术的应用情况及全球物流信息化发展趋势来看，物流动态信息采集技术的应用正成为全球范围内重点研究的领域。我国作为物流发展中国家，已在物流动态信息采集技术应用方面积累了一定的经验，例如，条码技术、接触式磁条（卡）技术的应用已经十分普遍，但在一些新型的前沿技术方面，例如，RFID 技术等领域的研究和应用还比较落后。

2. 设备跟踪技术

目前，物流设备跟踪主要是指对物流的运输载体及物流活动中涉及的物品所在地进行跟踪。物流设备跟踪的手段有多种，可以用传统的通信手段如电话等进行被动跟踪，也可以用 RFID 手段进行阶段性的跟踪，但目前国内用得最多的还是利用 GPS 技术跟踪。GPS 物流监控管理系统主要跟踪货运车辆与货物的运输情况，使货主及车主随时了解车辆与货物的位置与状态，保障整个物流过程的有效监控与快速运转。物流 GPS 监控管理系统的构成主要包括运输工具上的 GPS 定位设备、跟踪服务平台（含地理信息系统和相应的软件）、信息通信机制和其他设备（如货物上的电子标签或条码、报警装置等）。

在国内，部分大、中城市为了提高企业的管理水平和提升对客户的服务能力也应用这项技术，给营运出租车安装 GPS 设备，从而加强了对营运出租车的监管。

（1）GPS 技术。全球定位系统（Global Positioning System，GPS）是结合了卫星及无线技术的导航系统，具备全天候、全球覆盖、高精度的特征，能够实时、全天候地为全球范围内陆地、海上、空中的各类目标提供持续、实时的三维定位，三维速度及精确的时间信息。

GPS 的物流功能有以下几个方面。

① 实时监控功能。在任意时刻通过发出指令查询运输工具所在的地理位置并在电子地图上直观地显示出来。

② 双向通信功能。GPS 的客户可使用 GSM 的话音功能与司机进行通话或使用本系统安装在运输工具上的移动设备的汉字液晶显示终端进行汉字消息收发对话。

③ 动态调度功能。调度人员能在任意时刻通过调度中心发出文字调度指令，并得到确认信息。

④ 数据存储、分析功能。

（2）GIS 技术。地理信息系统（Geographical Information System，GIS）是多种学科交叉的产物，以地理空间数据为基础，采用地理模型分析方法，适时地提供多种空间的、动态的地理信息，是一种为地理研究和地理决策服务的计算机技术系统。其基本功能是将表格型数据转换为地理图形显示，然后对显示结果进行浏览、操作和分析。其显示范围可以从洲际地图到非常详细的街区地图，显示对象包括人口、销售情况、运输线路以及其他内容。

GIS 应用于物流分析，主要是指利用 GIS 强大的地理数据功能来完善物流分析。国外公司已经开发出利用 GIS 为物流分析提供专门分析的工具软件。完整的 GIS 物流分析软件集成了车辆路线模型、最短路径模型、网络物流模型、分配集合模型和设施定位模型等。

三、电子商务送货管理分析

网上交易对于商品交易的作用，是获得了广泛肯定的。然而，网上交易只是电子商务的一个局部，作为一个完整的电子商务过程，正如一个完整的商品流通过程一样，可以分解成商流、物流、信息流、货币流等四个主要组成部分。任何一次商品流通过程，包括完整的电子商务，也都是这"四流"实现的过程。现在看来，商流、信息流、货币流可以有效地通过互联网络来实现，在网上可以轻而易举完成商品所有权的转移。但是这毕竟是"虚拟"的经济过程，最终的资源配置，还需要通过商品实体的转移来实现，也就是说，尽管网上可以解决商品流通的大部分问题，但是却无法解决"物流"的问题。

1. 电子商务是网络经济和现代物流一体化的产物

在一定时期，人们对电子商务的认识有一些偏差，以为网上交易就是电子商务。这个认识的偏差在于：网上交易并没有完成商品实际转移，只完成了商品"所有权证书"的转移，更重要的转移，是伴随商品"所有权证书"转移而出现的商品的实体转移，这个转移完成，才使商品所有权最终发生了变化。这个转移就要靠配送，这是网络上面无法解决的。

配送管理又是现代物流的一个核心内容，可以说是现代市场经济体制、现代科学技术和系统物流思想的综合产物，和人们一般所熟悉的"送货"有本质上的区别。当然，配送对于经济发展意义，不仅局限在电子商务的一个重要组成部分，更重要在于它是企业发展的一个战略手段。从历史上曾采用的一般送货，发展到以高技术方式支持的，是企业经营活动主要组成部分，它能给企业创造出更多盈利，是企业增强自身竞争能力的手段。由此可见，电子商务这种新经济形态，是由网络经济和现代物流共同创造出来的，是两者一体化的产物。

2. 电子商务的搭档——配送

一个完整的商务活动，必须通过信息流、商流，货币流、物流等四个流动过程有机构成。电子商务的特殊性就在于，信息流、商流、货币流是主要可以在互联网上实现，这就是人们概括的"鼠标"，电子商务的另一半是不可能在网上实现（最多可以用网络来优化），就是人们概括的"车轮"，即配送。

电子商务的物流瓶颈在我国现在的主要表现是，在网上实现商流活动之后，没有一个有效的社会物流配送系统对实物的转移提供低成本的、适时的、适量的转移服务。配送的成本过高、速度过慢是电子商务的买方最为不满问题。

3. 电子商务物流配送瓶颈

电子商务是通过因特网进行商务活动的新模式，它集信息流、商流、货币流、物流为一身，贯穿了整个的贸易交易过程，是网络经济和现代物流一体化的产物。其内涵可以表述如下：电子商务=网上信息传递+网上交易+网上结算+配送。由此可以看出，一个完整的商务活动，必须通过信息流、商流、货币流、物流四个流动过程有机构成。然而，电子商务作为一个高速发展的行业，存在许多瓶颈问题，其中最大的"瓶颈"又是配送系统的落后。主要表现是：在网上实现商流活动之后，没有一个有效的社会物流配送系统对实物的转移提供低成本的、适时的、适量的转移服务；配送的成本过高、速度过慢等。因而，即使商流、信息流、货币流可以有效地通过互联网络来实现，在网上可以轻而易举完成商品所有权的转移，但是这毕竟是"虚拟"的经济过程。互联网为平台的网络经济可以改造和优化物流，但是不可能根本解决物流问题。

网络经济、电子商务的迅猛发展势头，会加剧物流瓶颈问题，先进的电子商务和落后的物流形成了非常鲜明的对比。这问题表面上看是物流服务问题，究其原因，是物流本身发展的滞后，是为物流服务运行的物流平台不能满足发展的要求。和电子商务的发展相比，即便是发达国家的物流，其发展速度也难以和电子商务的发展速度并驾齐驱。在我国，物流更是处于经济领域的落后部分。长期以来，由于受计划经济的影响，我国物流社会化程度低，物流管理体制混乱，机构多元化。另外，我国物流企业与物流组织的总体水平低，设备陈旧，损失率大、效率低，运输能力严重不足，形成了瓶颈制约物流的发展。

目前我国电子商务物流发展的瓶颈主要表现有：对电子商务的认识仅局限于信息流、商流和货币流的电子化，忽视物流的电子化过程；物流基础设施不完善；物流管理技术落后；传统储运的体制和手段阻碍现代物流的发展；第三方物流服务发展滞后；适应电子商务发展的物流体系尚未建立。阻碍物流业发展的主要原因可以归纳为以下两点：一是物流一体化管理程度不高，与物流发展相关的制度和政策法规尚未完善，很多企业对物流重要性的认识不够，对物流的认识仍停留在传统的运输和存储等层面上；二是物流企业的物流基础设施落后，物流装备水平低，物流技术水平的落后，使物流体系不足以支撑电子商务的发展，从而更加剧了物流的瓶颈作用。

随着电子商务的进一步推广与应用，物流的重要性对电子商务活动的影响日益明显。在整个电子商务的交易过程中，物流实际上是以商流的后续者和服务者的姿态出现的。没有现代化的物流，商流活动都会退化为一纸空文。突破电子商务发展的物流瓶颈，必须在现代物流技术和物流信息系统的支持下，建立一个能快速、准确地获取销售反馈信息和配送货物跟踪信息的物流配送体系，才能不断满足消费者对商品的品质要求及服务内容不断的提高的需求，从而将商品快速而完整地送达客户手中。

4. 电子商务物流解决方案

突破电子商务发展的物流瓶颈，当务之急是尽快建立社会化、产业化和现代化的高效合理的物流配送体系，如果不解决好物流及其配送中的瓶颈问题，那么电子商务的实施也等于是空中楼阁。

（1）优化物流企业业务流程。只有根据业务流程设计的企业系统，才能提高信息处理效率，更好地实现信息集成，更好地适应组织机构变化。尤为重要的是，面向业务流程的思想使人们有意识地审视现有业务流程的运作情况并发现其中的问题，通过取消一些不必要的活动并重新设计业务流程，在流程合理化和优化的基础上再设计开发相应的信息系统，从而充分挖掘信息系统的潜力，大大地提高了流程的营运效率。

（2）推行先进的物流管理技术和延伸服务。采用如运筹学中的管理技术、条形码技术和信息技术等，提高物流的效率和效益，降低物流成本。延伸服务向上可以延伸到市场调查与预测、采购及订单处理；向下可以延伸到配送、物流咨询，物流方案的选择与规划、库存控制决策建议、货款回收与结算、物流系统设计与规划方案的制作等。

（3）建立基于 Web 的物流配送信息管理系统。从事配送业务离不开"三流"，其中信息流更为重要。实际上，商流和物流都是在信息流的指令下运作的，畅通、准确、及时的信息从根本上保证了商流和物流的高质量与高效率。另外，在电子商务时代，物流信息化也是电子商务的必然要求。因此，提高信息管理水平是我国物流业再造的一个重要环节和切入点。在这样竞争动态的环境中，物流效率直接依赖和受限于物流的网络结构。应该在动态优化网络设计的基础上，实现下述两点：一是物流与配送网点的网络化。企业根据自身的营销范围和目标，建立全国范围的物流和配送网络，提高物流系统的服务质量和配送速度；二是物流配送系统的计算机通信网络，包括外部网和内部网，外部网主要用于配送中心与上游供应商或制造商的联系，以及与下游顾客之间的联系；内部网（Intranet）主要用于企业内部各部门间的信息传输。网络上点与点之间的物流配送活动保持系统性和一致性，使整个的配送网络具有最优的库存分布、理想的库存水平、快捷的市场反应、迅速的输送手段等，从而体现在电子商务条件下物流支持的快速性及全方位性；用网络支撑、优化、改造、提升物流实体，提升物流服务的竞争能力。

根据电子商务的特点，在分析配送中心信息流的基础上设计了一种基于 Web 的一般商业型企业物流配送信息管理系统。配送中心系统中主要活动为信息流及物流两部分，而信息流的层级分为上层是策略信息、中层是经营管理信息、下层是物流作业信息，在中层经营管理信息又分为进货、存货、销货三项管理信息。下层物流作业管理分为入库管理，在库（库存）

管理、出库管理。物流方面分为物流作业与物流设备系统；物流作业主要为进货、验收、入库、货架管理、拣货、流通加工、包装、分类、出货检查、装货、配送等作业流程，物流设备是则是对各作业设置适当的系统设备。依据物流中心的各项作业，将该系统大架构划分为以下六个模块：销售出库管理子系统、采购入库管理子系统、库存管理子系统、财务处理子系统、物流配送绩效管理子系统、系统维护子系统，并提供对已制定的计划进货单、入库单进行查询、统计功能。

　　基于 Web 的物流配送信息管理系统可以提高物流企业的工作效率，降低系统运行成本和系统的维护成本，方便地实时采集与追踪物流信息，提高整个物流系统的管理和监控水平等，并且通过绩效管理系统做出新的战略决策，从而提高配送效率和仓库保管效率。

 **案例介绍**

苏宁电器转型过程中的信息化战略

　　苏宁董事长张近东近期公布了苏宁未来的战略目标，苏宁将成为一家国际化的高科技企业。在位于南京新街口的苏宁"中华第一店"大厦 12 层的办公室里，苏宁电器财务部执行总裁（苏宁信息部门隶属财务总部）任峻向记者全面介绍了苏宁电器转型过程中信息化方面的战略。

　　"我觉得未来零售行业和科技行业的边界会越来越模糊，越来越融合，我们通过开店和线上销售为消费者提供产品。当前，由于消费者购物体验、接受服务的方式发生了质的变化，随着苏宁技术研发能力的提升，我们企业的方向、特征会发生很多的变化。传统战略关注的是店面如何选址，产品如何摆放，价格及促销等情况，服务及时性等问题。未来，这些零售业的基本元素仍然存在，但是方式一定在转变。在购物、服务的过程中间，我们会融合更多的技术手段、更有力的服务，让消费者可以更好地在苏宁购物，并在生活中实时与苏宁产生互动。" 30 岁出头便担任重职的任峻，其敢想敢做、雷厉风行的职业作风刚一开场就洋溢在整个办公室里。任峻表示，苏宁信息化未来发展战略分为两个方面：一是打造国际化的竞争能力；二是根据企业的特征转型。

1. 适应企业发展的信息化革新

　　信息化是一门技术，也是一门管理方法，更是企业内在核心经验应用的一个方面，信息化最终的目的就是为企业管理进行服务。苏宁信息化发展经历了 3 个阶段，无论是 20 世纪 90 年代中后期的起步阶段，还是 2000 年之后的 ERP，包括从 2006 年之后 ERP 升级之后的系统优化过程，这些重要阶段的信息化重点还是围绕着企业的管理、流程开展的。而当前的阶段，"我认为信息系统要进行新一轮的升级，进一步去理解信息化在零售行业的作用、地位和战略。"任峻说。

　　"其中包括两个方面，一方面是打造苏宁适应全球竞争的差异化优势。未来 10 年里，我们会基于全球化的不同竞争阶段，不仅仅是狭义地理解成在国外开店等，我们看到，中国本身就是一个国际化的、开放的市场，在国内就必须和许多国际化的企业竞争，信息化在此时一定会发挥重要的作用；另一方面，也不仅仅是打造内部的竞争能力，支持内部管理的问题，而是从零售业的特点来讲，不管是大量的和消费者接触的店面、服务、B to C，加之大量的供应商；以及在管理特点上，海量的数据：内部的经营管理数据、客户数据、供应链数据等，这些特点决定了信息化在零售行业发展中是非常重要的。"

　　"在未来的发展中，除了加强内部管理，提高竞争能力以外，未来 10 年我们将通过信息化实现企业转型，由传统的企业、先进技术全面支撑的零售企业向高层面的科技企业过渡。如苹果公司，原来只是一个电脑、手机产品的制造商，如果说运用科技也只是用科技来支撑企业的运营，而如今提到苹果是会和微软、谷歌这样的公司一起比较的，因为苹果充分地运用信息技术塑造整个企业的竞争能力，除了产品本身的功能优异之外，重点是它会为消费者、为企业提供更多的服务。"任峻进一步解释说。

2. 新要求，新方向

"苏宁希望建立领先的、不可复制的竞争优势，我们对信息化必须有新的要求、新的方向。打造智慧的苏宁就是要提升竞争能力，这也是传统的零售行业向科技型零售行业转变的方法，从而实现'智慧的苏宁'。"任峻提纲挈领地说。

智慧的苏宁从信息化角度看，体现在三个方面：一是在前端打造智能的购物渠道；二是在企业内部建立智能的管理系统；三是在消费者家居生活过程中提供智能的服务。在具体操作层面，规划的实现是信息部门的工作重点。首先在人才、组织方面进一步提升信息化在公司的地位；其次，根据行业特色实现销售体系、运营体系的提升，在客户端上，达到客户更好的体验，在内部管理上，供应链上能够支撑售前、售中、售后的服务；最后是消费者在苏宁购物后的未来使用过程中如何能更好地享受服务，除了简单的安装，维修外，应该是全方位的基于产品和销售特点的服务，如苏宁"IT 帮客"，可以为消费者实时提供电脑产品的在线服务。

"如果苏宁逐步做到这些层面，我们一定将从一家传统的家电零售企业转变成科技型的零售和服务企业。"任峻具体说，"这里面包含两个概念，一是企业真正的是有技术支撑的；二是，不仅仅是卖产品，而且是提供服务，服务也不光是安装、维修。我们的企业里有多种产品，有多项产品的知识，知识又可以衍生成若干的领域。如消费者购买了咖啡机，苏宁能否提供研磨咖啡豆，如何喝咖啡等知识，从一个整合的角度看，这将更加方便，就此苏宁可以利用第三方资源来实现。今后就可以在苏宁的统一平台一并完成产品使用及其延伸的一系列服务流程了。在苏宁 20 周年这个承上启下的阶段，我们即将发布未来 10 年明确的战略。"

3. 信息化战略

"在发布新 10 年战略之前，我们已经做了很多铺垫，近期的信息化工作主要有四点。"任峻说，"首先，是为未来 10 年的发展重建架构，但并不是重建应用和系统。针对零售业的特点，数据量巨大，业务分散（全国发展到县级乃至镇级城市，以及向全球化的发展），交易频繁，我们必须使网络的架构，数据的结构、应用的架构，既能支撑大范围的应用，又能够保证一种交易的可靠、安全、可用、扩展性，及系统级别的安全性，我们很多的系统会涉及 ERP、客户（会员）分析、网站、内部管理等，根据我们企业信息结构大集中的管理特点，架构必须合理安全。"

"其次，是如何实现'智慧'的工作，当前系统中还存在很多被动获取的情况，我们将逐步改为主动推送；大量数据的相关性、趋势性、特殊性的研究是否为相关部门和人员所用，这就涉及大力发展商业智能。"任峻说道。

再次，后台进一步加强技术能力，最主要的是物流的问题（2013 年要完成 60 个新物流基地的建设）。过去只有大家电的上门配送，今后大力发展 B to C 后将涉及小家电；另外，当店面延伸到县、镇级城市的时候，物流配送的路线延长了，相应的技术也将提升，使物流时间和成本达到最优质的状态；对于小件商品品相众多、体积不大、分量不重这种特点，12 月底南京物流配送中心将启动第一个全自动的物流仓库，并尽快逐步复制到北京、上海、广州等核心城市。

最后，重点完善的是共享服务的模式。为了保障企业稳健发展，管理模式不断配套，实现业务分散管理不分散。总部的共享体系能力要越来越强化，为全国所有店面，所有员工提供服务，如统一采购，统一财务核算管理，统一人力资源服务（档案，考勤，福利，电子化培训），尤其未来发展扩大至中国（城市，乡镇），香港，日本甚至其他国家的员工，面临不同语言、特点、流程时的管理。这样就可以实现：扩张快，风险下降，企业运行效率提高，人才得到很大程度的专业分工（人均产出提高），流程也更加清晰、透明、简便，信息化程度，信息传递更高。

"要达成这些信息化战略，不得不谈我们的新总部，这将成为苏宁更快、更好转型的'重要硬件'。"任峻说道。

4. 智慧新总部

"首先，2010 年年底苏宁 20 周年的时候，我们会搬到位于徐庄软件园的新总部，这当然不仅仅是'搬家'，总部本身就是一个'智能的总部'。"接下来任峻对即将在年底投入使用的苏宁新总部进行了着重介绍。据了解，徐庄软件基地自 2001 年正式立项以来，已吸纳了包括甲骨文、英特尔、微软、福中电脑、先声药业在内的近百家企业入园。从这些企业的行业构成来看，苏宁转型高科技企业的雄心显而易见。

任峻介绍说："管理团队在智慧总部才能朝着苏宁的方向去做更多'智能的工作'，信息化部门搭建平台，业务部门在平台上实践和实施。智能总部的打造是苏宁上上下下最重要的一项工作，关系到我们未来的发展。"

"其次，我们在新总部会设有近 2 万平方米的店面模型，在这里会充分运用信息技术，搭建与供应商的全面合作的平台，以满足客户的需求。我们将全面地研究客户在未来店面里购物的习惯、模式以及我们提供的基于信息化的服务和支持，这些研究将复制到我们实体店中去。我们将组建 B to C 的研发团队，新总部可以提供给我们实施 B to C 的环境，成为 B to C 的核心基地，支撑 B to C 成为企业未来的发展战略，其中客户需求分析人员，后台支持人员都在这里办公。"

"再次，我们将与战略合作伙伴成立若干个实验室，形成一个实验基地，比如我们和知名 IT 公司 IBM、思科、微软等企业成立实验室，分别就新的技术领域进行研究；另外和三星、LG 等厂商成立产品研究实验室。这两方面研究结合在一起，将在供应链的技术、物流的技术、销售流程的技术，包括服务等方面形成突破。"

"最后，在新总部里设有一个'智慧家庭'的区域，当前世博会等热点所讲的是智慧的城市。我们所特指的是每一个家庭，我们模拟了一个家庭的环境、灯光、空调、水、门锁等，我们同时思考未来家庭将是怎样的模式，包括高档消费群体，如别墅的设置；针对家庭娱乐、办公、和外界交流、知识获取等家庭及社会生活方面的设计方案。智能家居体现的不仅仅是智能控制系统，其真正的侧重点是在后台为其建立一个智能的平台支撑。"

"我们要把家庭生活中的交互扩大化，才能吸引消费者，服务消费者，提高客户的忠诚度。"任峻说，"就像苏宁的广告语所讲'有了苏宁的阳光服务，可以把幸福通通带回家'。"

 实训练习

以小组为单位，讨论、分析配送中心在送货过程中可能发生的系列突发事件，并制定相应的物流应急预案。

综合练习

1. 小组讨论：在物流配送中，如何应用物流信息技术来提高客户满意度，减低企业经营成本。
2. 简述配装作业的业务流程及其在配送业务中的重要作用。
3. 结合查阅资料思考，物流应急配送与传统配送管理有何区别。

项目六

退货管理

【知识目标】

1. 了解配送中心退货管理的概念和意义
2. 熟悉退货的一般作业流程
3. 了解逆向物流对企业的影响
4. 掌握退货与逆向物流的关系
5. 熟悉退货索赔和理赔的概念及作业步骤
6. 了解电子商务物流的退货流程及主要操作

【技能目标】

1. 能画出配送中心退货作业流程图
2. 会分析配送中心退货产生的原因并提出改进建议
3. 会根据调研内容写出结构合理的调研分析报告
4. 能合理处理因退货产生的纠纷

任务一　退货作业管理

 任务引入

各行业配送中心的调查数据显示，近年来退货成本占配送中心运营成本的比例很高。退货物流庞大的资本投入使其在配送中心经营中的地位日益突出。退货环节的设计和操作的合理性，对配送中心来讲，可谓意义重大。

1. 任务要求

请各小组在查阅资料的前提下，通过讨论的方式，由教师协助完成以下两个退货任务的操作过程设计。

（1）某连锁超市的第二分店，在超市盘点补货时，工作人员发现有2箱冰红茶饮料存在质量问题，向其配送中心提出退货申请。

（2）由于第二分店发现2箱冰红茶饮料存在质量问题，经核查，该配送中心决定向其供应商，某食品有限公司提出退货，要求供应商退货。

2. 任务分析

配送中心的退货作业往往存在两个主要环节，即上述任务中提到的两个过程：一是门店退货，即要求退货的门店与配送中心之间就问题商品而进行的退货作业操作；二是进货退货，即配送中心与供应商之间就问题商品或其他原因引起的商品退货进行的退货业务操作流程。学生可以根据配送中心的实际作业环境，如设备、人员和信息系统的配置等，对配送中心的退货业务流程进行操作。此任务可让学生以小组配合的方式完成。

3. 实施准备

（1）学生约6人一组，设定角色，制定挂牌。

（2）在作业前可通过查阅资料或讨论的方式，事先了解退货的相关流程。

（3）以小组为单位分析需进行退货操作的配送中心环境，包括库区设置、设备及人员的配置、货物特性等（教师可作具体说明）。

（4）相关退货凭证的准备。

4. 实施步骤

（1）以小组为单位，完成上述任务描述中的人员分工，并对每个员工（学生）的主要职责及主要内容进行描述并做好记录。

（2）在小组成员的协作下完成第一项任务的流程图设计并填制相关单证。

（3）小组成员之间变换角色，完成第二项任务的流程图设计并填制相关单证。

（4）各小组展示设计方案并进行比较和互评，讨论各组的优缺点。

（5）教师进行总结点评，引出完整的流程设计。

（6）教师提问，学生思考、讨论以下问题。

① 在上述两个退货环节中，配送中心的业务有何不同？

② 客户退货会给企业带来什么影响？

（7）教师点评总结。

5. 效果评价

参照表6-1对学生实施过程及流程设计情况给予评价，激励学生积极认真地实施项目。

6. 点评交流

学生完成每项任务，教师组织成果展示并点评，引出相关知识和技能。对表现优异者进行表扬和鼓励，对于小组及某些学生的不足之处帮助其改进。最后，教师对两项任务进行汇总、提炼，总结出退货作业的一般作业流程。

表 6-1			退货作业管理情况评价表		
小组序号：			学生姓名：	学号：	
小组成绩（教师评价或小组互评）			个人最终成绩		
任务及标准	满分	得分	项目及标准	满分	得分
准备工作充分	10		小组分解得分	50	
分工及业务分配合理	10		善于思考分析问题	20	
退货流程准确	20		按照要求完成任务	20	
问题分析合理	10		主动发言	10	
合计	50		合计	100	
评价者：			评价者：		
评价时间： 年 月 日			评价时间： 年 月 日		

 相关知识

一、退货与退货管理

1. 退货与退货管理

配送中心的商品退货是指仓库按订单或合同将货物发出后，由于某种原因，客户将商品退回至配送中心或供应商的一项业务。一般有两种情况：一是门店向配送中心提出退货申请，并将退回货物顺利返回配送中心仓库的过程，叫做门店退货；二是配送中心向供应商提出的退货申请，并将退回货物返回供应商仓库的过程，也叫做进货退货。

配送中心的退货作业过程以及对完成退货的过程管理，就是退货管理。

2. 退货管理的意义

（1）提高客户满意度，为配送中心吸引大量订单。现代消费者的购买能力较强，需求多变性特征日益凸显，准确地洞悉市场变化、了解消费倾向对经营者来说越来越困难。预测市场不准导致进货量失误，产品开发时间过短导致产品缺陷等种种对经营者不利的现象屡屡发生。为维护自身利益，经营者往往希望上述问题能够得到妥善解决。配送中心对配送的货物若能做到及时调换，就能为经营者解决后顾之忧，从而吸引大量的配送订单。

（2）有助于建立良好的企业形象。配送中心的工作主要是提供服务，服务的无形性决定了人们在感知它时具有不确定性、无标准性。配送中心对发生特殊状况的商品进行及时的退货处理，可保证客户的利益，进而增强自己与客户的亲和力，建立起良好的企业形象。

（3）提高资源利用率。配送中心的退货可以使很多商品重新获得产品的使用价值，或通过供应商的正确处置，获得商品新的使用价值。

（4）降低配送中心的作业成本。配送中心退货作业成本对于企业来讲，完全是成本的投入，给企业带来了很大的困扰。因此，合理组织配送中心的退货作业，对于降低配送中心的作业成本具有十分重要的作用。

近年来，许多国外的知名企业，如 IBM 等公司都通过实施一系列管理措施，引进信息技术和信息化系统，在物流管理领域降低由退货造成的资源损失率，从而降低成本，提升了企业在公众中的形象，获得社会的广泛称赞。

3. 产生退货的原因

配送中心产生退货、换货的主要原因如下。

（1）依据协议退货。与仓库订有特别协议的季节性商品、试销商品、代销商品等，协议期满后，对于剩余商品，仓库给予退回。

（2）因质量问题退货。对于不符合质量要求的商品，接收单位提出退货，仓库也将给予退换。

（3）搬运途中商品损坏导致退货。在搬运过程中造成产品包装破损或污染，仓库将给予退回。

（4）商品过期退货。食品及有保质期的商品在送达接收单位时或销售过程中超过商品的有效保质期，仓库予以退回。

（5）商品配送出错退货。送达客户的商品不是订单所要求的商品，如商品条码、品项、规格、重量、数量等与订单不符，都必须退回。

（6）次品回收。由于商品在设计、制造过程中存有问题，但在销售后才由消费者或厂商自行发现。对于存在重大缺陷的商品，必须立即部分或全部回收。此种情况虽不常发生，但却是不可避免的。

4. 商品退货的主要原则

配送中心在处理客户的退货时，不管是"经销商的退货"，还是"使用者的退货"，都必须遵循一定的原则。

（1）责任原则。商品发生退货问题，配送中心首先要界定产生问题的责任人，也就是分清楚配送中心在配送时产生的问题，还是客户在使用时的问题。

（2）费用原则。进行商品的退换货要消耗企业大量的人力、物力和财力。配送中心在实施商品退换时，除由配送中心自身原因导致的商品退换外，通常要求退换商品的客户支付一定费用。

（3）条件原则。配送中心应当事先规定退货条件，包括退换期限。

（4）凭证原则。配送中心应规定客户以何种凭证作为退换商品的证明，并说明其有效使用方法。

（5）计价原则。退、换货的计价原则与购物价格不同。配送中心应将退、换货的作价方法进行说明。通常是取客户购进价与现行价两者中的最低价进行结算。

二、退货的一般流程

退货作业流程

为规范商品的退、换货工作，配送中心要制定一套符合企业标准流程作业的退货作业流程，以保证退货业务的顺利进行。一般企业配送中心的退货作业流程如图6-1所示。

（1）配送中心接受退货。配送中心接受退货要有规范的程序与标准。配送中心接到客户传来的退货信息后，要尽快将退货单据信息传递给相关部门，运输部门安排取回货品的时间和路线，仓库人员做好接收准备，质量管理部门人员确认退货的原因。一般情况下，在超市门店的退货可由送货车带回，直接入库。批量较大的退货，要经过审

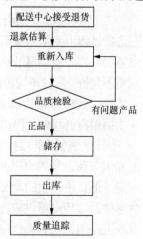

图6-1　退货作业流程图

批程序。

配送中心退货单据的格式如表 6-2 和表 6-3 所示。

表 6-2　　　　　　　　　　　　门店退货预约通知单

店名：		供应商名称：			退货类型：		
部类：		退货原因：			仓库：		
预约日期：		办理退货日期：			供应商：		
商品编码	名称	条码	规格	退 货 单 位		退货数量	配送中心审批意见
				销售单位	订货单位		
合计							

注：1. 表中"销售单位"用于零散退货供应商时填写，"订货单位"用于原装箱退货时填写。
　　2. 预约联系人：张三　　电话：0571-86990000　　传真：0571-86990001
配送中心审批人签名：　　　　　　　　审批生效日期：

表 6-3　　　　　　　　　　　某配送中心退货单（进货退货）

退货单编号			退货日期		收货日期		
原采购单号			部门		业务员		
供应商编号			供应商				
序号	编码	品名	规格	退货原因	单位	数量	单价	金额
合计								

业务员：　　　　　　部门经理：　　　　　　采购经理：
财务经理：　　　　　总经理：　　　　　　　　　　年　　月　　日

（2）重新入库。对于客户退回的商品，仓库的业务部门要进行初步审核。由于质量原因产生的退货，要放在堆放不良品的区域，以免和正常商品混淆。退货商品要进行严格的重新入库登记，及时输入企业的信息系统，核销客户应收账款，并通知商品的供应商退货信息。

（3）财务结算。退货发生后，给整个供应系统造成的影响非常大，如对客户端的影响、仓库在退货过程中发生的费用、商品供应商要承担相应货品成本等等。如果客户已经支付了商品费用，财务要将相应的费用退给客户。同时，由于销货和退货的时间不同，同一货物价格可能出现差异，同质不同价、同款不同价的问题时有发生，故仓库的财务部门在退货发生时要进行退回商品货款的估价，将退货商品的数量、销货时的商品单价以及退货时的商品单价信息输入企业的信息系统，并依据销货退回单办理扣款业务。

（4）跟踪处理。退货发生时，要跟踪处理客户提出的意见，统计退货发生的各种费用，要通知供应商退货的原因并退回生产地或履行销毁程序。退货发生后，首先要处理客户端提出的意见。退货所产生的商品短缺、对质量不满意等客户端的问题是业务部门要重点解决的。退货信息要及时传递给供应商，如退货原因、时间、数量等，以便供应商能将退货商品取回，并采取改进措施。

三、配送中心退货的注意事项

一般情况下，配送中心对门店退货和进货退货的商品都要进行重新整理，以方便退货作业的操作，节省作业成本。根据货物类型不同，大致有以下几个方面的要求。

（1）退货商品标志清晰。凡退货商品外包装必须有明显标志，以便于工作人员操作的准确及高效。例如某超市的门店退货，根据退货性质分别给予不同的标记：查询商品加盖"□"标志，淘汰商品加盖"△"标志；调剂商品加盖"○"标志。

（2）退货门店或配送中心，要向总部信息系统申请退货并对商品进行分类包装。

（3）门店退货时需将一份与所有退货装箱单相符的、随车同行的退货清单带回配送中心，在交接单上注明退货件数。门店退货需确保当天退货商品实物与随车同行的退货清单相符。

（4）尽量一箱一单：即一个退货箱带一张退货清单，以防止交接中的件数和商品差错。

（5）搬运过程中有操作要求的特殊商品，需在退货箱正面进行说明。如易碎商品，需要在退货箱正面粘贴易碎标示，以防止搬运中损坏。刀具等容易伤人的商品退回时，要选用牢固的退货箱，并用胶袋纸封严实，以防止出现意外，并在箱外进行标示。

（6）单笔商品退货金额不能低于界限值。有些退货，商品价值较低，退货成本却仍然较高。为了减少损失，很多企业都对退货配送的金额做了规定。价格过低的商品，可由门店采取某些可行的方式自行处理。

 **案例介绍**

某连锁超市配送中心退货业务介绍

某连锁超市配送中心，由于高退货状况一直无法得到较好的控制，造成配送中心的营运成本增加且仓库周转陷入困境。这在一定程度上影响了配送中心对门店的服务。

2006年，该配送中心退货的总金额达到10 858.4万元，比2005年增长将近47%。而配退比的变化则从2005年的6.17%升到7.44%。配退比越高，说明配货商品没有转为有效销售的可能性越大，供应链环节所做的无用功越来越多，纯粹的、不增值的消耗配送资源的供应链活动越来越多。总体来看，门店退货量有增大趋势，对配送资源造成较大负担。

该配送中心为了解决退货难题，不断地进行探索，并逐渐形成了一套针对企业退货形成因素的退货作业流程。退货主要针对查询商品退货、淘汰商品退货、调剂商品退货三类。其中查询商品是指临近保质期、包装破损而商品主体完好、因其他原因无法进行二次销售（如质检不合格）的商品，包括要求退货的换季商品及总部邮件通知的退货商品。淘汰商品由商品管理部根据淘汰商品制度确定淘汰商品目录。淘汰清单确定后，主档维护组在信息系统中将商品从正常变为预淘汰，由信息部下发商品信息，并将信息传送给各门店。调剂商品是指冷销或滞销、门店销量小而存量大、不适销当地市场的商品。图6-2和图6-3所示为该配送中心针对上述三种退货方式的退货流程设计。

 **实训练习**

调研一家企业的配送中心，了解其退货类型和退货流程，并根据以下要求完成调研报告：一是对配送中心的总体情况、退货类型进行调查；二是画出退货流程图，并对流程图进行解释；三是根据配送中心的退货运作模式，简要分析退货形成的原因以及该如何减少退货。

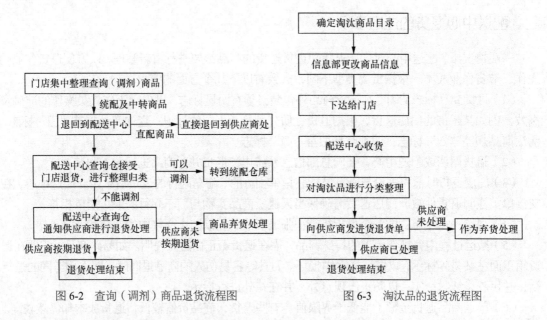

图 6-2　查询（调剂）商品退货流程图　　　　图 6-3　淘汰品的退货流程图

任务二　退货分析

 任务引入

退货物流是逆向物流的一部分。随着经济的发展，逆向物流越来越受到企业的重视。研究退货和逆向物流的主要目的就是为了降低退货费用，防止资金流失，减少无效逆向物流现象，消除成本的浪费，提高企业的利润率。

1. 任务要求

（1）对于图书市场而言，一定比例的退货率有利于健全和畅通图书市场。但过量的退货意味着出版社、配送商和书店的计划、运作、协调不顺畅，行业中间成本过高，效率低下。

（2）目前家电企业的退货现象也越来越严重，随着退货现象的增加，企业需要付出的成本也越来越多，另外还会在退货过程中引起很多纠纷。

请根据图书行业和家电行业的实际运作情况，分析退货成因，并提出可行性建议和方案以减少退货现象，降低退货运作成本，减少由于退货衍生出来的索赔、反索赔等问题，形成分析报告。

2. 任务分析

熟悉退货流程，优化退货成本的最终目的是寻求减少甚至杜绝退货。学生在执行上述任务过程中，可能需要教师提供相关行业商品销售的流程以及退货类型的提示，以协助学生完成整个任务分析过程。

3. 实施准备

（1）材料准备：教师准备两个行业商品销售材料及其他相关材料。

（2）场地准备：有电脑的实训机房。

（3）学生约 6 人一组，设定角色。

4. 实施步骤

（1）教师布置任务并下发任务书。

（2）教师提供图书销售业务流程并进行必要说明。

（3）在小组成员的协作下完成对图书退货的原因分析。

（4）小组展示，教师点评、总结，得到比较完善、准确的原因分析。

（5）根据图书退货产生的原因，各小组通过讨论提出避免图书退货的建议。

（6）各小组展示分析报告并进行比较和互评，讨论各组的优缺点。

（7）教师点评，总结出完善合理的方案设计。

（8）重复上述步骤（2）～步骤（7），完成家电行业的退货分析报告。

（9）研讨以下能力拓展问题，教师最后总结。

① 退货物流与逆向物流有什么关系？

② 退货为什么会引起纠纷，该如何避免？

5. 效果评价

参照表 6-4 对学生实施过程及任务完成质量进行评价，激励学生积极认真地实施项目。

表 6-4   退货作业管理情况评价表

小组序号：			学生姓名：	学号：	
小组成绩（教师评价或小组互评）			个人最终成绩		
任务及标准	满分	得分	项目及标准	满分	得分
准备工作充分	10		小组分解得分	50	
退货原因分析合理	15		善于思考分析问题	15	
建议方案合理	15		按照要求完成任务	20	
相关事项补充说明	10		主动发言	15	
合计	50		合计	100	
评价者：			评价者：		
评价时间： 年 月 日			评价时间： 年 月 日		

6. 点评交流

学生完成每个行业的分析任务后，教师组织成果展示并点评讲解。对表现优异者进行表扬和鼓励，对不足之处帮助其改进。最后，教师对两项任务进行汇总、提炼。

 相关知识

一、逆向物流概述

1. 逆向物流的概念和内涵

正向物流和逆向物流是一个完整物流系统中的两个子系统，两者相辅相成、相互作用。而我们通常所说的"物流"一般就是指正向物流。

逆向物流（Reverse Logistics），最早由美国的 Stock 在 1992 年提交给美国物流管理协会的一份报告中提出的。其核心内涵可表述为：为了重新获得产品的使用价值或正确处置废弃产品，将原材料、半成品、制成品等从产品消费点一端（包括最终用户和供应链上的客户）返回产品的来源点一端（生产地或供应地）的过程。逆向物流主要是指物资的逆向流动，同时也伴随着信息流、资金流、价值流、商流，它与正向物流无缝对接而成为整个物流系统的有机组成部分。

近些年，许多国外的知名企业都通过实施一系列措施在逆向物流管理领域，降低由退货造成的资源损失率。这些企业对逆向物流的高度重视和有效管理，不仅为它们带来了直接的成本减少、客户满意度提高等积极效果，而且在环保和公益等多方面也获得了间接的经济效益和社会效益，提升了企业在公众中的形象，获得了社会的广泛称赞。

我国企业也在积极探索和实践逆向物流，例如，神龙汽车公司对废旧物质资源的综合利用，联想公司与美集物流公司合作延伸到"逆向物流"领域。此外还有医药、食品、电器等行业对退货的处理和主动召回，都体现了逆向物流的重要性。

2. 逆向物流的类型

我国2001年制定的国家标准GB/T 18354—2001《物流术语》中将逆向物流分为两大类，一类是回收物流；另一类是废弃物流。回收物流是指不合格物品的返修、退货以及周转使用的包装容器，从需求方到供应方所形成的物品实体流动。废弃物流是指对经济活动中失去原有使用价值的货物，根据实际需要进行收集、分类、加工、包装、搬运、储存并分送到专门处理场所时所形成的物品实体流动。广义上的逆向物流又可分为退货逆向物流、回收逆向物流、废弃物流。正向物流、退货逆向物流、回收物流和废弃物流之间的关系如图6-4所示。

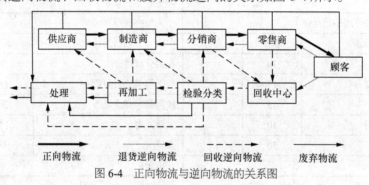

图6-4 正向物流与逆向物流的关系图

对于配送中心而言，退货逆向物流就是指门店将不符合要求的货物（如残次货物）退回配送中心，再进一步退回供货商的物流流程；回收物流指将货物主动从门店货架等销售终端，撤柜（如过期货物）返回配送中心再退回供货商的物流流程。配送中心逆向物流按阶段可分为门店退货和供货商退货。

3. 配送中心逆向物流的特点

（1）逆向性。逆向物流与正向物流运作的起始点和方向基本相反，更倾向于反应性的行为与活动。

（2）不确定性。逆向物流由门店发起，产生的时间和数量不确定，而配送中心亦无法知道退回多少货品及退回货品的状态。另外，逆向物流的目的地也是不确定的，导致逆向物流运输的不确定性。

（3）复杂性。逆向物流的发生一般表现出无序、少量，难以统一集中向配送中心转移的特性。另外退货货品处理过程相对复杂，也增加了逆向物流管理的复杂性。

（4）成本性。逆向物流涉及的门店多、品项多、货品数量少，难以充分利用运输和存储的规模效益。处理过程需要分拣、验货、集货，效率低下，而且增加了处理流向决策环节，处理成本高。

（5）缓慢性。逆向物流涉及货品起初数量少、品项多，要通过不断汇集才能形成较大规模的流动，物流量积累速度缓慢。

　　逆向物流是一系列复杂的活动,它需要专业人员进行管理和协调,因此不能附属于其他部门,必须成立独立的部门进行管理。有些企业管理层没有深刻认识到逆向物流系统的重要意义,导致企业缺乏相关政策和运作系统,忽视相关人员培训等。

4. 逆向物流管理的作用

　　据统计,零售企业的平均退货大约在6%。随着直销、互联网的迅速普及,网络直销和邮购业务迅速发展,占据较大比例的市场份额,与此相随的便是居高不下的退货率。大量退货严重影响了企业的利润,也迫使企业更多地关注逆向物流活动。

　　（1）可降低成本,提高收益率。对于销售企业而言,尤其是直销形式下,退货金额占厂商销售金额的比例较高,使得经营者们都把挖掘的利润点放在了这个环节。他们不断地通过改善逆向物流的控制,提高对退货的重新利用率,减少退货次数,从而极大地降低成本,提高收益率。

　　另外,与设立第三方物流公司一样,企业也可以选择兼做第三方逆向物流供应商,利用自己熟悉商品管理的优势,为自己服务的同时,为其他厂商进行有效的退货管理,从而降低作业成本。由于目前逆向物流尚未受到大多数厂商的重视,且需求量巨大,因此蕴藏着巨大的商机,第三方逆向物流也可以像正向物流一样,成为巨大的利润源泉。

　　（2）提高效率,赢得客户。厂商要想在激烈的竞争中取胜,完善的售后服务是非常重要的。应该将逆向物流与此结合,积极发展逆向物流,提高售后服务水平,增强客户的信任度,从而赢得更多的客户。

　　（3）促使厂商不断加强品质管理体系,降低退货率。退货率的高低,在一定程度上反映商品的质量。厂商在对退货率进行分析的基础上,发现其反映的品质问题,从而在生产阶段就不断加强品质管理,最大限度地降低退货率。

　　（4）改善环境行为,塑造企业形象。随着人们环境意识日益增强,消费观念发生了巨大变化,顾客对环境的期望越来越高。为了改善企业的环境行为,提高企业在公众中的形象,许多企业纷纷采取逆向物流战略,以减少产品对环境的污染及资源的消耗。

　　另外,值得一提的是,不同的企业类型,退货物流对企业的影响也存在一定差别,例如,连锁超市的退货和家电连锁企业的退货,对企业的成本和压力影响都是不同的。

二、控制逆向物流的措施

　　大部分连锁销售企业,如连锁超市、家电销售、服装销售企业等,非常重视逆向物流,物流战略已是其整个战略体系的重要组成部分。企业要在未来的竞争中取胜,希望通过对逆向物流的管理来增强企业竞争力,首先就要从战略高度重视企业的逆向物流。因此,企业决策者就需要对各部门进行充分的协调、安排,从而提高逆向物流效率。

　　控制逆向物流的主要措施如下。

　　（1）设立专门的逆向物流管理部门。逆向物流管理部门是逆向物流高品质运作的基础和前提。目前,外国跨国企业的配送中心都设有专门的退货集中地。

　　（2）加强信息化建设,应用信息系统对逆向物流作出快速反应。目前有很多大型的连锁企业已经开始使用退调信息系统来高效地完成退换货等逆向物流活动。

　　（3）寻找第三方逆向物流供应商。对于逆向物流而言,由于物流量少且不确定,它不能构成超市的核心竞争力,超市可与第三方物流企业建立合作关系,将逆向物流中的运输等业务外包,利用第三方物流服务商来降低逆向物流成本。另外,可与其他企业合作,双方使用共同或相近的运输路线、仓储设施和技术平台，充分利用运输和仓储的规模经济。

（4）销售企业与供应商合作建立供应链合作伙伴关系。逆向物流产生的主要原因之一就是消费者退货。而退货的重要原因又在于产品质量、产品设计等。因此，销售企业需要和供应商共同关注产品设计，充分满足消费者的需求；同时，在产品设计时就考虑如何使退回商品的后续处理更容易，以便于商品的翻新、再制造或原料的回收。通过在产品设计、制造环节等源头上就尽可能地考虑退货因素，可以减少逆向物流的发生率。

（5）合理控制门店退货量，规范逆向物流作业程序。门店退货申请单由总部业务系统依据信息系统发送的门店出货数据以及相关协议生成，包括每个门店、每个供货商的货品退货额度以及有效期。门店在门店系统填写退货清单，其中的退货品项、额度及有效期受申请单限制。

（6）充分利用运输力量。门店退货由配送车辆带回，既减少了车辆回程空跑的损失，也完成了退货由门店到配送中心的集中，是有限资源的合理运用，可降低运输成本。

（7）建立严格的考核制度。将逆向物流环节纳入对门店、供货商的考核体系中。例如，惩罚门店多次将不在退货申请单中的货品或超出额度的货品放入周转箱的行为；也可以设定专门的考核指标来考察供应商的退调处理情况以及操作的及时性。

（8）培养和引进物流人才。提高作业团队的整体素质也是企业改善逆向物流运作，降低成本的重要解决方法。

三、退货的理赔

1. 索赔与理赔概述

索赔和理赔是两个相对应的概念，是客户或经销商行使权力和配送、供货方履行义务的具体表现。索赔是指在配送商品存在缺陷并要求赔偿后，根据有关条款的规定，请求配送、供货方履行赔偿义务的行为。理赔是指配送、供货方接到客户或经销商的请求，依据有关条款的规定，对合理退货的商品以及造成的物质损失或人身伤害进行一系列调查、审核并予以赔偿的行为。对于物流配送中心来讲，客户方发生的一般是索赔，供货方发生的是理赔。

理赔费用是指对物流配送商品因各种不同原因给客户或经销商造成的物质损失或人身伤害进行赔偿所支付的费用。

2. 理赔条件

（1）理赔对象必须是物流配送中心的客户，其他不列入理赔范围。

（2）由客户提出理赔要求并举证，必须提供索赔商品的有关凭证，举证发生的费用由客户垫付（举证不成立，费用由客户支付）。

（3）当理赔双方对商品质量等问题认识不一致，发生异议时，可以委托权威机构进行检测鉴定，根据检测报告，理赔双方根据存在问题的事实协商赔偿金额。

3. 理赔的程序

（1）索赔与理赔的原则。当客户或经销商的物质损失或人身伤害发生后，为使损失的处理得到公正合理的解决，配送中心与客户在进行索赔与理赔时，都应遵循以下原则。

① 公正合理原则。客户或经销商的损失发生后，要与配送中心公正合理地解决风险责任、赔偿额大小确定等问题，这直接关系到各有关方面的利益。索赔与理赔的处理必须严格按照法律及相关合同条款的规定行事，从事实出发，实事求是，不损害合同当事人的合法权益。

② 及时履行原则。受损方获得赔偿的速度越快越好，能处理的应尽快处理，赔偿方任何故意拖延理赔的行为对其自身没有好处甚至会造成更大的不利。

③ 协商一致原则。损失发生后受损方与理赔方应及时沟通，避免发生索赔争执，任何一方都不应凭借其地位和权力而武断行事。

④ 诚实信用原则。受损失方与理赔方在损失责任确定和提供索赔、理赔依据时不应弄虚作假，并在确定风险责任和赔偿金额后遵守承诺，及时、足额进行赔付。

（2）理赔的操作程序如下。

① 立案检查。损失发生后，要及时立案检查，确定损失涉及单位、损失责任范围等。此过程要严格准确，所获材料的正确性，直接关系到风险损失赔偿责任、赔偿金额的确定。

② 责任审核。损失查勘查完毕后，索赔与理赔双方应共同协商并审核、确定损失责任归属、程度以及赔偿金额等，这都建立在立案检查时所收集的有关损失资料的基础上。

③ 争议处理。当争议问题经磋商仍不能达成一致意见时，即进入争议处理阶段。当事方可以要求有关主管部门调解，当事方也可向约定的仲裁委员会申请仲裁或向有管辖权的人民法院提起诉讼，仲裁或诉讼结果即为最终结果。

④ 核算赔偿金额，给付赔偿金。当风险损失事件经当事单位就赔偿金额和赔付时间磋商并达成一致协议，签署文件后，理赔单位应一次或分期将赔偿金或者以实物形式支付给索赔者，一旦索赔者收到赔偿金或实物，索赔与理赔程序即告结束。

四、B2C（企业对消费者）电子商务退货物流问题

随着网上信用交易体制的不断完善，网络支付体系的普及，物流配送体系的不断扩大以及消费者习惯的改变，我国电子商务零售业开始进入稳步发展阶段。从 2004 年至今，中国网购用户一直保持较快的增长速度。据有关部门研究，网上退货量与网上业务量的增长成正比，随着退货量的增加，电子商务企业不得不关注退货物流问题，进而加强对退货物流的管理。

电子商务环境下退货物流管理的好坏直接影响着顾客的满意度，顾客满意度是决定网站生存和发展的关键因素，退货物流服务的质量直接影响着顾客的满意度，进而影响电子商务企业的生存和发展。因此，电子商务企业不得不关注退货物流问题。

电子商务主要包含企业对企业（Business to Business，B2B）、企业对消费者（Business to Customer，B2C）、消费者对消费者（Customer to Customer，C2C）、企业对政府（Business to Government，B2G）和政府对消费者（Government to Customer，G2C）几种形式。本项目主要针对 B2C 电子商务模式下的退货问题进行介绍。

1. 退货物流在B2C电子商务中的作用

退货物流在 B2C 电子商务中的产生是必然的，当然这也是由于退货物流在 B2C 电子商务中起到了巨大的作用。主要表现在以下几点。

（1）提高顾客满意度、提升服务水平。当今的电子商务网络交易模式中，顾客的忠诚度和认可度是电子商务企业的生命线，是在线商家成败的关键因素，据资料显示，八成以上的在线购物顾客选择商家都会考虑到对方退货政策和退货程序是否便利，一旦在线成功交易后，在顾客收到商品后由于某种原因而要求退货时，而且这些退货原因又在售后服务范围内时，在线商家就得无条件答应退货，并进行后续处理，直至到顾客满意为止，以此来赢得顾客好的口碑，提高商家的信誉度，达到增加销售量的目的。

（2）节约资源、降低成本。对于消费者退回的网购商品，在线商家或物流公司进行检测、分类，有的经过再加工后进入正向物流渠道销售、有的可以低价卖给二级市场、有的可以进行拆分进行零部件销售、有的可以捐赠给慈善机构以获得减免的税收，同时还可以为企业形象加分。因此，正确得当的退货物流可以为企业节约资源，避免浪费，从而降低作业成本。

（3）增加企业信誉度、提升企业形象。退货物流操作得当，处理及时，不仅仅是在消费者群体中，树立了企业信誉度高的形象，更重要的是，不同类型、不同原因的产品进行回收之后进行统一的分类处理，这样就避免一些不必要的环境污染，加上国家出台的环保法规对企业行为的约束不断增多，实行退货物流是势在必得，而且能给企业树立好的公众形象。

（4）改进生产工艺和技术，提高产品质量。在市场竞争日益激烈的形势下，电子商务企业的产品质量问题仍然是影响企业生存的主要问题，它不仅是电子商务企业间竞争的必备条件，而且还有利于创造企业品牌、提高企业销售业绩和经济效益。通过加强电子商务退货物流管理，有利于在线商家及时掌握商品售后使用情况，更加了解了自己的产品以及产品主要问题，发现问题后就及时改进生产管理方式，提高生产技术水平，提高产品质量。

2. B2C电子商务模式下的退货物流及其成因分析

在 B2C 电子商务模式下消费者可以方便快捷地通过互联网进行网上选购，退货是不可避免的，随着网上业务量的增加，在线退货也不断增加。客户在收到产品之前，一直是通过产品的图片和文字介绍来了解产品的。因此，商品规格、质量、尺寸、数量等与实际情况不符，物流速度过慢、商家发错货、运输途中产品部件遗失等原因，都有可能导致客户的退货。客户有退货需求就得有退货物流来服务于顾客需求，电子商务中的销售商们也都强烈地意识到了要想在竞争激烈的市场中立足，就必须本着"顾客是上帝"的理念来建立并完善退货物流系统，及时处理客户退货需求。

近年来，我国 B2C 电子商务模式下的退货物流的问题，主要表现在以下两个方面：一是商品退货比例高。据统计，电子商务环境下的退货比例高达 35%；二是退货物流服务水平低。电子商务消费者与企业的售后服务联系不畅，据《2009 年度网络购物行业统计分析报告》显示，大部分消费者提出的"退货、维修、更换、赔偿、解封账号"等诉求不能得到及时回应，其中退货诉求得到解决的仅占消费者诉求的 36.49%。

根据资料统计分析，B2C 电子商务模式下的退货成因综合起来主要有网络虚拟性、商家主观性及消费喜好的不稳定性三个原因。

（1）网络虚拟性，主要是由于 B2C 电子商务是以互联网为主要手段开展的在线销售活动，所以网络虚拟性所带来的退货是在所难免的。

（2）商家的主观性，主要是由于商家在商品信息描述或商品退货政策的制定过程中缺乏科学的信息描述、无理由退货政策的承诺等原因，导致极大的经营主观性，产生了部分退货物流活动。

（3）消费者喜好的不稳定性，主要是指消费者不能理性的选择商品，收到商品后又迅速要求退货。在电子商务环境下，许多消费者购物时表现得不理智，购物后又要求退货，譬如某女士在网站逛时看到了一件衣服，她当时非常喜欢就把它买了下来，但当她收到衣服的时候却觉得衣服并不是她想要的，于是当即决定退货。

3. B2C电子商务模式下退货物流分类

根据退货物流渠道不同，B2C 电子商务模式下的退货物流可以分为三种:网商办理退货、制造商办理退货和第三方物流企业办理退货，这三种模式如图 6-5 所示。

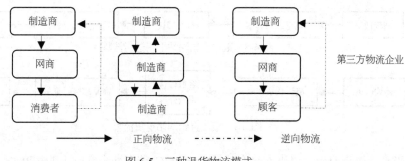

图 6-5 三种退货物流模式

三种不同的退货渠道有不同的特点及适用条件，B2C 电子商务企业应根据自己的特点及条件来选择合适的退货渠道。

4. B2C电子商务模式下的退货流程

B2C 电子商务中的交易主体主要是企业和消费者，其中，企业既可以是产品或服务的制造商或供应商，也可以是各种市场交易中介(在线商家)，比较当当网、卓越网和几个中小 B2C 网站后发现，其一般退货流程如图 6-6 所示。

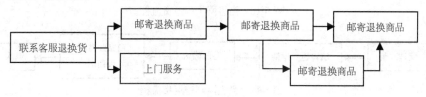

图 6-6 网站一般退货流程图

目前我国的一般 B2C 电子商务网站退货的流程都缺乏系统性。主要有以下两个方面的原因造成的：一是客户服务差。消费者无法及时与客户服务部门取得联系，很多客户服务电话几个小时都无法打通，即使取得了联系退货申请的审核也总是得不到回复，得到的回复也只是请等候查询之类的；二是物流服务慢。电子商务平台与第三方物流公司在合作方面缺乏系统性，从退货审核得到回复到退货结束要经过漫长的时间。因此，大部分消费者都认为网上退货十分困难。下面列举几个常见网站的退货流程图，供大家参考。

（1）亚马逊退货流程。与国内相比，国外的电子商务退货物流一般都建立了信用制度，消费者无理由退换货现象极少发生，即使存在退货物流，退货物流流程比国内简单快捷，图 6-7 所示为亚马逊公司的退货流程图。

图 6-7 亚马逊退货流程

（2）戴尔直销网站退货流程。戴尔直销网站是典型的 B2C 直销型企业网站，制造商自己建立网站进行在线销售，该网站不仅具有发布基本信息的功能，而且还具有接受订单和支付的功能。戴尔公司在网上向消费者直接销售计算机产品，并且消费者还能指定所选购计算机的配置，这种个性化的服务刺激了消费者的访问，同时也为企业自身带来了经济效益。图 6-8、图 6-9 所示为戴尔上门退货流程及邮寄退货流程图，其中上门退货只有在戴尔所要求的一定区域范围的消费者才能享受此服务。

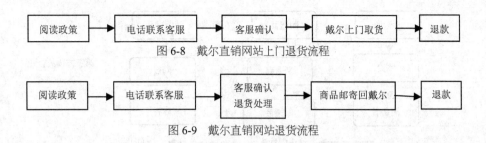

图 6-8　戴尔直销网站上门退货流程

图 6-9　戴尔直销网站退货流程

（3）当当网退货流程。当当网是全球最大的 B2C 综合性中文网上购物商城，销售的商品包括家居百货、化妆品、数码、家电、图书、音像、服装及母婴等几十个大类，超过百万种商品。这种模式下商品种类非常齐全，客户群非常庞大，物流配送流程十分复杂。在该模式下当当网自己做采购、库存、配送，运营成本和物流配送成本比较高，但为了给消费者提供良好的售后服务，当当网制定了非常详细的退货政策，在全国多达 800 个城市同时推出"上门退货"服务。其流程如图 6-10 所示。当当网邮寄退货流程如图 6-11 所示。

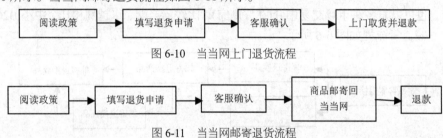

图 6-10　当当网上门退货流程

图 6-11　当当网邮寄退货流程

（4）第三方交易平台模式（淘宝商城）。淘宝商城是淘宝网打造的 B2C 电子商务网站，该商城整合了数千家品牌商、生产商，是一个为商家和消费者之间提供交易的第三方平台。在该模式下商城不做库存、物流而是将这些交给更擅长的其他专门从事相关活动的企业去做，这些企业自己提供产品并上传图片。淘宝商城是由商家企业作为卖家，利用第三方平台销售产品，从而售后服务有保障，但是由于商场的厂家多导致同类产品的退货政策存在差异。当消费者在淘宝商城购买到的商品与商家描述不符或者有其他交易问题时，可以在交易超时前及时申请"买家收到货但是需要退"类型的退款，其具体退货流程可以描述如下。

① 进入"我的淘宝"、"我是买家"、"已买到的宝贝"页面找到交易订单，单击"申请退货"按钮；

② 等待商家处理，当退款状态为"买家已退货，等待卖家确认收货"时，消费者要密切关注退款状态和退款超时，只有卖家确认收到退货后，单击"同意退款"按钮后退货程序才得以完成；

③ 关注退货状态，当退货状态为"退货协议达成，等待买家退货"时，消费者可以单击"退货给卖家"按钮；

④ 就是选择退货使用的物流公司，填写货运单号，单击"确认"按钮退货完成。

第三方交易平台邮寄退货流程如图 6-12 所示。

图 6-12　第三方交易平台邮寄退货流程

5. 我国B2C电子商务退货存在的不足

我国 B2C 电子商务退货物流的发展一直处于稳步向前的态势，但是相对于发达国家的物流，仍存在着一些问题和不足。主要体现在以下几个方面。

（1）关于电子商务退货物流相关政策还未出台。虽然电子商务在我国已发展很长一段时间，但国家还未出台相关政策及法律规章制度来约束退货行为，电子商务企业管理层对退货物流也还没有给予足够重视，认为退货物流这一业务并不是他们优先考虑的，没有用长远的眼光来看待退货物流。

（2）电子商务中信息的真实性不能保障。因为网络是虚拟世界，通过网络进行电子交易的双方可能相隔千里，电子商务中的产品也仅是图片供顾客选购，这里就涉及了产品信息的准确性，商家本身资料的真实性，这些都不能得到很好的保障，另外，订购和配送与经营者分离，这些分离都给电子商务带来了一定的安全隐患。

（3）退货物流信息系统的缺乏。B2C 电子商务退货物流中产品的不定因素太多，如种类、数量、价值都难以统计，而且 B2C 电子商务退货物流中产品的始发地也是不固定的，所以产品相关信息很难统计，信息系统应用较少。

（4）国内第三方物流行业质量不高。虽然我国第三方物流企业曾掀起一股热潮，但基本上都是中小型企业，规模不大，地理分散，市场集中度低，物流信息技术水平也不高，第三方物流企业与供应商缺乏沟通，双方信息资源不能共享。

 案例介绍

某服饰公司配送中心退货系统的改进

杭州某服饰有限公司在全国有 400 多家店铺，而这 400 多家店铺所有商品的包装、整理、出货、退货都要经过其配送中心来完成，配送中心业务非常繁忙，稍有不慎就会出现问题。最初公司所实施的退货系统太过于书面化，过程繁琐、复杂，且不易操作。整个系统流程不够严密，前后顺序较为混乱。大部分情况下都是以手工操作为主，前期数据一旦丢失或毁损就再也无法复原，导致一些问题得不到及时解决。最后造成到货不及时、达不到预期出货量、退货无法处理等现象。当务之急就是制定一套新的退货流程体系，有效地解决这一问题。经过连日的研究讨论，公司领导以前一次的失败作为教训，重新提出了一套完善的、适合公司发展的退货系统。

（1）货品到仓。店铺退货品根据退货流程相关规定执行，对鞋品、道具、正品、维修或次品（小件）做分类打包，并在外包装上做相应注明，以便配送中心接收货品时对货品种类予以区分，使货品得到正确、有效的处理。其中，鞋品由鞋品质检部门作相关处理、道具由道具仓作相关处理、正品按照退货流程由中转仓作相关处理、维修品由检品部作相关处理。

（2）中转仓接收，货品分类。中转仓指定专人依据配送中心退货签收要求对所有退仓货品进行签收（指定人员同时负责与检品部的货品交接工作），所有退仓货品情况由签收人员当日在《月退货记录》中记录完成。签收人签收完成后于签收当日对货品进行分类，鞋品、道具在当天进行转交，维修品等需与检品部于签收日次工作日 10 点进行交接。交接前将货品情况登记在《整包货品交接表》上。

（3）检品部接收。检品部接收货品，核对无误后（外包装无破损）签字确认，如需拆包，应当面点清。所收货品在 2～3 个工作日内处理完毕，通知配送中心中转仓人员再次交接取回货品，同时对货品提出处理结论。对于超期情况需在《异常情况登记表》中记录原因。对于非维修返回

货品需在《返回货品明细表》中记录所返回的货品情况，以便店铺核实所返货品内容。

（4）中转仓再次接收。中转仓接受货品，核对无误（核对款号、尺码等明细）后签字确认，配送中心发回店铺的货品以检品部提供的返回货品明细表为准。

（5）返回店铺。检品部确认维修完成、无质量问题等可返回店铺的货品，在与配送中心交接前需在《维修返回清单》中记录所返回的货品情况，交接无误后由配送中心交接人签字确认。配送中心发回店铺货品以检品部提供的返回货品明细表为准，对于返回店铺后的货品，出现实物与退单上的款号、尺码不同等差异情况，店铺可直接与检品部进行沟通。

以上所有需填制的报表内容均由相关操作人员将其录入电脑中定期保存，以便在出现问题时可立即查找到相关数据，以便使问题得到相应解决，避免配送中心与各大店铺之间产生不必要的矛盾，减少配送中心在时间及费用上的损失。

 实训练习

生鲜食品退货是生鲜加工配送中心的一个重要环节，它对维护生鲜超市的利益，警示供应商重视生鲜食品的安全和质量，确保消费者的安全和放心消费十分重要。请走访调研某超市或市场的配送中心，了解生鲜食品的退货流程，分析形成退货的原因，提出减少退货成本的相关建议，最终形成调研分析报告。

综合练习

1. 小组讨论：电器类连锁销售企业配送中心的退货流程是怎样的？

2. 请思考退货对连锁超市配送中心和电器连锁销售企业配送中心的成本影响有何不同，并说明原因。

3. 小组讨论：网店退货对企业有何影响？画出网络购物的退货流程图。

项目七

配送成本与绩效管理

【知识目标】

1. 掌握配送成本的构成要素
2. 掌握配送成本的分析与控制方法
3. 熟悉控制配送成本的常用策略
4. 熟悉配送中心绩效评估指标体系
5. 掌握配送中心岗位绩效考核的方法

【技能目标】

1. 能核算配送中心某一期间的配送成本
2. 能依据不同情况制定配送价格
3. 会实施配送中心的岗位绩效考核
4. 能对配送中心绩效进行简单评价
5. 能根据参观及调研内容写出调研报告

任务一　配送成本构成与控制

 任务引入

某配送中心自有车辆 7 辆,外雇车 5 辆,6 月份共出货 6 万箱,自有车出车 420 车次,外雇车出车 150 车次,平均每次出货自有车辆成本为 400 元,外雇车辆为 500 元,该配送中心其他成

本合计为 20 万元。

1. 任务要求

（1）计算每单元货品配送成本。

（2）计算每车次配送成本。

（3）应采取哪些措施来降低每单位货品的配送成本？

2. 任务分析

当今物流行业面临的一个突出问题是如何降低商品在流通环节中的物流成本。由于商品在从制造商传送到顾客手中的整个物流过程中，配送中心日益成为一个重要环节，其运营成本在整个物流成本中所占的比例越来越大。因此，降低配送中心的经营成本，提高配送中心的经济效益，就显得尤为重要。学生可以分组讨论，分析配送中心配送成本的构成要素与降低配送成本的措施。

3. 实施准备

（1）学生 3～5 人为一组分组讨论，计算并思考降低配送成本的措施。

（2）教师讲解有关配送成本核算要求和需提交的书面材料要求。

4. 实施步骤

（1）布置任务：教师向每组学生发放任务单，要求学生在一定时间内完成任务。

（2）完成任务：学生小组制订方案并实施，教师指导。

（3）成果展示：教师把各组完成情况数据填入表格，小组代表简述完成过程。

（4）教师点评：教师针对完成情况及表格数据逐一点评，同时穿插引出相关理论知识，以本任务为载体详细讲解。

（5）启发讨论：如何采取措施降低单位货品的配送成本。

5. 结果评价

参照表 7-1 对学生实施过程及提交的书面材料质量给予评价，激励学生积极认真地实施项目，为后续的点评、交流准备翔实的基础资料。

6. 点评交流

学生完成任务后，教师及时组织成果展示，结合小组汇报及效益数据进行逐一点评，巧妙引出配送成本的概念与构成、配送成本的控制等理论知识，以本次任务为载体进行穿插讲解。通过启发提问，适时引出降低配送成本的策略等知识，启发学生思考、讨论。点评讨论环节，对积极发言、主动思考的学生及时给予肯定和鼓励，对于小组及某些学生的不足之处帮助其改进，提高任务实施的绩效。

表 7-1　　　　　　　　　　　　　　　配送成本核算情况评价表

小组序号：			学生姓名：　　　　　　学号：		
小组成绩（教师评价或小组互评）			个人最终成绩		
任务及标准	满分	得分	项目及标准	满分	得分
资料查阅丰富	10		小组分解得分	50	
实施时主动学习	15		书写材料认真	10	
实施时遵守纪律	20		材料内容齐全	10	
小组讨论气氛	3		材料内容翔实	25	
答辩效果	2		有感想体会	5	
合计	50		合计	100	
评价者：			评价者：		
评价时间：　　年　　月　　日			评价时间：　　年　　月　　日		

相关知识

一、配送成市的构成

1. 配送成本的概念

配送是物流企业重要的作业环节，它是指在经济合理区域范围内，根据客户要求，对物品进行拣选、加工、包装、分割、组配等作业，并按时送达指定地点的物流活动。通过配送，物流活动才得以最终实现，但完成配送活动是需要付出代价的，即配送成本。

配送是与市场经济相适应的一种先进物流方式，是物流企业按用户订单或配送协议进行配货，经过科学统筹规划，在用户指定的时间，将货物送达用户指定地点的一种供应方式。从整个物流系统来讲，配送几乎包括了所有的物流功能要素，是物流活动的一个缩影，或是在某小范围中物流全部活动的体现。一般的配送集装卸、搬运、包装、保管、运输于一体，通过一系列物流活动将货物送达目的地。特殊的配送则还要以流通加工活动为支撑。严格来讲，整个物流活动，若没有配送环节就不能成为完整的物流活动。

配送的主体活动是配送运输、分拣、配货及配载。分拣配货是配送的独特要求，也是配送中有特点的活动。以送货为目的的配送运输是最后实现配送的主要手段从这一点出发，常常将配送简化地看成运输中的一种。

配送成本（Distribution Cost）是配送过程中所支付的费用总和。根据配送流程及配送环节，配送成本实际上包含配送运输费用、分拣费用、配装及流通加工费用等全部费用。配送成本费用的核算是多环节的核算，是各个配送环节或活动的集成。配送过程各个环节的成本费用核算都具有各自的特点，如流通加工的费用核算与配送运输费用的核算具有明显的区别，其成本计算的对象及计算单位都不同。

2. 配送成本的主要构成

物流配送成本主要由以下费用构成。

（1）配送运输费用。配送运输费用主要包括以下方面。

① 车辆费用。车辆费用指从事配送运输生产而发生的各项费用，具体包括驾驶员及助手的工资及福利费、燃料、轮胎、修理费、折旧费、过路过桥费、车船使用税等项目。

② 营运间接费用。这是指营运过程中发生的、不能直接计入各成本计算对象的站、队经费，包括站、队人员的工资及福利费、办公费、水电费、折旧费等内容，但不包括管理费用。

（2）分拣费用。

① 分拣人工费用。这是指从事分拣工作的作业人员及有关人员的工资、奖金、补贴等费用的总和。

② 分拣设备费用。这是指分拣机械设备的折旧费用及修理费用。

（3）配装费用。

① 配装材料费用。常见的配装材料有木材、纸、自然纤维和合成纤维、塑料等。这些包装材料功能不同，成本相差很大。

② 配装辅助费用。除上述费用外，还有一些辅助性费用，如包装标记、标志的印刷，拴挂物等费用的支出。

③ 配装人工费用。这是指从事包装工作的工人及有关人员的工资、奖金、补贴等费用的总和。

（4）流通加工费用。

① 流通加工设备费用。流通加工设备因流通加工形式不同而不同，购置这些设备所支出的费用，以流通加工费用的形式转移到被加工产品中去。

② 流通加工材料费用。这是指在流通加工过程中，投入到加工过程中的一些材料消耗所需要的费用。

③ 流通加工人工费用。在流通加工过程中从事加工活动的管理人员、工人及有关人员的工资、奖金等费用的总和。

实际应用中，应该根据配送的具体流程归集成本，不同的配送模式，其成本构成差异较大。相同的配送模式下，由于配送物品的性质不同，其成本构成差异也很大。

3. 配送成本的特征

（1）配送成本的隐蔽性。日本早稻田大学教授、物流成本研究的权威西泽修先生曾提出著名的"物流成本冰山"说，其含义是说人们对物流费用的总体内容并不掌握，提起物流费用，大家只看到露出海水上面的冰山的一角，而潜藏在海水里的整个冰山却看不见，事实上海水中的冰山才是物流费的主体部分。就配送成本而言，一般通过"销售费用"、"管理费用"科目可以看出部分配送费用情况，但这些科目反映的费用仅仅只是全部配送成本的部分，即企业对外支付的配送费用，并且这一部分费用往往是混同在其他有关费用中，而并不是单独设立"配送费用"科目进行独立核算。

（2）配送成本削减具有乘数效应。假定销售额为 1 000 元，配送成本为 100 元。如果配送成本降低 10%，就可以得到 10 元的利润，这种配送成本削减的乘数效应是不言自明的。假如这个企业的销售利润率为 2%，则创造 10 元的利润，需要增加 500 元的销售额。也就是说，降低 10% 的配送成本所起的作用，相当于销售额增加 50%。

（3）配送成本的"效益悖反"。所谓"效益悖反"是指同一资源的两个方面处于互相矛盾的关系之中，要达到一个目的必然要损失另一目的；要追求一方，必得舍弃另一方的一种状态。这种状态在配送诸活动之间也是存在的。例如，尽量减少库存据点以及库存，必然引起库存补充频繁，从而增加运输次数；同时，仓库的减少，会导致配送距离变长，运输费用进一步增大。此时一方成本降低，另一方成本增大，产生成本效益背反状态。如果运输费的增加部分超过保管费的降低部分，总成本反而会增加，这样减少库存据点以及库存就变得毫无意义。

二、配送价格的制定

1. 配送定价方式

（1）单一价格。在一个配送区域内不论配送到哪儿，对同一计费单位采用同一个价格。采用单一价格一般需要有对被配送品的规格限定来配合，如每件不超过 5 千克或者 1 立方米。

（2）分区价格。将配送覆盖区划分成若干个价格区间，对运送到不同区间的配送采用不同的价格。一般来说，区间的划分以距离为原则，或者该区间的交通条件不利、经常塞车或者需要通过收费路口等制定不同价格。

（3）分线价格。将配送区按照配送运输线路进行划分，对每一条线路进行定价。只要是属于该线路的配送，就使用该线路价格，而不考虑是否达到该设计线路的基点。

2．配送价格制定的方法

（1）成本定价法。成本定价法是指根据配送经营的成本确定价格。价格由成本、利润、税收三部分组成。其中

$$成本＝直接成本＋间接成本$$

$$利润＝成本×成本利润率$$

税收则根据国家税收政策确定，配送经营的税收有营业税和企业所得税。营业税直接计入成本；企业所得税则包含在成本利润之中。

$$营业税＝（配送收入－外包的运输费支出）×营业税率$$

没有外包运输时，则

$$营业税＝配送收入×营业税率＝价格×计费量×营业税率$$

根据总收入等于总支出加利润，则

$$总收入＝成本＋利润＋税收$$

而

$$总收入＝价格×计费数量$$

$$价格×计费量＝（直接成本＋间接成本）×（1＋成本利润率）＋价格×计费量×营业税率$$

$$价格＝\frac{（直接成本＋间接成本）×（1＋成本利润率）}{计费量×（1－营业税率）}$$

（2）边际成本定价法。在达到规模经济时，获得利润最大化的条件是边际成本等于边际收益，这是经济学的基本原理。该原理利用在配送定价上，指的是当配送达到规模经济时，利用边际成本作为价格的一种定价方法。

（3）市场价格定价法。市场价格定价法是依据市场均衡价格制定配送价格的一种方法。在配送市场上，存在着由众多的配送经营人组成的配送供给者和众多对配送产品的需求者，他们形成了配送供给和配送产品需求双方。在某个价格上，双方的数量与价格关系相同就达到平衡。这时的价格就是供需平衡时形成的市场均衡价格，同时也是配送供应商所能定的最高价格，此时的数量就是市场的供给和消费的平衡容量。对于众多中小规模的配送经营者，只能是配送市场价格的接受者，需要采用市场价格确定配送价格，并按照该价格管理和控制成本支出。

（4）综合定价法。产品定价是企业与客户、竞争对手的博弈行为，既要保证产品尽可能被广泛接受，经营规模扩大，又要实现最高的获益。综合定价法是指应根据成本、市场需求、市场竞争的需要，合理确定配送价格。总的来说，正常定价不能低于成本，但也不能高于市场均衡价格。

3．配送收费计费方式

（1）按配送量计收费用。以每单位的配送量为计费单位，如采用重量单位，总收费即为总配送量与费率的乘积。但是由于配送不同商品的作业有一定的差别，所投入的劳动不同，如重大货物与轻巧货物作业不同，可以按商品类别进行分类、分等级。按配送量收费还可以采用按所配送的货物的体积计费、按件数收费等方式。

（2）按配送次数收费。以提供的配送次数为收费单位，不计具体的配送量。此种收费方式相当于包车配送，一般有每次配送最大量的限制，如每次不超过一整车。

（3）按期收费。以一定时期为计费单位，对于配送稳定的客户，定量、定次的配送，则仅仅是计费形式的不同。否则，则是对于基本客户的优惠，或者是对极小量的协同配送收费。

三、配送成本的控制方法

进行配送成本核算的最终目的是为了实现对配送成本的控制，一般来说，配送成本的控制应从以下几个方面进行。

1. 加强配送的计划性

在配送活动中，临时配送、紧急配送或无计划的随时配送都会大幅度增加配送成本。为了加强配送的计划性，需要建立客户的配送申报制度。在实际工作中，应针对商品的特性，制定不同的配送申请和配送制度。

2. 确定合理的配送路线

确定配送路线的方法很多，既可采用方案评价法，拟定多种方案，以使用的车辆数、司机数、油量、行车的难易度、装卸车的难易度及送货的准时性等作为评价指标，对各个方案进行比较，从中选出最佳方案；又可以采用数学模型进行定量分析。无论采用何种方法，都必须考虑以下条件。

（1）满足所有客户对商品品种、规格和数量的要求。

（2）满足所有客户对货物发到时间范围的要求。

（3）在交通管理部门允许通行的时间内送货。

（4）各配送路线的商品量不得超过车辆容积及载重量。

（5）在配送中心现有运力及可支配运力的范围之内配送。

3. 进行合理的车辆配载

各客户的需求情况不同，所需商品也不相一致。这些商品不仅包装形态、储运性质不一，而且密度差别较大。实行轻重配装，既能使车辆满载，又能充分利用车辆的有效体积，会大大降低运输费用。

4. 量力而行建立物流管理信息系统

在物流作业中，分拣、配货要占全部劳动的 60%，而且容易发生差错。如果在拣货、配货中运用物流管理信息系统，应用条形码技术，就可使拣货快速、准确，配货简单、高效，从而提高生产效率，节省劳动力，降低物流成本。

四、配送成本常用控制策略

配送是按用户的订货要求，在物流据点进行分货、配货工作，并将配好之货送交收货人的活动。它是流通加工、整理、拣选、分类、配货、装配、运送等一系列活动的集合。通过配送，才能最终使物流活动得以实现，而且配送活动增加了产品价值，它还有助于提高企业的竞争力，但完成配送活动是需要付出代价的，即配送成本。对配送的管理就是在满足一定的顾客服务水平与配送成本之间寻求平衡，即：在一定的配送成本下尽量提高顾客服务水平，或在一定的顾客服务水平下使配送成本最小。配送成本常用控制策略如下。

1. 混合策略

混合策略是指配送业务一部分由企业自身完成。这种策略的基本思想是，尽管采用纯策略（即配送活动要么全部由企业自身完成，要么完全外包给第三方物流完成）易形成一定的规模经济，并使管理简化，但由于产品品种多变、规格不一、销量不定等情况，采用纯策略的配送方式超出一定程度不仅不能取得规模经济效益，反而还会造成规模不经济。而采用混合策略，合理安排企业自身完成部分配送和外包给第三方物流完成部分配送，能使配送成本最低。例如，美国一家干货生产企业为满足遍及全美的 1 000 家连锁店的配送需要，建造了 6 座仓库，并拥有自己的车队。随着经营的发展，企业决定扩大配送系统，计划在芝加哥投资 7 000 万美元再建一座新仓库，并配以新型的物料处理系统。该计划提交董事会讨论时，却发现这样不仅成本较高，而且就算仓库建起来也还是满足不了需要。于是，企业把目光投向租赁公共仓库，结果发现，如果企业在附近租用公共仓库，增加一些必要的设备，再加上原有的仓储设施，企业所需的仓储空间就足够了，但总投资只需 20 万元的设备购置费，10 万元的外包运费，加上租金，也远没有 7 000 万元之多。

2. 差异化策略

差异化策略的指导思想是：产品特征不同，顾客服务水平也不同。

当企业拥有多种产品线时，不能对所有产品都按同一标准的顾客服务水平来配送，而应按产品的特点、销售水平，来设置不同的库存、不同的运输方式以及不同的储存地点。忽视产品的差异性会增加不必要的配送成本。例如，一家生产化学品添加剂的公司，为降低成本，按各种产品的销售量比重进行分类：A 类产品的销售量占总销售量的 70% 以上，B 类产品占 20% 左右，C 类产品则为 10% 左右。对 A 类产品，公司在各销售网点都备有库存，B 类产品只在地区分销中心备有库存而在各销售网点不备有库存，C 类产品连地区分销中心都不设库存，仅在工厂的仓库才有存货。经过一段时间的运行，事实证明这种方法是成功的，企业总的配送成本下降了 20% 之多。

3. 合并策略

合并策略包含两个层次，一是配送方法上的合并，二是共同配送。

（1）配送方法上的合并。企业在安排车辆完成配送任务时，充分利用车辆的容积和载重量，做到满载满装，是降低成本的重要途径。由于产品品种繁多，不仅包装形态、储运性能不一，在容重方面，也往往相去甚远。一辆车上如果只装容重大的货物，往往是达到了载重量，但容积空余很多；只装容重小的货物则相反，看起来车装得满，实际上并未达到车辆载重量。这两种情况实际上都造成了浪费。实行合理的轻重配装、容积大小不同的货物搭配装车，就不但可以在载重方面达到满载，而且也能充分利用车辆的有效容积，取得最优效果。最好是借助电脑计算货物配车的最优解。

（2）共同配送。共同配送是一种产权层次上的共享，也称集中协作配送。它是几个企业联合起来，集小量为大量，共同利用同一配送设施的配送方式。其标准运作形式是：在中心机构的统一指挥和调度下，各配送主体以经营活动（或以资产为纽带）联合行动，在较大的地域内协调运作，共同对某一个或某几个客户提供系列化的配送服务。这种配送有两种情况：一种是中小生产、零售企业之间分工合作实行共同配送，即同一行业或在同一地区的中小型生产、零售企业在单独进行配送的运输量少、效率低的情况下进行联合配送，不仅可减少企业的配送费用，配送能力得到互补，而且有利于缓和城市交通拥挤，提高配送车辆的利用率；另一种是几个中小型配送中心之间的联合，针对某一地区的用户，由于各配送中心所配送的物资数量少、车辆利用率低等原因，几个配送中心将用户所需物资集中起来进行共同配送。

4. 延迟策略

传统的配送计划安排中，大多数的库存是按照对未来市场需求的预测量设置的，这样就存在着预测风险，当预测量与实际需求量不符时，就会出现库存过多或过少的情况，从而增加配送成本。延迟策略的基本思想就是对产品的外观、形状及其生产、组装、配送应尽可能推迟到接到顾客订单后再确定。一旦接到订单就要快速反应，因此采用延迟策略的一个基本前提是信息传递要非常快。一般说来，实施延迟策略的企业应具备以下几个基本条件：① 产品特征：模块化程度高，产品价值密度大，有特定的外形，产品特征易于表述，定制后可改变产品的容积或重量；② 生产技术特征：模块化产品设计、设备智能化程度高、定制工艺与基本工艺差别不大；③ 市场特征：产品生命周期短、销售波动性大、价格竞争激烈、市场变化大、产品的提前期短。

实施延迟策略常采用两种方式：生产延迟（或称形成延迟）和物流延迟（或称时间延迟）。而配送中往往存在着加工活动，所以实施配送延迟策略既可采用形成延迟方式，也可采用时间延迟方式。具体操作时，常常发生在诸如贴标签（形成延迟）、包装（形成延迟）、装配（形成延迟）和发送（时间延迟）等领域。美国一家生产金枪鱼罐头的企业就通过采用延迟策略改变配送方式，降低了库存水平。历史上这家企业为提高市场占有率曾针对不同的市场设计了几种标签，产品生产出来后运到各地的分销仓库储存起来。由于顾客偏好不一，几种品牌的同一产品经常出现某种品牌的畅销而缺货，而另一些品牌却滞销压仓。为了解这个问题，该企业改变以往的做法，在产品出厂时都不贴标签就运到各分销中心储存，当接到各销售网点的具体订货要求后，才按各网点指定的品牌标志贴上相应的标签，这样就有效地解决了此缺彼涨的矛盾，从而降低了库存。

5. 标准化策略

标准化策略就是尽量减少因品种多变而导致附加配送成本，尽可能多地采用标准零部件、模块化产品。如服装制造商按统一规格生产服装，直到顾客购买时才按顾客的身材调整尺寸大小。采用标准化策略要求厂家从产品设计开始，就要站在消费者的立场去考虑怎样节省配送成本，而不要等到产品定型生产出来了，才考虑采用什么技巧降低配送成本。

 **案例介绍**

物流配送：2%费率的背后

联华扩张很快，不过联华并不满足于此。在联华看来，连锁超市的首轮竞争拼的是网点、规模，第二轮竞争就要看后台，这就离不开一个强有力的物流配送中心。企业的物流技术能不能起作用，能不能快速准确地把握和满足各个门店的需要，同时又用很低的物流成本来支撑物流配送，每一个环节都变得十分重要。在这方面，联华有一个引以为傲的数字：联华物流配送的费率，即配送一定价值商品所需的物流配送成本，一直控制在 2%以内，低于沃尔玛 4.5%的水平。2%怎么来的？

上午 10 点，正是配送中心繁忙的时候。一辆辆恒温车停在门口，蔬菜、肉类从这里直接送到加工中心。肉糜生产线上，各种肉类切片、切丝、切丁、切大排，都由电脑控制完成；成品自动分盆、称重、分拣、贴标，标准统一，又快又准。几百平方米的大排加工车间内，只有 5 名操作工，他们每人面前都有一个电子屏幕，显示配送物品的各种信息。每天，联华各连锁店发出生鲜食品的要货指令，采购部门负责采购、要货单随即生成加工单，发送到配送中心各加工车间的电脑系统，配送中心再根据物流配送的时间和各门店的线路自动安排生产次序。生产加工完成后，成品自动分装，送至各连锁店。目前，联华共有两个智能化配送中心，可以满足 1 000 家门店的配送需要。

联华的物流配送充分体现出一个"快"字。联华做过对比：为 30 家门店配送 6 000 箱商品，从门店发出要货指令到配货作业仅需 40 分钟，而按照传统的操作方式，这些配货作业至少要 4 小时。速度提高，商品周转加快，单位时间内配送总量增加，费率也就降了下来。先进的物流技术，使商品配送直接为商品销售创造机会。

实训练习

通过浏览当地的物流配送中心网站，选择 2～3 家比较有代表性的企业，列出该物流配送中心的报价情况，指出该物流配送中心采用的配送定价方法与方式，并根据所学的知识，分析、判断该定价是否合理。

任务二　配送中心绩效评估

 任务引入

配送中心同其他物流企业一样，要长期稳定的发展，必须实行科学的管理，而绩效管理是市场经济条件下科学管理的重要一环。绩效管理要求的是以绩效为核心，全面衡量企业的一切经营管理活动，并将结果作为加强和改进企业经营管理、实现企业发展战略的基本依据。实行有效的绩效管理，首先要对企业的绩效进行合理的评估，通过对物流绩效进行评价，可以真实反映其经营管理、资本运营、发展能力等方面的业绩和存在的问题，并全面了解自身的经营、运作状况，不断完善和提高物流管理水平，提高经营能力。

1.　任务要求

查阅资料（教材、期刊、网络等），进行企业访谈，参观某连锁企业配送中心后，完成一份物流配送中心绩效评估调研报告。内容包括以下几个方面。

（1）基本信息：调研时间、调研形式、调研地点、小组成员等。

（2）实地访谈、调研的配送中心绩效评估主要概况：配送业务内容及流程、业务部门设置以及该配送中心绩效评估指标与考核程序、方法等概况。

（3）感想与体会。

2.　任务分析

科学、全面地评价物流配送中心绩效对于连锁企业发展的重要意义，深入到某个连锁企业配送中心进行实地调研、实践，基于一定的行业背景分析，通过对现有物流绩效评价成果的研究并尝试改进、完善该配送中心绩效评价体系，为连锁企业配送中心的发展提供有力的保证。

3.　实施准备

（1）教师联系配送中心安排调研；教师讲解安全注意事项、参观要求和报告撰写要求。

（2）学生约 6 人一组，搜集要查阅的资料，寻找、联系配送中心进行访谈，分工协作。

4.　实施步骤

（1）布置任务：教师向每组学生发放任务单，要求科学、全面地调研物流配送中心绩效管理以及对于连锁企业发展的重要意义。

（2）完成任务：学生小组制订方案，并深入到配送中心进行实地调研。

（3）成果展示：小组代表简述完成过程并汇报调研报告。

（4）教师点评：教师针对完成情况及表格数据逐一点评，同时穿插引出相关理论知识，以本任务为载体详细讲解。

（5）修正方案：各组修正方案，通过对现有物流绩效评价成果的研究，尝试改进、完善该配送中心的绩效评价体系。

5. 结果评价

参照表 7-2 对学生实施过程及调研报告质量给予评价，激励学生积极认真地实施项目。为后续的点评、交流准备翔实的基础资料。

表 7-2   配送中心绩效评估调研情况评价表

小组序号：			学生姓名：	学号：	
小组成绩（教师评价或小组互评）			个人最终成绩		
任务及标准	满分	得分	项目及标准	满分	得分
资料查阅丰富	10		小组分解得分	50	
参观时主动学习	15		报告书写认真	10	
参观时遵守纪律	20		报告内容齐全	10	
实施企业访谈	3		报告内容翔实	25	
企业访谈效果好	2		有感想体会	5	
合计	50		合计	100	
评价者：			评价者：		
评价时间： 年 月 日			评价时间： 年 月 日		

6. 点评交流

学生完成任务后，教师及时组织成果展示，选取典型报告进行展示、点评，巧妙引出配送中心绩效评价的原则与步骤，以及绩效评价的指标体系等理论知识，以本次任务为载体进行穿插讲解。通过启发提问，适时引出提高配送中心效益的对策等内容。对表现优秀的学生和亮点给予表彰和推广，对于不足之处帮助其改进，以提高以后项目实施的绩效。

 相关知识

一、评价的原则和步骤

配送中心绩效评价是物流管理的一个重要组成部分，是通过分析，采用特定的指标体系，对照一定的评价标准，运用一定的评价方法，对在一定期间内配送活动的优劣做出客观、公平和准确的判断。开展配送绩效评价能正确判断配送活动的实际水平，从而明确改进的方向，进而增加整体效益。和传统评价相比，配送绩效评价既要求成本绩效又关注时间柔性和顾客的满意程度。

配送是从配送中心将货物送达客户的活动，有效率的配送活动需要适量的配送人员、适合的配送车辆以及每趟车最佳运行路线的相互配合才能实现。因此，人员、车辆以及配送时间、规划方式都是对配送活动的绩效进行考核的重要方面。一般来说，可以从定性和定量两个方面对配送中心的现状进行评价，并着重从经济性和配送效率两方面予以考虑。

1. 配送中心的评价原则

配送中心涉及的环节较多，所以会给评价带来一定的难度。为了作出正确有效的评价，一般来说，要遵循如下几个原则。

（1）客观性原则。评价时必须弄清楚资料是否全面、正确、可靠，数据是否有效，防止评价人员的倾向性，并注意评价人员的组成应具有代表性。

（2）技术经济原则。配送中心的技术先进性是影响物流效率高低、系统可靠性强弱的主要因素；经济上的合理性反映物流的物化劳动和劳动消耗情况，以尽可能少的消耗获取良好的经济效果是经济管理工作的出发点，是企业效益所在。

（3）局部服从整体的原则。对大型公司来说，配送中心可能有多个布局点，有时从各局部效益来看其布局是最优的，但从整体效益规划的角度看却未必如此。因此在进行评价时，尤其在配送中心的选址问题上要坚持整体效益最优化，要使局部效益服从全局效益。

（4）指标体系的合理性和可操作性。在建立评价指标体系时，应在突出重点的前提下，尽量做到先进合理、便于操作。可操作性主要体现在评价指标的设置上，既要可行又要可比。可行是指指标设置要符合物流系统的特征和功能要求，在具体指标的确定上，不能脱离现有的技术水平而确定一些无法达到的指标。制定的评价标准不能过高、过严，也不能偏低，应以平均水平为依据。可比性是指主要评价项目的内容含义确切，便于进行比较，评价高低。

（5）在定性基础上坚持定量分析。对配送中心进行评价时，应坚持定性和定量相结合的原则，并在定性分析的基础上，以定量分析为主，既要反映中心实现功能的程度，又要确定有量化分析的具体描述，这样才能够客观、合理。

2. 配送中心评价的步骤

对配送中心的管理绩效评价，不应该仅仅是单独的一套评价体系，而应该以企业的远景目标、经营目标为指导，同配送作业流程、人力资源管理、资金流的管理以及信息系统管理相结合的评价体系。虽然不同类型的配送中心，评价方法不尽相同，但大体来说，应按照以下几个步骤展开。

（1）明确评价目的和评价内容。

（2）确定评价因素。

（3）确定评价指标体系。

（4）确定评价方法。

（5）单项评价、综合评价。

（6）撰写评价报告。

二、内部绩效评估

内部绩效评估是指对配送中心内部物流绩效进行评估，主要将现在的物流作业结果与以前的作业结果或是本期的作业目标进行比较。例如，运送错误率可以与上一期的实绩比较，也可以与本期的目标进行比较。内部评估的数据比较容易收集，所以大多数配送中心都进行内部绩效评估。一般来说，评估内容包括以下方面：成本评估、生产率评估、资产管理评估、质量评估、顾客服务评估等。

（1）物流成本评估。物流绩效最直接的反映就是完成特定物流运作目标所发生的真实成本。物流成本绩效的代表性指标是物流费率，即以总金额表示的销售量的百分比。按照物流成本占销售总额的百分比的方式就可以做到动态地控制物流成本，因为销售在变化，物流成本也应该随之变化。

（2）物流生产率评估。生产率是系统用于配送该商品而投入的资源与产出服务之间的相对关系，通常用比率或指数表示。生产率指标有3种类型：静态的、动态的和替代性的。静态的是指计算一个特定时期内的生产率，如某年的产出与投入之比就是静态指标。动态的是指将一个时期的生产率与另一个时期的生产率相比较，结果就是动态的指标。替代指标就是指用与生产率相关的指标来代替生产率，如顾客满意度、利润、质量等。

（3）物流资产评估。物流资产评估的主要内容是评估为实现物流目标而投入的设施和设备的资本，以及用于存货的流动资金的使用情况。资产评估着重对存货等流动资本周转、固定资产的投资报酬率等方面进行评估。

（4）质量评估。质量评估是指向全过程的最重要的评估内容，它是用来确定一系列活动的效率而不是个别活动的效率。由于质量范围较广，所以较难评估。当前的最高质量标准就是"零缺陷服务"，它关注的是整体物流的绩效，而非单个功能。它要求从订单进入、检查库存、拣选、装货到送货、开票的整个过程都不能出错。

三、外部绩效评估

虽然内部评估对配送中心改进绩效、激励员工是很重要的，但是从外部，从顾客、从其他优秀企业的角度对配送中心的物流绩效进行评估也是非常重要的，它能使配送中心获得更多的新信息。外部绩效评估包括两个方面：一是从顾客的角度。这种评估可以通过调研或订货系统追踪获得。评估的主要内容有：库存可得性、订货完成时间、提供的信息程度、问题的解决情况等。二是确定基准与其他优秀的配送中心进行比较。现在越来越多的配送中心应用基准，将它作为公司运作与相关行业中的竞争对手或顶尖的企业相比较的一种技术，而且一些配送中心在重要的战略决策中将定基作为物流运作的工具。定基的领域有：资产管理、成本、顾客服务、生产率、质量、战略、技术、仓储、订货处理等。

（1）库存服务水平。库存服务水平是一项保证实现物流服务的基本指标，库存政策直接影响到公司的配货要求，因此要将与库存有关的指标列入考核的范围。库存是物流公司的主要成本之一，因此公司会严格控制库存，而如果将库存水平设置得很低，那么就有可能出现缺货。要考察该公司的物流政策，可以通过设定缺货率来实现。缺货率是指在一定时间内，按照库存的安排，客户订货后由于配送中心缺货造成不能够满足订货需求的比例，一般可以通过如下公式计算：缺货率＝缺货数量/商品需求总量。

（2）订单截止时间。规定一般订货的订单截止时间是很重要的，如果没有固定的截单时间，对配送中心来说，成本会很高，而且还会损失配送效率。一般在合同中规定一个基本的截单时间，在此基础上有一定范围的延缓，一旦超出规定的时间就按紧急订单来处理，其费用与正常的订单是不同的。

（3）交货时间。交货时间是指从中心接单开始到将所需物品送达到客户的时间。交货时间与库存有这直接的联系。一般来说，交货时间越短，库存就越少，投资也就越少。而且从交货时间的长短还能够了解物流企业的运作效率。该公司允诺的交货时间越短，说明企业运作效率越高，所以应将这项指标作为以时间为基础的物流战略考虑的主要内容。

（4）送货频率。按照中心的实际需要确定合适的送货频率。首先根据商品的特点确定配送频率，对于那些销量稳定、保质要求高的商品，应该实施一日多配，这样可以减轻货架面积小、存放有限的压力；而对那些销量不大的干货可实行 2～3 日一配等。其次，还可以根据业态和销售情况决定配送频率。

（5）准时交货。如果不能在客户规定的时间内准时交货，那么客户满意度将会降低，所以用准时交货的比例来衡量配送中心的品质也是一项重要内容。其计算公式为：准时交货率=准时交货次数/订货总次数。

（6）提供紧急订货服务。提供紧急订货服务就是在配送中心有紧急出货或修正数量的要求时，能够提供相应的配送服务。由于电子商务环境下客户要求不一，这就要求配送中心能够处理意外情况，以满足销售需要。

（7）退货管理。退货管理是配送体系的一个组成环节。有些配送公司不重视对退货的管理，已经使退货管理成为物流配送管理的盲点，造成退货区不断扩大，商品杂乱堆放，货物损坏、失窃现象严重，难以明确责任归属。同时退货收集、运送也是需要费用的，所以退货管理的好坏直接影响配送成本。因此，要对退货管理做出明确规定，分清责任归属，以此来判别公司服务的好坏。

四、配送中心的效率化

实现配送中心的效率化需要对相关的内容进行具体的调查和分析，找出影响效率的问题点和不足之处，以整体的合理化为目标构筑其功能的效率化。但现实问题各有不同，例如，从现在的分散型向集中型配送中心的转移，或改为商物分离型的模式，甚至可能进行的是新的大规模的配送中心的选定、建设和运营。根据企业的业种、业态、规模、配送店铺数、配送的量等方面的不同，配送中心的效率化设计和改善所需要进行的探讨和分析项目也有所不同。

配送中心的效率化所要分析和解决的对象和项目，主要有以下几个方面。

（1）物流体制和管理。对企业整体的物流管理体制和组织，物流服务管理，物流成本管理，多品种、少量物流的问题点和对应方法，以及采购、在库和配送等环节进行综合的效率分析，对相应的供货商、进货地点等进行综合的物流效率化。

（2）物流政策。涉及确认配送中心的配置、地址选定、法律限制等条件，选定建筑物和内部规划的设计和建设、配送中心的设备，以及施工、完工验收和经营，借用仓库、委托仓库的利用，还有物流子公司的设立和经营等内容。

（3）配送商品的特性。需要考虑商品的种类、尺寸、形状、重量、价格、分包装和加工，以及计量、包装、价签等必要条件，作业的商品品种数、装卸等条件，一年的配送量、配送量的时期变化（时间、星期、旬、季节等）、破损和腐烂的可能性，新商品的开发、品种数、数量和频度，淘汰商品的品种数、数量和频度，以及其他的商品特性等。

（4）物流设备。有自动仓库，冷藏和冷冻库，搬运和搬送设备，保管设备，配货用设备，流通加工设备，计量、包装、捆包机器，贴价签机器，分拣系统以及其他的自动化、机械化设备，信息处理设备，货场和出库用平台，还有空调、防灾、防范设备，托盘，集装箱，包装材料等。

（5）库存政策和管理。与控制商品库存量相关的政策，库存的管理制度，以及接受订货和向供货商订货的方法，补充订货系统和盘点方法等。

（6）相关作业。入库作业、检验商品、搬送和入库方法，接受订货和向供货商订货的单据流程，商品货位管理、配货方法，验货和验数方法，分包装、计量、标贴价签、包装、捆包等的流通加工，出库货物码放方式、分拣方法、运输配送方法，以及配送通用箱的回收方法，退回商品的接收和处理方法，针对退货量、欠品率、不合格品的应对措施和紧急追加订货的处理等。

以上的项目不可能包含配送中心效率化的全部内容，在实际操作中，只有将商流和物流两个方面有机地结合，才能使配送中心的效率化得以实现，也才能真正提高配送中心的工作绩效。

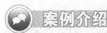 **案例介绍**

烟草物流配送中心的绩效评价体系

烟草物流配送中心是为了给零售客户提供完善的配送服务而成立的。配送活动的作业流程包括3个方面：进、出货作业，储配作业，送货作业。目前，国内外对物流配送绩效的研究主要集中在配送绩效评价方法和评价指标选取2个方面。物流权威机构指出，物流的绩效评价要考虑4个指标：交货周期、送货可靠性、送货灵活性、库存水平。每一项指标都有3个指标值：理想值、目标值、当前值。物流绩效管理的目标就是按照理想值设定目标值，根据目标值改进现有的绩效状况。有专家采用了功效系数法为主、综合分析判断法为辅的评价方法，从物流活动方面对物流绩效进行分析，主要包括经济效益、顾客服务业绩、配货和送货质量、库存绩效等指标。

1. 烟草物流配送绩效评价体系建立的原则

绩效评价的核心是确定评价指标体系，尽可能全面地反映影响绩效的所有因素。对烟草物流配送中心来说，指标体系应能够科学、客观、全面地反映配送中心的运行状况。但是要建立一套既科学又合理的绩效评价指标体系必须按照一定的原则进行分析。

① 目的性原则。指标体系要紧紧围绕绩效评价这一特定的目的进行设计。由于物流本身已经包含了运输、储存、搬运、包装、流通加工、配送、信息处理等基本功能，再加上配送中心自身的管理、规模、技术等，如果不遵循一定的目的性原则，那么，提取出的指标不仅无法反映烟草企业的绩效水平，而且还会因指标数量过多而不利于分析。

② 系统性原则。指标体系要包括企业绩效所涉及的各个方面，使之成为一个系统。烟草物流配送中心是一个包含众多因素的共同体，必须采用系统设计的思想和系统评价的原则来建立指标体系。因此，要按照相关性、层次性、整体性和综合性的要求来提取指标。

③ 科学性原则。指标的设计必须科学，包括指标体系结构的拟定、指标的取舍、公式的推导等都要有科学依据。

④ 可操作性原则。指标定义时要求定义明确、概念清楚，尽量避免有歧义，能与烟草行业现行统计资料很好地对应。同时，指标的内容不应过于烦琐，指标的数量不宜过多，以便于操作。

2. 影响烟草物流配送绩效评价的因素

① 时间性。这关系到配送中心能否及时满足零售客户的需求。时间是衡量效率最直接的因素，最能体现烟草物流配送中心的整体作业能力。因此，烟草物流配送中心应在最短的时间内完成配送活动。

② 经济性。这是指烟草物流配送中心为提供零售客户服务所投入的总成本费用。在烟草物流配送中心的服务策略中，既不能单方面地追求最低总成本，也不能单方面地追求高水平的客户服务。一个完善的烟草物流配送体系，需要准确估算实现不同质量水平服务所需要的不同运作成本，目标是以最低成本实现烟草物流配送服务的最优化。

③ 可靠性。指配送中心具备实施与交货相关的所有业务活动的能力，它体现了物流的综合运行质量。它包括卷烟的完好无损、结算的准确无误、卷烟能够及时送达零售客户手中、到货卷烟数量符合订单要求等。

3. 烟草物流配送绩效评价分析

一个绩效评价指标体系应包含进、出货作业，储存作业，配送作业三个一级指标，其下又分为不同的二级指标。在选用分析方法上，应将层次分析法和关键业绩指标法相结合，把企业的战略目标分解成可操作的工作目标，通过对各部门、岗位的指标实施情况进行考核来落实，提高配送中心的绩效。两种方法的结合，既能进行定量分析，又能进行定性的功能评价。

对烟草物流配送中心来说，应从效率、成本、质量、服务四个维度建立物流绩效考核指标评价体系。效率维度涉及库存周转率、订单处理率、交货及时率和完成一次销售的周期等指标。其中，库存周转率数值越高，表明卷烟销售情况越好，库存占用资金越少。因此，该指标是物流绩效评价的一个重点指标。

成本维度中统计的物流成本是运输成本和配送中心的运营成本。科学的物流成本应该是以物流活动为基础的，所有与物流活动有关的费用都应该包括在成本维度中。例如，采购费用、运输及装卸费用、仓储费用、包装费用、流通加工费用、物流总成本等。质量维度涉及卷烟配送完好率、物流纯收益、物流费用率、物流效用增长率等指标。服务维度涉及卷烟配送的准确率、投诉处理率、卷烟破损率等指标。

4. 建立物流配送绩效评价体系应注意的问题

首先，物流配送绩效评价体系应具有以下特点：一是要把静态性指标和动态性指标相结合；二是要把可组合性指标和可分解性指标相结合。其次，单纯的指标已不能全面反映烟草物流绩效水平，因此可以根据评价目的和具体需要选择评价方法。最后，物流系统评价应以整体物流成本最小化、顾客服务最优化、企业利益最大化为目标，将绩效评价的重点放在降低成本上。

 实训练习

浏览关键词为"配送中心"和"绩效评价"的相关网站，选择2～3家比较有代表性的企业，列出该物流配送中心的所有业务和绩效评价情况，根据所学的知识，分析、判断该配送中心的绩效评价是否科学、合理，并指出绩效评价的改进方法与方式，并尝试建立该配送中心的绩效评价指标体系。

综合练习

1. 小组讨论：配送中心的绩效评估流程及作用。
2. 简述配送中心成本管理的方法。
3. 简述配送中心的绩效评估方法。

项目八

配送中心选址及内部规划

【知识目标】

1. 了解配送中心选址的意义
2. 熟悉配送中心选址的原则和影响因素
3. 掌握配送中心选址的流程
4. 掌握配送中心设计规划的基本流程
5. 掌握配送中心空间布局的基本方法
6. 熟悉配送作业流程与配送中心仓库内部布局的关系
7. 了解电子商务配送模式下配送中心设计特点及要点

【技能目标】

1. 能根据现实情况确定配送中心选址的关键要素
2. 根据配送中心流程确定基本设计规划思路
3. 能收集并整理规划布局所需资料
4. 能根据配送流程对配送中心进行简单布局及规划
5. 能结合作业流程分析配送中心仓库内部布局的合理性
6. 能结合电子商务配送流程对配送中心进行简单设计
7. 能结合电子商务配送作业流程分析配送中心内部布局合理性

任务一　配送中心选址设计

 任务引入

配送中心选址是否得当，关系到日后运营的效果。配送中心选址是一项非常复杂的工作，其外部、内部影响因素很多。熟悉配送中心的选址原则、影响因素，掌握配送中心选址的流程，能分析选址对运营效率、效益的主要影响是相关管理人员必备的知识和技能。

1. 任务要求

学生通过任务式学习，能掌握配送中心选址设计的基本内容，主要包括以下方面。

（1）对配送中心选址设计确定基本设计思路。

（2）收集并整理设计所需资料。

（3）根据配送流程对配送中心选址做出基本分析。

2. 任务分析

配送中心选址直接关系到日后的运营效率和效益。了解配送中心选址的意义，熟悉选址的原则和影响因素，掌握配送中心选址的流程，分析选址对运营效率的影响是本次学习的主要内容。

3. 实施准备

（1）材料准备：准备配送中心选址的典型案例及相关资料，给出相关信息及说明。

某区域有 2 个供货点，3 个配送中心备选地，10 个用户，需要配送 3 种货物。给出相关表格。

要求：试选择最佳的备选地作为物流配送中心，使得从供货点到配送中心的运输费用、配送中心到用户的运输费用、流经配送中心产品的管理费用以及配送中心的固定投资费用之和最小。

（2）学生约 6 人一组，确定主管（组长）1 名，分工协作。

4. 实施步骤

（1）布置任务：教师向每组学生发放案例分析报告书，要求学生在一定时间内对案例进行分析并汇总成报告。

（2）完成任务：学生小组制定最终方案并实施，教师辅助。

（3）成果展示：小组代表简述完成过程及成果。

（4）教师点评：教师针对完成情况逐一点评，对重点进行详细讲解。

（5）各组修正方案。

（6）布置新任务：新背景下的选址方案制订。

（7）启发、讨论：如何进行网络型配送中心选址。

5. 效果评价

参照表 8-1 对学生实施过程及实训报告质量给予评价，激励学生积极认真地实施项目。

6. 点评交流

挑选若干典型的选址设计方案进行讨论和反馈，进一步强化学生对配送中心布局的理解，对实施配送中心选址分析中表现优秀的学生给予表彰和推广，不足之处予以改进，促进后续任务的顺利开展。

表 8-1　　　　　　　　　　　　　配送中心布局及规划完成情况评价表

小组序号：			学生姓名：　　　　　学号：		
小组成绩（教师评价或小组互评）			个人最终成绩		
任务及标准	满分	得分	项目及标准	满分	得分
报告完成情况	20		小组分解得分	50	
修正情况	10		个人角色执行	30	
汇报情况	10		主动思考	10	
组织及合作	10		讨论及汇报情况	10	
合计	50		合计	100	
评价者：			评价者：		
评价时间：　　年　　月　　日			评价时间：　　年　　月　　日		

 相关知识

一、配送中心选址概念及意义

所谓配送中心选址，是指在一个具有若干供应点及若干需求点的经济区域内，选一个或多个地址设置配送中心的规划过程，较佳的配送中心选址方案是使商品通过配送中心的汇集、中转、分发，直至输送到需求点的全过程的效益最好。

配送中心选址在整个物流系统中占有重要的地位，是属于物流管理战略层的研究问题。就单个企业而言，它决定了整个物流系统及其他层次的结构；就供应链系统而言，核心企业的选址决策会影响所有供应商物流系统的选址决策。物流配送中心位置的选择，显著影响其实际营运的效率与成本，以及日后仓储规模的扩充与发展，它是个宏观战略问题，但又广泛存在于物流系统的各个层面。物流配送中心拥有众多建筑物、构筑物及固定的机械设备，一旦建成很难搬迁，如果选址不当，将付出长远代价。因而，对于物流配送中心的选址规划需要予以高度重视，对物流配送中心的选址研究很有现实意义。

二、配送中心选址的影响因素

物流配送中心实际上就是集货中心、分货中心、加工中心功能之综合。建立现代化的物流配送中心是企业强化客户服务体制、削减流通成本、战胜竞争对手的一个重要手段。所以，要实现物流配送中心自身的效率化，按照客户的要求建立进货体制以及保障物流作业的合理化，降低物流成本，就要考虑到配送中心的选址问题。

1. 配送中心选址的宏观影响因素

宏观的经济环境、企业所处行业的政策环境以及地方政府的优惠措施等，都是企业在配送中心选址时需要分析的宏观环境因素。国家整体的经济环境对企业决策具有一定的引领作用，若国家整体的经济环境令人担忧，那么企业在这样的大经济环境下继续扩张业务，扩大现有的配送体系不是一种明智之举。行业优惠政策和地方政府的优惠措施是企业经营所面临的重要外部环境之一，企业的经营决策应该是与整个行业的政策相一致，这样企业在上级审批等多个环节才不会耽误时间，也不会遇到过多导致决策丧失时效性的障碍。

2. 配送中心选址的微观影响因素

（1）自然环境因素。配送中心选址过程中，主要考虑的气象条件有温度、风力、降水量、无霜期、冻土深度、年平均蒸发量等指标。

（2）配送经营环境因素。配送中心所在地区的优惠物流产业政策对物流企业的经济效益将产生重要影响，数量充足和素质较高的劳动力条件也是配送中心选址考虑的因素之一。

① 配送商品特性。经营不同类型商品的配送中心最好能分别布局在不同地域。如生产型配送中心的选址应与产业结构、产品结构、工业布局等紧密结合进行考虑。

② 物流配送相关费用。物流费用是配送中心选址的重要考虑因素之一。大多数配送中心选择接近物流服务需求地，例如接近大型工业、商业区，以便缩短运距、降低运费等物流费用。

③ 物流配送服务水平。服务水平也是配送中心选址所需考虑的因素。现代物流过程中能否实现准时运送是衡量配送中心服务水平的重要指标。因此，在配送中心选址时，应保证客户在任何时候向配送中心提出物流需求，都能获得快速、满意的服务。

（3）基础设施状况。配送中心必须具备方便的交通运输条件，最好靠近交通枢纽进行布局，例如，紧临港口、交通主干道枢纽、铁路编组站或机场，有两种以上运输方式相连接。

（4）其他因素。主要是环境保护要求。配送中心的选址需要考虑保护自然环境与人文环境等因素，尽可能降低对城市生活的干扰。对于大型转运枢纽，应适当设置在远离市中心区的地方，使得大城市交通环境状况能够得到改善，城市的生态建设得以维持和增进。

三、配送中心选址流程

配送中心的选址直接影响配送中心各项活动的成本，同时也关系到配送中心的正常运作和发展。因此，配送中心的选址和布局必须在充分调查、分析的基础上综合考虑自身经营的特点、商品特性及交通状况等因素，在详细分析现状及预测的基础上，对配送中心进行选址。配送中心的选址可参照图 8-1 所示的程序进行。

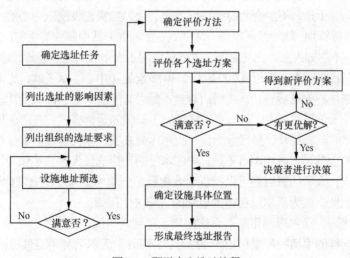

图 8-1　配送中心选址流程

1. 外部条件论证

（1）交通运输条件。配送中心地址应靠近交通运输枢纽，以保证配送服务的及时性、准确性。

（2）用地条件。配送中心建设须占用大量的土地资源，土地的来源、地价、土地的利用程度等要充分考虑并落实。

（3）顾客分布情况。准确掌握配送中心现有服务对象的分布情况以及未来一段时间内的发展变化情况，因为顾客分布状况的改变、配送商品数量的改变，以及顾客对配送服务要求的改变，都会对配送中心的经营和管理产生影响。

（4）政策法规条件。掌握政府对配送中心建设的法律、法规要求，哪些地区不允许建设配送中心、哪些地区政府有优惠政策等。

（5）附属设施条件。配送中心周围的服务设施也是考虑的因素之一，例如，外部信息网络技术条件，水电及通信等辅助设施，北方地区的供暖、保温设施等。

（6）其他。要考虑不同类别的配送中心对选址的需要是不同的。例如，有些配送中心所保管的商品需要有保温设施、冷冻设施、危险品设施等，对选址都有特殊要求。

2. 内部条件论证

内部条件是指受企业自身发展影响的相关制约因素。配送中心选址时要本着"以最小的成本消耗，创造自身以及客户最大经济效益"的原则。选址中要考虑的问题主要是拟建配送中心的自身配送量、配送费用及配送质量等。除此之外，还应该考虑有无竞争对手，配送中心所处的行业等，例如，制造商型配送中心选址应接近上游生产厂或进口港为宜，原材料配送中心则考虑尽可能接近原材料供应基地。

 案例介绍

沃尔玛配送中心：科学选址，配送优化

闻名于世的沃尔玛数次荣登世界 500 强之首。通常，人们把快速转运、VMI（供应商管理库存）、EDLP（天天平价）看成是沃尔玛成功的三大法宝。其中商品的快速转运，往往被认为是沃尔玛的核心竞争力。于是，不少企业纷纷仿而效之，大力加快建设配送中心的步伐，认为只要加强商品的配送与分拨管理，就能像沃尔玛一样找到在激烈的商战中制胜的法宝。但经过一段时间的运营之后，效果却不尽如人意，究其原因，主要是曲解了沃尔玛的配送运营管理模式。

目前，沃尔玛在美国本土有近 4 000 家店，30 多家配送中心。据了解，约 100 多家门店才能支撑一个现代配送中心的巨额费用。在门店数量不足时，配送中心的巨额费用，往往会成为一个企业的经济负担。沃尔玛进入中国时，也同样复制了美国的运营模式：在广东与天津分设两个配送中心。经过多年的苦心经营，到目前为止，沃尔玛尚未实现全面盈利。不少业内人士认为，完全照搬美国本土的运营模式在中国行不通。美国本土的商店选址大都在小镇附近，而在中国开店大都位于中心城市，大量的供应商可以提供专业化服务，集中配送反而难以体现高效率。因此，配送中心该如何选址，成为沃尔玛在中国成功的首要决定因素。

据统计，在美国，沃尔玛利用配送系统把货品送到商店的物流成本占销售额的 2.5%左右，而其竞争对手做同样的事情一般要付出 5%的成本。同时，沃尔玛利用卫星资讯处理系统，把制造商、物流商融入自己的营运网络。别人要 30 天配送补货，沃尔玛只要 5～7 天。这才是沃尔玛维持"天天平价"的保障。

实训练习

课后查阅沃尔玛北京地区的选址相关案例，结合资料说明沃尔玛具体用到了哪些选址策略。

任务二 配送中心内部规划

 任务引入

学习配送中心规划及布局的主要目的是使学生通过学习掌握配送中心布局及规划的基本方法和程序，一方面能对配送中心进行基本布局安排，另一方面能对具体案例的布局规划内容进行合理描述及流程分析。

1. 任务要求

通过情景模拟学习，掌握配送中心内部规划设计的基本内容，主要包括以下几点。

（1）对配送中心流程确定基本规划思路。

（2）搜集并整理规划布局所需资料。

（3）能根据相关信息进行配送中心物流动线分析、关联度分析。

（4）根据配送流程对配送中心做出基本布局及规划。

2. 任务分析

熟悉配送中心的内部布局及其对工作效率的影响是配送中心管理人员必备的技能。通过本次任务训练，旨在使学生通过学习熟悉配送中心基本布局的方法和原则，掌握根据配送流程对配送中心进行基本布局的方法，能对具体案例的布局规划内容进行合理描述及流程分析，提出相关改进建议。

3. 实施准备

（1）材料准备：给出背景资料，现拟建一家电类配送中心，给出商品类型、周转量、存储方式等主要信息。

（2）学生约6人一组，确定主管（组长）1名，分工协作。

4. 实施步骤

（1）布置任务：现拟建一家电类配送中心，给出主要信息。

（2）完成任务：以小组为单位讨论并作出基本布局说明及报告。

（3）成果展示：教师把各组完成情况记录下来，小组代表简述完成过程及成果。

（4）教师点评：教师针对完成情况进行点评，引出相关理论知识，以本任务为载体详细讲解。

（5）修正方案：各组修正方案，重新完成任务。

（6）布置新任务：新背景下的配送中心布局方案制订。

（7）启发、讨论：如何进行多层型物流配送中心内部布局。

5. 效果评价

参照表8-2对学生实施过程及调研报告质量给予评价，激励学生积极认真地实施项目。

6. 点评交流

挑选若干典型的规划布局报告进行讨论和反馈，进一步强化学生对配送中心布局的理解，对实施配送中心规划设计中表现优秀的学生给予表彰和推广，不足之处予以改进，促进后续任务的顺利开展。

表 8-2　　　　　　　　　　　　　　配送中心规划完成情况评价表

小组序号：			学生姓名：		学号：
小组成绩（教师评价或小组互评）			个人最终成绩		
任务及标准	满分	得分	项目及标准	满分	得分
资料查阅丰富	10		小组分解得分	50	
学习时主动思考	15		报告书写认真	10	
遵守学习纪律	10		报告内容齐全	10	
主动承担任务	5		报告内容翔实	25	
规划设计效果好	10		有感想体会	5	
合计	50		合计	100	
评价者：			评价者：		
评价时间：　　年　　月　　日			评价时间：　　年　　月　　日		

 相关知识

一、配送中心规划概述

所谓配送中心设计规划是指从空间和时间上对配送中心的新建、改建和扩建进行全面系统的规划。配送中心建设代表一个企业在赢得时间与地点效益方面所做出的努力，在一定程度上还是企业实力的一个标志。更为重要的是，设计规划的合理性还将对配送中心的设计、施工和运用，配送中心作业的质量和安全，以及所处地区或企业的物流合理化产生直接和深远的影响。

1. 配送中心规划目的

配送中心规划影响到配送中心的运营效率，是物流配送的一个关键环节。因此，进行配送中心规划具有重大的意义。配送中心规划的目的主要有以下几点。

（1）有效地利用空间、设备、人员和能源。

（2）最大限度地减少物料搬运。

（3）简化作业流程。

（4）缩短配送周期。

（5）力求投资最低。

（6）为职工提供方便、舒适、安全和卫生的工作环境。

2. 配送中心规划前期资料搜集

根据拟建物流配送中心的类型，首先进行规划所需的基本资料的搜集和调查研究工作。调查研究方法包括现场访问记录和厂商实际使用的表单搜集。规划资料的搜集过程分为两个阶段，即现行作业资料的搜集、分析和未来规划所需资料的搜集。其具体要求如下。

（1）现行资料的搜集。配送中心规划资料的搜集是一项复杂的工作，涉及的内容比较广泛，主要包括以下资料。

① 基本运行资料：业务类型、营业范围、营业额、人员数、车辆数、供应厂商和用户数量等。

② 商品资料包括商品类型、分类、品项数、供应来源、保管形式等。

③ 订单资料包括商品种类、名称、数量、单位、订货日期、交货日期、生产厂家等。

④ 货物特性包括物态，气味、温、湿度要求、腐蚀、变质特性、装填性质。此外还包括物品重量、体积、尺寸、包装规格、储存特性和有效期限等。包装规格分单品、内包装、外包装单位等包装规格。

⑤ 销售资料按地区、商品、道路、客户及时间分别统计。

⑥ 作业流程包括一般物流作业，即进货、储存、拣选、补货、流通加工、发货、配送、退货、盘点、仓储配合作业（移仓调拨、容器回收、废弃物回收处理）等作业流程。

（2）未来规划所需资料的搜集。未来资料的搜集对配送中心的发展起着至关重要的作用，主要有以下几个方面。

① 制订运营策略和中长期发展计划：根据外部环境变化、政府政策、企业未来发展等来决定。

② 进行商品未来需求预测：分析商品现在销售增长率，估计未来增长趋势。

③ 分析商品品种变化趋势：分析商品在品种方面可能的变化趋势。

④ 预测将来可能变化的厂址和面积。

二、配送中心规划原则

1. 配送中心规划的基本原则

一般而言，配送中心规划有以下基本原则。

（1）根据系统的概念、运用系统分析的方法实现整体优化。

（2）以流动的观点作为设施规划的出发点，并贯穿在设施规划的始终，因为企业的有效运行依赖于人流、物流、信息流的合理化。

（3）从宏观（总体方案）到微观（每个仓库、进货区、存货区、发货区），又从微观到宏观的过程。

（4）减少或消除不必要的作业流程，这是提高企业配送效率和减少消耗最有效的方法之一。

（5）重视人的因素。作业地点的设计，实际是人—机—环境的综合设计。要考虑创造一个良好、舒适的工作环境。

2. 配送中心规划的基本要求

根据企业的经营目标和生产纲领，在已确定的空间场所内，按照从原材料的接收、零件和产品的制造，到成品的包装、发运的全过程，将人员、设备、物料所需要的空间进行最适当的分配和最有效的组合，以便获得最大的生产经济效益。

三、配送中心规划要素及资料分析

1. 配送中心规划的要素——EIQRSTC

（1）E——Entry，指配送的对象或客户。配送中心的服务对象或客户不同，配送中心的订单形态和出货形态就会有很大不同。

（2）I——Item，指配送货品的种类。在配送中心所处理的货品品项数不同，则其复杂性与困难性也有所不同；其货品储放的储位安排也完全不同。另外在配送中心所处理的货品种类不同，其特性也完全不同。

（3）Q——Quantity，指配送货品的数量或库存量。这里 Q 包含两个方面的含义：一是配送中心的出货数量；二是配送中心的库存量。货品出货数量的多少和变化趋势会直接影响到配送中心的作业能力和设备的配置。配送中心的库存量和库存周期将影响到配送中心对空间的需求。

（4）R——Route，指配送的通路。物流通路与配送中心的规划也有很大的关系。规划配送中心之前，首先必须了解物流通路的类型，然后根据配送中心在物流通路中的位置和上下游客户的特点进行规划，才不会造成失败。

（5）S——Service，指物流服务水平。物流服务水平包括订货、交货时间，货品缺货率，增值服务能力等，应该是在合理的物流成本下的服务品质。

（6）T——Time，指物流的交货时间。在物流服务品质中，物流的交货时间非常重要，因为交货时间太长或不准时都会严重影响零售商的业务。

（7）C——Cost，指配送货品的价值或建造的预算。在配送中心规划时，除了考虑以上的基本要素外，还应该注意研究配送货品的价值和建造预算。首先，配送货品的价值与物流成本有很密切的关系；其次，配送中心的建造费用预算也会直接影响到配送中心的规模和自动化水平，没有足够的建设投资，所有理想的规划都是无法实现的。

2. 配送中心资料分析

要搜集、整理和分析上述7个要素的资料，可以采用定性和定量的方法，定量方法包括储运单位分析、物品特性分析和EIQ分析，定性方法有作业时序分析、人力需求分析、作业流程分析、作业功能需求分析和业务流程分析。

（1）物品特性。物品特性是货物分类的参考因素，例如，按储存及保管特性可分为干货区、冷冻区及冷藏区；按货物重量可分为重物区、轻物区；按货物价值可分出贵重物品区和一般物品区等。因此，配送中心规划时，首先需要对货物进行物品特性分析，以划分不同的储存和作业区域。

（2）储运单位分析。就是考察配送中心各个主要作业（进货、拣货、出货）环节的基本储运单位。一般配送中心的储运单位包括P—托盘、C—箱子和B—单品，而不同的储运单位，其配备的储存和搬运设备也不同。因此，掌握物流过程中的单位转换相当重要，需要将这些包装单位（P、C、B）进行分析，即所谓的PCB分析。

（3）EIQ分析。就是利用E、I、Q这3个物流关键要素，来研究配送中心的需求特性，为配送中心提供规划依据。

四、配送中心内部规划

（1）配送中心基本布置规划。系统布置设计具有很强的实践性，同样也可应用于配送中心的系统布置中。配送中心的系统布置就是根物流作业量和物流路线，确定各功能区域的面积和各功能区域的相对位置，最后得到配送中心的平面布置图。

（2）流程分析。搜集并分析了配送中心规划的各项要素和资料后，就应该进行流程分析（见图8-2）。配送中心的主要作业活动包括入库、仓储、拣取、配货、出货、配送等，一些配送中心还具有流通加工、贴标签、包装及退货等作业。在布置规划时，首先应将具有相同流程的货物作为一类（如A、B、C、D……），分析每类物料的作业流程，制定出配送中心作业流程表。

（3）作业规划。配送中心的主要活动是订货、进货、储存、拣货、发货和配送作业。有的配送中心还有流通加工作业，当有退货作业时，还要进行退货品的分类、保管和退回作业。通过对各项作业流程的合理化分析，找出作业中不合理和不必要的作业，力求避免配送中心出现不必要的计算和处理环节。此外，尽量简化储运单位，以托盘或储运箱为容器，把体积、外形差别大的商品归类，每一类使用相同标准的储运单位。

（4）作业区域的功能规划。在作业流程规划后，可根据配送中心的运营特性进行区域及周边辅助活动区的规划。物流作业区指装、卸货，入库，订单拣取，出库，发货等基本的配送中心作业环节；周边辅助活动区指办公室、计算机中心等。

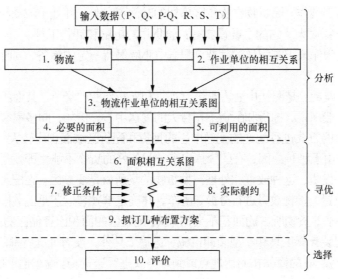

图 8-2　配送中心规划流程分析

五、配送中心作业区划示例

由于配送中心的功能视具体情况而各有不同，配送中心的规划布局也会存在较大差异。一般而言，配送中心的规划应与配送中心的功能、属性以及运营中长期目标保持一致。图 8-3 所示为某企业配送中心的作业区域平面布局图。

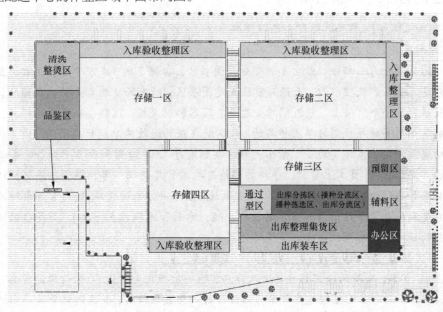

图 8-3　某配送中心平面规划布局图

一般来说，配送中心的基本区域包括以下几个部分。

（1）办公区。用于配送中心日常办公，主要是处理各种订单、进货、出货、理货等，它是现代配送中心有效运作的关键所在。

（2）收货区。在这个作业区内，工作人员须完成接收货物的任务和货物入库之前的准备工作，如卸货、检验等工作。因货物在收货区停留的时间不太长，并处于流动状态，因此收货区的面积相对来说都不算太大。它的主要设施有：验货用的电脑和卸货工具。

（3）储存区。为保证正常配送的需要，配送中心应保持一定的储备。同时做好这些储备的保管工作。

（4）理货区。理货区是配送中心人员进行拣货和配货作业的场所。其面积大小因配送中心的类型不同而异。一般来说，拣货和配货工作量大的配送中心，例如，向多家客户配送多种商品且按少批量、多批次的方式进行配送的配送中心的拣货和配货区域面积比较大。

（5）配装区。由于种种原因，有些分拣出来并配备好的货物不能立即发送，而是需要集中在某一场所等待统一发货，这种放置和处理待发货物的场所就是配装区。在配装区内，工作人员要根据每个门店的位置、货物数量进行分放、配车，并确定单独装运还是混载同运。因货物在配装区内停留的时间不长，货物所占的面积不大，所以，配装区的面积比存储区的面积小得多。因此，这个作业区除了配装计算工具和小型装卸机械、运输工具外，没有什么特殊的大型专用设备。

（6）发货区。将配好的商品按到达地点或到达路线进行送货。运输车辆可借用社会运输车辆，也可自配专业运输车队。

（7）加工区。配送过程中，为解决生产中大批量、少品种和消费中的小批量、多样化要求的矛盾，按照用户对商品的不同要求，应对商品进行分割、分装、配装、配载等加工活动。

（8）其他特殊区域。有些配送中心由于配送商品及流程的特殊性，也会开辟若干区域处理特殊业务，例如，烟草配送中心一般会设置品鉴区来进行配送商品的检验，以确保商品配送质量。

六、电子商务配送中心内部作业

【相关案例1】 卓越配送中心内部作业

1. 卓越采用"乱序排放"

卓越的库房分为三部分，最主要的部分是图书区，占据了约1.4万平方米左右的面积；另外两部分是百货区和处理中心。无论百货区或是图书区，所有的货物都是随机存储的。手提包和芭比娃娃躺在一个货架上，电饭锅的旁边是加湿器和切菜板。这样杂乱无章的摆放，很难想到拣货员是如何高效寻找到订单上货品的。秘密就在亚马逊收购卓越后采用的物流系统，这一系统借助电脑和定位系统实现了"看似无序，实则有序"。在货架和商品上贴着的条码就是各件商品的"定位仪"。员工上货时，手持扫描枪先扫描货品条码，再扫描货架条码，计算机就将这一货品和存储的货架牢牢"记住"。京东商城1.5万平方米的仓库内，1.8万余种商品并没有按产品类别摆放（如显示器和显示器放在一起，冰箱和冰箱放在一起），而是根据销量分区摆放。最畅销的货品都摆放在靠近通道的货架上。

2. 一次拣出20~50份订单

晚上10点半，卓越的一名拣货员进入库房，他一次性需要拣出50份订单的货品，其中就有纪元的书单。而电脑已经就这些订单为其设计好一条最短路线，并通过拣货员手中的扫描枪告知。"我其实更像机械，因为扫描枪会一一告诉我下一步怎么做。"他举例说，"扫描枪上首先显示订单中距离他最近的一份商品所处货架，在取出这一商品后，扫描枪又会根据拣货员所处的新位置定位出另一最近商品的货架。"京东的仓库中，商品按照字母 A~P 的顺序依次摆放着。而出库员小李手上的汇总订单也是按照 A~P 的顺序排列下来。"这样就可以从 A 区到 P 区依次取货，正好绕着仓库走一圈，而不用走回头路。"小李告诉记者。他一次要为 20 份订单同时取货。

3. 分拣与配货 当当有 70 条人工流水线

在卓越库房，晚上 10 时 50 分，拣货员将满满一车的商品推到分拣区，在这里，分拣员将推车上的货品按照 50 份订单分拣，分拣车更类似一个由无数透明隔间组成的柜子，每一个隔间里就是一份完整的订单商品。

【相关案例2】京东配送中心内部作业

京东库房里，分拣区靠近库房的一端，几名员工忙着将推车上的货品再按照订单明细，分拣到 20 个订单里。在分拣区的后面，两张大长条桌上摆放着 4 台电脑，扫描员将分拣好的货品扫描条形码，再输入订单号，确认货品无误后送往发票开具区。扫描和开具发票完成后，货品被送到打包区。打包员用塑料袋、泡沫和纸箱将货品裹好封严。每一个打包员身边也有一台电脑，打包员完成一次打包，就要往系统里输入自己的编号和货品订单号。北京城内的货品基本是京东自己的配送队伍送货，一般当日或次日送到。为了节约成本，采用两层塑料袋包装。而交由第三方承运方托运的货品，则需要在原有纸箱外，再加垫两层泡沫板，加裹一层纸箱，再用胶条封死。"这些货要送往山东、湖北，路上要走几天，所以要包得扎实一点，以免路上损坏。"

客户的索尼相机从订单打印，到发货员将其处理完毕送到发货区，花了大约 34 分钟。整个过程类似于流水线作业，经历"订单打印—出库—扫描—打印发票—打包—发货"几个步骤，每个步骤专人负责。

案例介绍

某物流配送中心规划平面布局图如图 8-4 所示

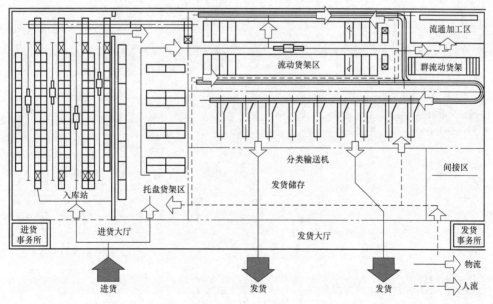

图 8-4 某配送中心规划布局图

实训练习

现拟建一家家电类配送中心，配送中心内储存的货物主要包括小型家电、电饭煲、电磁炉、微波炉以及它们的零配件等。预计仓库建成后几种电器的年周转量（吞吐量）分别为：30 000 件、40 000 件、50 000 件、60 000 件、30 000 件。零部件共 15 种，年周转总量（吞吐量）为 90 000 件。每种产品的年周转次数为 12～15 次，零配件的周转次数为 15～20 次，每种产品平均单件产品占有的仓储面积为：$1.5m^2$、$1.6m^2$、$1.8m^2$、$1.1m^2$、$0.2m^2$。

由于是小型家电，考虑安全及空间利用的需要，存储方式以单品堆放和货架存储相结合，部分以托盘或单独放置的方式在货架上进行存储；微波炉以托盘的形式在货架上存储；零部件采用托盘或箱子的方式在货架存储。要求如下。

1. 学生分组，以小组为单位讨论并做出基本布局说明。
2. 汇总讨论结果并分析。
3. 请说明生产型配送中心和流通型配送中心规划的异同点。

综合练习

以曾经调研的配送中心平面布局为例，结合作业流程对其布局的合理性进行分析。

项目九

行业配送专题

【知识目标】

1. 熟悉家电、快速消费品、鲜活农产品类别
2. 了解家电、快速消费品、鲜活农产品行业发展概况
3. 熟悉家电、快速消费品、鲜活农产品现有的配送渠道类别
4. 掌握家电、快速消费品、鲜活农产品配送要求
5. 熟悉家电、快速消费品、鲜活农产品行业发展政策
6. 掌握家电、快速消费品、鲜活农产品行业物流特点
7. 了解家电、快速消费品、鲜活农产品电子商务发展及物流配送情况

【技能目标】

1. 会大致界定家电、快速消费品、鲜活农产品行业领域
2. 会分析家电、快速消费品、鲜活农产品行业销售状况及渠道
3. 会搜集并分析顾客对家电、快速消费品、鲜活农产品的配送要求
4. 能进行家电、快速消费品、鲜活农产品物流运作状况调研
5. 会分析家电、快速消费品、鲜活农产品物流发展的困难，提出发展对策
6. 会分析比较家电、快速消费品、鲜活农产品的电子商务及物流运作与其他渠道模式的联系与区别

任务一　家电连锁零售物流配送

 任务引入

经过 20 多年的发展，中国家电零售企业无论是经营规模，还是企业功能、经营方式、管理状况等都发生了较大变化。从 20 世纪末开始，以国美和苏宁等为代表的家电零售连锁店以规模化、专业化、系列化、品牌化、低价格和优质服务为竞争武器，迅速成长，成为一、二线城市市场的主体。随着销售终端、渠道和业态的变化更替，家电物流模式也在不断变化，家电连锁零售企业根据自身的特点、规模、战略，也经历了不同物流配送模式及配送策略的不断优化。物流配送能力已经成为家电连锁零售企业的核心竞争力之一。近年来，家电类产品电子商务发展迅速，接踵而至的是物流配送的瓶颈问题凸显，电商企业在自建物流和借助第三方物流之间权衡选择。

1．任务要求

查阅资料（教材、期刊、网络等），进行市场调研、企业访谈、理论研讨后，回答相关问题，形成一份行业物流发展综述报告。内容包括以下几个方面。

（1）基本信息：调研背景及时间、调研单位、访谈企业及人员、参考的文献等。

（2）家电产品物流特性，顾客对家电产品的配送要求。

（3）家电产品配送渠道类型与物流成本的关系。

（4）家电连锁零售企业不同阶段的物流配送模式。

（5）家电连锁行业扩张时，物流配送面临的困难及解决建议。

（6）家电类产品电子商务发展概况及物流配送状况。

2．任务分析

家电连锁零售企业依靠大规模、低价格的经营模式迅速占领一、二线城市市场。物流配送能力是实现低成本、快速服务战略的关键要素之一。家电产品有其自身的物流特性和顾客的配送要求，如何平衡顾客服务的高水平与物流运作高成本的矛盾是物流管理的关键所在。考察苏宁、国美及当地家电连锁零售企业配送的发展变迁，分析家电产品物流配送的行业特点、发展脉络，面临的困难及未来趋势。学生进行资料阅读、企业调研、理论研讨之后，在教师辅助下学习家电行业连锁物流配送的相关内容。

3．实施准备

（1）教师准备苏宁、国美（或当地其他企业）等大型家电连锁零售企业物流发展的相关资料，拟定准备研讨的问题；学生到大型家电连锁零售企业配送中心，访谈物流发展的过去、现在及未来规划设想。

（2）学生约 6 人一组，搜集、查阅资料，联系企业人员调研访谈，分工协作。

4．实施步骤

（1）教师课前布置任务。要求学生课前阅读教师提供的案例，搜集网上资料，到企业访谈。课堂上进行下列事项。

（2）问题研究，结果汇报及教师点评。

问题 1：家电产品的销售渠道及类型，比较其物流环节及费用差异。

问题 2：家电产品的物流配送成本由哪几部分组成？

问题 3：从苏宁电器情况看，家电流通领域的物流有何特点？

问题 4：苏宁、国美的物流模式是怎样的？其模式是如何演变的？

问题 5：对苏宁连锁卖场分公司仓储配送阶段和大区仓储配送阶段进行利弊分析。

问题 6：家电连锁物流配送对企业信息化管理有何要求？

问题 7：物流配送能力对于家电连锁零售企业来讲是很重要的能力吗？为什么？

问题 8：综合运用所学过的理论，预测、分析家电连锁物流配送管理的发展趋势。

问题 9：分析三、四级市场竞争中，苏宁、国美等大企业与地方家电连锁企业的优劣势。

问题 10：分析家电类产品电子商务发展的优势？其物流配送状况怎样？并比较其与其他渠道的联系与区别。

5. 效果评价

参照表 9-1 对学生实施准备、实施过程及任务完成质量给予评价，鼓励学生克服困难，深入实践，了解企业运作状况，思考、分析家电连锁零售企业物流运作的规律及问题，运用所学知识提出解决问题的对策。小组成绩考核团队协作完成情况，个人部分考核个人学习及执行情况。

表 9-1　　　　　　　　　　　　　家电连锁零售物流配送实训评价表

小组序号：			学生姓名：　　　　　学号：		
小组成绩（教师评价或小组互评）			个人最终成绩		
任务及标准	满分	得分	项目及标准	满分	得分
资料查阅	10		小组分解得分	65	
企业调研	20		个人角色执行	10	
问题探究、结果汇报	20		代表发言陈述	10	
综合问题分析	10		讨论发言	10	
分工及合作情况	5		成果展示	5	
合计	65		合计	100	
评价者：			评价者：		
评价时间：　　年　　月　　日			评价时间：　　年　　月　　日		

6. 点评交流

学生完成每个任务后，教师及时组织成果展示，巧妙启发并引出相关知识点、技能点、管理重点等。引导学生从行业发展现状和企业运作实践中总结经验、发现管理上的问题。

 相关知识

一、连锁零售概述

1. 连锁经营的含义和特征

1997 年，中国国内贸易部制定并公布了《连锁店经营管理规范意见》，并指出："连锁经营是指经营同类商品、使用统一商号的若干门店，在同一总部的管理下，采取统一采购或特许经营等方式，实现规模效应的组织形式。"

连锁零售商店具有四个鲜明的统一性：统一的经营理念、统一的企业识别系统（CIS）及经营商标、统一的商品及服务、统一的经营管理。连锁零售商店就是在上述四个统一的前提下，形成专业管理及集中规划的经营组织网络，利用协同效应的原理，使企业议价能力增强，资金周转加快，物流综合配套性变得更好，从而取得规模效益，形成较强的市场竞争能力，提升自身在供应链中的渠道控制力，促进企业的快速发展。

2. 连锁经营模式的三种形态

从所有权和经营权的集中程度来划分，连锁经营形式可以分为：直营连锁、特许连锁和自由连锁。这是连锁零售商店最基本的分类方式。

（1）直营连锁。直营连锁也称一般连锁、联号商店、正规连锁。直营连锁是大型垄断商业资本通过合并、兼并、独资、控股等途径，发展壮大自身实力和规模的一种形式。直营连锁的主要特点是所有权和经营权集中统一于总部。具体表现为：所有成员企业必须是单一所有制，归一个公司、一个联合组织或一个人所有；由总部集中领导、统一管理；实行统一核算制度；各直营连锁店经理是雇员而不是所有者；各分店实行标准化经营管理。

直营连锁的人员组织形式由总公司直接管理。直营连锁的组织体系，一般分为 3 个层次：上层是公司总部负责整体事业的组织系统、中层是负责若干个分店的区域性管理组织和负责专项业务的组织、下层是分店或成员店。

（2）特许连锁。又称加盟连锁或契约联合店，即主导企业把自己开发的商品、服务和营业系统以营业合同的形式授予加盟店在规定区域进行统销和经营，加盟店则需交纳一定的营业权使用费，承担规定的义务。

其主要特点如下。

① 在一个特许连锁组织中，设一个总部或者一个主宰者和许多个加盟店。

② 特许连锁的核心是特许权的转让，总部是转让方，加盟店是接受方。

③ 特许连锁是通过总部与加盟店一对一地签订特许合同而形成的。

④ 特许连锁的所有权是分散的（归加盟店主），经营权是集中于总部的。

⑤ 特许连锁关系主要是总部与加盟店的纵向联系，加盟店之间没有横向联系。

⑥ 总部在教给加盟店完成事业所必要的所有信息、知识和技术等的同时，还要授予店名、商号、商标、服务标记等在一定区域内的垄断使用权，且在开店后继续进行经营指导。

⑦ 加盟店对于这些权利的授予和服务，以某种形式（如销售额或毛利的一定百分比等）支付报偿。

（3）自由连锁。在保持各自经营独立性的前提下，由批发企业联合一个或几个批发企业，并以此为主导建立强有力的总部组织，成员零售店铺经营的商品全都或大部分从该批发企业进货；作为对等条件，该批发企业必须向零售企业提供规定的服务。零售店在总部的指导下，实行共同经营，通过大量集中采购，统一经销，获取低成本、合理化经营的利益。

主要特点为：自由连锁店的所有权、经营权和核算权都是独立的，在保留单个资本所有权的同时实现了联合经营。自由连锁店只在经营活动上与总部存在着协商和服务关系，总部与自由连锁店间实行集中订货与送货，统一使用住处和广告宣传，统一制定销售战略，统一使用物流及住处设施；各店铺不仅独立核算、自负盈亏、人事自主，而且在经营品种、经营方式、经营策略上也有很大的自主权，但要按每年销售额或毛利的一定比例向总部上缴加盟金及指导费；总部经营的利润，也要部分返还加盟店。总部没有加盟店的援助就不能发挥机能，同时加盟店要对总部作出贡献。自由连锁的优缺点分别为：优点是灵活性强，各店自主权大，主动性高；缺点是统一性差，决策迟缓。

3. 家电连锁零售业态

家电连锁零售业态通过广泛布点、组合经营、分散销售来实现规模效益，连锁经营的优势在于能有效地解决规模经营与消费分散性之间的矛盾。一方面，相对分散的众多连锁店深入消费腹地，适应了消费的区域性、分散性和多中心化等特征；另一方面，统一管理能将分散性、小规模的商业机构组合成一个大规模的营销系统，形成集中前提下的分散和分散基础上集中的规模经营格局。

经过 20 年的发展，2009 年年底，创立于 1990 年的苏宁电器在全国 200 个地级以上城市拥有门店 941 家，连锁面积达 399.26 万平方米，规模位居家电连锁行业第一。创立于 1987 年的国美电器 2009 年底门店总数为 726 家，门店总数为家电连锁行业第二。国美的扩张可谓是"跑马圈地"式的收购整合，苏宁则是"自力更生"式的自主开店。

二、家电产品配送特点及要求

1. 家电产品的品类概述

家电产品没有统一、准确的分类。国外常把家电分为 3 类：白色家电、黑色家电和米色家电。白色家电指可以替代人们家务劳动的产品；黑色家电可提供娱乐，像彩电、音响等；米色家电指电脑信息产品。近年来又出现了绿色家电概念，指在质量合格的前提下，高效节能且在使用过程中不对人体和周围环境造成伤害，在报废后还可以回收利用的家电产品。

我国家电界一般把传统家电分为三类：黑色家电、白色家电、小家电。黑色家电可提供娱乐、休闲，主要包括电视机、录像机、音响、VCD 机、DVD 机等。白色家电则可减轻人们的劳动强度（如洗衣机、部分厨房电器），改善生活环境，提高物质生活水平（如空调、电冰箱等）。小家电指的是功率较小的电磁炉、电吹风、榨汁机、电压力锅、电热水壶、风扇、加湿器等家电产品。

近年出现了所谓的"3C 产品"，就是计算机（Computer）、通信（Communication）和消费类电子产品（Consumer Electronics）三者结合，亦称"信息家电"。由于 3C 产品的体积一般都不大，所以往往在中间加一个"小"字，统称为"3C 小家电"。"3C 产品"包括电脑、手机、电视、数码影音产品（照相机、摄像机等）及其相关产业产品。

家电产品属于"耐用消费品"（Durable Consumer Goods）范畴。

2. 家电产品零售配送特点及要求

（1）大家电产品体积大，重量重，对保管与搬运要求较高，需要一定的搬运技术。用户不易搬运，需送货上门。

（2）大家电产品需要专业人员的安装、调试，售后服务要求高。

（3）家电产品种类多、型号杂，配送准确率要求高。

（4）客户配送时限要求短，及时配送要求高。

（5）销售网络庞大，物流体系的搭建与维护投入巨大。

（6）家电需求随机，客户地域分散，对配送线路规划要求高。多客户配送的交通路线复杂，如何配装和合理规划线路是工作的难点与重点。

（7）家电产品销售具有明显的淡、旺季特征，假日需求"井喷"。对配送的要求不均衡。

（8）品类多，总库存量较大，要求以高周转率支持企业现金流。

三、家电产品配送发展历程

1. 家电物流模式变革

和传统的商品流通不同，家电产品流通存在着单体体积大、种类多、型号杂、存储及配送要求高、工作强度大等特点，因此家电流通行业的物流模式一直是国内物流业重点关注的课题。

20 世纪，家电销售渠道分散且规模普遍偏小，受此限制，再加上销售的需要，家电销售企业一般选择在店面一楼开辟一个仓库，储备彩电、冰箱等家电产品，门口预备一些送货的车辆，如果顾客购买产品，就现场拖出来试机，然后马上开车送货，若顾客自提，商家则补偿一定运费给顾客。这一存储形式还不能称为现代化物流模式，也没有形成物流基地的概念。

随着家电零售商的成长壮大，很多店面开始进入各个城市的核心商圈，现场店铺是最好的商业资源，出于租金成本的考虑，卖场不再设备品库，而在另外的、租金便宜的地方设立仓库。顾客在门店看样机订货，而后配送车就会送货上门。物流、商流分离，这样，配送车集中为几个顾客送货，降低了总运输成本。

近年来，全国性的大型家电连锁企业与地方性连锁企业并存，物流配送模式也各不相同。一种是分散型配送，即在接近目标市场附近设立仓库备货，地方性小型家电连锁企业一般选择此模式。另一种是大区集中配送模式，即撤销部分中心城市及其附近的小型仓库，以中心城市的大型现代化配送中心承担城市配送和区域配送任务，覆盖范围一般为 150 公里到 300 公里。全国性大型连锁家电企业的配送模式由分散式向大区集中式过渡。大区集中配送模式需要构建配套的层级网络，如"区域配送中心（RDC）——前端配送中心（FDC）——配送点（XD）"。不同层次的配送仓库承担不同的功能。表 9-2 所示为某连锁企业配送中心网络承担的功能规划。

表 9-2　　　　　　　　　　不同层级仓库的功能规划

仓库层级	概　要	功　　能
RDC	补货	• RDC 往门店的补货
	零配	• RDC 小范围内的配送及往 FDC 和 XD 的配货
	存储	• 快销品、慢销品，数码、通信、小家电产品的集中存储，以及所覆盖区域的残次品的存储
	区域采购	• 所在区域的区域性采购
FDC	补货	• FDC 往门店的补货
	零配	• FDC 承担其所在小区域的零售配送和往 XD 的配货 • 从 RDC 运往 XD、门店或客户家中的慢销品的转配
	存储	• FDC 负责所在区域的快销品和残次品的存储
XD	转配	• XD 往门店的转配
	配送暂存	• XD 承担二次配送、隔夜配送以及特大商品的暂存功能

2. 家电物流模式发展趋势探讨

无论是分散配送模式还是大区配送模式，家电连锁企业只是优化了自身的物流配送运作，并没有减少供应商的大量库存，整个供应链上的总库存量依然很大，装卸、搬运环节较多，供应链对市场需求变化的反应迟缓，运作效率较低。

随着连锁规模的膨胀和市场竞争层次的提升，家电零售企业的核心竞争力越来越依赖整个供应链的运作效率，即对市场的快速反应。供应链对顾客的快速反应能够减少物流停滞时间，降低物流成本，并能以高质量的物流服务向顾客提供最先进、最时尚的产品，确保整个供应链占据市场竞争优势。

物流基地等设施的地点安排固然重要，但物流能力需要通过网络设计、信息、运输、仓储、搬运和包装等活动的协调来实现。居于供应链主导地位的家电连锁零售企业，必须与供应商和顾客合作，改进供应链的工作流程，减少供应链中不必要的环节和梗阻，使采购、销售、物流配送、售后等活动整体协调，降低成本支出，缩短反应时间。

为改善供应链的效率，未来家电连锁零售企业需要和供应商共同运作供应链管理模式，如联合库存管理配送模式。

联合库存管理配送模式，即零售商和供应商共用一个物流中心，根据契约，供应商将货物存放于零售商的大区配送中心，供应商拥有货物所有权，由双方或供应商负责货物的日常管理，按照零售商的需求计划进行连续补给，确保连锁零售的销售配送按顾客要求完成。该模式由供应商承担质量责任，库存中的自然损毁风险由双方约定承担，人为损毁风险由责任方承担。

家电连锁零售企业需求量大，销量稳定，信用较好，货存需方的联合库存配送模式风险较小。供应方可以获得稳定的订单，减少预测误差造成的安全库存，通过规模化运作有效降低物流成本；连锁零售企业可以获得稳定的供应，规避补给风险和产品过失风险，降低缺货频率，大幅度减少库存成本的支出；供应链环节的减少，降低了整个供应链的总库存和物流成本，同时可以加快满足对顾客需求的反应速度，最大限度地发挥连锁协同、供应链协同效应，减少商品生产、储存、销售中的风险，提升供应链整体竞争实力，使供应链上的节点企业共同受益。

联合库存管理配送模式要求供应商和连锁零售企业建立长期的合作伙伴关系。双方建立联合工作小组，处理日常事务，化解矛盾，持续改善工作绩效；建立统一编码体系，实现条码互识、兼容，零售企业的销售信息，供应商的生产信息，质量信息等互通、互享；合理设计安全库存量及再订货点，明确约定库存管理责任范围，规范出入库程序和操作流程；明确结算周期和方法；订立利益共享、风险共担、信息保密的协议，保证双方权利义务的均衡。

四、家电产品电子商务物流分析

1. 家电产品电子商务概况

中国电子商务发展状况的统计显示，服装纺织等大众化、需求较大的行业聚集的电商网站较多并起步较早，紧随其后的是数码家电等适合开展电商的行业。从 2007 年起，网购迅速从日常用品及快速消费品切入到家电类的耐用消费品领域。目前，家电网购的竞争主体已形成三大类的平台，即以京东、天猫淘宝为代表的第三方专业平台，以国美、苏宁为代表的流通渠道电子平台，以及家电制造各品牌商（海尔等）为代表的品牌自建电子平台。

以做 IT、通信和消费电子等 3C 产品起家的京东商城，自成为"中国 B2C 市场最大的 3C 网购专业平台"之后，2008 年初开始涉足平板电视，并于当年 6 月扩充至空调、冰洗、厨卫、家影等大家电产品品线，完成了"全线家电网购平台"的搭建。目前，京东商城家电产品涵盖了大家电、生活电器、厨房电器、个人护理、健康电器和五金电器等诸多商品品类，已服务约 5 000 万客户。易观数据显示，作为家电行业电商零售的领头羊，从 2008 年至今，家电业务作为京东的战略支撑，其连续 5 年的高速增长已成为京东整体规模持续提升的引擎，2013 年 6～8 月，京东大家电销售额占总体大家电网购的 60%以上，持续占据领先优势。此外，京东家电业务配送体验也在不断提升，京东家电预计 2013 年的销售额为 220 亿。2013 年京东发布的未来三年战略规划显示，京东家电计划 2014～2016 年达到的年销售额目标分别为 400 亿、600 亿、1 100 亿。

天猫电器城（3c.tmall.com）目前已有大家电、小家电、手机、相机、笔记本、电脑硬件、3C 配件、办公用品八大类目，已拥有联想、Thinkpad、惠普、华硕、夏普、松下、尼康、三星、苹果、西门子、飞利浦、TCL、海尔、美的、华为、帅康、奥克斯、九阳、小米、魔声、铁三角等国内外数千个品牌，上万商家。从数元的 USB 线材，到近 8 万元一台的夏普 80 寸液晶电视，天猫电器城丰富的品类也满足了消费者多样化购物需求。天猫电器城总成交额 2010 年为 50 亿元，2011 年为 200 亿元，2012 年为 502 亿元，2013 上半年销售额已突破 350 亿元，全年交易额将超过 1 000 亿元。在天猫上年度销售过亿元的电器品牌个数 2010 年为 1 个，2011 年为 4 个，2012年为 28 个。

与此同时，亚马逊、当当网、1 号店，以及腾讯电商旗下易迅网等都将家电产品作为网上经营的主要品类，家电电商以其"价格优惠"、"购买便捷"等逐步成为家电销售的第三种渠道。

看到家电网购领域巨大的发展潜力，渠道厂商和家电厂商纷纷布局网上商城。

2007 年，苏宁网上商城三期上线，销售覆盖全国并且拥有了单独的线上服务流程。2009 年8 月 18 日新版网站进入试运营阶段，全面打造出一个专业的家电购物与咨询的网站，旨在成为中国 B2C 市场最大的专业销售 3C、空调、彩电、冰洗、生活电器、家居用品的网购平台，并正式更名为苏宁易购，2010 年 2 月 1 日正式对外发布上线。2011 年，苏宁电器凭借其渠道规模和自建物流配送体系的优势构建苏宁易购电子商务平台，2012 年销售额达到 180 亿，苏宁在 2012年底将易购的采购、物流再一次收回到电器的部分，从 2013 年起全面开始线上线下同价，并将从一线城市延伸到二三线城市，并在逐步进展中完成这一改变。

国美商城（Gome.com.cn）是国美电器重点打造的中国专业的电脑、手机、数码、家电、生活电器网上购物商城。国美电器网上商城凭借国美电器集团每年千亿规模的低价采购能力、25年持续领跑行业的品牌影响力优势、领先的信息化后台处理系统优势，以及拥有在全国最大的大家电物流配送体系，加速领跑中国家电网购行业。2010 年底，国美收购家电 B2C 网站库巴网 80%股权，计划 3～5 年内库巴网和国美商城的电子商务销售额达到 250 亿～300 亿元的目标。在 2013年国美新战略中，国美已将"B2C"放在"实体店"的前面，电子商务处于高速增长期，而且品类可以无限扩展。新战略中国美网上商城只做电子商务前台，后台与实体店共享资源，包括共享采购规模优势，提升电商的综合毛利率，物流、配送、信息系统的共享以及线上线下同价，国美有 500 家实体门店已同时成为线上销售的自提点。

而对于家电企业而言，电商具备便捷性、丰富性以及天然的成本优势。家电品牌通过电商平台可以快速、全面地展示产品，通过提供全新的营销方式提高营销能力，新通路还能帮助家电厂商赢取新一代消费群体等。在与渠道电商、第三方电商平台合作基础上，家电制造厂商也在构建自身的电商平台。2012 年 1 月，海尔集团旗下电器渠道服务商日日顺电器和湖北家电连锁巨头武汉工贸联手打造的 B2C 网购平台全时电器网正式上线，全时电器网的自身定位是电子商务门户网站，是由全时空电子商务有限公司依托工贸家电在销售、仓储等的强大实力，以及日日顺电器遍及全国的物流服务体系和强大的系列家用电器的供应商能力成立的。美的生活电器推出了网购子品牌"易酷客"，以迎合小家电与电商渠道高度融合的市场需求，康佳随后也推出线上子品牌KKTV，代表了大家电企业未来扩展线上品牌影响力的决心。志高、格兰仕、TCL等家电制造企业都筹建了自己的网上直销平台。

2. 家电产品电子商务物流状况

家电电商依托于互联网，营销效率很高，且电商没有店面租金和样机损耗，电商在供应链效率和成本控制上，具备很强的优势。

网购市场初期，价格是竞争的焦点，随后的发展显示，完善的物流体系才是整个行业取胜的关键。电子商务发展初期可以借助制造厂家的物流力量，但是厂家没有可以覆盖每个地方、每个家庭的强大物流体系。2011年和2012年的"双十一"和"双十二"两次大规模促销让电商几乎赚得个"盆满钵满"，但随后接踵而来的物流难题持续一周难以彻底解决，那些对于零售产品物流缺乏经验的生产制造企业，显然更难解决，毕竟除了海尔这种少数家电巨头具备能渗透到县的服务网点外，更多二、三线品牌并不具备这方面的物流优势。

即使如苏宁和国美已经有一定规模自建物流体系的电商来说，原有的物流系统也不能完全满足电子商务急速增长的快速配送要求。如苏宁的原有物流体系是根据进入城市的数量进行相应的规划，随着苏宁易购的快速发展，网上分散的订单考验着苏宁的物流配送能力。国美库巴网的用户反映，电子商务经常出现缺货和送货慢的问题。当然，这不是哪一家电子商务的问题，而是整个家电电子商务都面临的现实问题。

很长一段时间内，大多数家电网购渠道物流配送迟缓、安装预约周期长、退换货和维修难以保障等问题导致消费者抱怨不断，据近期发布的《中国网络零售服务调查数据》显示，我国的网络零售行业在商品质量、配送服务以及退换货服务等方面，客户满意度较低。在北京市工商局对外发布的消费者申诉受理情况中，2012年十一黄金周期间，家电产品投诉占网购投诉的一半。如何处理好电商的物流配送问题，处理或者合作解决好售后的问题，是摆在家电产品电子商务面前的一道难题。

从产品类别看，小家电产品因其体积小、物流方便、价格较低廉，其物流可以依靠数量较多的第三方物流和快递公司完成配送，因此小家电网上渠道销售价格比线下便宜约30%，发展迅速。大家电的体积和重量使其物流运作难度高，且多数存在安装和售后问题，没有自有物流体系的众多电商依靠不甚发达的第三方物流进行配送难免失去可控性和竞争优势。

基于竞争优势和服务顾客考虑，一些大型优势企业开始完善电商配送网络。2012年，海尔商城作为海尔集团网上唯一专卖店，将线上网络商城与线下海尔专卖店的虚实结合，在消费者下单购买后，海尔商城便联系距离最近的服务网点，承诺24小时之内为消费者送货上门、安装调试，解决大家电送货难、产品售后保障难等种种问题，让身处偏远地区的消费者也感受到了网购家电的便利。京东商城为弥补物流配送短板，在全国各地建设物流中心，集中存储全部品类的产品，这能够最大程度节省物流成本，提高配送时效。京东家电业务配送体验也在不断提升，京东已在全国开设34个运营中心，拥有覆盖全国521个城市（县级市以上），共计1 066个区县的家电物流配送网络。到2016年，京东家电将在全国开设60个运营中心，覆盖全国1 100个城市（县级市以上），约1 600个区县。2013年京东开始在上海试点送货安装一体化服务，通过上海的试点，把售后流程设计好，并走通，下一步准备在北京、广州、武汉等地进行推广并全面铺开，以期解决大家电的购买、送货与安装分离的问题。现在，京东的 SKU 数量是传统渠道的几倍，传统渠道库存周转最少也需要 40 天到 50 天，而电商通常库存周转仅 20 多天，这主要得益于电商企业的整体信息化程度比较高，能够完全依靠信息系统进行仓储和物流的管理。

2012 年，苏宁云商为全面提高网站物流服务质量，苏宁覆盖全国近 1 800 家门店已全部实现门店自提功能，同时，随着苏宁易购网站非电器类商品品类的增多，苏宁在国内的近百个仓储中心已逐渐升级为苏宁易购在全国的区域转配中心、承担起手机、数码、电脑、图书、酒类产品、日用百货等产品的配送工作。另外，除了苏宁易购现有的 4 000 人快递配送队伍外，覆盖全国近万个省市县乡镇的 4 000 个售后服务网点也将升级为苏宁易购的快递点，而苏宁在全国超过 30 000 名售后服务技师也将全面培训为机动"快递冲锋队"，这些员工除了原来的维修、检验、安装等服务职能之外，还将全面承担起快递配送工作。同年，苏宁易购获得快递牌照，经营区域包括：江苏省（南京市、苏州市、无锡市）、湖北省武汉市、内蒙古自治区呼和浩特市、北京市、云南省昆明市、广东省广州市、吉林省（吉林市、长春市）、黑龙江省哈尔滨市、上海市、天津市和陕西省西安市。苏宁易购获得快递牌照后，将开展"半日达"配送服务，即消费者上午下单，下午便可拿到商品，本地化物流快捷配送全面升级。此外，公司也会在部分地区、环节加强与其他企业合作，为上下游供应商、其他物流企业、快递企业提供仓储配送服务，成为社会公共服务平台。

对于众多的缺乏自建物流体系的电商来说，其家电产品的物流配送只能依靠社会化的第三方物流企业和顺丰、申通快递、圆通速递、中通速递、汇通快运、韵达快运、EMS 等快递企业，从某种意义上讲，大家电的社会化物流配送水平的提升是这些家电电商生存和发展的重要依赖。

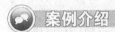 案例介绍

家电连锁企业在三、四级市场的竞争现状

苏宁、国美两大家电连锁巨头在一、二级市场扩张迅速，2009 年年底分别拥有门店 941 家和 726 家，两家共同的特点是大部分门店在一、二级城市，苏宁的这一比例高达 80%。

3 月 1 日，中国连锁经营协会的官方网站发布消息称："刚刚过去的 2009 年，以国美、苏宁和百思买等为代表的大型家电连锁企业在国内家电零售中的销售额比例，首次出现了同比下降的情况，而包括东莞时尚电器、扬州汇银等在内的二十多家区域性家电连锁企业则一改往日的萎缩局面，逆势上扬。"

2009 年中国家电市场销售规模上升 8% 左右，但是国美、苏宁等大型电器连锁企业的销售占比第一次出现了下降，主要是因为在家电下乡中的表现不佳。据了解，家电下乡登记销售额达到了 692 亿元，其中国美、苏宁的销售占比不足 5%。虽然两巨头在三、四级市场的门店数量也有近 600 家，但是在与区域性电器连锁企业的竞争中落了下风。分析人士指出，对于"美苏"来说，它们在三、四级市场的确面临着很多麻烦，其在零售门店网点选择、物流基地覆盖以及反应速度方面，与区域性电器连锁企业相比，有明显的劣势。

一位业内人士指出："很多本地家电连锁企业在当地经营已有十多年，其门店网点的选择具有先发优势，同时在经营中，时尚电器的反应异常灵活，这都是国美、苏宁在竞争中所不具有的优势。"他解释称，国美、苏宁的管理相对规范，但在运营中的很多决策需要向上级请示，反应速度明显落后于时尚电器。苏宁电器的孙为民称："等苏宁电器在全国各地的 15 个物流基地建设完毕，这种局面将得到改善。各类企业都在各种业态中布局，未来的竞争肯定是全方位的。不过新的竞争者会更多地以差异化竞争为手段，不会用我们的方法和现有企业形成正面冲突。"一位

国美人士对家电连锁销售格局的未来还是充满信心。

 实训练习

苏宁物流半年节省3 000万元

看到新上线 ERP 系统带来的好处，苏宁电器总经理孙为民表示，系统不仅达到了平台统一的初衷，更为企业全流程管理带来了巨大好处。因为提高了效率，仅物流方面，能直接测算出来的好处就是半年节省了3 000万元。

1. 压缩供货时间2个半小时

在物流公司做事的吴向明清楚地知道，家电卖场物流的平均耗时是 4 个小时（2 小时配装、2 小时运输），在此基础上每压缩 60 分钟，都需要对企业中与供应链系统相关的工作流程进行大幅改进。而要缩短 2 小时，则意味着物流系统的精细程度不止提升一个层次。吴向明深知这种改进工作的难度。但苏宁硬是在极短的时间之内将销售信息发到仓库，后者又迅速派工装车，2 小时内送到消费者手中。

吴向明真切地体会到了苏宁供应链效率提升带来的好处，但他不知道这是苏宁在今年 4 月花巨资上线了 SAP/ERP 系统带来的直观效益。

2. 分散之弊

早在 2000 年，苏宁与武汉金力合作上线了 SCM 系统。因为企业分支机构太分散，武汉金力未能让各地资源得到有效整合，物流成本居高不下。

苏宁设在上海闵行的仓库的负责人徐伟认为："问题最严重的地方出现在仓库。"据他回忆，由于苏宁销售与物流不在同一信息平台下，销售信息要通过手工录入的方式进入物流系统，传递到仓库，然后仓库汇总，中午 12 点和下午 4 点统一派工（安排车和路线）装车送货。"这样的安排形成了一个怪现象——操作工人上午无所事事，而下午累得直不起腰。为了让物流顺畅，苏宁仓库一直要保持高峰期的人手，浪费了大量人力。"徐伟说。

而事实上，采购与物流的确存在着同样的脱节现象，采购员采购了货物往往不会通知仓库，导致仓库很可能突然收到大队汽车的货物，这不但会打乱人工安排，更会使仓库无多余容量吸纳新货。这是物流人士最怕遇到的问题。2004 年"十一"前夕，闵行仓库就突然收到采购部门送来的 8 车货，仓库方措手不及，后来腾空间、借仓库、卸货，一天一夜没休息。为了防止这种突发情况，平时仓库五分之一的空间是闲置的。但即使如此，苏宁的物流成本仍长期居高不下，虽经多方压缩，苏宁的物流成本比例还是超过 1%，仅略低于国内 1.1%的平均水平。

如果说这种人力和库存上面的浪费对苏宁来说还在可忍受的范围之内，那大量进货而造成积压就让苏宁更为心疼。按照以前的规划，苏宁几乎在每个地级市都有一个分公司，一个物流基地。苏宁在全国有 80 多家分公司，就有 80 多个仓库。苏宁卖一万种商品，每个仓库就必须存放一万种商品。但是各地、各个季节的销售情况不一，如空调，在夏天武汉的销量惊人，仓库大量储存很合理，但在齐齐哈尔几乎没有销量，依旧存那么多货，就很容易形成积压，让苏宁的资金大量滞留。各分公司的平台不统一，各自为政，相互流通困难，从镇江调一车货去南京，要计算成两个公司的买卖，在手续很麻烦。所以无论商品好卖与否，仓库都得存上一部分。有些商品在不发达地区仓库内甚至放上半年。这使得苏宁大量的资金堆在了仓库，甚至直接导致了苏宁在一些二、三级城市亏损，使得苏宁在全国地级市扩张的步伐减缓。

孙为民一直希望能打破这种地域和部门分散的困局。他说："进销存在脱节，连我都没法知道仓库里放着多少东西。这为苏宁的管理和决策带来诸多隐患。"

从2003年开始，苏宁就开始着手进行物流系统的改造。一直以沃尔玛为追赶目标的苏宁首先想到的就是"高科技武装"。但是，他们一直没有找到合适的系统，几经周折后才谨慎地选择了SAP/ERP。

问题：分析SAP/ERP系统对连锁家电零售企业的影响。苏宁电器花巨资建设SAP/ERP系统，你认为是否值得？为什么？

任务二　快速消费品物流配送

 任务引入

快速消费品产品周转周期短，进入市场的通路短而宽，市场竞争日趋激烈。消费者对快速消费品的购买要求是便利。因此，快速消费品除了通过包装新颖、促销策略吸引消费者以外，物流配送的及时性、低成本也尤其重要。目前，我国快速消费品的物流渠道复杂，销售配送模式有制造商和商业企业自营模式，有借助第三方物流的运作模式，还有极少数企业实施共同配送模式等。近年来，快速消费品电子商务的快速发展使这一领域的竞争更趋激烈，物流配送格局不断发生新的变化。

1. 任务要求

进行资料查阅（教材、期刊、网络等）、市场调研、访谈、理论研讨后，回答相关问题，形成一份行业物流发展综述报告。内容包括以下几个方面。

（1）基本信息：调研背景及时间、调研单位、访谈企业及人员、参考的文献等。

（2）快速消费品的市场竞争特点，物流配送要求。

（3）快速消费品配送渠道类型与物流成本的关系。

（4）目前快速消费品物流配送模式类型。

（5）快速消费品（可口可乐）制造商自营物流配送的案例分析。

（6）连锁超市快速消费品配送状况调研、分析。

（7）快速消费品物流共同配送模式的调研、分析。

（8）快速消费品电子商务发展及其物流配送状况调研。

2. 任务分析

快速消费品使用时效较短、流转速度较快、价值不高、易于消耗、消费者分布广，因此必须依靠消费者长时间的重复购买获得利润。销售渠道类型和物流配送运作水平直接关系到配送成本和顾客购买的便利性。销售物流成本、物流服务水平、对物流的掌控度及市场的敏感度等，均是制造商和商业企业关注的竞争要素。学生通过阅读典型案例资料，进行企业调研、理论研讨，在教师引导下学习快速消费品行业物流配送（主要是销售环节物流配送）的相关内容。

3. 实施准备

（1）教师准备可口可乐等大型制造企业、综合连锁超市物流配送的相关资料，拟定准备研讨的问题；教师（或学生）联系大型综合连锁超市等相关企业人员，考察物流配送中心，访谈快速消费品物流运作情况。

（2）学生约6人一组，搜集、查阅资料，联系企业人员调研、访谈，分工协作。

4. 实施步骤

（1）教师课前布置任务。要求学生课前阅读教师提供的案例，搜集网上资料，到企业访谈，调研了解快速消费品的销售特点、物流配送要求、物流配送模式等。

（2）课上进行下列问题讨论、结果汇报及教师点评。

问题1：快速消费品的种类、市场特点。

问题2：快速消费品的销售渠道及类型，比较其物流环节及费用差异。

问题3：快速消费品物流配送成本由哪几部分组成？降低成本的困难有哪些？

问题4：从可口可乐配送案例入手，分析制造商自营物流的特点。

问题5：调研大型综合超市快速消费品自营物流情况，分析其特点。

问题6：物流配送能力在快速消费品行业的地位及作用怎样？为什么？

问题7：分析比较自营物流、第三方物流、共同配送等物流模式在快速消费品领域的发展。

问题8：分析比较快速消费品电子商务及其物流状况与其他渠道的联系与区别。

5. 效果评价

参照表9-3对学生实施准备、实施过程及任务完成情况给予综合评价，鼓励学生在实践中了解企业运作状况，查阅资料，学习分析快速消费品物流运作的情况及问题，锻炼综合解决问题的能力。小组成绩主要考核团队协作完成情况，个人部分主要考核个人学习及执行情况。

表9-3　　　　　　　　　　　　　快速消费品物流配送实训评价表

小组序号：			学生姓名：　　　　　　　学号：		
小组成绩（教师评价或小组互评）			个人最终成绩		
任务及标准	满分	得分	项目及标准	满分	得分
资料查阅	10		小组分解得分	65	
企业调研	20		个人角色执行	10	
问题探究、结果汇报	20		代表发言陈述	10	
综合问题分析	10		讨论发言	10	
分工及合作情况	5		成果展示	5	
合计	65		合计	100	
评价者：			评价者：		
评价时间：　　年　　月　　日			评价时间：　　年　　月　　日		

6. 点评交流

学生完成每个问题的研讨，教师及时组织交流及点评，启发引出相关知识点、技能点、管理重点等。引导学生从企业运作实践中总结经验，分析管理上的问题并找出对策。

 相关知识

一、快速消费品概述

1. 快速消费品主要类别

快速消费品（Fast Moving Consumer Goods，FMCG）指那些使用时效较短、消费速度较快、单品价值不高、易于消耗的大众消费品。快速消费品的概念在流通领域没有形成统一共识，一般指大众消费品，典型的快速消费品包括食品饮料（包括酒类）、日化用品（包括个人及家庭卫生护理用品）、烟草、电子耗材等，有时非处方药物也包含在此类。快速消费品通常被称为"包装消费品"（Packaged Mass Consumption Goods，PMCG），顾名思义，产品经过包装，以一个个独立的小单元形式进行销售。

2. 快速消费品的购买特点

快速消费品的购买特点主要表现在以下几个方面。

（1）消费者常常表现为习惯性购买，购买过程简单、迅速，易形成冲动购买。因为快速消费品的价格相对较低，而且产品的功能差异性不大，所以消费者在购买时，信息搜索的努力相对较少，易形成冲动购买和习惯购买。

（2）消费者对品牌的忠诚度不高，在购买过程中易更换习惯，就近购买。快速消费品入行门槛较低，导致同一类产品有很多品牌，而且产品基本趋于同质化竞争，所以，消费者选择空间很大，更换障碍小。例如，在一个商店买可口可乐，如果没有，就很可能换一个品牌，产品购买的转换性相对较高。

（3）消费者对快速消费品的即兴采购决策，使得产品的外观、包装、广告促销、价格、销售点等对销售起着重要作用。品牌知名度对于销售是非常重要的因素。

（4）消费者购买快速消费品一般要求就近、便利，距离工作单位或居家距离近的销售场所为首选。

（5）消费者要求及时拿货。消费者购买快速消费品后要求及时拿到产品，一般不接受订货等待方式。所以销售场所要备足货源。

（6）近年来卫生护理产品、食品饮料等质量安全问题日益突出，消费者对品牌的认知在其购买决策中越来越重要。例如，近年来的奶粉安全事件，洗发、染发产品质量安全事件等，刺激了消费者对品牌的关注度。

（7）多数快速消费品有保质期要求，顾客习惯购买生产日期近的产品。

二、快速消费品的配送要求

1. 快速消费品销售物流特点

快速消费品物流是指快速消费品从供应商、制造商、分销商、零售商到消费者的流动全过程，主要包含供应物流、制造物流、销售物流、回收物流及废弃物物流等环节。

就销售环节而言，快速消费品销售物流具有如下特点。

（1）物流与销售既紧密联结，又有分离运作的情况。快速消费品一般单品体积小，包装规格不大，物流和销售经常紧密联结，例如，有的快速消费品配送商，既做销售又做物流。快速消费品销售总公司向分公司或分区配送、发货时经常是分离的物流运作。

（2）库存周期短。快速消费品与日常生活密切相关，因而，要满足现代消费的多样化、个性化、新鲜化和无害化的要求，对商品保质期、物流质量要求严格，库存周期短。

（3）物流要求多样化、复杂化。快速消费品花色品种繁多，涉及日用品、食品、饮料、烟酒、卫生护理品等，不同类别的商品有其自身特点，对物流有不同要求，例如，易碎怕压的玻璃包装商品、食品、液体奶类、膨化食品等对物流过程要求高，有些产品对保质期管理、温度控制等要求严格。所以物流对象多样化使物流运作管理呈多样化、复杂化趋势。

（4）订单频繁、订货量波动大。许多快速消费品销售呈现明显的淡季、旺季特点，所以物流配送需求难以保持不同时段的平衡。近年来，连锁经营是快速消费品销售的主要经营方式。连锁企业店铺多、分布广、订单频率高，多数订单的货物种类繁多，订单量、订货量随销售淡季、旺季及地区不同而差别较大，尤其是春节、中秋等传统节假日，食品、饮料等需求呈现暴涨态势，物流运作量在短时间内增量巨大。

（5）多品种、小批量订单居多。在销售环节尤其是零售环节，销售门店自身储存量有限，为保证不缺货，门店必须频繁进行多品种、小批量订货，使配送环节中拆零、拣选、配货、配装的难度加大。

（6）常伴有退货物流。由于快速消费品产品品类、品牌丰富，消费者购买选择余地大，保质期要求高，门店对滞销商品、过期商品或包装破损等商品要作退货处理。退货物流较家电等耐用消费品数量要多。

2. 基于顾客需求的快速消费品配送要求

（1）快速消费品一般为现场购买，及时取货，基本不允许缺货。

（2）快速消费品总价较低，可选的同质品牌多，消费者对价格敏感，使得配送成本受到较大约束。

（3）顾客关注快速消费品的产品及包装外观，对配送操作要求质量高，包装破损、压扁等均影响顾客的购买。

（4）顾客非常重视产品的生产日期和保质期，因此产品配送储备量、提前量要小，配送与销售的同步性要求高。

（5）对物流的快速反应能力要求高。顾客对一些食品、日用消费品的需求具有明显的季节性，节假日促销等容易导致需求量急剧上升，临时的物流配送需求较多，对快速反应能力要求高。

（6）新产品配送要求不确定性高。为满足顾客日益个性化的需求，获得市场竞争优势，快速消费品不断推陈出新，新产品投放市场后，顾客的购买量难以准确预测，对物流配送的备货量、灵活性要求高。

（7）产品处于不同的生命周期阶段时，物流配送管理重点不同。一种快速消费品处于不同生命周期阶段时，顾客购买量、购买渠道、对服务水平的要求等差异较大，物流配送管理的重点有较大差异。

三、快速消费品分销渠道

1. 快速消费品分销渠道结构

分销渠道又称流通渠道、分配线路。它指产品在由生产者向消费者或用户移动的过程中所经过的通道或路线。分销渠道是流通环节、流通空间、流通时间的总体。

商品流通时间是指商品从生产企业传送到消费者手中所要经过的全部时间。分销渠道的结构大体有以下几种。

（1）生产者（连锁门店、电子商务网店等）—消费者。

（2）生产者—零售商（大中型连锁超市、电子商务零售网店等）—消费者。

（3）生产者—批发商（或大零售商兼批发）—零售商—消费者。

（4）生产者—经销商—零售商—消费者。

（5）生产者—经销商—分销商—终端零售商—消费者。

产品由生产者直接到消费者称为直销，即零级渠道。产品由生产者经过一个环节，如经销商或零售商，称为一级渠道。依此类推，有二级、三级、四级渠道等。一般情况下，渠道环节少、长度短时，市场反应速度快，物流成本相对较低。渠道越长，市场反应越迟缓，环节多，物流成本较高。

快速消费品销售过程中很少有单一渠道销售的企业，基本上都是多渠道结构共同销售的过程。一个企业可以同时运用几种渠道结构。

2. 快速消费品分销渠道管理

我国传统销售渠道模式是"厂家—总经销商—批发商（二级、三级）—零售商—消费者"的经典层级模式，呈金字塔状。这种分销模式有极强的市场辐射力，但制造厂商对渠道的了解与管理处于非常被动的地位。每个渠道成员都是相互独立的利益体，以追求自身利益最大化为经营目标，为此甚至不惜牺牲渠道系统和厂商的整体利益。随着市场的扩展，层级多、渠道长的模式不但分销费用（包括物流费用）较高，还使制造厂商对渠道的控制难度加大，市场敏感度降低，信息传递迟缓，决策难以到位等。

近年来，随着经济发展和市场的日益成熟，快速消费品分销渠道呈现多样化并存的状况，尤其是处于成熟期的产品，其分销渠道更是复杂多样，多种渠道并存，管理难度日益加大。出于成本和反应速度的考虑，减少分销渠道、环节，增加各节点间的协同性运作是渠道发展的主流和方向。

我国一些企业过分、片面关注分销渠道的分销能力，严重忽视了分销费用管理，在促销成本费用不断加大的同时，促销效果却并不明显。品牌培育遇到困难。窜货等渠道冲突不断发生，造成价格体系混乱，降低中间商的利润，降低生产商的忠诚度，阻塞渠道通路，甚至给假货以可乘之机。

娃哈哈集团作为饮用水、茶饮料、果汁饮料、碳酸饮料、含乳饮料、保健食品、罐头食品、休闲食品等快速消费品的生产厂家，曾经发生过严重的窜货问题。通过加强管理，窜货现象基本得到控制，分销环节的费用降低，规范了物流流向，稳定了正常的价格体系和分销网络，维护了企业形象。2009年娃哈哈集团实现营业收入432.14亿元，同比增长31.62%；实现利税125.67亿元，增长82.61%，上交税金38.01亿元。集团饮料产量、销售收入、利税、利润等各项指标已连续十二年位居中国饮料行业首位。娃哈哈渠道管理的措施有：实行双赢的联销体制度，实行级差价格体系，建立科学、稳固的经销商制度，全面的激励措施，产品包装区域差别化，企业控制促销费用，与经销商建立深厚的感情，注重营销队伍的培养，制定严明的奖罚制度，成立反窜货机构。

四、快速消费品配送模式

快速消费品的物流运作必须满足顾客对保质期的要求，便利性要求，低成本的要求，产品完好、美观的要求等，分销物流要使产品能以最短时间、最少费用、最合理的途径、最好的运作质量从生产者手中转移到最终消费者手中。

快速消费品物流模式是快速消费品从制造商到消费者之间的流动路径，选择合适的物流运作模式是成功构建快速消费品物流体系的前提。配送模式与分销渠道紧密联系，配送模式直接影响着配送的成本、效率、质量、及时性及可控性。

根据提供物流服务的主体不同，我国快速消费品物流运作模式主要有制造商或商贸企业自营为主模式、第三方物流配送模式、少量联盟（共同）配送模式。

1. 工商企业自营为主的物流模式

自营为主物流模式分为商贸企业自营为主模式和制造商自营为主模式两类。

（1）商贸企业自营为主模式。是指经销商或连锁超市等通过自主筹建物流配送系统，自行组织快速消费品物流活动。这种模式的特点是快速消费品经销企业有较强的自我控制能力，企业可以得到最大的自主权和控制权，有利于协调总部和连锁分店间或经销点的关系。

我国目前的很多商业企业多由传统副食品公司、蔬菜公司和粮店等网点发展而来。许多企业仍习惯于大而全、小而全的运作模式，自建仓储设施和自营物流的比例仍较高。制约他们发展的最大瓶颈在于依赖手工作业多于对信息化和机械化的应用，装卸、搬运设备超期服役现象普遍存在。

（2）制造商自营为主模式。快速消费品制造商为了有效控制终端网络，培育消费者对品牌的忠诚度，自建物流配送中心（有的还开设专卖店与连锁店），自己组织物流活动。这种模式有利于快速消费品制造企业生产和销售的一体化作业，系统化程度较高，可满足企业对外进行市场拓展的需要。

企业掌控物流资源的自营模式可以使企业控制配送活动的节奏和时效，满足可靠性、灵活性的要求，但这种模式需要有可靠的规模基础和价值基础才能取得预期的效益，例如，可口可乐（中国）公司利用强大的物流销售网络直接触及市场终端。我国一些制造企业在计划经济时代大而全、小而全的模式下，自身拥有一定的仓储、运输等物流资源，采用自营为主物流模式的情况比较普遍，效益参差不齐。海尔电器等大型家电生产企业基本上都直接参与了面向消费者的物流活动。

【相关案例1】可口可乐的新配方——物流

雪碧与七喜的味道差异几乎为零，但两者的全球销量却有着天壤之别，可口可乐战胜对手的法宝究竟在哪里？地处北京东郊定福庄的"家人乐"小店是北京郊区再典型不过的夫妻店了，店内只有可口可乐和雪碧，没有百事和七喜，对于这一点，老店主觉得很正常，"都是一样的东西，可乐（可口可乐）和雪碧拿货容易。"虽然这只是可口可乐战胜老对手的一个很小的例子，却折射出中可（中国可口可乐公司）国内市场操作成功的精髓——利用强大的物流销售网络直接触及市场终端。

● 可乐流到夫妻店

可口可乐在中国拥有三大合作伙伴——嘉里、太古和中粮，共36家灌装厂分布在全国不同区域，而相应灌装的产品也在各自划分区域内销售，严格禁止窜货（跨区销售）。同时三大合作伙伴除了经营各厂生产，还要负责每个分厂所处地区的销售工作。可口可乐会给三大合作伙伴规定产品的最低限价，但是其不参与分配每瓶饮料的利润，只收取"浓缩液"费用，因而对于各合作伙伴分厂来说，卖得越多赚得也越多。

嘉里集团下属山东可口可乐灌装厂，地处青岛，负责整个山东市场。2001年夏季，百事可乐决定在山东设厂，为了保持在山东市场的绝对优势，可口可乐发起了一场地盘保卫战。在山东济南、青岛两地爆发的可乐大战，令当时的两家公司员工，以及众多的济南和青岛百姓至今还难以忘怀。2.25升的大瓶装可口可乐价格一度滑落到两块五，针对这一产品的价格调整不是按照星期或是天进行，而是按照小时浮动。针对饮料销售商、宣传用品的争夺不断升温，甚至爆发了百事员工围攻可口可乐山东办事处的激烈场面，但这也仅是可口可乐与百事在全球 N 次"战争"的一个小插曲。

在消费者津津乐道于抢购时，不为众人所知的是，可口可乐在山东的饮料战法宝，远不止"价格大斧"一种，即使在2002年百事强力进军济南设厂后，庞大的可口可乐物流营销网络仍使百事面临着第二次考验。

可口可乐针对销售终端的把握和掌控极严，竞争对手在饮料零售市场稍有动作，可口可乐第一时间就会察觉，这主要归功于严格的渠道销售管理。可口可乐在全国推行 GDP 管理方式开发合作伙伴，把中间商一层一层地剥离掉，推行直销。虽然销售网络中，仍然存在批发，但批发商不是垄断性的大批发商，而是采取肢解措施将批发商的规模控制到很小，所有的超市全部直接送货。可口可乐对超市、大中型零售商的直销方式，大大提高了其市场感应能力。

营销和物流总是矛盾的，如果在销售环节设立大批发商，生产出的可口可乐全部送到批发商处，再由批发商销售，这样做，可口可乐公司的物流成本会很低，但是公司无法完全控制市场。为了全面控制市场，可口可乐的物流配送全部由灌装厂自己完成，而且秉承一个理念——决不放弃任何一个小的零售商，哪怕是最小型的夫妻店。为此，可口可乐推行了 GKP（金钥匙伙伴）计划，在一定区域内找一家略大的零售商，可口可乐将货直接运送给 GKP，再由 GKP 完成最后对超小型零售商的配送工作，GKP 送货费用由可口可乐及其合作伙伴支付。GKP 负责的全部是规模低于两三人的夫妻式小店，而所有的超市和大一点的零售商全部掌握在可口可乐自己手中。超市的数量，以及名单在公司内部也是限级别掌握的，一些副总裁级的员工甚至不清楚合作商的大体数字。

20 世纪 80、90 年代，可口可乐刚刚进入中国之时，在宣传报道中，不少领域都在探索可口可乐神秘配方的高深，其意图在于引导消费者产生对可乐的消费兴趣，但在可口可乐公司内部，其实早已经把对市场的感应能力定义为核心竞争力。

- 物流包袱

一句"直销"说来容易，但真正能够完成，而且在有效控制成本的前提下完成，就相当不易了。能看到直销优势的饮料业国际、国内巨头不在少数，敢于染指的却屈指可数，目前国内饮料巨头乐百氏、娃哈哈、康师傅、统一等，基本无人敢于效仿可口可乐的做法。

饮料业的天然特性制约着生产企业自办物流，甚至物流成了一些饮料厂急于甩掉的包袱。可乐等饮料属于典型的快速消费品。快速消费品的特点是生产集中，销售分散。生产集中有利于获得规模效应，使制造成本降低，但消费人群覆盖面积广泛，导致物流成本非常高。

此外在产品特点上，饮料单位货值较小，以一辆 8 吨的运输卡车为例，拉一车可乐可能只有 8 000 多元的货值，与彩电、冰箱或者手机相比是天壤之别。

饮料运输的损耗也非常严重，快速消费品对消费及时程度要求极高。运输过程中对货龄（从生产日期到目前的时间）要求已经发展到近于苛刻的地步。一般在大型超市，如果饮料产品的货龄超过 1 周就不好卖了，货龄超过 1 个月的雪碧会成为滞销品。可口可乐与大的超市销售商有一个约定，超过一定时间的货可以免费更换，这也造成了很大的损失。外部要求苛刻，内部同样严格，目前可乐使用 PET 瓶（塑料瓶），根据 PET 材料的特性，会跑气，里面二氧化碳压力随保存时间增加会逐渐降低，货龄越长，品质越低，口感越次。为了保证质量，可口可乐公司会到市场进行抽检，抽检到不合格的，会对灌装厂提出警告。但是要真正做到货龄不超过 1 周，难度相当大。

- 成本经

将物流确立为公司的市场竞争优势，并非空想之举，而是在商务运作中，一步步总结而来的。每瓶可乐的成本构成主要有三部分：生产成本、销售广告成本和物流成本。三部分中，对于嘉里集团这样的合作伙伴，生产成本最高；销售广告成本与中可公司共同承担，是第二大成本；物流运输成本作为第三大成本存在，也不容忽视。根据可口可乐原高层员工估算，物流成本约能占到一瓶可乐成本的20%～30%，如果按照推算，目前每瓶2.25升可乐利润在几毛钱，而销售价格接近6元，粗算物流成本超过1元，成本之高，相当惊人。

学会控制成本，首先要找好压缩成本的空间，第一大成本是可口可乐公司的主要利润来源（可口可乐向合作伙伴销售的浓缩液的利润），对于嘉里这样的大合作伙伴，从生产设备、检测设备等，全部从可口可乐指定的全球厂商订购，价格相当昂贵。可口可乐对生产工艺流程和品质控制非常严格，灌装厂很难在生产环节节约成本，而且饮料业在生产环节开始推行柔性化生产，破坏了规模化生产带来的成本效益，市场要求的快速物流，使得单次生产批量越来越小，规模效应优势越来越小，生产成本只能在管理环节去控制。

随着生产柔性的增加，生产成本反而会上升，但是最终灌装厂采取了一些新的管理方式来抵消这种成本的上升。具体做法是，批量小，人员相应减少了；生产规模效应下降，就提高生产管理系统的柔性，来牵制成本的上升。原来每条生产线配置一班工人，没有生产，人员只能闲置，现在三条线配置两班工人，大大提高了员工的有效工作率。此外在第一线生产流程中，还采取了大量的生产管理技巧，考虑哪两个产品线在一起做，哪两个产品先后做，成本会比较低。这些精细化措施有效地控制了生产成本的抬高。

在生产中无法节省，在营销费用上，就更难节省，而且增高趋势更为严重，因为竞争越来越激烈，售价不变而促销费用不断增加，相当于隐性降价。大量的品牌瓜分市场，要保持市场地位，就要不断增加这部分投资。

算来算去，物流成为唯一可以降低的成本，但相比前两者不能不花的钱，物流的紧缩更为艰难，因为要降低物流费用，就必须牢靠地控制好销售群体。此时，灌装厂开始寻求信息系统，以有效地管理物流。

● 发现问题

以嘉里集团山东可口可乐灌装厂为例，2000年开始进行物流管理调整，建立相应的信息系统，建设效果极佳。这种佳境不仅仅在于提高了诸多运营指标，减低了诸多成本，更为重要的是通过物流规划，审视出原先管理中存在的诸多问题。

原来没有推行物流管理这样一套体系之前，仓储部管仓库，运输部管车辆运输，采购部只管原材料采购，生产部只管生产计划，几大部门都是相互独立的，而且各自部门经理都是平级，没有一个在中间进行协调，包括销售部和市场部，都是各做各的。彼此的交流沟通不足，内部信息流不通畅，弊病不断暴露。

在饮料行业，淡、旺季差异明显，夏季销量非常大，但是冬天的销量就非常小，这样的情况，往往导致在需求旺季供不应求，损失订单。因为生产能力是有限的，厂里4条生产线全部打开也只能供应7天货源，如果此时市场部和销售部要突击销售高峰，再来一个促销政策，涌来大量订单就不一定是好事了，由于生产跟不上，只能丢单。而且所有的可乐客户在下单之前也有自己的销售计划，可口可乐断货，会极大影响客户的盈利计划。此外，除了生产周期，配送能力跟不上，同样会导致市场丢失。几乎对所有的企业都一样，市场、销售、生产、物流配送等，实际是需要立体整合在一起的，而对于可口可乐，这一点则表现得更明显。

在没有系统地透明化公司各项职能时，发生过夏季订货订不到，而销售淡季又向客户压货，造成客户满意度极低的事件，这等于不用百事进攻而自乱阵脚。

市场销售计划要与生产能力相匹配，整个公司供应链要协调在一起。市场有这样的需求，生产和物流都要跟随市场而变化，制定快速应变措施，但是在嘉里做物流之前，每一个部门都是独立运作的，每一个部门只考虑自己的问题。例如，采购部门，如果考虑减少自身工作量，可以增加单次订货数量，供应商也愿意大批量、少次数发货。但是 PET 空瓶在夏季的保质期只有一个月，一旦因为某些原因，比如下一场大雨，这一周的销量就会变少，瓶子用不完，过一个月后就会大批量地报废。还包括包装箱，以前市场部制定的活动变化过快，交流又不及时，初夏用一个明星的版面包装，仲夏用其他形象代言人的版面包装，版面是由市场部来定，执行却是采购部。市场部、采购部彼此沟通很少，采购部订了一大批包装物，一下子换了，整个就全换了，这样的事件经常发生。

- 打通信息流

面对暴露出的问题，嘉里集团在各个灌装厂首先推行了一个物流会议制度，仓储、运输、采购、生产、销售，这几个部门的领导每周开一次会，在会议上解决各种各样的问题。然后建立了物流部门，把仓储、运输、综合计划几个部门合并为一个部门，来制定整个营运计划，由物流部门统管。如此一来，解决了信息沟通的问题。

接着，逐步入手完善内部管理信息系统。在可口可乐全球所有灌装厂全部使用一套统一的 BASIS 系统，BASIS 是专门为可口可乐公司订制的，但是各个合作伙伴使用后，可以根据自身需求去不断开发，增加功能。可口可乐在推行 BASIS 之前，充分考虑到不同国家和地区的特殊市场环境，对于可口可乐众多的灌装厂，首先财务管理是不一致的，人力资源管理也是不一致的，物流的地区差异性更强，因而 BASIS 主要是一套以销售为中心的信息系统。

2000 年，嘉里集团开始建设物流系统，物流在原有的 BASIS 之上，增加了存货管理（后扩展为仓储管理），此外加入了运输和配送系统，里面还包括了一些细节管理，如：冷饮设备的管理，冷饮设备配件的管理等。

通过整个物流信息系统的建立，嘉里下属可乐灌装厂的存货规模明显减少，存货覆盖天数、存货周转率大幅度提高，营运周期大幅度降低，市场上产品的平均货龄大大缩短，运输过程中，车辆的空载率也大幅度缩小。

表现在公司的日常生产业务上，变化更大。在新的预测系统中，会将 BASIS 中所有的历史销售数据取出，分析、制定需求与营运计划。预测系统可以非常详细地关注大量历史数据，包括区域、时间、SKU（可口可乐产品品种单位，即哪一种产品；其中 SKU 细化到产品名称、容量规格、具体包装类别等细节），此外在得出结果后，相关人员还会考虑当年温度的因素进行调整，基本可以做到准确预测市场销售。通过预测的销量数再推算出库存计划，在所有的营业场所（灌装厂在本省设立的销售部，山东全省有五到六个营业所覆盖全省），每一天什么样的 SKU 应该有多少。按照所有的库存计划，去制定配送计划，最后确定生产计划。为什么最后才是生产计划？因为可口可乐实行的是以销定产，核心是在于充分挖掘销售潜力和物流配送系统的潜力，生产间断进行，保证物流全速、顺畅运转。

针对销售合作伙伴建立直销系统，使得可口可乐公司不像其他中小型饮料企业，会过度受到大渠道分销商的制约，大大提高了其市场感应能力。随着国内饮料业逐渐向寡头时代靠拢，国内饮料企业染指直销的情况也可能出现。

2. 第三方物流配送模式

指快速消费品生产、经销企业把主要物流配送业务外包给第三方物流企业或其他具有物流配送能力的大型连锁企业或制造商，有效利用社会化专业物流，完成仓储和配送任务。

大型的专业化第三方物流企业拥有高效协调的物流网络体系，先进的设施设备、标准规范的物流运作程序和方法。这些企业可以通过专业化、规模化（集成众多配送业务）运作，提升物流配送运作水平，使快速消费品经销企业集中核心业务，减少固定资产的投资，加速资本周转，节约经营成本，规避风险。但同时，生产、经销企业对外包后的物流控制力大大降低，且外包后存在物流成本不确定性大、提供物流个性化方案难度大、物流外包信用风险大等障碍。现阶段，第三方模式特别适合中小型快速消费品经销企业以及物流能力较低的企业。宝洁公司是宝供物流的第一个重要客户，宝洁对物流的新要求促进了宝供物流的快速成长。

国外制造企业进入中国市场，为了节约投资和迅速拓展市场，选择可靠的第三方物流企业为其产品进行物流配送是常见的物流策略。随着中国对外资物流企业门槛的逐步降低以及跨国公司自身战略的调整，国外制造商的物流策略也在不断变化。安利开始在中国自建 15 个物流中心，自己管理物流核心能力，只将仓储、运输等操作性业务局部外包。联合利华将北方地区物流服务商由宝供分别换成了来自澳大利亚的林孚克斯物流公司（负责北京仓库的管理）和 DHL（负责北方区运输业务）。近年兴起的一些中小型电商也是依靠快递企业等第三方物流完成配送。

3. 物流联盟（共同）配送模式

联盟是介于独立的企业与市场交易关系之间的一种组织形态，是企业间由于自身某些方面发展的需要而形成的相对稳定的、长期的契约关系。物流联盟指两个或多个企业，为实现物流共同配送的战略目标，通过协议、契约结成的优势互补、利益共享、风险共担的松散型网络组织。通过联盟实施共同配送，对货主来说，可以在不增加物流费用的前提下实现批量整合，实现物流的规模经济效益，从而降低物流费用，提高配送效率，改善服务。共同配送可以减少多余的交错运输，缓解文通，保护环境，节能减排，实现社会效益的最大化。

目前，共同配送在我国的应用尚不普及。很多大型企业把物流配送作为自身的关键能力，自主构建、自主掌控，或基于商业机密的考虑而不愿实施共同配送。一些中小型企业和个体经营者没有自建物流体系的基础条件，实施共同配送是其最佳的战略选择，但共同配送的普及实施对社会化配送体系建设要求较高，需要政府加强基础设施建设和政策的大力推动及扶持。近几年，我国快递业发展迅速，在一定程度上实现了共同配送的部分功能，但这些委托人之间并未形成长期合作的联盟关系而是共同借助于快递业这个社会化的平台解决自身的配送问题。

2010 年，物流产业成为我国需要大力振兴的十大产业之一，政府加大了对物流行业多个领域的建设力度，加强了对物流产业服务升级的发展引领，政府有关部门 2011 年以来在创新物流配送经营模式、推动城市共同配送等方面的进展显著。

自 2011 年起，财政部、商务部等部门分 3 批在北京、上海、天津、辽宁、湖南、重庆、深圳、江苏等 8 个省市开展现代服务业综合试点工作。其中，北京、上海等地在试点工作中重点推动城市共同配送项目建设，在创新物流配送经营模式、推广现代物流技术，提高物流配送效率等方面取得显著成效。

据统计，截止到 2013 年 8 月，北京、上海两市利用现代服务业综合试点中央财政补助资金 1.41 亿元，共计建设城市共同配送类项目 45 个，带动社会投资 41.1 亿元。项目实施领域涵盖共同配送网络建设、公共信息平台建设、先进物流技术应用等领域。

创新经营模式降低物流成本。北京、上海等地抓住试点工作的契机，着力构建城市分拨中心、共同配送中心、末端共同配送点等物流节点为支撑的城市物流配送网络体系，通过试点工作，城市配送网络布局更加规范有序，节点与干线运输的衔接更加顺畅，新（改、扩）建了一批设施先进、功能完善、管理规范、运作高效的现代化配送中心及末端网点，各类共同配送信息平台逐步完善，并在企业经营中得到实际应用，有效提高了物流配送能力。如上海市陆交中心"56135"物流服务平台会员超过 10 万家，每天发布 80 万条有效信息，累计撮合交易货值近 300 亿元，参与企业的平均物流成本比全国平均水平降低近一半。

试点城市整合末端物流配送需求和资源，结合电子商务、连锁经营等现代流通方式，积极开展经营模式创新，实现"最后一公里"配送的标准化和集中化，降低了物流成本，提高了居民生活便利度，改善了城市环境和交通秩序。一是注重整合的末端配送联盟模式。北京城市一百物流公司整合电商、快递、物流配送等近 50 余家企业的末端配送业务，已在社区、学校设立共同配送站点 136 个，服务覆盖 300 多个社区及高校、超过 500 万居民和师生，平均每天配送业务量近 3 万件，同时还提供代缴水电费、代理机票、保险等便民服务。二是强调对接的连锁经营"网订店取"模式。上海市发挥连锁经营较为发达的优势，百联集团、农工商超市与淘宝等电商合作，将 2 300 多家连锁零售店拓展为城市配送服务网络，实现"网订店取"，打通了电子商务、末端连锁商业网点和城市共同配送平台的信息链，有效破解重复投递、生鲜货品保鲜等难题。

试点城市积极推动现代物流技术在城市共同配送领域的应用，管理信息化、分拣配送技术水平有了大幅提高，商品库存周转速度明显加快，效率和效益得到改善，人力成本明显降低。无线手持终端设备（PDA）、全程数据监控系统、对运营车辆实时监控的 GPS 卫星定位系统、实时返款的 POS 机刷卡设备等高科技配套设备都已投入实际运营，提高了配送的安全性和时效性，实现了资金快速回流。如北京市采用的电子地图信息分拣技术大大提高了操作效率，降低分拣错误率，将每单货物配送成本降低 0.1 元。

扶持关键领域鼓励信息开放。制定完善全国流通节点城市的商品配送网络布局规划，做好各层级、各区域之间规划衔接，加强配送分拣中心等物流网络用地的保障。继续发挥现代服务业综合试点财政资金的扶持作用，对城市配送网络体系、整合物流配送资源的信息服务平台、电子商务"天网落地"、食品、药物专业配送等关键领域和环节给予重点支持。改善城市货运车通行环境，为进入中心城区的标准化车辆提供便利。

鼓励企业间构建共同配送合作联盟，利用城市配送公共物流信息平台，整合社会富余物流资源和新增物流需求，提高物流配送的社会化、集约化水平，增强城市运行保障能力。鼓励跨行业、跨企业的物流信息开放与交换，实现物流企业与制造业、商贸流通企业的信息对接和共享。

继续加大物联网技术、可视化技术、货物快速分拣技术、标准化集装单元技术、配送线路优化技术、移动物流信息服务等先进适用技术的推广应用，支持企业通过现代物流装备技术应用及信息化建设，提高物流效率，增强共同配送企业的服务能力，降低整体物流运作成本。

抓紧研究制定《城市配送车辆管理办法》，确定城市配送车辆的标准环保车型，有效解决城市中转配送难、配送货车停靠难等问题，推动物流企业规模化发展。制定城市配送技术标准、管理标准和服务标准，提升企业的物流作业效率和城市配送服务水平。

4. 快速消费品的供应链管理

快速消费品市场是典型的大众消费市场，这一巨大的买方市场随着消费者的消费结构、消费水平、消费习性的改变而不断变化，只有快速、准确地满足消费者不断变化的需求的企业才能获取竞争优势。快速消费品供应链已经由推动式逐步转向拉动式，市场更为细分，响应更为迅速，价值链不断地向下游转移，只有消费者需求才是启动供应链并维持供应链物流顺畅流通的动力所在。

　　快速消费品的品质保障、季节与周期性、分销渠道、响应速度、物流成本等因素都已成为相关企业获得竞争优势的关键。在发达国家，从快速消费品的原料生产、加工、包装、运输、分销、销售到售后服务等大部分环节，已经采用或正在引入供应链管理以提高整个链条的效率与效益。在我国，虽然消费量巨大，但该行业供应链管理起步较晚，上下游之间、甚至在企业内部各部门之间的许多业务环节存在着脱节，供应链上重复、浪费现象严重，企业反应迟缓，运作成本居高不下。

　　以供应链管理理念统领快速消费品的生产、销售，及其物流、信息流是行业发展的必然趋势，以满足消费者需求为供应链管理的目标和启动供应链的起点，建立快捷、高效的供应链管理机制，整合供应链资源，避免重复和浪费，建立综合物流配送体系，提高整个供应链的运作效率与效益，相关企业才能在激烈的市场竞争中立于不败之地。

五、快速消费品电子商务与物流分析

　　目前，电子商务渠道占快速消费品市场的份额相对较小，但该渠道规模正以每年接近 50%的速度高速增长。在快速消费品领域，两个主要的电商是淘宝和 1 号店，淘宝超市主要从事 B2C 的快速消费品零售，是该渠道最大的商家，2012 年第一季度淘宝超市的渗透率在一线城市已经超过 3%。2013 年，一线城市的电商在快速消费品品类上的销售"井喷"，电商渠道迅速成为零售行业的焦点，消费者在超市和传统食杂店中的消费频次在降低。来自世界著名消费研究机构 Kantar World panel 的数据显示，2013 年上半年在四大重点城市（上海、北京、广州和成都），电商渠道已经占据了整个快速消费品市场 3.7%的销售额，其重要性超过了直销这一传统渠道。以快消品为主的"网上超市"1 号店也是这一趋势的拉动者和受益者，明显地感受到了快速消费品增速，1 号店注册会员已经突破 4000 万，食品类商品日销售额已突破 1000 万。2013 年 9 月第一周，1 号店月饼日销售额超过 123 万元。根据 Kantar World panel 的预测，在接下来的三年中，重点城市将有超过 60%的家庭通过电商渠道购买快速消费品，中国城市快速消费品市场即将迈入电商时代。

　　从品类看，个人护理产品更容易在网上销售，其销售额占据电子商务通路总额的 57%，个人护理产品在现代通路超市等只占 17%的市场份额。和很多实体店相比，像淘宝和 1 号店这样的电商，能够提供更多的选择，以及更有竞争力的价格和购买的便利性，这种优势对二三线城市的消费者尤其有吸引力，因为他们还无法在本地城市中买到一线城市消费者可以购买到的商品。

　　化妆品拥有单品体积较小、标准化程度较高、需求周期较短、更新换代快、种类多样性、客单价适中、复购率较高等特性，非常适合电商销售。据统计，从 2008～2012 年，化妆品网购交易额占化妆品零售总额分别是 4.6%、8.4%、12.2%、16.3%、21.9%。艾瑞机构预计，到 2015 年化妆品网购市场整体规模将达到 1 273.2 亿元，届时化妆品网购占化妆品总零售额的比重将达 27.5%。目前，化妆品网络零售渠道可分成垂直化妆品 B2C（聚美优品、乐蜂）、平台型 B2C 化妆品旗舰店（天猫）、平台型 B2C 化妆品经销店（天猫）、自营型 B2C 化妆品频道（京东、苏宁易购）、平台型 C2C 化妆品经销店（淘宝金冠卖家 NALA）、平台型 C2C 国外化妆品代购店、化妆品品牌商自建 B2C、时尚媒体化妆品网购频道，化妆品团购、化妆品闪购等多种渠道。

　　对于食品和饮料，电子商务目前不是一个主要渠道。主要零售商如 Tesco 乐购等在试水电子商务系统，沃尔玛已经通过入股 1 号店加快在电商通路的布局。随着平台式 B2C 的大规模发展以及消费者网购体验的改善，电子商务渠道会逐步成为主流的购买通路。有统计称，近一年休闲食品在淘宝的销售额约为 290 亿元，其中饼干、膨化类达到了 11 亿元。2012 年 6 月至 2013 年 5

月，淘宝商城的休闲食品（零食/坚果/特产）销售中，饼干/膨化食品的销售笔数最高达 5 401 万笔，其次是山核桃/坚果/炒货 4 758 万笔，牛肉干等肉类 3 796 万笔，糕点、点心类 2 599 万笔，糖果零食、果冻、布丁类 2 298 万笔，巧克力类 1 947 万笔，鱿鱼丝、鱼干等海味即食类 1 227 万笔，奶酪、乳品类 433 万笔。根据饼干、膨化类在淘宝中的销售占比数据来看，消费者在选购休闲食品时较为偏向包装紧密，运输过程不容易被损害的产品。

快速消费品供应链管理体系有自身显著的行业特点，如产品的品类繁杂、形态各异、保质期短并且不统一等，消费者的冲动购买特性使市场需求难以准确预测，加上新颖品牌不断涌现的冲击，物流储备预测难度大，商品的高效运转、准确送达均变成一项艰巨的任务。从 1 号店的运营经验看，电子商务领域快速消费品供应链管理必须创新解决，自主研发。"有竞争力的供应链管理系统"是 1 号店受沃尔玛青睐的原因之一，1 号店还始终将顾客体验放在第一位。以快速消费品等百货为例，宝洁、联合利华和 1 号店作为战略合作伙伴，在百货领域进行全球性合作，相互对接供应链，不仅为消费者提供良好的货源和有竞争力的价格，还将新品试用、微博互动奖励等通过 1 号店提供给消费者。

 案例介绍

联合利华：高标准冷饮乳品物流运作攻略

联合利华是世界上最大的冰淇淋生产商之一。1993 年，和路雪北京工厂建成投产，生产品牌有梦龙、可爱多、百乐宝。1996 年，和路雪在上海附近的太仓市建成第二家工厂，在广州建成一座大型冷库。联合利华和路雪冰淇淋在冷链管理上保持了先进的水平。

冷链环节主要是产品从工厂生产线下来进入与工厂相连的成品冷库，接着是成品的运输配送。产品先通过干线运输到区域的配送中心，再配送到客户或者经销商的冷库，然后由经销商或者客户负责配送到门店，最后再从门店到消费者的手中。

联合利华冷链在全国有多个配送中心，按东南西北的区域分布，有的地区大一些，便设有 2～3 个配送中心。配送中心没有严格的配送半径，一般半径在 500～1 000km 内。具体操作上，联合利华的冷链物流基本上都聘请专业的冷藏物流公司来运作。

为了保证产品品质，联合利华在仓储运输上有严格的规范和要求。首先，对仓储运输的温度有要求。每家冷冻企业对冷链的控制温度都不一样，联合利华要求的温度比较低，工厂成品冷库的温度达到−26℃。出了工厂冷库后，因为现在市场上大部分的冷库基础设施都是按照−18℃设置的，要达到更低的温度比较难。在冷库储存时还好，运输过程中有时还达不到−18℃，比如铁路冷藏车，能达到−18℃就算是很好的状况了。联合利华不使用那些温度达不到要求的冷库和车辆。其次，联合利华对冷链的衔接非常重视，产品暴露在常温下是不允许的。在把产品从冷库搬运到冷藏车上时，会经过一个过渡房，这个过渡房的温度也在零度以下。装车时，冷藏车和过渡房门之间有门封连接，形成隔绝外界的封闭通道，使得产品在移动过程中没有暴露在常温的空间。但有些经销商或批发商的冷库只有一扇门进出货，当把产品卸货至其冷库时，产品常常会裸露在常温下。联合利华只能要求他们尽量做到保持低温。

冷链控制的难点首先就是对温度的监控。

控制温度首先要规范冷链物流运作。产品在冷库一般没问题，出了冷库到冷藏车上温度会高一点，但只要严格按规范操作都没有问题。最怕的是不按规矩操作。以前有些运输商的冷藏车出了冷库门后就关掉制冷机，车内温度会一点点升高导致一些冷饮慢慢化了，车辆在到达目的地前

再打开制冷机，冷饮慢慢又冻上，此时产品品质已经不同了。

现在温控仪的使用杜绝了这种违规现象，温控仪放到车厢里打开后就能连续不断地记录温度，到达地点后把温控仪连接到电脑上就能看到温度的变化曲线图，以此监控温度的变化范围。现在联合利华要求运输商所提供的冷藏车都必须配备温控仪。

选择第三方物流商，可以有不同的方式。可以从一家供应商那里租赁冷库，但将冷库交给另一家专门从事冷库管理的第三方来管理，然后再找一家专门负责运输的第三方。有的第三方物流商实力比较强，自己有冷库，管理能力也不错，还有自己的车队，这样的第三方也是一种选择。选择后者可以让管理轻松很多，但是因为整条冷链都在一家第三方那里，风险会很大，一旦出现问题，就是一大堆的问题；而前一种做法虽然管理复杂，但相对而言，能分摊风险。

虽然现在在冷链的前端做得很好，但是末端断链仍会影响消费者最终拿到的产品品质。对于联合利华和路雪来说，在全国有众多销售点，想依靠自己的力量建设终端配送体系来有效控制末端冷链是非常庞大的工程，实际操作中并不现实。所以，还是要依靠经销商和客户来控制末端冷链以最终提供给消费者优质产品。

 实训练习

1. 分别以顾客视角（如本校学生或某社区居民）、电子商务网店（如天猫网店中某快速消费品品牌）视角为例，调研某些品牌的快速消费品电子商务发展及物流配送情况，分析物流配送在其电子商务发展中的地位及作用。

2. 调研本地区或全国范围内快速消费品、小家电等共同配送的开展情况，分析阻碍共同配送的因素有哪些？提出基于未来市场需求的共同配送发展对策。

任务三　鲜活农产品物流配送

 任务引入

我国是鲜活农产品生产大国，蔬菜、水果、畜禽等多种鲜活农产品的产量位居世界前列。20世纪90年代以来，我国鲜活农产品消费模式已由温饱型向品质型、服务型转变。由于缺乏保鲜技术、加工能力不足、流通环节多、效率低，农产品集中上市期间，物流、信息流不畅，产销脱节问题严重。现阶段，我国农产品物流尤其是鲜活农产品物流仍以常温物流或自然物流形式为主，损耗情况极为突出，有数据显示，我国每年腐烂的果蔬有3.7万吨，可供养2亿人的生活。近年来，我国农民一直被"增产不增收"、"农产品难卖"所困扰。

1. 任务要求

查阅资料（教材、期刊、网络等），进行市场调研及企业访谈、理论研讨后，回答相关问题，形成一份行业物流发展综述报告。内容包括以下方面。

（1）基本信息：调研背景及时间、调研单位、访谈企业及人员、参考的文献等。

（2）鲜活农产品范围界定，其自然特性、物理特性及对物流的影响。

（3）鲜活农产品的生产特性、供应特性、消费特性及对物流的影响。

（4）与一般工业品物流相比，鲜活农产品物流运作有哪些困难。

（5）美国、日本、我国鲜活农产品的主要物流渠道及模式。

（6）鲜活农产品"农超对接"直销模式与"公司+农户"产业发展模式比较。

（7）我国政府在促进鲜活农产品流通方面有哪些政策、措施。

（8）我国冷链物流发展状况，与发达国家的差距。

（9）我国鲜活农产品连锁物流的发展状况及参考建议。

（10）"万村千乡"市场工程、"新网工程"与鲜活农产品物流发展的关系。

（11）鲜活农产品电子商务及物流配送的发展情况

2. 任务分析

鲜活农产品有不同于一般工业品的自然特性、物理特性、生产供应特性和需求特性，这些特性使得鲜活农产品的物流运作比一般工业品物流困难多、难度大。我国在农产品领域尤其是鲜活农产品流通领域，物流模式落后，浪费严重。近年来，国家在鲜活农产品流通方面不断出台新的政策，力促物流模式的转变和快速发展。学生通过阅读资料、企业调研、理论研讨，在教师辅助下学习、探讨鲜活农产品物流配送的相关内容。

3. 实施准备

（1）教师准备部分国内、外鲜活农产品物流发展状况的文献资料，拟定准备研讨的问题；教师（或学生）联系经营鲜活农产品的连锁超市、批发市场、农贸市场、鲜活农产品生产基地等相关企业人员，访谈、考察物流状况及其规划设想等。

（2）学生约6人一组，搜集、查阅资料，联系人员调研、访谈，分工协作。

4. 实施步骤

（1）教师课前布置任务。要求学生课前阅读教师提供的案例等资料，自行搜集资料，到企业访谈，调研、了解鲜活农产品的自然物理特性、供求特性及其对物流运作的影响，综述鲜活农产品物流发展状况，了解国家有关鲜活农产品流通方面的政策，总结美国、日本鲜活农产品物流的主要模式等。

（2）课上进行下列问题研究，结果汇报及教师点评。

问题1：鲜活农产品范围的界定，其自然特性、物理特性及对物流的影响。

问题2：鲜活农产品流通环节物流配送成本由哪几部分组成？

问题3：导致农民鲜活农产品难卖的因素有哪些？

问题4：鲜活农产品的生产特性、供应特性、消费特性及对物流的影响。

问题5：与一般工业品物流相比，鲜活农产品物流运作有哪些困难。

问题6：美国、日本、我国鲜活农产品的主要物流渠道及模式。

问题7：我国政府在促进鲜活农产品流通方面有哪些政策、措施。

问题8：鲜活农产品"农超对接"直销模式与"公司+农户"产业发展模式比较。

问题9："万村千乡"市场工程、"新网工程"与鲜活农产品物流发展的关系。

问题10：我国冷链物流发展状况，与发达国家的差距。

问题11：我国鲜活农产品电子商务及物流配送的发展状况及发展策略。

5. 效果评价

参照表9-4对学生学习准备、学习过程及任务完成质量给予评价，鼓励学生通过多种途径（查阅资料、调研、研讨等）学会分析鲜活农产品行业物流运作的规律及问题，深入思考解决问题的方法、对策。小组成绩主要考核团队协作完成情况，个人部分主要考核个人学习及执行情况。

表 9-4　　　　　　　　　　　鲜活农产品物流配送实训评价表

小组序号:			学生姓名:　　　　　　学号:		
小组成绩（教师评价或小组互评）			个人最终成绩		
任务及标准	满分	得分	项目及标准	满分	得分
资料查阅	10		小组分解得分	60	
企业调研	20		个人角色执行	10	
问题探究、结果汇报	10		代表发言陈述	10	
综合问题分析	10		讨论发言	10	
分工及合作情况	10		成果展示	10	
合计	60		合计	100	
评价者:			评价者:		
评价时间:　　年　　月　　日			评价时间:　　年　　月　　日		

6. 点评交流

学生完成每个任务后，教师及时组织成果展示，结合小组汇报及学生个人观点逐一点评，巧妙启发引出相关知识点、技能点、管理重点等。引导学生从企业实际和行业现实中发现问题、分析问题，综合运用所学知识思考解决问题的对策，提高分析问题、解决问题的综合能力。

 相关知识

一、鲜活农产品范围界定

鲜活农产品是指农业部门生产的、没有或经过少量加工的，在常温下不能长期保存的农产品。一般包括新鲜蔬菜、新鲜水果、生鲜水产品、活的畜禽、新鲜的肉蛋奶。而畜禽、水产品、瓜果、蔬菜、肉、蛋、奶等的深加工品及花、草、苗木、粮食等则不属于鲜活农产品范围。因此，本专题研讨针对新鲜蔬菜、新鲜水果、生鲜水产品、活的畜禽、新鲜的肉蛋奶。

二、鲜活农产品物流配送要求

鲜活农产品物流是对鲜活农产品生产、加工、储运、分销、配送等从生产地至消费者手中的产品全生命周期的控制与管理。本专题研讨产后分销物流。

鲜活农产品物流模式及水平主要受以下因素的影响。

1. 自然特性、物理特性及物流要求

鲜活农产品具有一定的生命属性，容易因外界温度、湿度、碰撞以及时限长短等条件变化而腐烂、损耗，易腐、易损性是鲜活农产品区别于一般农产品和工业品的生物特性。

易腐、易损性使鲜活农产品集散的物流半径及时限受到一定限制，对鲜活农产品物流的储运设备、技术水平、流通加工、包装方式、转运条件等提出了更高要求，物流运作难度和成本加大。其次，多数产品最初产品形状、规格、质量参差不齐，体积大、单品价值低，导致鲜活农产品物流标准化运作难度大，产品无法承受高额物流费用，影响其实现销售。

2. 生产供应特性、消费需求特性及物流要求

我国鲜活农产品的生产以小规模的家庭生产为主，鲜活农产品的供应在地域上具有分散性。

单个家庭生产者的产量与市场衔接，无法实现规模经济，交易成本很大。从流程来讲，这是鲜活农产品物流配送遇到的第一个问题。

鲜活农产品的生产具有很强的季节性，各年度产量经常有较大波动，这与消费需求的四季均衡性相矛盾，这种矛盾需要物流的储存功能来弥补时间差异，需要设置适合的存放环境来延长产品的保质期。

3. 供求关系及对物流的影响

鲜活农产品的供应总量受主观人为因素（如预计价格高时多安排生产）、客观天气等环境因素影响，单个品种每年的供应量会时常波动，有些品种供应量随年度上下波动的特征明显。这与消费者需求的相对均衡性相矛盾。供求关系的波动变化导致鲜活农产品价格大幅波动，而价格高低又直接影响下一年度的生产量和供给量，如此往复、连续影响，使得鲜活农产品市场供求关系基本处于不稳定状态。

鲜活农产品的需求特性相对稳定，消费者需求量只与本年度现行价格相关，不受上年度价格影响。多数鲜活农产品需求量随价格波动的弹性相对有限，这是居民的营养结构、消费结构、消费习惯所决定的。当然，相对于居民收入水平，对于价格较高的非必需品类产品的需求，价格弹性较大。

鲜活农产品供需数量、供需时间、供需地点的诸多矛盾迫切需要物流运作来弥补差异，调剂余缺。然而鲜活农产品的生物、物理特性，供需的诸多矛盾增加了物流运作的难度。相对于一般工业品物流，鲜活农产品物流需要更多技术先进的存储、运输设备，物流运作更强调反应敏捷，缩短时限，这些大大提高了物流系统的固定成本和变动成本，多数鲜活农产品价格的低廉性同时限制了其对物流成本的承担极限，因此，每年造成大量产品无法实现流通和销售的现象就不难理解了。

三、鲜活农产品分销渠道及物流现状

1. 发达国家分销渠道及物流模式

发达国家在20世纪70、80年代就经历了鲜活农产品供大于求的阶段，随着消费者对农产品质量安全的要求越来越高，鲜活农产品贸易谈判权向加工、销售等产业链终端转移，发达国家不断探寻对鲜活农产品进行紧密的一体化经营等纵向联合方式，以赢取竞争优势。在鲜活农产品的逆向物流上，发达国家重视建立产品信息跟踪系统，以便随时发现和解决可能出现的问题。

欧美发达国家，由于人少地广，农场主、批发市场、大型零售业是其物流的主体。为了减少中间费用，大型零售企业纷纷建立起自己的配送供货机构，直接到产地组织采购，传统的农产品批发市场和现货交易方式逐渐减少，形成以大型零售集团为核心的鲜活农产品物流运作模式。有统计显示，美国80%的鲜活农产品通过连锁超市主导的模式进行流通。

在日本，由于人多、地少，农业生产规模小，专业化程度不高，农产品直接进入超市面临着较高的流通成本约束；农产品生产协会作为联结生产商和批发商的中介，利用其组织系统和所拥有的保鲜、加工、包装、运输、信息网络等现代化优势，将农产品集中起来进行统一销售，直接进入批发市场。同时政府十分重视扶持批发市场的发展，农产品生产总量的80%～90%是经由批发市场后与消费者见面的，形成了以农产品批发市场为核心的物流运作方式。

发达国家鲜活农产品的物流运作还具有如下特征。

（1）冷链物流发达。欧美发达国家和地区冷藏供应链已高度发达，农用冷藏设备、冷藏运输设备、冷藏集装箱得到推广。英国、美国等生鲜食品物流冷藏率已近100%，鲜活农产品产后的商品化比例达100%，鲜活农产品普遍采用包括采后预冷、整理、贮藏、冷冻、运输、物流信息等规范配套的流通体系。以美国的蔬菜产业化为例，为了保证质量和降低损耗，美国非常重视蔬菜采后处理的各个环节，一般程序为："采收和田间包装—预冷（有冰冷、水冷、气冷等）—清选与杀菌—打蜡或薄膜包装—分级包装"。所有蔬菜包装材料均印有蔬菜名称、等级、净重、农家姓名、地址、电话等，以保证信誉。蔬菜始终处于采后生理需求的低温条件，形成一条"冷链"，即田间采后—预冷—冷库—冷藏车运输—批发站冷库—自选商场冷柜—消费者冰箱。冷藏设备的普及进而推动了鲜活农产品多式联运的发展。由于处理及时、得当，美国在蔬菜加工运输环节中的损耗率仅为 1%～2%。

（2）配送中心或批发市场功能强大。功能完备的生鲜配送加工中心在供应链中发挥着重要的枢纽作用。在荷兰，农产品市场附近大都建立生鲜加工配送中心，该中心在收到鲜活农产品后根据交易的具体情况、条件和规范，对农产品进行分类、调制、分割、包装和储藏，最后及时配送到各个客户。在日本，由于批发市场配有完善的保管设施、冷风冷藏设施、配送设施、加工设施等，并灵活运用计算机信息处理技术，已实际演化成农产品物流中心，并凭借其强大的物流功能，吸引了大型连锁超市进场和批发商共同参与买卖。

（3）信息管理先进。现代化的物流信息处理在欧美鲜活农产品物流的整合管理中作用显著。欧美发达国家和地区可通过网络平台和信息技术将农民、供应商以及批发商、零售终端、客户联结起来，实现对农产品物流各个环节的实时跟踪、有效控制和全程管理，达到资源共享、信息共用。

（4）第三方物流商所提供的冷链物流服务已成体系。由于起步较早，发达国家一些大型物流企业已经发展成为跨国性的大型冷链物流商，能为鲜活农产品提供全程的冷链物流服务，为社会物流的高效运作提供保障。

2. 我国分销渠道及物流模式

我国鲜活农产品的流通主体和流通渠道是从传统的统购统销体系发展而来的，现行鲜活农产品物流渠道及模式呈现多样化趋势。

农产品基地、农产品加工企业、产地批发市场、销地批发市场、连锁集团、农产品经纪人、农村合作组织、农户等都是我国鲜活农产品物流主体的一部分。批发市场、连锁超市、加工企业由于在鲜活农产品流通中具有较强的集货与散货能力，成为联结鲜活农产品生产者与消费者之间的重要环节。各物流主体之间根据市场定价机制和合作契约机制连成了我国鲜活农产品的物流渠道，目前我国鲜活农产品具有传统流通渠道、连锁业态现代流通渠道、电子商务网络流通渠道等多种通路。

（1）农户—产地批发市场—销地批发市场—集贸市场—消费者。

（2）农户—（农村合作组织）—农产品批发市场（产、销地）—集贸市场—消费者。

（3）农户—产地批发市场—销地批发市场—超市—消费者。

（4）农户—产地批发市场—超市—消费者。

（5）农户（基地）—加工企业—超市—消费者。

（6）农户—（基地）—超市（配送中心、门店）—消费者。

（7）基地（或加工企业）—电子商务网店—消费者

（8）基地（或加工企业）—农贸市场（社区摊点）—消费者

（9）农户（农村合作组织、基地）—消费者。

在我国，一个鲜活农产品物流主体可能同时处于多条物流渠道当中，物流渠道之间往往交错复杂；多数物流渠道中，从农户到最终消费者所经历的中间环节较多，多重中间商的参与往往会加大物流信息的沟通难度，增加物流延迟时间，提高物流费用。农户直销方式"农户—消费者"虽然节约物流费用，但农户自产自销的经营能力很小，所占份额很少。

近年来，国家大力进行农产品批发市场和农贸市场建设，连锁经营模式也得到了一定发展，但总体上说，竞价成交的农产品批发市场作为大批量农产品的集散中心，已经成为我国农产品流通的主渠道。"农户—产地批发市场—销地批发市场—集贸市场—消费者"是常见的渠道模式。目前，我国已有4 000多家农产品批发市场，其中交易额在1亿元以上的市场约为600家，大中城市70%以上的农产品经由批发市场流通。

随着大型连锁零售业态的快速发展，超市开辟了我国鲜活农产品的现代流通通路。随着超市大型化、规模化、网络化发展格局的形成，超市从产地直采的份额越来越多，流通渠道缩短为"基地—超市—消费者"的鲜活农产品比例不断增加。近年来大城市中经由超市售卖的鲜活农产品占比逐步达到20%左右，有的甚至达到30%。

电子商务网店的兴起为鲜活农产品提供了新的销售平台，物流渠道得以依托现代流通方式进行优化。鉴于鲜活农产品的特殊特性，电子商务大发展还尚需时日。

从整体情况看，与家电类产品和快速消费品等百货类产量相比，目前我国鲜活农产品流通渠道总体费用较高，渠道较长。如何压缩流通中的非增值环节，提升物流供应链运作效率，缩减物流时间和成本费用，是我国鲜活农产品流通渠道改革中的重点和难点。

3. 我国鲜活农产品物流问题分析

我国鲜活农产品物流渠道长、费用高、运作效率低，每年都有鲜活农产品因为物流不畅、费用高等原因不能实现流通，囤积、腐烂在产地的现象比较严重。据有关资料显示，蔬菜中毛菜和净菜销售的结果比较，100吨毛菜可以产生20吨垃圾。

造成我国鲜活农产品物流费用高、效率低的原因主要如下。

（1）流通观念落后，现代物流起步晚。

（2）市场发育程度低，多数批发市场功能单一。

（3）物流主体规模小，物流流程分割运作。

（4）农村交通网络及多式联运不发达，物流处于分割状态。

（5）冷链设备少技术落后，冷链管理脱节严重。

（6）社会化配送中心数量少、规模小。

（7）第三方物流份额少，功能单一。

（8）信息化程度低，物流过程增值能力弱。

四、我国鲜活农产品物流配送情况

1. 农村现代流通网络建设情况

截至2009年10月底，全国已累计建成41.6万个农家店和1 467个配送中心，覆盖了全国85%的县、75%的乡镇和50%的行政村，以城区店为龙头，乡镇店为骨干，村级店为基础的农村消费品现代流通网络正在逐步形成。2009年，我国农村消费增速自1987年以来首次快于城市，全年农村消费达4万亿元，同比增长约15.5%，高于城市0.3%左右。农村市场对全国消费市场的拉动作用进一步增强。

2. "农超对接"物流模式

美国等发达国家连锁经营模式比较普及，在鲜活农产品领域建立了连锁超市主导的物流配送模式，缩短了供应链长度和物流时间，降低了物流成本，鲜活农产品物流进入良性循环。

（1）"农超对接"物流模式释义。就是鲜活农产品"超市+基地"的供应链模式，即大型连锁超市直接与鲜活农产品产地的农民专业合作社对接。

随着我国大型连锁超市和农民专业合作社的快速发展，我国一些地方已经具备了鲜活农产品从产地直接进超市的基本条件。一些连锁超市尝试进行鲜活农产品直采基地建设，逐步扩大产地采购的产品数量和种类。为推动这种物流模式尽快进入良性发展轨道，2008 年，商务部发布了开展"农超对接"试点工作的通知。"农超对接"坚持政府引导，市场化运作。以城市大型连锁商业企业为主体，支持连锁商业企业和农民专业合作社发挥网络、信息、配送等优势，建设农产品生产基地，建立新型鲜活农产品供应链，政府给予政策支持。

（2）"农超对接"建设内容包括：加大鲜活农产品现代流通设施投入；增强鲜活农产品加工配送能力；提高鲜活农产品经营信息化水平；培育农民专业合作社自有品牌；调整连锁超市商品经营结构；建立农超对接渠道。

（3）鲜活农产品农超对接的政策保障：加大政策扶持力度；拓宽投、融资渠道；培育农产品现代流通人才；加强组织落实工作。

除了政府重点扶持的部分企业外，许多大型超市都在逐步扩大基地采购鲜活农产品的数量，积极实践农超对接这种渠道短、费用低、反应快的现代物流运作模式。

3. 批发市场为核心的物流模式

我国农产品批发市场自 20 世纪 80 年代初出现后，在政府引导和政策扶持下，从无到有，发展迅速，已经成为我国农产品流通的主渠道。目前，我国批发市场已有 4 000 多家，其中交易额在 1 亿元以上的市场约为 600 家，大中城市 70%以上的农产品经由批发市场流通。

第一代市场是"露天市场"或者"马路市场"；第二代市场的功能从批发、零售扩展到价格形成、运输、仓储、集散、住宿等；第三代市场的硬件已有较大改善，有了一定的信息网络系统，规模明显扩大；而第四代市场就有了较现代化的商务与市场设施，科技含量明显提高，电子商务、连锁经营、现代物流开始出现，集中度增强，成为真正意义上的商品交易与服务中心，市场的功能比较齐全，中介服务机构大量进入。

目前，我国批发市场正处在从第一代、第二代传统市场模式向第三代、第四代现代化市场模式的过渡阶段。我国硬件设施整体上还比较落后，第一代、第二代批发市场仍然占多数，提升的任务相当繁重。虽然有的市场已探索出部分高级水平批发市场的内容，但在管理模式、检测、结算、信息建设等方面与国外发达国家批发市场相比仍有较大差距。现代化批发市场将从综合市场向细分市场转变，从单功能向多功能转变，必须学习发达国家的经验，采用先进的信息管理技术，提高管理效率。

我国目前的批发市场为核心的农产品物流渠道模式中，小规模、分散的农户作为市场主体力量薄弱，必须依靠农民经济合作组织提升他们的竞价能力和运作水平，构建连贯的鲜活农产品物流供应链，实施一体化管理，提升物流供应链的效率，降低成本，促进鲜活农产品物畅其流。

五、我国农产品冷链物流发展状况

1. 农产品冷链物流含义及主要环节

国家标准《物流术语》明确冷链的定义为："冷链是指根据物品特性，为保持其品质而采用的从生产到消费过程中始终处于低温状态的物流网络"。冷链是为保证易腐烂、易变质物品的营养品质、质量安全，减少物品损耗和污染的低温物流链。适合冷链物流的产品主要有：生鲜农产品、冷藏冷冻食品（熟食制品、速冻食品、奶制品、冷饮制品等）、疫苗药品等。

2010年国家发改委发布的《农产品冷链物流发展规划》指出："农产品冷链物流是指使肉、禽、水产、蔬菜、水果、蛋等生鲜农产品从产地采收（或屠宰、捕捞）后，在产品加工、贮藏、运输、分销、零售等环节始终处于适宜的低温控制环境下，最大程度地保证产品品质和质量安全、减少损耗、防止污染的特殊供应链系统"。农产品冷链物流强调整个供应链系统全程低温，若有一个环节温度失控出现"断链"，就会影响产品品质和质量安全，之前的所有付出将前功尽弃。

农产品冷链物流包括低温加工、低温存储、低温运输与配送、低温销售等环节。各环节均需要配备适合低温作业的相关设施设备。

（1）低温加工。低温加工是全程冷链物流体系中的一个环节。低温加工中心一般包括生鲜食品加工中心和连锁餐饮业的中央厨房。如肉类（猪肉、牛羊肉、禽肉）加工中心、水产品加工中心、果蔬加工中心（净菜、配菜等）、乳制品冰品加工中心、面包等烘焙类加工中心、中央厨房等。

餐饮行业中肉类低温加工比较常见，如某连锁快餐有限公司，其牛肉在低温物流中心的作业流程为：进货（急冻、独立包装）→存储（-25℃）→领料暂存（-25℃）→缓化（牛肉升温至-10~-5℃）→切片、称重、打包（环境12℃）→成品暂存（库温0~4℃）→分拣至出货暂存区（库温0~4℃）→装车（库温0~4℃）→送货（库温0~4℃）。

（2）低温存储。低温存储需要冷库。冷链物流中心规划时往往把低温存储、低温加工、低温分拣配送一起考虑，根据流程和物品对温度的要求，设计从-25℃（-18℃等）到8℃（10℃等）等不同的温层冷库。冷链物流中心的功能定位可根据产品类别、加工要求、物流供应链范围、服务类别的不同等有所区别，冷链物流中心的功能定位如图9-1所示。

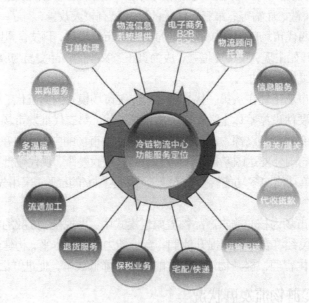

图9-1　冷链物流中心的功能定位分析图

进出货码头要求全封闭可调节设计，保证冷藏冷冻车辆与库区的气密衔接，以使物品在相同温度冷链不间断环境中装卸。在-18℃以下冷冻库地面处理、制冷机组选型、加工缓化流程设计、库板及吊件材质选择、施工等方面影响冷库及作业区的投资额度、施工周期、使用寿命和使用效益。

有关冷链物流中心的主要技术与设备有：冷库（包括土建式冷库、装配式冷库、库架合一结构冷库）、制冷系统、冷库专用门组及月台设备、存储及搬运设备（各型货架或自动化立休仓库系统、托盘、各型叉车、托盘车、堆垛机、皮带式或滚轮式自动输送线等）、分拣设备（自动化分拣机、电子标签拣货系统、自动台车等）、物流容器（托盘、笼车、物流箱、台车、蓄冷箱等）、温度追溯系统和冷链物流的 WMS 系统。冷链物流所配备的硬件软件设备需要适应低温冷链环境及管理的要求，硬件有时需要采取必要的保护措施。

与常温物流配送中心相比，冷链物流配送中心需建立温度追溯系统，温度追溯系统可以将 WMS 系统统筹考虑，WMS 系统记录产品在冷库的运动轨迹及温度变化（见表 9-5）。对于温度要求极度严格的产品，可以借助 RFID 电子标签进行温度监控。如吉野家快餐公司冷链物流，装备了 RFID 无线射频识别冷链温度监控系统，RFID 温度标签内部装备有芯片和温度传感器，并且内装超薄的纽扣电池（连续使用五年以上）保障供电，温度传感器将随时收集的温度信息实时存储在 RFID 芯片里，同时通过 RFID 读写天线传送出去（实现 30 米远距离读写）。当食材存放在仓库时，管理人员可以通过 RFID 时时观测记录食材保温箱的温度信息。

表 9-5　　　　　　　　　　常温与低温信息系统的功能分析

比较内容	企业内物流		第三方物流	
	常　温	低温（多温层）	常　温	低温（多温层）
	（1）	（2）	（3）	（4）
商品基本资料部分	商品名称、编码、条形码、商品长宽高、重量、包装规格及转换关系、保质期、最大库存与安全库存量等	包括（1）的全部资料，另外还包括温层、湿度	包括（1）的全部资料，另外还包括商品与客户对应关系、客户货号与 DC 货号对应关系、商品与成本中心对应关系、商品的启用与注销时间、商品的各项计价标准、商品的通路允收期限等	包括（3）的全部资料外，还包括商品的温层、湿度、毛净重等
DC 基本资料部分	储位维护	温层+储位维护	DC 维护、DC 客户基本资料维护、DC 客户门店基本资料维护、DC 储位维护，多个 DC 的基本资料维护	包括（3）的全部资料外，还包括温层维护、储位维护
DC 物流作业体系	进货验收、入库上架、出货拣货分拨、保管位与拣货位的补货作业、通过型进货验收及分拨、流通加工、物流配送	包括（1）的全部内容，另外还包括温层别入库及拣货、温层别装车配送、生鲜加工等	包括（1）的全部资料外，还包括多 MIS 接单系统、多客户共同存储、依配送路线多客户共同拣货及分拨、多客户共配加工应收应付系统、运输应收应付系统、理赔系统、客户化单据、客户通路管理系统、成本中心维护	包括（3）的全部资料外，还包括依温层别不同的计费标准体系、生鲜加工计费体系
物流计费体系	无（只在概念状态或简单处理）	无（只在概念状态或简单处理）	各作业环节物流应收应付计费、理赔系统	包括（3）

续表

比较内容	企业内物流		第三方物流	
	常温	低温（多温层）	常温	低温（多温层）
	（1）	（2）	（3）	（4）
采购体系	无	无或简单采购	完整的采购体系	包括（3）
与自动化设备衔接	自动仓库、自动分拣机、电子标签、RF、RFID、系列流水线及控制系统	包括（1）全部+制冷系统、PLC中央自动控制系统及冷链全程追踪记录体系	与（1）相同	与（2）相同
应收应付账款系统	无	无	完整的应收应付账款系统	与（3）相同
派车系统及车辆追踪系统	简单	简单	完整的派车系统及车辆追踪系统，多通路共配，多客户共配	包括（3）外，还包括多客户多温层共配
接口程序部分	一个ERP系统接入	一个ERP系统接入	多ERP系统接入，需考虑单据转换的问题及对外客户化、对内标准化基本信息资料及单据内容格式的问题	与（3）相同

（3）低温运输。与常温运输车相比，冷藏运输车必须具有保温厢体和制冷机组两大核心部件。此外温度记录仪和 GPS 定位设备也是常用的配套设备。温度记录仪发展很快，较早使用的是随车放进去的温度记录仪，温度数据不能及时提取，只能待车辆到达后，在一段时间内（半天、一天甚至更长时间）才能通过软件提取出来，现在运用 RFID 电子标签（见图 9-2）和 GPS/GMS 系统，途中产品温度可以随时发送和监控。这套 GPS 系统可以对车辆定位，显示车辆的移动轨迹，同时还可以监管车辆的运输情况，如油耗、车厢的开关门次数等，实现对冷藏运输车辆的在途管理。

为满足一辆车同时配送不同温度要求的物品，冷藏运输车除单温式外，还有双温式、三温式，即一个车厢可以设计成两个或三个温区，温区间以可调节的隔板隔离，以便根据各种物品的多少调节各温区空间的大小，最大限度地利用车辆的装载能力。图 9-3 所示为三温冷藏车车厢。

图 9-2　RFID 温度记录标签

图 9-3　三温冷藏运输车

（4）低温销售。需要冷链物流运作的产品，在超市、农贸市场、药店等销售场所，需要配备一定规格、数量的冷柜进行冷冻和冷藏，保证销售环境温度适合冷链的温度要求。若销售环节设施设备的温度不达标，很可能导致前面冷链的投入前功尽弃。

需要注意的是，除了以上这些主要环节保证低温环境外，一些装卸、简单流通加工（如贴标签、拆零等）等衔接环节也必须保证温度要求，否则引起温度的"断链"将影响整个冷链的物流绩效和运作效果。

2. 我国农产品冷链物流发展状况

2011 年，我国肉类产量达 7 957 万吨、禽蛋产量达 2 811 万吨，居世界第一位，约占世界总产量的 30%～40%；牛奶产量 3 656 万吨，居世界第三位。我国每年鲜活农产品产量大约 11 亿吨，如此巨大规模的产量决定了我国冷链的潜在需求惊人。

资料显示：我国蔬菜水果、水产品、肉类在流通环节的腐损率分别高达 20%～30%、15%、12%；每年仅蔬菜损失达 1.3 亿吨，水果损失达 1 200 万吨，总价值 1 000 亿元以上。由于鲜活农产品集中上市后保鲜储运能力不足，农产品"卖难"和价格季节性波动的矛盾日益突出，菜贱伤农、果品滞销、城市果蔬售价飙升等现象并存。

（1）我国农产品冷链物流尚处于初级发展阶段。

① 冷链物流流通比率偏低。近年来，我国每年约有 4 亿吨生鲜农产品进入流通领域。资料显示，我国果蔬、水产品、肉类冷链流通率分别为 5%、23%、15%，冷藏运输率分别为 15%、40%、30%，使用全程冷链运输的禽蛋制品比率不足 1%。欧、美、加、日等发达国家或地区蔬菜水果冷链流通率达 95% 以上，肉禽冷链流通率达到 100%，美国销售的禽蛋已全部使用冷链。与发达国家相比，我国生鲜农产品通过冷链流通的比例偏低，大部分生鲜农产品仍在常温下流通。

② 冷链缺乏，制约产品出口。冷链物流发展滞后，鲜活农产品出口量占总产量的比率较低。2010 年我国肉类出口 88.4 万吨（含活畜禽出口折肉 13.0 万吨），占当年总产量的 1.12%。2011 年我国蔬菜出口 973.0 万吨，占当年总产量的 1.44%；水果出口 479.5 万吨，占当年总产量的 2.08%；水产品出口 391.2 万吨，占当年总产量的 6.99%。2011 年我国虽是禽蛋生产和消费大国，而禽蛋加工仅占蛋产量的 0.2%，出口量占产量的 2%。我国出口的蔬菜、水果等 80% 为利润较低的初级产品。我国对鲜活农产品在低温条件下的加工规模不足、温控手段不够，无法满足发达国家对冷鲜、冷冻产品及其加工产品的需求。

（2）我国农产品冷链物流发展的阻碍因素。

① 冷链基础设施较少，增长缓慢且分布不均衡。我国冷链物流设施整体规模不足。2010 年，我国有冷藏库近 2 万座，冷库总容量 880 万吨，人均冷库容量仅 7 公斤；机械冷藏列车 1 910 辆，冷藏保温车约 6 万辆（期中冷藏汽车约 2 万辆），占货运汽车的比例 0.3% 左右；冷藏船吨位 10 万吨，年集装箱生产能力 100 万标准箱；一些关键物流节点（如承担全国 70% 以上鲜活农产品批发交易功能的大型批发市场和区域性配送中心等）缺少冷冻、冷藏设施。

我国国有冷库中近一半使用 30 年以上，设施陈旧老化，这些冷库大多只有低温仓储功能，70% 以上的冷库很难实现温度控制，也无法与冷藏车无缝对接；冷藏运输车多为单温控车辆，适合多品种运输的双温控、三温控车辆较少。同时，我国冷链设施分布区域间差异较大，山东等东部地区拥有设施较多，西部特色农业地区和中部农牧业主产区冷链设施严重短缺。2010 年以后，一些物流企业顺应国家政策投资建设冷库设施，但配套的冷藏车辆等严重不足难以形成冷链运作，致使业务量较小短时间难以收回前期投入的巨大成本，运作成本高收益少。

冷库、冷藏车技术要求高，需要投资大，运营成本高。据介绍，普通仓库的造价约为 400 元/平方米，冷库则要配备保温系统，造价至少高达 2 000 元/平方米，而且冷库需要花费高额的电费，1 万平方米的冷库一个月的电费至少要 20 万元，电耗平均使仓储费增加 20%左右（每冻结吨产品最高要消耗 160～170 千瓦时）。一辆冷藏车价格是普通厢式车的 3～5 倍，因此我国冷链设施的投资建设需要一个漫长的过程。

② 冷链物流技术及信息化建设滞后。冷链物流对技术有特殊要求。发达国家广泛采用的产后预冷技术、低温环境下的分等分级、包装加工等商品化处理手段等在我国尚未普及。我国的肉类、水产类冷库的设计，基本按照"预冷→冻结→冻藏"的工艺设计，冷库设有专门的预冷间、冻结间及预冷、冻结设备。果蔬预冷设施几乎处于空白，果蔬冷库、气调库的设计几乎全部采用直接进库贮藏的设计方案，没有预冷设备设施，多数也没有专门的分级包装间。因此，每当苹果、梨等果蔬收购季节，田间、地头、庭院皆成为分级包装场所，既不符合安全卫生要求，也不符合采后及时预冷降温的保鲜工艺要求。经常因在常温下加工时间过长不能及时降至适宜温度，从而造成了品质下降。

我国运输环节温度控制手段落后，很多企业只测量到货时的车厢内温度和产品的即时温度，我国在节能环保的冷却冷冻设备、自动化分拣、加工包装设备、多温控冷藏车等冷链物流装备方面的研发能力较弱，发达国家运用传感器、RFID、GPS/GMS 等物联网技术进行全程温控和综合管理的做法，在我国尚处于起步阶段。

高效的冷链物流需要信息化作保障。冷链的 WMS 系统需要具备温度追溯系统功能，确保质量监控的及时到位，我国多数冷库的 WMS 系统与常温物流区别不大，只记录常规事项。有文献报道，我国仅有约 39%的农产品物流企业采用冷链物流信息系统。企业间缺乏农产品质量安全全程监控系统平台。同时，我国尚缺乏区域性各类生鲜农产品冷链物流公共信息平台，无法做到数据交换和信息共享，冷链物流资源的优化配置受到限制，有限的冷链资源得不到充分利用。政府监管部门对冷链信息的采集和处理能力较弱，监管手段有待改善。

③ 市场环境和行业监管尚不成熟。我国冷链物流发展的市场发育尚不成熟。和西方人在超市购买冷冻、冷鲜肉习惯不同，更多的国人愿意在农贸市场买活鸡活鸭，现场宰杀，不少人认为冷冻过的鸡鸭、肉不新鲜，味道差，很多消费者对冷却排酸肉的更卫生、更新鲜、更营养、更美味的好处缺乏了解。消费者对全程冷链操作的实际意义认识不够，不愿意为冷链产品的额外成本付费，优质优价的市场机制尚未整体形成，这在一定程度上延缓了冷链物流的普及、规范和发展。

我国冷链物流法律法规体系和标准体系不健全。我国政府部门和一些城市虽然制定了一些行业标准，但全国尚未建立规范冷链物流各市场主体行为的法律法规体系。冷链物流各环节的设施设备要求、冷链操作规范、温度控制要求等方面我国缺少统一标准，冷链物流各环节的信息资源缺乏协调，难以实现有效衔接，发达国家普遍推行的操作规范和相关管理办法在我国尚处于推广阶段。

市场机制不成熟，法规及行业标准滞后，一些中小企业，甚至大企业为了节省成本也很少用冷藏车，有的连起码的保鲜运输都做不到，不少蔬菜、水果是用厢式货车或敞篷车加些冰块盖上棉被运送，有的生鲜农产品在途中融化后再到冷库冷冻，标准的缺失让企业的很多行为失控，恶性竞争阻碍着冷链物流发展的步伐。

④ 企业规模及运作水平有待改善。我国部分生产商、经销商、物流商通过业务与资产重组、与外商建立合资企业、与上下游企业战略合作等方式积极拓展冷链物流业务，完善冷链网络，重构冷链管理体系。与发达国家不同，我国冷链物流大多由生产商、零售商自己完成，第

三方冷链物流所占份额很少，且物流企业以中小企业为主，规模小实力弱、服务标准不统一。企业实际运作中冷链的"断链"现象非常普遍，如部分冷库没有装卸作业过渡区，在常温下装卸；为节约成本运输途中关掉制冷机等。另外，为降低运输成本，对不同货物的拼柜、拼车及在冷库储存时的混库现象，会导致不同程度的交叉污染。少数具备资源整合和行业推动能力的大型冷链物流企业的发展也是刚刚起步，一些技术和管理方法的运用处于探索阶段。从总体上看，我国规模化、系统化的冷链物流体系尚未形成，与满足居民消费、发展现代农业、增加农民收入、扩大农产品出口的需求相比仍有差距，我国农产品冷链物流的运作与管理水平仍处于起步阶段。

冷链物流在我国各地区发展很不平衡，大城市及沿海地区冷链体系建设较快。由于企业自身的局限以及冷链体系建设的不均衡性，我国农产品全程冷链追溯体系很难在短时期内完全建立，整个社会低温供应链"断链"的现象还将在较长的一段时期内存在。

⑤ 冷链物流人才缺乏。我国冷链物流起步较晚，从冷链物流中心规划、建设、运营，到全程温度控制等质量追溯体系的建立，涉及多个领域的技术及管理业务，同时，冷链物流工作环境欠佳，岗位工作辛苦，因此，冷链物流对从业人员的知识结构、实践经验、吃苦耐劳的敬业精神有较高要求。我国冷链物流人才基本是"师傅带徒弟"在岗位上培养，高校基本没有对应的专业设置，有些相近专业培养的人才还需要在企业岗位上学习实践完善知识结构和运作经验，有部分实习生和从业人员因工作辛苦流失。因此，目前冷链人才的供应远远不能满足企业发展的需要，人才的缺乏也是近期制约产业发展的要素之一。

3. 借鉴发达国家经验，推动我国冷链物流发展

基于冷链物流的重要性，我国政府近年来高度重视农产品冷链物流的发展。2008 年中央一号文件提出，"开展鲜活农产品冷链物流试点"；2009 年中央一号文件明确提出，推进农产品冷链系统和生鲜农产品配送中心建设；2010 年中央一号文件进一步指出，"完善鲜活农产品冷链物流体系，支持大型涉农企业投资建设农产品物流设施"。2010 年国家发改委发布了《农产品冷链物流发展规划》，力争到 2015 年实现"果蔬、肉类、水产品冷链流通率分别提高到 20%、30%、36%以上，冷藏运输率分别提高到 30%、50%、65%左右，流通环节产品腐损率分别降至 15%、8%、10%以下"的发展目标。该规划确定的主要任务有：推广现代冷链物流理念与技术；完善冷链物流标准体系；建立主要品种和重点地区农产品冷链物流体系；加快培育第三方冷链物流企业；加强冷链物流基础设施建设；加快冷链物流装备与技术升级；推动冷链物流信息化。

从 20 世纪 60、70 年代开始一些发达国家的冷链物流进入迅速发展期，如今已经建立起"从田间到餐桌"的一体化冷链体系，物流运作根据实际需要配备双温控、三温控冷藏运输车，农产品的冷链流通率普遍较高。企业利用物联网技术对产品的在途温度、车厢开门次数、油耗等实施全面管理。资料显示，发达国家的果蔬产后损耗率为 5%左右，美国只有 2%。德国 CITTI、加拿大 Thomson Group 等均可同时运送三种不同温度要求的产品，Royal Food Import 采用 RFID 系统节省费用，提高食品安全性和质量。Royal Food Import 在中国和泰国的货物集装箱箱门采用 SaviTrak 电池供电 LSE 封锁（见图 9-4）。封锁内含芯片，且内嵌温度、湿度及检测集装箱上锁后封锁的任何动静的感应器，封锁和一台 GPRS 发射器及一台 GPS 接收器配合工作，可以检测集装箱内的温度、湿度及集装箱的开门情况。产品在物流过程中所处的位置、安全性、温度、湿度等信息均可以上传至公司总部的监控中心，图 9-5 为公司总部的物流状态监控中心。

图 9-4　SaviTrak LSE 电子货物封锁

图 9-5　物流状态监控中心

　　我国借鉴发达国家经验大力发展冷链物流。2010 年以后，我国冷链物流加快了发展步伐，各类电商如京东商城、1 号店、顺丰优选、天猫等纷纷设立生鲜业务板块，借助供应商物流、第三方物流以及自建冷链物流等多种措施推动冷链物流配送的发展。目前，大型超市、餐饮业和电商等走在冷链物流需求前列，为第三方冷链物流企业提供了发展契机。

　　与常温物流相比，冷链物流需要集成功能更强的信息系统，冷链物流既要保证低温的连续不断链，同时还要整合操作使成本保持在客户可接受的较低水平。图 9-6 所示为浙江统冠物流发展有限公司具有强大集成和整合功能的物流系统。

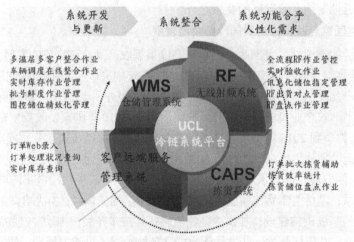

图 9-6　浙江统冠物流发展有限公司物流系统

六、我国鲜活农产品电子商务与物流

　　我国渠道商习惯用"生鲜"概括水果、蔬菜、肉类等鲜活类农产品，为叙述方便，下文中借鉴这一归类方法。

　　相对于服装鞋帽、家电数码等产品，我国生鲜农产品电子商务发展较晚，市场份额也较低。目前，相对于生鲜农产品在传统零售超市 20%的销售额比例，我国农副产品在网络渠道的渗透率仅仅为 1%，生鲜农产品电商潜力巨大。

　　但是，面对生鲜农产品标准化水平低、难以保存且运输耗损大、物流成本高等种种难题，一批批电商站起来，一批批电商又倒下去。2011 年年底，因物流、配送、供应链管理等种种原因，昔日红火的"好帮手"、"谊万家"等同类型网站相继倒闭,"网上菜篮子"是当时为数不多的"幸存者",但日订单已从20多单萎缩至8、9单。如何以更好的模式保证生鲜的"最后一公里"?谁愿意为高成本的冷链宅配付费?这是生鲜农产品电商必须解决的问题。

生鲜农产品冷链管理是难度较大的业务板块,目前我国电商行业中冷链业务比例很低,做冷链的行业集中度也很低,企业规模都很小,冷链生鲜供应链几乎上是电商B2C的盲区。

生鲜农产品电商具有较高的毛利,平均毛利水平在40%左右,其中海鲜毛利在50%以上,普通水果约20%,冻肉20%~30%。2013年年初,中央一号文件强调大力培育现代流通方式和新兴流通业态,发展农产品网上交易、连锁分销和农民网店。一些投资人将视角转向生鲜电商。送快递的顺丰推出了"顺丰优选",做航运的东方航空推出"东航产地直达网",卖衣服鞋帽的天猫上线"时令最新鲜"板块,1号店开通"生鲜"频道。

基于目前我国社会化冷链物流体系尚未建立,生鲜农产品电商必须以健康食品为理念,用高单价、高毛利来抵消高物流和采购成本,在冷链体系日趋完善后再着力降低销售价格。

【相关案例2】1号店的生鲜业务与冷链物流

2013年3月28日,1号店正式推出"1号生鲜"频道,4月8日,1号店在上海以新鲜美味的水果启动了其自营生鲜业务的第一步,其后又将生鲜拓展至对供应链要求更高的蔬菜领域,紧接着冷冻冷藏食品正式上线,1号店逐步完善其生鲜业务。由此,1号店成为国内第一家推出自营生鲜业务的综合电商,1号店的生鲜订单最高已突破1 200单/日,并仍在继续高增速成长。2013年8月28日,"1号生鲜"正式在北京上线。消费者足不出户只需鼠标一点,24小时内就能吃到西柚、红提、芭乐等多种异地新鲜水果。2013年9月第一周,1号店阳澄湖大闸蟹日销售额达到70万元。

1号店为保证产品品质,从商品入库一直到库内保存、配送入户整个供应链全程都能够在1号店的管理当中,1号店有自己的专职质检人员在供应商仓库,保证产品入库时的质量。

【相关案例3】顺丰优选的生鲜业务与冷链物流

2013年夏季,生鲜电商成为业界关注的热点。顺丰优选作为高端食品电商,将生鲜作为网站的第一大品类,生鲜品类的销售额占到顺丰优选销售额的30%~40%。顺丰优选有8000个SKU,引入台湾的水果以及美国、新西兰等地的海外食品。顺丰优选坚持中高端的定位,为用户提供高品质的丰富的商品。顺丰集团在各地的业务网点会帮助顺丰优选在各地区的直采,寻找特色产品。

鉴于冷链配送的重要性,顺丰优选专注于产品供应、配送、仓储等能力的提升。顺丰优选目前拥有恒温、冷藏、冷冻等多种功能的仓储,业务已覆盖到9个城市,但只有北京和天津能够实现全品类的配送,未来全品类的配送服务将逐步向华中、华南地区进行拓展。为支持业务的扩展和降低单位成本,企业将进一步完善多功能仓储中心和物流配送的末端建设。为了进一步严格把控食品品质,顺丰优选未来将引入第三方的质检机构进行生鲜品类的质量检测,顺丰优选的动态监控机制也将更加完善。

对于顺丰来讲,依然面临挑战。由于前期投入过大,成本较高,顺丰优选需经历一段亏损阶段等待更多的销量摊薄冷链成本。

【相关案例4】 2013年夏季顺丰优选的荔枝冷链物流运作

顺丰优选从2013年1月开始筹划荔枝甄选采购行动，5月上旬甚至把办公电脑等设备搬进了荔枝果园，以完成采购、装箱、发货等流程。

对于原产地和荔枝品种的甄选不算太难，来自岭南地区的荔枝要实现向北京地区的直接供应难度较大，首先要对传统的荔枝供应链进行改造和优化，具体来说就是将"荔枝果农-采购商-中间经销商-批发商-购买用户"的链条直接缩短为"荔枝果农-生鲜电商-购买用户"，电商直接对接果农，实现原产地直供，这直接压缩了中间商的利润。这部分资金一方面可以转移到冷链物流配送环节，另一方面也可以降低用户买入的价格，显示了传统供应链优化之后的价值。

几十年来，以种植荔枝为生的原产地果农收益增加，以广东省的茂名高州为例，往年其荔枝平均收购价格在每公斤5元左右，在今年增长至接近10元，仅向顺丰优选和本来生活两个电商供应的荔枝就超过5万公斤，一个区域内的整体增收超过20万元。

由于顺丰优选、本来生活等生鲜电商在荔枝采摘、果实挑选、包装等环节上对果农提出的要求更高，为此确实付出了更高的采购价格。为了让荔枝更好地保鲜，电商都希望果农能在清晨采摘，此时果实本身温度较低，在包装放入冷藏箱之后温差不会过大，果实自身的养分消耗会相对减少；而在荔枝卖相上，也要求尽量剪掉枝叶，果实大小比较均匀，电商向果农支付更高的价格，这样双方都有受益。

解决了原产地供货的问题后，生鲜电商们开始了物流配送环节的较量，这也是此次"荔枝大战"的关键性环节，直接决定了荔枝在采摘完成后到用户手中是否能尽可能保持完好、新鲜。

顺丰优选的优势在这个环节开始凸显，基于系统架构上顺丰速运和优选已经完成了部分打通，加上顺丰集团的资金和航空物流支持，以及新上任的负责人李东起曾掌管顺丰航空的便利关系，在荔枝从原产地到北京的干线运输和航空物流的环节，顺丰颇为得心应手。

顺丰集团为顺丰优选的荔枝订单设立了"绿色通道"，意思是就算在快递货物量"超载"时，荔枝仍有优先上顺丰飞机的权利。本来生活电商在荔枝原产地遭遇雨天时部分使用了顺丰的物流服务，以保证订单的及时送到。

顺丰优选采用了从原产地到北京全程冷链保存和控温：荔枝在原产地采摘完后直接进入冷库，在装箱时放入控制温度的冰袋（冰袋一般能够在8~10小时的时间内发挥作用），直到荔枝航空运输、运送到用户手中。

实现全程冷链难度不小，因为在一些荔枝的原产地不能买到装有蓄冷剂的冰袋，只能临时去出租冰箱，再从淘宝上买来冰袋，以自行制造运输中所需的冰袋。

顺丰优选不断对外强调荔枝的24小时送达周期，甚至以微电影的形式展示了从用户下单、荔枝采摘到包装、运输的整个过程，所用时间由传统的7、8天时间缩短至24小时，在荔枝的两天保鲜期之内完成了原产地的产品供应，解决了荔枝"一离本枝，一日而变色，二日而变香，三日而变味，四五日外色香味尽去矣"的传统难题。

多名用户尝试购买荔枝后发现，在顺丰优选或本来生活等生鲜电商上下单购买后，通常第二天中午左右就能够收到荔枝，开箱之后荔枝的温度基本都在15℃以下。

 **案例介绍**

众品：鲜肉专家做物流，成为收入增长最快的一环

2003 年，河南众品集团整合资源为上海联华超市提供冷链物流服务，2004 年河南众品生鲜物流有限公司成立，建造第一个标准化工厂时，就定位为生鲜加工配送中心而不是屠宰场，把产品物流配送更多地考虑进去。

国内许多优秀冷链物流企业提出要打造成供应链服务商，不仅为生产企业提供仓储、干线物流和市内配送等传统业务，同时还为企业提供采购、销售等服务，让物流链延伸为供应链。众品物流正是做到了这点。众品物流装备了先进的运输管理系统（TMS 系统）、并且在物流冷藏车上配备了 GPS/GIS 跟踪系统，通过信息化网络平台系统让客户实现对货物的全程可视化监控。今年三季度，众品把现有的物流系统升级到位，实现冷链系统与客户系统的高效对接，方便客户实时监测货物仓储状态及配送情况。众品物流还依托众品食业的网络，提升了供应链效率。目前众品物流还为思念等食品企业提供部分产品的全程物流服务，优化了客户的供应链系统。

2009 年 5 月，长葛众品生鲜物流园一期工程 20 万立方米的冷库投入运营，拉开了众品网络冷库全国布局的序幕。2010 年 4 月，库容 6 万立方米的豫南驻马店众品生鲜 DC 投入运营，而豫北安阳、豫西洛阳众品生鲜 DC 也依次投运，生鲜物流园二期工程正在建设，完成了众品物流在河南省的初步网络布局。2010 年 3 月份，众品在天津建设的生鲜 DC 正式运营，库容 12 万立方米。通过租赁冷库、整合社会资源等形式，众品先后在全国重要物流节点城市建立了自己的生鲜物流配送中心。

 实训练习

选择当地一种典型的鲜活农产品，针对农产品的产地生产规模、主要消费市场、物流渠道、供应链管理状况等进行调研，分析该物流链运作的情况。

综合练习

1. 查阅资料，了解海尔在家电下乡中的表现情况，分析其物流策略的作用。

2. 查阅资料，了解我国农业物流的发展状况，与工业物流比较，分析农业物流的特点和困难。

3. 比较家电产品、快速消费品、鲜活（生鲜）农产品电子商务发展情况，其对物流配送的要求有何异同。

项目十

工作沟通与协调

【知识目标】

1. 熟悉沟通的渠道和分类
2. 掌握有效沟通的特性
3. 掌握管理沟通的内容和方法
4. 熟悉常见冲突类型
5. 掌握分析冲突原因及管理冲突的方法
6. 掌握跨部门沟通及与客户沟通的注意事项

【技能目标】

1. 能做到有效倾听
2. 能根据沟通对象、内容选择沟通方式
3. 熟练运用沟通技巧，保持较好沟通效果
4. 会分析常见冲突，能解决协调一般冲突
5. 会分析跨部门沟通冲突的成因
6. 能根据业务情况进行横向跨部门沟通
7. 能就物流服务情况与客户有效沟通

任务一 沟通类型选择训练

任务引入

沟通是组织管理的一项重要职能，沟通技能是各级管理人员必备的重要技能。有效沟通能正确传递工作信息，有利于团队共同开展工作，实现组织目标。管理沟通的内容多种多样，掌握有效沟通的特性，学会有效倾听，选择合适的沟通渠道和沟通形式是保证沟通质量的关键。

1. 任务要求

查阅资料（教材、期刊、网络等），企业访谈，完成以下事项。

（1）在教师引导下完成教师预设的沟通及倾听游戏。

（2）完成游戏后的讨论及理论学习。

（3）完成后面的案例分析及实训练习。

（4）小组内分工协作完成任务。

2. 任务分析

沟通是工作和生活的重要内容，有效沟通能正确传达思想和工作意图，能使对方正确理解传达的内容。作为管理者，掌握沟通技能，根据沟通内容正确选择沟通渠道和沟通形式，进行有效沟通，才能鼓舞团队士气并减少冲突发生。熟练地进行管理沟通是每个管理者提高工作效率的必备技能。

3. 实施准备

（1）材料准备：A4纸（或其他统一规格的纸）每人2张，倾听训练材料每组1份，需要课堂讨论的案例或模拟的问题各1份。

（2）场地准备：能分组讨论，演练的实训室。

（3）学生约6人一组，确定管理人员（组长）1名，分工协作。

4. 实施步骤

（1）沟通模拟游戏——撕纸。按以下步骤进行。

① 布置任务：教师（管理者）向每位学生（员工）发放一张A4纸，要求学生按照教师口令完成撕纸任务，不许提问。

② 教师（管理者）发布口令，学生按指令操作。教师指令为：

——大家闭上眼睛，全过程不许向教师和同伴问问题

——把纸对折

——再对折

——再对折

——把右上角撕下来，转180度，把左上角也撕下来

——睁开眼睛，把纸打开。

学生举起手中的撕纸展示给教师和同学。

③ 针对学生手中的不同结果，讨论：为什么同样的指令会出现这么多不同的结果？

④ 学生给出讨论答案，教师点评。

⑤ 改变条件——教师发指令时允许学生提问题，再按指令完成一次撕纸游戏。

⑥ 讨论：为什么结果样式减少？为什么还有误差？单向沟通和双向沟通的特点？

⑦ 教师针对学生讨论结果进行点评，引出相关理论知识，进行讲解。

（2）教师讲解有效沟通的特性，引出倾听技能训练，沟通形式训练。

（3）倾听技能训练，按以下步骤完成。

① 教师选择某组的几位同学，分配案例角色，学生进行倾听模拟表演。

② 教师点评表演情况，引出有效倾听的四个层次及相关理论知识。

（4）沟通形式训练。语言沟通和非语言沟通，学生模拟表演，讨论注意事项。

（5）组织内沟通的渠道通常有哪些？学生举例，教师补充。

（6）物流企业上下级经常沟通的工作内容有哪些？学生讨论，然后教师点评。

（7）作为部门主管，沟通时应该注意什么？学生讨论，教师点评总结。

演练案例：一名女雇员工作热情，工作效率一直都很高，每次都能圆满完成任务，你对她的工作十分放心，不必予以监督。最近你给她分配了一项新工作，认为她完全有能力胜任这项工作。但是，她的工作情况却令你失望，而且还经常请病假，占用了很多时间，你怎么办？

5. 效果评价

参照表 10-1 对学生学习过程及完成质量给予评价。小组成绩主要考核团队整体完成情况，个人部分主要考核个人执行情况。

表 10-1　　　　　　　　　　　沟通类型选择训练评价表

小组序号：			学生姓名： 学号：		
小组成绩（教师评价或小组互评）			个人最终成绩		
任务及标准	满分	得分	项目及标准	满分	得分
撕纸游戏完成及讨论	5		小组分解得分	40	
倾听讨论	10		个人角色及执行	20	
上下级沟通内容讨论	10		代表发言陈述	10	
关于部门主管的讨论	10		讨论发言	20	
讨论及合作情况	5		友好互助	10	
合计	40		合计	100	
评价者：			评价者：		
评价时间：　年　月　日			评价时间：　年　月　日		

6. 点评交流

在"学做合一"的教学模式下，学生每次完成学习任务，教师及时组织交流、点评，穿插引出相关理论知识及下一步要进行的内容，启发学生积极思考，较好地完成本次学习任务。

 相关知识

一、沟通的含义

1. 沟通的含义

沟通的概念有多种不同的表述，可概括为：沟通是指信息发送者为了实现一定的目标，采取一定的沟通方式，运用一定的沟通工具，通过一定的沟通程序将经过编译的信息传递给信息接收者，然后信息接收者将经过编译的信息进行翻译和解释的过程。通俗地讲，沟通是指在一定的社会环境下，人们借助共同的符号系统，如语言、文字、图像、记号及手势等，以直接或间接的方式彼此交流和传递各自的观点、思想、知识、爱好、情感、愿望等各种各样信息的过程。

沟通至少包含三个方面的内容。

（1）沟通是为特定目标而存在的行为。没有特定的目的，沟通就失去依附的基础和存在的意义。

（2）沟通是信息与意义的传递，也是思想情感的传递。

（3）沟通是对信息与意义、思想与情感的理解。

沟通的内容至少包括四方面的要素：事实、情感、价值取向、意见观点。沟通不只是信息和思想的传送，沟通意味着交流。沟通是指被理解的信息与思想而非发出的信息与思想。要使沟通成功，意义与情感不仅需要被传递，还需要被理解。在沟通时，接收者接收到的仅仅是一些符号（如：声音、文字、图像、数字、手势、姿势、表情）而已，而不是信息本身。接收者必须将这些符号按照信息发送者的原意进行翻译，正确理解发送者的意思，沟通才算成功。假如接收者对这些符号不能理解，不能将这些符号翻译成与发送方原意相符的信息，那么沟通尚未完成。良好沟通的基本前提应该是经过传递之后，接收者所认知的信息、意义、思想和情感与发送者所表达的完全一致。

比如在一个不懂专业的人面前使用大量深奥的专业术语，就不能达到良好的沟通效果，传递的信息不但没能被接收者正确理解，还可能使接收者产生不被尊重和炫耀技能的感觉，结果是沟通失败。

2. 组织沟通的定义

组织沟通是指为实现和达成组织目标，传递信息和意义，交流思想和情感，理解并执行信息的过程。所有涉及管理和领导功能内容的沟通都是组织沟通。

3. 有效沟通

有效沟通就是接收者完整、准确地理解发送者传达的信息与意义、思想与情感。只有在恰当的时机、适宜的场合，用适合的方式传递信息、表达思想和感情，才能被人正确理解并执行。实现有效沟通需要注意五个要点：时机、场合、方式、内容（信息、思想和感情）和结果（理解、执行和成果）。

有效沟通具有 4 个特性：双向性、明确性、谈行为不谈个性（对事不对人）、积极聆听。

谈行为不谈个性（对事不对人）是指：要谈的是一种行为，千万不要帮人家定性。例如，"你怎么这么笨，这么懒，怎么每一件事情都要依赖上司，依赖性怎么这么强，你不要事事依赖领导……"这些都是谈个性。沟通中可以纠正下属工作中不当的行为，但不要评判人家的个性。

4. 沟通的意义

沟通是伴随着物理性的信息传递过程，完成解释和理解相关信号的内容、含义及其心理情感的活动。这种解释和理解需要参与者的知识与技能、价值观念、思维方式和心理态度的整合参与，需要思维活动。

组织沟通是一种领导与管理的工具，要达到某个管理目的。组织沟通重在对信息的理解和执行，有效沟通关键在于执行的结果。

组织沟通的领导职能在于，所有的领导活动，包括方向指引、动机激发、能力培养、文化凝聚，都需要通过沟通来实现；组织沟通的管理职能在于，所有的管理活动，包括计划、组织、检查、控制，也都需要通过沟通来实现。

一般的人际沟通重在传递意义或交流情感，与组织沟通有明显的不同。

二、沟通的渠道及分类

人类沟通的渠道和形式多种多样。从沟通渠道看，一般按沟通的组织性可分为正式沟通和非正式沟通；从沟通有无反馈来看，沟通可分为单向沟通和双向沟通；从信息传递方向看，可分为垂直沟通、横向沟通和斜向沟通等。详细分类如表10-2所示。

表10-2　　　　　　　　　　　　　　沟通分类及特点

区别特征	类　型	定义与特点
按沟通信息有无反馈分	单向沟通	信息由单方发出，无须反馈（播新闻、发公告、宣传栏等）
	双向沟通	信息发出双方或多方彼此接受反馈信息（会议沟通、面对面交谈等）
按沟通的组织性分	正式沟通	按照组织结构图的路线与层次，通过组织明文规定的渠道进行的沟通。正式沟通与组织的目标达成有关（工作汇报、意见申诉、绩效面谈等）
	非正式沟通	组织内通过私人接触，只是满足人们的个人需要而进行的沟通（人际沟通、非正式组织间的沟通）
按信息传递的方向分	垂直沟通	组织内部上级和部属的沟通以及部属与上级的沟通
	横向沟通	组织内部同级同层次成员之间的沟通
	斜向沟通	组织内部不属于同一部门和同等级层次人员之间的沟通
按语言信息传递的媒介分	口头沟通	用口头语言进行信息和意义传递的沟通
	书面沟通	采用书面形式进行的信息和意义传递的沟通
	电子媒介沟通	电话、电视、视频、计算机、传真机等系列电子设备进行信息传递的沟通
按信息本身的类属分	语言沟通	包含口头语言沟通和书面语言沟通
	非语言沟通	结构化语言之外的一切刺激，包括语音、语气、语调、面部表情、手势、身体姿势、空间、时间和接触等
按沟通对组织氛围的影响分	鼓励性沟通	鼓励性沟通是与个体或团队进行开放式的交流，促进组织和个体的发展
	防御性沟通	防御性沟通是与个体或团队进行封闭式的交流，对个体和组织是一种威胁，从而降低组织效率

1．单向沟通与双向沟通

按沟通是否存在信息反馈（发送者和接收者地位变换），沟通分为单向沟通和双向沟通。

单向沟通指发送者与接收者地位不变，接收者不许提问和反馈。双向沟通指沟通过程中发送者与接收者地位不断交换，信息与反馈往返多次。二者相比，各自的特点如下。

单向沟通的速度比双向沟通快；双向沟通比单向沟通更准确；双向沟通可以增强接收者的自信心；双向沟通中，接收者的不同意见使发出信息的人常感到有心理压力；双向沟通容易受到干扰，并缺少条理性。

2．正式沟通与非正式沟通

按沟通与组织的关系，沟通分为正式沟通和非正式沟通。

（1）正式沟通指按照组织明文规定的结构系统和信息流动的路径、方向、媒体等进行的信息传递与交流。正式沟通是利用领导者与被领导者之间的正常渠道把各种消息传播到预定范围。正式沟通的优点是正规、严肃，约束力强，易于保密，可以使信息沟通保持权威性；缺点是依靠组织系统层层的传递，比较刻板，缺乏灵活性，传播速度比较慢。

组织中大量的任务布置、决策说明、工作汇报和反馈、组织建议、绩效面谈等，均通过正式沟通来完成。所以组织中顺畅的沟通渠道构建非常重要。

（2）非正式沟通指在一定社会系统内，通过正式组织以外的途径进行的信息传递和交流。这类沟通主要是通过个人之间的接触，途径繁多且无定型。如同事之间的传闻、熟人间的闲谈等，无法控制信息流向，俗称"小道消息"。非正式沟通往往是在不受组织的约束和干涉的地点、时间、场合条件下所进行的非严肃性交流，具有自发性、灵活性、迅速性、随意性等特征。其优点是易于表达真实思想状况，所以容易获得在正式沟通情况下难以得到的有用信息，能增进情感交流，对于改变人的态度和行为具有重要的积极作用。其缺点表现在，非正式沟通难以控制，传递的信息不确切，易于失真、曲解，而且，它可能导致小集团、小圈子，影响人心稳定和团体的凝聚力。

非正式沟通是正式沟通的有机补充。在许多组织中，决策时利用的情报大部分是由非正式信息系统传递的。同正式沟通相比，非正式沟通往往能更灵活迅速地适应事态的变化，省略许多烦琐的程序，真实地反映员工的思想、态度和动机。因此，这种动机往往能够对管理决策起重要作用。

3. 垂直、横向、斜向沟通

按信息的传递方向，沟通分为垂直沟通、横向沟通、斜向沟通。

（1）垂直沟通。组织内部上级与下级相互之间的沟通为垂直沟通。其中地位较高的上级向下与下级部属的沟通叫下行沟通，反之叫上行沟通。

① 下行沟通，又称向下沟通。管理者通过向下沟通的方式传送各种指令及政策给组织的下层，其中的信息一般包括：有关工作的指示，工作内容的描述，员工应该遵循的政策、程序、规章等，有关员工绩效的反馈，希望员工自愿参加的各种活动等。

下行沟通渠道的优点是：使下级部门和团体成员及时了解组织目标和领导意图，增加员工对团体的向心力与归属感；协调组织内部各个层次的活动，加强组织原则和纪律性，使组织正常运转。下行沟通渠道的缺点是：过多使用会让下属觉得上级高高在上、独裁专断，使下属产生心理抵触情绪，影响团体士气；来自最高决策层信息需要层层传递，容易被耽误、搁置，有可能出现事后信息曲解、失真的情况。

② 上行沟通，又称向上沟通，是指组织中地位较低者主动向地位较高者的沟通，其沟通的信息常是报告工作情况，汇报某个成员的问题，向上级提出要求，向上级"诉苦"等。上行沟通有两种表达形式：一是层层传递，即依据一定的组织原则和组织程序逐级向上反映；二是越级反映。这指的是减少中间层次，让决策者和团体成员直接对话。

上行沟通的优点是：员工可以直接把自己的意见向领导反映，获得一定程度的心理满足；管理者也可以利用这种方式了解企业的经营状况，与下属形成良好的关系，提高管理水平。但越级反映要慎用。

（2）横向沟通。组织内部同级同层次的个人及团体之间的沟通。

横向沟通，又称水平沟通。在企业管理中，横向沟通可分为四种类型。一是企业决策阶层与工会系统之间的信息沟通，二是高层管理人员之间的信息沟通，三是企业内各部门之间的信息沟通与中层管理人员之间的信息沟通，四是一般员工在工作和思想上的信息沟通。横向沟通可采取正式沟通，也可采取非正式沟通的形式。通常是以后一种方式居多，尤其是在正式的或事先拟定的信息沟通计划难以实现时，非正式沟通往往是一种极为有效的补救方式。

横向沟通具有很多优点：第一，可使办事程序、手续简化，节省时间，提高效率。第二，可使企业部门之间相互了解，有助于培养整体观念和合作精神，克服本位主义倾向。第三，可以增加职工之间的互谅互让，培养员工之间的友谊，满足职工的社会需要，使职工提高工作兴趣，改善工作态度。其缺点表现在：横向沟通头绪过多，信息量大，易造成混乱；此外，横向沟通尤其是个体之间的沟通也可能成为职工发牢骚、传播小道消息的一条途径，对团体士气造成消极影响。

（3）斜向沟通。组织内部不属于同一部门和同等级层次人员之间的沟通。

斜向沟通又称为交叉沟通，时常发生在职能部门和直线部门之间。横向沟通和斜向沟通都跨越了不同部门，脱离了正式的逐级指挥系统，但只要在进行沟通前得到直接领导者的允许，并在沟通后把值得肯定的结果及时向直接领导汇报，这种沟通就是值得积极提倡的。

4. 语言沟通和非语言沟通

按传递信息类属，沟通可分为语言沟通和非语言沟通。

（1）语言沟通。语言沟通是以语言文字为载体的沟通，又可细分为口头沟通、书面沟通和电子媒介沟通三种形式。

① 口头沟通是面对面进行沟通，是管理者最常用的、最灵活、最直接的一种沟通形式。

口头沟通最大的优点是快速、简便和即时反馈。在这种沟通方式下，信息可以直截了当地快速传递并当场得到对方的反应，若有疑问或曲解，当即澄清。此外，口头沟通的另一个优点就是可以附以表情、手势等体态语言或声调、语气等副语言，加强沟通的效果。口头沟通的缺陷有：信息以口头方式经过多个层次传递时，信息衰减和失真严重。口头沟通经常因为没有记录而影响事后查对。

有关研究表明，对于口头沟通的信息发送者来说，具有丰富知识、自信、发音清晰、语调和善、有诚意、逻辑性强、有同情心、心态开放、诚实、仪表好、幽默、机智、友善等是有效沟通的特质。

② 书面沟通是比较正规的沟通形式，包括报告、备忘录、信函、协议书、布告通知、报刊、文件等以书面文字或符号进行信息传递的形式。

书面沟通的优点是有形有据，可保存、可核对。此外，书面语言在正式发表之前，可以反复琢磨、修改，以便形成逻辑性强、表述周密的信息。书面沟通的缺陷有：耗费较多的时间，不能即时得到反馈。在相同的时间内，口头要比书面所传达的信息多很多。口头沟通可以当场核实对方对信息的理解是否符合发送者的原意，但书面沟通做不到这一点。

采用书面沟通时需注意：文字要简洁，删除不必要的用语和想法；如果文件较长，应在文件之前加目录或摘要；合理组织内容，一般最重要的信息要放在最前面；要有一个清楚，明确的标题。

③ 电子媒介沟通是随着电子信息技术的兴起而新发展起来的一种沟通形式，包括电话、电视、视频、计算机网络、电子邮件、传真等。

电子媒介沟通除了具备书面沟通的某些优点外，还具有传递快捷、信息容量大、成本低和效率高等优点。电子媒介的传递速度比普通的信函、快递等快很多，几乎是即时收到。电子媒介沟通的缺点是看不到对方的表情。在网络上的某些交流中，甚至搞不清对方的真实身份。

（2）非语言沟通。非语言沟通中最常见的是体态语言和语调，也可利用空间距离、衣着等表达不同信息。

体态语言包括手势、面部表情和其他的身体动作。手部动作、面部表情及其他姿态能够传达的信息意义有喜悦、攻击、恼怒、恐惧、腼腆、傲慢、悲伤等。语调指的是个体对词汇或短语的强调，声调的轻重、抑扬、快慢的变化都会对信息产生影响。人与人之间的距离远近，是站着还是坐着，以及办公室的设备和摆设等，均会影响到沟通。在各种组织中，不同的地位和权力通常由空间的安排显示出来，高层管理者一般拥有宽敞、视野良好以及高品位摆设的办公室。人们衣着的不同可给对方传达一定的信息，因为衣着可明显影响人们对不同的地位、不同的身份、不同的群体认知。

5. 鼓励性沟通和防御性沟通

按沟通对组织氛围的影响，沟通可分为鼓励性沟通和防御性沟通。

鼓励性沟通是与个体或团队进行开放式的交流，促进组织和个体的发展。防御性沟通是与个体或团队进行封闭式的交流，会限制沟通过程，对个体和组织是一种威胁，从而降低组织效率。

在防御性的氛围内，员工表现得谨慎和退缩；在鼓励性的氛围内，员工能够进行广泛的交流。根据杰克·吉布（1991）所说，沟通氛围是一个从防御性到鼓励性的连续体，而并非是二者统一或完全对立的，完全的鼓励性氛围会让管理者对企业内的沟通失去控制，完全的防御性则会让员工感到威胁，使企业与员工处于对立面上。因此，企业在建立内部沟通体系时，应结合自身情况确定合适的沟通氛围，把握合适的程度，营造一个鼓励性的沟通氛围，使员工能够进行广泛的交流。

三、有效倾听

有效倾听是完成有效沟通的前提。倾听技能看似简单，人人都会，但是我们真能做到设身处地、感同身受、用心去"听"吗？

请看一段倾听的故事，试试自己是如何完成倾听的。

美国著名的主持人林克莱特在一期节目上访问了一位小朋友，问他："你长大了想当什么呀？"小朋友天真地回答："我要当飞机驾驶员！"林克莱特接着说："如果有一天你的飞机飞到太平洋上空时，飞机所有的引擎都熄火了，你会怎么办？"小朋友想了想，说："我先告诉飞机上所有的人绑好安全带，然后我系上降落伞，先跳下去。"

当现场的观众笑得东倒西歪时，林克莱特继续注视着孩子。

没想到，接着孩子的两行热泪夺眶而出，于是林克莱特问他："你为什么要这么做？"他的回答透露出一个孩子真挚的想法："我要去拿燃料，我还要回来！还要回来！"

据研究，我们日常的倾听行为可以分为以下四个层次。

第一层次——心不在焉地听。倾听者心不在焉，几乎没有注意说话人所说的话，心里考虑着其他毫无关联的事情，或内心只是一味地想着辩驳。这种倾听者感兴趣的不是听，而是说，他们正迫不及待地想要说话。这种层次上的倾听，往往导致人际关系的破裂，是一种极其危险的倾听方式。

第二层次——被动、消极地听。倾听者被动、消极地听对方所说的字词和内容，常常错过了讲话者通过表情、眼神等体态语言所表达的意思。这种层次上的倾听，常常导致误解、错误的举动，失去真正交流的机会。另外，倾听者经常通过点头示意来表示正在倾听，讲话者会误以为所说的话被完全听懂了。

第三层次——主动积极地听。倾听者主动、积极地听对方所说的话，能够专心地注意对方，能够聆听对方的话语内容。这种层次的倾听，常常能够激发对方的注意，但是很难引起对方的共鸣。

第四层次——同理心地听。怀着同理心，积极主动地倾听，这不是一般的"听"，而是用心去"听"，这是一个优秀倾听者的典型特征。这种倾听者在讲话者的信息中寻找感兴趣的部分，他们认为这是获取有用信息的契机。这种倾听者不急于依据自己参照系统作出判断，而是感同身受地体会对方的情感。他们能够设身处地地看待事物，总结已经传递的信息，质疑或是权衡所听到的话，有意识地注意非语言线索，询问而不是质疑讲话者。他们的宗旨是带着理解和尊重，积极主动地倾听。这种注入感情的倾听方式在形成良好人际关系方面起着极其重要的作用。

一个人从第一层次成为第四层次倾听者的过程，就是其倾听能力、交流效率不断提高的过程。事实上，大概 60%的人只能做到第一层次的倾听，至多 30%的人能够做到第二层次的倾听，不超过 15%的人能够做到第三层次的倾听，至多 5%的人能做到第四层次的倾听。我们每个人都应该重视倾听，提高自身的倾听技巧，学会做一个优秀的倾听者。作为优秀的倾听者，通过对员工或者他所说的内容表示兴趣，不断地创建一种积极、双赢的过程。

倾听不是被动地接受，而是一种主动行为。当你感觉到对方正在不着边际地说话时，可以用机智的提问来把话题引回到主题上来。倾听者不是机械地"竖起耳朵"，在听的过程中脑子要思考，不但要跟上倾诉者的故事、思想内涵，还要跟得上对方的情感深度，在适当的时机提问、解释，使得会谈能够步步深入下去。

倾听，是一个渴望成功的人必须掌握的技能。当然，掌握倾听的艺术并不难，只要克服心中的障碍，从小节做起，肯定能够成功。作为企业的管理人员，尤其要注重倾听技巧的修炼，这样能使自己工作起来更加游刃有余。

四、管理沟通内容与技巧

管理沟通中，直属的上下级之间沟通频繁。上下级的工作分工、职责的不同，沟通内容和沟通技巧有较大差异。平行沟通是同级沟通，地位、职责相似，沟通相对简单。

1. 下行沟通的内容

公司的管理者向下级沟通的内容通常有：传达政策、目标、计划，业务指导，激励诱导等。具体包括以下方面。

（1）公司或部门阶段性工作重点和方向。如何配合，困难和帮助要求等。

公司或部门的重大事件，如重要合同的签订、经营业绩取得重大突破、部门工作获得表扬和广泛认可等。

（2）公司、部门或个人表现优异的具体方面。

（3）所属员工或部门工作中需改进的方面及具体改进方案。

（4）明确对下属工作的期望，明确说明其工作对公司、部门工作的重要性。

（5）自己对工作方法、思路的建议和个人经验。

（6）对公司其他部门在工作过程中存在的问题和改进的建议。

2. 下行沟通注意事项

沟通不是简单的你说、我听，而是一个信息交流、思想统一、增强认同感、加强凝聚力的过程，要想取得良好的效果，各级主管需在实施过程中掌握一些原则和技巧。

（1）要认识到下属或他人都有很多优点。作为主管，尊重和欣赏自己的员工，发现员工的优点并进行表扬，是提高员工积极性的一个重要手段。

（2）沟通应是双向的。如果沟通过程中只有一方积极主动，而另一方消极应对，那么沟通也是不会成功的。

（3）要注意积极倾听。要积极地去倾听，听清、听懂进而理解对方的意思。

（4）维护对方的尊严。沟通过程中，双方的地位是平等的，无论是讲话的语气、语调、行为等都要体现出对员工的尊重。

（5）沟通方式是灵活多变的。

（6）要真正地了解和理解对方，而不是把自己的观点强加给员工。每个人因自身定位、经历、环境的不同，对事情的看法不可能完全一致，要多从员工的角度出发考虑问题，从其讲话或行为的动机、出发点去考虑，才能真正地理解对方，得出的结论才能更符合实际。

（7）有隔阂时要主动改善关系。在管理者与被管理者之间存在一些隔阂或误会是很正常的，这就更需要通过沟通来消除。作为主管，更应该从大局出发，表现出高姿态，主动找员工沟通以寻求改善关系。

（8）选择合适的沟通平台（见表 10-3）、时间、地点等。

表 10-3　　　　　　　　　　　　　　　　　沟通平台及内容

沟通平台	内　　容	特　　点
各类会议	计划会议、例会、演示会、分享交流会、问题协调会	双向沟通、正式沟通
各类宣传	形象墙、橱窗、板报、内部报刊杂志、员工活动天地	单向沟通、正式与非正式
网络系统	OA 自动化办公、E-mail、BBS 系统、QQ 聊天、MSN	电子媒介、正式与非正式
员工活动	培训、党团组织生活会、旅游、娱乐、文艺晚会	正式与非正式、多鼓励性
各类热线	800 热线、400 热线、12345 投诉、110 报警、122	繁忙、快捷、解压、救急
特定平台	总经理接待日、媒体见面会、家访、绩效面谈	针对解决特定问题

3. 上行沟通的内容

公司下级向上级沟通的内容通常有以下几方面。

（1）工作进展情况汇报，困难及解决方法，希望提供的帮助。

（2）对工作、流程等的改进建议等。

（3）陈述意见、抱怨、批评等。

4. 上行沟通注意事项

上行沟通常见的是工作进展汇报和对工作的建议。上行沟通时需要注意以下几个方面。

（1）打算陈述意见、抱怨或批评时，要先看上司的态度或状况，除非上司想听，否则不要说。陈述意见时，要注意客观，抱怨或批评要控制情绪和措辞，注意对事不对人。

（2）回馈工作要消化、整理，重点摘要分类，不要将搜集的原始资料原封不动地交给上司。

（3）若与上司意见相同，要热烈反应表示赞同。领导的策略计划需要下属认可才能很好地执行，真心赞同就表达出来，让上司知道下属的反应。

（4）若与上司意见略有差异，要先表示赞同。留待以后冷静思考对比，若想做些补充，再用引申方式表达。

（5）若与上司意见相反，请勿当场顶撞。尤其是他人在场时，更要慎重考虑清楚，有不同意见要选择私下与上司单独交流，尊重上司的自尊和权威。

（6）不要只提问题，更要思考解决之道，一并陈述。

5. 平行沟通注意事项

平行沟通，一般是交流经验、看法、意见，解释误会，以求互相了解，彼此共进。平行沟通时要做到以下几点。

（1）彼此尊重，从自己先做起。

（2）知己知彼，创造良好形象。

（3）换位思考，替对方多考虑。

（4）平等互惠，不让对方吃亏。

（5）了解情况，选择合适方式。

（6）依据情况，选择适当时机。

（7）如有误会，诚心化解障碍。

6. 管理沟通小技巧

（1）让对方听得进去。选择适当的时机、场所、气氛。

（2）让对方听得合理。先说对对方有利的；再指出彼此互惠的；最后提出一些要求。

（3）让对方听得乐意。怎样说对方才喜欢；如何使对方情绪放松；哪部分比较容易接受？

（4）牢记人际关系十字诀。脸笑，嘴甜，腰软，热情，仪表。

 **案例介绍**

杰克·韦尔奇的沟通技巧

沟通，关键是选择一个适合的渠道。通用电气的首席执行官杰克·韦尔奇的沟通方式值得借鉴。在韦尔奇带领通用电气走出困境，重塑辉煌的过程中，有效沟通发挥着重要作用。

韦尔奇将一半的时间用在他所称作的"人的问题"上。他在通用电气公司这样庞大的公司中创造了一种少有的非正式沟通和共享的感觉。他从来没有给任何人发过正式的信件、备忘；几乎所有的信息都是依靠个人便条、打电话或面对面直接沟通、传递的。

韦尔奇每年都要为公司设置年度议程和为通用电气新诞生的英雄进行庆贺的活动，为来自不同事业部的经理和他们的同行创造交换思想的机会。这些非正式的聊天会通常持续到午夜两、三点钟，每次这种会晤，韦尔奇都会亲自参加。在会议将结束时，他会发表一个精心策划的讲话，讲话被摄制下来，翻译成8种语言，然后传递到世界各地通用电气的分公司。在那里通用的经理们用这段录像与自己所属的团队来商讨通用来年所要应对的问题。

其他正式的沟通还有每季度召开的企业执行官理事会，在那里通用公司的30名高级官员相互交换意见。执行官们把这种会议誉为"利益共享、人人有份"，因为不管是好的还是坏的信息，都是公开共享的。

韦尔奇最重要的沟通形式之一是非正式沟通，他时刻与下属保持着高效的沟通状态。每周韦尔奇都要对工厂或办公室进行突击访问，和通用公司各个层次的人员进行交谈。他定期和那些与自己低好几级的经理们共进他们想都想不到的正式午餐，在进餐间隙，他可以吸收他们的观点和看法。韦尔奇平均每年要会见通用公司的几千名员工并与之交谈。韦尔奇的沟通技巧帮助他在通用电气这样的公司内施加了强有力的影响。

韦尔奇通过个人便条、打电话，以及面对面会议进行沟通，而不是给他关心的职工发送正式的信件及备忘。这种沟通方式使韦尔奇获得了真实的第一手资料，为其作出正确的决策打下基础。

 **实训练习**

摩托罗拉公司的沟通方式

为了保持良好的员工关系，摩托罗拉公司设立了多种沟通渠道，一方面让员工能及时了解到公司的各方面信息，另一方面公司也努力解决员工关注的各种问题，听取员工的改善建议，从而实现管理层与员工的直接沟通。

（1）肯定个人尊严。公司设计了一份包含6个问题的问卷，每个季度每个员工填写一次问卷，回答"是"的含义是表示员工与公司的关系和谐一致；回答"否"的含义表示员工存在不满意或不理解的成分，对此，管理人员必须安排时间与员工座谈，寻找改进办法。

（2）"我建议"活动。鼓励全体员工通过"我建议"信箱和布告栏，以书面的形式提出自己对公司各方面的改善建议，公司视效果每季度评出先进团队和个人给予表彰。

（3）畅所欲言。公司每一个员工都可以通过"畅所欲言"信箱反映各自的意见，人事部有专人负责并保守员工所反映问题的秘密性。

（4）热线电话。一种及时高效、高度保密的双向沟通渠道，反映的内容是一些不易被人发现的，公司的生产、管理、财务等方面存在的隐患。经查证后属实且为公司挽回损失的，视情况予以奖励。

（5）总经理座谈会。为员工与管理人员的交流提供一种双向沟通的渠道，定期召开座谈会，当场回答员工关心的问题。

（6）报纸及杂志。包括每周一出版的《大家庭》报纸、每天中午播出的《大家庭》电视节目，《移动之声》杂志等。

（7）每日简报。迅速传达公司重要事件和通知，使全体员工能及时了解公司的信息。

（8）员工大会。由经理直接传达公司的重要信息，有问必答。

（9）教育日。为员工提供了解公司文化、理念及学习有关规定及技能的机会。

（10）墙报。在公司的走廊和餐厅设有定期更换的板报，其形式活泼，内容丰富，观赏性强，各种通知及宣传的信息可以一目了然。

（11）589信箱。员工的合理建议或意见，在尝试以上渠道沟通后仍然无法得到及时、公正的反馈，可以直接投递589信箱，589信箱得到的信息会直接由员工关系经理及中国地区人力资源总监负责，及时解决问题。

（12）职工委员会。员工与管理层直接沟通的桥梁。

问题：

（1）请分析，这些沟通方式能发挥何种作用？

（2）调研你所在学校有无类似的沟通方式，效果如何？请你特别调研会议在贵校信息沟通中的作用，师生的反应如何？

任务二　冲突分析及协调

 任务引入

由于认识的不同以及利益、目标等存在差异，组织内人与人之间、群体之间不可避免地会存在各种冲突。冲突对组织有时是破坏性的，有时又是建设性的。如何认识冲突、分析冲突产生的原因，进而科学合理地管理冲突，是管理者的常规性工作。根据美国管理协会的一项调研，一位职业经理人至少会有24%的工作时间是花在冲突管理上的。

1. 任务要求

查阅资料（教材、期刊、网络等）、企业访谈，完成以下事项。

（1）在教师引导下完成教师预设的冲突及管理模拟游戏。

（2）完成模拟游戏相关问题的讨论及理论学习。

（3）完成后面的案例分析及实训练习。

（4）小组内分工协作完成任务。

2. 任务分析

冲突就是双方或多方之间存在的不同，通常具有局面紧张、争执不断、情绪化及两极化等特征，关系各方之间的联系纽带缺失或破裂。最重要的冲突类型是人们把个人情感带入到对抗关系中所产生的冲突。冲突是客观存在的，管理者必须识别冲突，重视冲突，科学分析产生冲突的内在原因，进而适当地管理冲突，减少冲突的破坏性，尽量使冲突给团队带来积极的结果。本次任务以冲突游戏模拟演练，学生自主分析、解决问题为主线，教师协助辅导、点评，引出相关理论知识，学生角色演练，锻炼识别冲突、协调冲突的专业技能。

3. 实施准备

（1）材料准备：3 个冲突管理模拟游戏材料每组 1 份，游戏角色标牌若干；需要课堂讨论的案例或模拟的问题各 1 份。

（2）场地准备：能分组讨论、演练的实训室。

（3）学生约 6 人一组，确定管理人员（组长）1 名，分工协作。

4. 实施步骤

（1）冲突模拟游戏 A——新主管与老下属的冲突及协调。按以下步骤进行。

① 布置任务：教师向每位学生（冲突双方的员工）讲解以下模拟案例。

李美丽是一家民营企业的业务部骨干，她与公司新来的业务经理无法融洽相处，后来连续几个月业绩出现下滑；业务经理被责成上交分析报告，而报告中提到的原因之一为李美丽不与他在业务上主动沟通，而导致其监管出现问题；公司上层为此询问李美丽，李美丽很不服气，认为业务经理不但不主动与自己沟通，还在上司面前告自己的状，她想找新经理理论一番。

② 学生小组内进行角色分配并扮演冲突。

③ 教师要求各组学生讨论冲突发生的原因，并协调解决冲突。

问题 1：请分析李美丽与业务经理的冲突原因，如果你是当事人，你将如何解决冲突？

问题 2：引申问题：新主管与老下属如何和平共处，减少工作冲突？

④ 学生阐述原因、演练解决办法。教师最后点评，穿插讲解理论知识及新主管与老下属相处的注意事项。

（2）冲突模拟游戏 B——上行沟通产生的冲突。按以下步骤进行。

① 布置任务：教师向每位学生（冲突双方的员工）讲解以下模拟案例。

冲突的起因：一位业绩一直第一的员工，认为一项具体的工作流程是应该改进的，她向主管包括部门经理提出过，但没有受到重视，领导反而认为她多管闲事。冲突的发展：一天，她私自违反工作流程进行改变，主管发现后带着情绪批评了她，而她不但不改，反而认为主管有私心，于是就和主管吵翻了，并退出了工作岗位；主管反映到部门经理那里，经理也带着情绪严肃地批评了她，她置若罔闻；于是经理和主管就决定对她进行严惩：认错态度好就扣 3 个月奖金，不思悔改就解聘。这位员工拒不接受，于是部门经理就把问题报告到老总这里。

② 学生小组内进行角色分配并扮演冲突。

③ 教师要求各组学生讨论冲突发生的原因，并协调解决冲突。

问题 1：请学生分析，若自己是当事人将会如何处理呢？

问题 2：请学生分析，若自己是老总，你会如何处理冲突呢？

问题 3：请学生深入分析冲突产生的原因，指出正确管理冲突的方法。

问题 4：请学生讨论"人才有用不好用"的社会现象，分析背后的根源。

④ 学生阐述原因、表演解决办法。教师最后点评，穿插讲解冲突管理理论知识及上行沟通的注意事项。

（3）冲突模拟游戏 C——变革管理时的多层次沟通冲突及协调。

① 布置任务：教师向每位学生（冲突双方的员工）讲解以下模拟案例。

中层管理者张汪洋自述："早晨公司的例会上，我对公司制度以及以前某些做得不到位的地方归纳了几条，并勒令从今天开始整改。让我没想到的是，多数人竟然当着老总的面跟我面红耳赤地争论起来。我的建议都是从公司的长远发展来考虑的，对公司的发展有百益而无一害。不知道他们为什么跟我唱反调，当时情况很激烈，要不是老总鼎力支持我，估计我的计划只能胎死腹中，今天就要作废。看着眼前的这些同事，真是不知道说什么好，每个人都有自己的理由不去执行，我的心都凉了。第一天改革就遇到这样的事情，以后工作还怎么开展？感觉自己好像被大家孤立了，就是因为我的提议？真的想不通，到底应该如何处理这件事？"

② 学生小组内进行角色分配并扮演冲突。

③ 教师要求各组学生讨论冲突发生的原因，并协调解决冲突。

问题 1：请学生分别站在 3 种角色的立场体验心理感受，分析出现这种局面的原因。

问题 2：明确原因后，请学生讨论如何善后处理？张汪洋又该如何去做呢？

问题 3：明确了问题所在，请提出避免类似冲突的改进方法和建议。

④ 学生阐述原因、表演解决办法。教师最后点评，穿插讲解相关理论知识及变革管理时进行沟通的注意事项。

5. 效果评价

参照表 10-4 对学生的学习过程及学习效果给予综合评价。小组成绩主要考核团队整体完成情况，个人部分主要考核个人执行情况。

表 10-4　　　　　　　　　　　冲突分析及协调实训评价表

小组序号：			学生姓名：　　　　　学号：		
小组成绩（教师评价或小组互评）			个人最终成绩		
任务及标准	满分	得分	项目及标准	满分	得分
模拟游戏 A 分析解决	10		小组分解得分	40	
模拟游戏 B 分析解决	10		个人角色及执行	20	
模拟游戏 C 分析解决	10		代表发言陈述	10	
小组组织分工情况	5		演练创意	20	
汇报展示情况	5		友好互助	10	
合计	40		合计	100	
评价者：			评价者：		
评价时间：　　年　　月　　日			评价时间：　　年　　月　　日		

6. 点评交流

学生每次完成模拟游戏，展示分析、解决办法后，教师及时组织学生交流，结合学生的分析及解决方案，穿插引出相关理论知识及引申问题。本次课堂以模拟游戏激发学生兴趣，使学生积极参与分析讨论，教师以案例问题为载体，启发、讲解相关理论知识，学生通过模拟训练，学习识别冲突、解决冲突的专业技能。

 相关知识

一、冲突的含义及类型

1. 冲突的含义

冲突含义的表述有多种说法。冲突，是两个或两个以上的行为主体在特定问题上目标不一致，或看法不相同，或意见分歧而产生的相互矛盾、排斥、对抗的一种态势。冲突即为有关双方在观念和行为上的对立或对抗，是一种在满足各自需要的过程中遇到挫折、阻力或力图超越现状时的心理紧张、压力及其外部表现。冲突是两种目标的互不相容和互相排斥，是一方（包括个体、群体和组织）认识到另一方正在或将要采取阻碍、危害自己实现目标的行动的过程。组织行为学权威斯蒂芬·P·罗宾斯认为，冲突是一种过程，当一方感觉到另一方对自己关心的事情产生不利影响或将要产生不利影响时，这种过程就开始了。冲突发生的条件有：双方存在不同的利益；双方均认为对方会损害自己的利益；察觉到对方正在采取不利于自己的行为或预测到对方将会采取类似的行为。

冲突根源于社会或组织所能供给的资源十分有限，而冲突各方所追求的利益多样化且趋向无限大，使得冲突经常发生，甚至无所不在。

现代冲突调节理论认为：冲突是客观存在的；冲突具有正面和反面、建设性和破坏性；管理者要正确处理冲突，减少其不利影响，充分发挥其积极的一面，并将冲突保持在适当的水平上使其促进组织变革，使组织充满活力，提高绩效水平。

2. 冲突的类型

现实工作和生活中，冲突普遍存在。比如，个人内心经常有观念的冲突，还有个人之间的冲突、群体内部的冲突、群体间的冲突、部门间的冲突等。冲突按不同的分类，存在以下类别。

（1）按冲突范围划分，冲突分为人际冲突、群际冲突和组织间冲突。

（2）按冲突实质划分，冲突分为建设性冲突和破坏性冲突。

建设性冲突又称积极冲突。建设性冲突双方目标一致，共同关心目标的实现；双方彼此愿意了解和听取对方的观点和意见，交换意见以讨论为主，不伤感情；双方以争论的问题为中心来互相交流意见，对事不对人。建设性冲突会给组织带来创意、活力和发展。

破坏性冲突又称消极冲突。双方目标不一致，都坚持自己的观点；不愿听取甚至根本不听取对方的观点和意见，很少或完全停止交换情况和信息；双方不以争论的问题为中心，由对问题、观点的争论转为对人的攻击。破坏性冲突是干扰组织目标顺利实现的障碍。

（3）按冲突双方的管理层次划分，冲突分为与上级冲突、与下级冲突和与同级冲突。

与上级冲突、与下级冲突和与同级冲突，它们各自存在的前提和依据不同，因而其冲突的表现形式和解决方式也会有较大差异。

（4）按引起冲突的诱因归属划分，冲突分为情绪性冲突和实质性冲突。

情绪性冲突是由于个人情感、性格方面的原因引起的。实质性冲突是由于工作中的不理解、不协调造成的。

二、冲突的原因

随着组织面临的外部环境日益复杂，组织内部分工越来越具体，组织需要变革的压力日益增加，组织内的冲突在所难免，总是有人愿意创新，有人想维持现状。改革创新必然打破现状，影响到很多人的现实利益。有改革就有冲突。冲突产生的背景和原因是多方面的，主要有以下几点。

1. 专业分工的相互依赖

越来越复杂的社会环境使得人们几乎不可能独立地完成组织的目标，组织目标的实现乃至本职工作的完成都是大家相互合作、协调行动的结果。例如，产品质量依赖于零部件的质量、原材料的质量以及生产制造环节操作质量；销售人员的销售业绩除了与自身专业水平和努力程度有关外，还会受到研发部门研发水平的影响（是否受到消费者欢迎），受到生产部门制造水平的影响（制造精度及成本等），受到物流配送部门工作的影响（能否及、时低成本配送到位）等。

相互依赖性是人类活动的艰巨性以及专业化、社会化分工的结果，它反映出任务完成过程中，某个人依赖于或受到其他人支持的程度。这种依赖性必然会增加相互间的协作、信息沟通和保证行动的协调工作，而这些协调工作的不确定性使冲突的发生成为可能。

2. 协作各方的相互差异

具有一定的相互依赖关系的各方，会在文化、价值观、任务认知、各自目标、沟通方式及习惯、组织要求、地位或资格等方面存在明显差异。差异性越大越容易导致一定的意见分歧，最终往往导致冲突的发生。例如，员工来自不同的文化背景，容易造成沟通障碍，发生冲突；例如，生产部门希望少品种、大批量生产以节约成本，销售部门希望多品种、小批量生产以利于销售等目标差异容易导致意见分歧。

3. 资源的稀缺性

资源总是有限的，任何组织在资源的分配上，几乎都不可能做到"有求必应"。当两个或两个以上的主体同时依赖于组织的稀缺资源时，双方之间极有可能因为争夺资源而发生冲突。例如，一个主管职位空缺可能导致参与竞争的两个人产生冲突。

4. 职责划分不清

组织中各部门活动范围或权限、部门内不同人员的职责和权限有时会模糊不清，各部门及相关人员彼此之间往往会因任务由谁负责、责任由谁承担而发生"扯皮"争端，或是因为利益而争相插手。任务及职责的模糊性是组织内部产生冲突的原因之一。

5. 沟通技能有待改善

随着全球经济一体化时代的到来，组织中的员工来自不同国籍、不同地区、不同背景的情况越来越普遍，对沟通技能的要求不断提高，容易被忽视的沟通技能不当，也会造成双方的误会和冲突。

三、冲突的管理

曾任国际冲突管理协会主席的乔斯沃德教授认为："冲突是指个体或组织由于互不相容的目

标认知或情感而引起的相互作用的一种紧张状态"，他认为一个人的行为给他人造成了阻碍和干扰就会产生冲突。冲突与暴力、争吵不同。

随着管理学的发展，人们对冲突的认识大体分为三个阶段，即传统的观点、人际关系观点和相互作用观点三个阶段。冲突的传统观点认为：冲突都是不良的、作用是消极的，它常常作为暴乱、破坏、非理性的同义词；因此这种观点认为应该避免冲突，管理的目的应该是消除冲突。人际关系观点认为：冲突是客观存在的，冲突不可能被彻底消除，人们应该接纳冲突，冲突有时会对群体的工作绩效有益。相互作用观点认为管理者要鼓励有益的冲突，认为融洽、和平、安宁、合作的组织容易对变革和革新的需要表现为静止、冷漠和迟钝，一定水平的、有益的冲突会使组织保持旺盛的生命力，善于自我批评和不断革新。

1. 正确定性冲突是管理的前提

有人根据冲突发生的工作领域将冲突分为任务冲突、过程冲突和关系冲突。相互作用观点认为，中低层次的任务冲突和低水平的过程冲突对组织起积极作用；而绝大部分关系冲突是功能失调的，造成人与人之间的敌对、不和与摩擦。对冲突正确定性，树立正确的、全面的冲突管理哲学是管理冲突的前提。冲突管理的目的不是彻底消灭冲突，而是建立共同遵守的游戏规则。冲突管理包括冲突的预防、冲突的处理和冲突的利用。

2. 冲突的预防

对于有消极作用的冲突，管理者要采取预防和处理措施。如关系冲突和超过一定程度的、给组织带来危害的任务冲突和过程冲突。

冲突的预防可以采取以下方法。

（1）建立科学、完善的规章制度，以严密的流程明确工作职责，尽量建立清晰、可以量化的目标体系。防止因为职责不清、目标不明确而产生"扯皮"、"推诿"等冲突事件。

（2）建立畅通、明晰的信息沟通渠道和沟通规则。畅通的沟通渠道可以增强群体之间、个人之间以及个人与群体之间的信息沟通，明晰的沟通规则可以减少意见交流时的误解和分歧。

（3）实行民主的人性化管理。组织目标的确定，考核评价机制的确立等充分征求员工的意见，重视员工的决策参与权，组织内形成良好的人际关系，减少因不同观点、不同利益而形成帮派的机会，可以有效预防不同意见演化为对组织有害的冲突。

3. 处理冲突的策略

解决、处理冲突是管理者的重要职责，针对不同性质、不同范围的冲突，管理者的处理策略不尽相同。

（1）作为冲突当事人，对发生的冲突要有主动、积极的态度和立场。

① 换位思考。站在对方的立场设身处地地思考面临的问题，体会对方对事件的感触。许多冲突之所以发生，是因为双方目标、立场、关注点差异而导致不同的看法和感受。

② 沟通与协商。坚信对方有特定的情景和难处，平静、充分地沟通，协商解决问题。许多冲突因为事先沟通不够或者根本没有沟通，导致一方不能准确理解传递的信息或反应过分激烈，进一步加强沟通取得谅解，以协商的态度解决冲突会产生积极的作用。

③ 互相满足对方，建立长久合作关系。如果冲突双方致力于建立长久合作关系，那么双方就应该适度地从对方角度着想，互相满足对方，建立起双赢的互惠机制。

现实工作中，处理冲突的方法通常有逃避、退让、妥协、合作、强制等。这些方法的效果如图 10-1 所示。

（2）作为冲突双方的上级管理者，处理冲突还要讲究策略。

对破坏性冲突，防范重于治理，在平时工作中要善于观察，预知冲突的前兆，采取果断措施防止冲突扩大化、严重化。冲突一旦发生，要查明原因，对症下药。

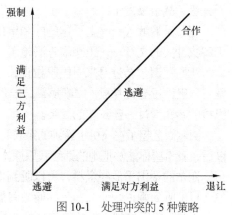

图 10-1　处理冲突的 5 种策略

① 协商解决法。把冲突双方召集在一起，通过沟通、交流，协商解决冲突。

② 仲裁解决法。对于双方无法协商解决的，可采取仲裁解决。例如，有的劳动纠纷无法通过协商达成一致意见，可申请仲裁解决。

③ 权威解决。对于双方不能协商解决的冲突，管理者可利用职权、威信，强制双方执行，解决冲突。

④ 拖延法。如果有些冲突暂时对组织破坏不大，且当事人情绪异常激动，管理者可先行拖延，给当事人冷静思考的时间，延后处理。

⑤ 回避法。有些冲突对组织破坏性不大，冲突的原因包含个人情感、人格等多方面原因，管理者不方便插手，可以采取回避态度，让当事人自行处理。

⑥ 转移目标法。有些冲突不涉及组织的关键任务，管理者可以把当事人的关注点引领到更重要、更紧迫、更高的目标工作中，转移注意力，淡化冲突。

⑦ 调整政策法。有些冲突起因于某些政策不合理，管理者可以考虑尽快调整政策，彻底消除不利冲突。

⑧ 群体重组法。有些工作冲突或过程冲突涉及关系层面，彼此很难继续合作，管理者通常重组机构，让当事人远离冲突。例如，把当事人调到其他岗位，重组团队等。

4. 冲突的激发和利用

冲突管理的另一层含义是在必要的时候激发一定水平的冲突，因为建设性的积极冲突对组织的运行和成长有推动作用，因此要加以鼓励和刺激，以树立创新导向。比如低水平的过程冲突和中低水平的任务冲突对组织工作具有建设性的积极意义。激发冲突可以采用的策略主要有：改变组织文化，运用沟通，引进外人或重用吹毛求疵者，重新构建组织。

例如，迪斯尼公司鼓励无规则限定和可以随意打断的大型会议，壳牌集团、通用电气引入"吹毛求疵者"，IBM 公司建立鼓励人们提出不同意见的正式系统等，这些公司的措施对于打破公司内部"一团和气"，激发内部员工的创造性和理性竞争具有极大的作用。

 案例介绍

冲突如何得以解决

在丹佛市的一家汽车旅馆里，约翰、巴巴拉和谢尔站在桌子前——约翰在谢尔右边，巴巴拉在谢尔左边，双方剑拔弩张。桌面上的东西被丢得到处都是。如果目光能够置人于死地，那么谢尔将是唯一的幸存者。

巴巴拉是生产经理，固执己见；约翰则是超级销售人员，心高气傲。几个月来的频繁冲突终于升级，战争爆发了。

谢尔是调解人——上了年纪的和事佬（在飞往丹佛的路上，谢尔碰巧在杂志上读到了一篇关于解决冲突的文章——正想临阵磨枪）。

"嗯，"谢尔转过身来对巴巴拉说，语气不太自信，"现在看起来情况不妙。到底出了什么问题？"巴巴拉挺直身板，摩拳擦掌，准备开始进攻。约翰不禁呆住了，呼呼地喘着大气，这时巴巴拉的嘴角滑过一丝狡诈的微笑。

谢尔回忆起了在飞机上看到的杂志，于是开始现学现卖："约翰，"谢尔提醒道，"巴巴拉说完以后，我希望你能够把她的话给我原原本本复述一遍。"约翰抬起头，皱起眉头，撅起嘴，欲言又止。谢尔的话出乎他的意料，可以听到他气得牙痒痒："什么？让我复述她的话？吵架的时候我怎么可能听到她说些什么？"约翰皱着眉头，拿出了纸笔，巴巴拉在一旁幸灾乐祸，笑开了花。

于是，巴巴拉把心中的怒气一吐为快。约翰怒目而视，却不敢还嘴，他还得作记录。巴巴拉发表完了看法，约翰把她的内容重新进行阐释，并且提炼出了要点。巴巴拉不时为自己辩解。轮到约翰了，他迫不及待地发言，脸涨得通红。巴巴拉只好洗耳恭听，奋笔疾书。约翰终于说完了，上气不接下气。巴巴拉此时也早已头昏眼花，还得把他的话重复一遍。当看到巴巴拉顺从地点头时，谢尔感觉到了胜利的曙光。

约翰凝视着自己的笔记，然后转过身来，有点脸红。巴巴拉也低下了头。整个下午，他们都在交谈，然后开始不情愿地协商。最后，问题终于得到圆满解决。

 实训练习

阅读下列材料，分析、回答问题。

案例一：赵萌的烦恼

人事部经理即将离职，公司正在考虑一个接替人选，人事部助理赵萌的呼声最高。玛丽任行政部文员已经很久了，遇到这个很机会，玛丽不想放过。但是论学识、资历和学历，玛丽都不占什么优势，要想老总把眼光投向她，实在不是一件容易的事情。

玛丽想到了一个不光彩的办法……

两个月后，玛丽与老总的侄儿出双入对地在公司出现，不久，玛丽被任命为人事部经理。赵萌对此不屑一顾，失望地离开了公司。

案例二：布依的烦恼

艾诺与布依差不多同时受雇于一家超级市场，开始时大家都一样，从最底层干起。可不久后，艾诺受到总经理青睐，一再被提升，从领班直到部门经理。布依却似乎与机遇无缘，还在最底层的职位上。过了一段时间，布依终于忍不住了，向公司提出辞呈，并指责总经理不公平，辛勤工作的人不提拔，反倒提升那些"吹牛拍马"的人。

总经理耐心地听着，他了解这个小伙子，工作肯吃苦，任劳任怨，但似乎缺少了点什么，缺什么呢？三言两语说不清，说清楚了他也不服，看来……他忽然有了个主意。

"布依先生，"总经理说："您马上到集市上去，看看今天有什么卖的。"布依很快从集市回来说，刚才集市上只有两个农民各拉了一车土豆在卖。"一车大约有多少袋，多少斤？"总经理问。布依又跑去，回来说有一车10袋，一车12袋。"价格多少？"布依再次跑到集上。总经理望着跑得气端吁吁的他说："请休息一会吧，看艾诺是怎么做的。"说完叫来艾诺对他说："艾诺先生，你马上到集市上去，看看今天有什么卖的。"

艾诺很快从集市回来了，汇报说因为刚下过两天暴雨，许多地方交通不畅，到现在为止只有两个农民在卖土豆，农民甲一车有 10 袋，价格适中，质量很好；农民乙一车 12 袋，质量稍差但价格便宜，他各带回几个让经理看；并说农民甲过一会还会有几筐西红柿上市，据他看价格还公道，这种价格的西红柿总经理可能会要，所以他带回了几个西红柿作为样品，请总经理决定。待艾诺走后，总经理微笑着问布依说："你有什么感受吗？"

问题：

（1）赵萌的处理方式是否是最好的，如果你是赵萌，是否有更好的处理此冲突的方法？

（2）请对赵萌和布依的烦恼以及处理方式进行比较分析。对案例二中超市总经理的沟通方式给予评价。

任务三　跨部门沟通训练

 任务引入

组织的工作划分到不同的部门合作完成，不同部门既有分工又有协作。现实工作中，部门间的沟通、合作经常出现不协调的冲突问题。掌握跨部门合作的技巧、解决跨部门合作的沟通冲突是部门管理人员重要的工作职责。

1. 任务要求

查阅资料（教材、期刊、网络等）、企业访谈，完成以下事项。

（1）在教师引导下完成教师预设的跨部门沟通合作游戏。

（2）完成游戏后的讨论及理论学习。

（3）完成后面的案例分析及实训练习。

（4）小组内分工协作完成任务。

2. 任务分析

组织中的不同部门有着自身的利益角度和责任视角，各种流程事先规定了大部分的责权划分，也常常留有一些权限不清的"灰色地带"。跨部门沟通属于横向沟通，若彼此达成共识则合作愉快，组织效率提高；现实中部门间工作冲突时有发生，各持己见，形成组织内耗。以现实案例为基础，分析部门间冲突形成的原因，寻找化解部门沟通障碍的解决方案，训练跨部门沟通的技巧，是本次学习任务的重点。

3. 实施准备

（1）材料准备：案例模拟演练材料每组 1 套。

（2）场地准备：能分组讨论、演练的实训室。

（3）学生约 6 人一组，确定管理人员（组长）1 名，分工协作。

4. 实施步骤

（1）跨部门沟通游戏 A——某配送中心上、下游部门的微妙关系。按以下步骤进行。

① 布置任务：教师向每位学生（冲突双方的员工）讲解以下模拟案例。

某物流配送中心的两个部门在工作上处于流程的一前一后，工作关系十分密切，但两个部门的关系却很微妙。一帆风顺的时候还好，但一碰到需要承担什么风险，或是需要对什么错误负责的时候，就开始相互推脱。给人的感觉就是，有了功劳一定要有自己的份，如果出了什么事就一定要推脱得干干净净。结果，即使是些很小的事，也动不动就上报到高层领导那里，部门之间总有一种相互不信任的气氛，本来能够两个部门合力一起解决好的问题，往往因为在谁对最后结果负责的纠缠中，增加了问题的复杂性，也拖延了解决问题的时间。

② 学生小组内进行角色分配并模拟冲突。

③ 教师要求各组学生讨论沟通不畅的原因，并协调解决冲突。

问题 1：请分析部门间沟通不良的原因，为什么部门间不能形成相互信任的氛围？

问题 2：如何解决部门间的沟通现状，有哪些方法可帮助改进？

④ 学生阐述原因，表演解决办法。教师最后点评，穿插讲解理论知识。

⑤ 请学生再次演练部门沟通解决方案。

（2）跨部门沟通游戏 B——行政部与销售部的沟通冲突。按以下步骤进行。

① 布置任务：教师放映以下录影片段。要求各组学生讨论冲突发生的原因，并协调解决冲突。

《杜拉拉升职记》中，负责单位装修的行政部拟定了搬家腾空办公室的日程，半天时间全部搬完不能拖延，部门经理们都签字确认同意。当搬家公司来搬东西时，发现销售部的东西根本没有收拾，行政部去询问，销售部的人说："今天我们有大客户谈判，没有时间收拾东西，耽误了大客户，靠你们行政部去挣钱呀？"行政部说你们经理签字同意过的，销售部门说："要搬就你们行政部的人收拾吧"。可行政部实在人手太少无法帮忙，一时间气氛凝重起来。

② 教师要求各组学生讨论沟通不畅的原因，并协调解决冲突。

问题 1：分析发生冲突的原因。

问题 2：如果你是行政部负责搬家事务的杜拉拉，你会怎么办？

③ 教师继续放映录影片段，请学生观看杜拉拉是如何做的？

④ 请学生讨论杜拉拉处理冲突的方法怎样，讨论采用学生自己提供的方案，后果会怎样。

⑤ 教师结合杜拉拉及学生们的方案，穿插讲解跨部门沟通的相关知识。

（3）跨部门沟通游戏 C——"大销售"的抱怨。按以下步骤进行。

① 布置任务：教师向每位学生（冲突双方的员工）讲解以下模拟案例。

新的一天开始了，同事们先后来到办公室，销售部秘书魏丽娟刚刚坐在电脑前，"大销售"李浩然也风尘仆仆地赶到了，抬高嗓门对秘书说："你说，咱们公司那些行政、财务的人怎么回事？这标书拼得你死我活的，我好不容易搞定客户，摆平集成商，这后院还起火了！""怎么回事儿？"魏丽娟很疑惑。"昨天我缺一份公司的营业执照复印件，先找行政，他们说得到财务那儿拿。好容易找到王会计，她说要财务总监同意，而财务总监又没开手机。这不让人搓火吗？""几点的事呀？""昨晚八点。""咳，人家都下班了！再说，人家也不知道你急着找他呀。""这当'乙方'的真倒霉！既得攘外，还得安内，怎么回到公司就不能做回'甲方'呢？"（合同中销售商品的供应商通常被定义为"乙方"，购买客户为"甲方"，故销售人员常自嘲为"乙方"。）"我和那些部门的人吃饭的时候，他们还老说'你们销售多好哇，一切资源、投入都是你们优先。我们这些部门累个半死也没人看见，而且谁都能冲着我们喊……'"。

② 学生小组内进行角色分配并扮演冲突。

③ 教师要求各组学生讨论沟通不畅的原因，并协调解决冲突。

问题 1：请站在各部门角度分析部门间沟通不良的原因，如果你是李浩然，你将怎样做？

问题 2：如何解决部门间的沟通现状，有哪些方法帮助改进？

④ 学生阐述原因，表演解决办法。教师最后点评，穿插讲解相关理论，训练学生跨部门沟通的技能。

5. 效果评价

参照表 10-5 对学生参与过程及完成情况给予评价。小组成绩主要考核团队整体完成情况，个人部分主要考核个人执行情况。

表 10-5 　　　　　　　　　　　　沟通类型选择训练评价表

小组序号：			学生姓名：　　　　　　学号：		
小组成绩（教师评价或小组互评）			个人最终成绩		
任务及标准	满分	得分	项目及标准	满分	得分
游戏 A 完成及讨论	10		小组分解得分	50	
游戏 B 完成及讨论	10		个人角色及执行	20	
游戏 C 完成及讨论	20		代表发言陈述	10	
成果展示情况	5		演练创意	10	
团队合作情况	5		友好互助	10	
合计	50		合计	100	
评价者：			评价者：		
评价时间：　　年　　月　　日			评价时间：　　年　　月　　日		

6. 点评交流

学生每次完成模拟游戏，展示分析、解决办法后，教师及时组织学生交流，结合学生的分析及解决方案，穿插引出相关理论知识及引申问题。本次课堂以模拟游戏激发学生兴趣，使学生积极参与分析、讨论，教师以问题为载体，启发、讲解相关理论知识，学生通过模拟演练，锻炼识别冲突、解决冲突的专业技能。

 相关知识

一、跨部门沟通概述

1. 跨部门沟通现状

根据亚当·斯密的分工理论，几乎现今所有的组织都按工作性质等划分了部门，各部门都有自己主要的工作职责。但是部门间的工作是既分工又需要合作，因此部门间的合作、沟通不可避免。然而，现实工作中，部门间合作、沟通的冲突不断，部门经理之间面和心不和，部门与部门之间的交叉地带无人能管，也无人敢管，跨部门的合作与沟通是个非常突出和普遍的难题，特别是比较大型的或有官僚作风的企业，事不关己、高高挂起是常态。不能横向跨部门沟通，部门经理工作起来感到左碰右撞，绊手绊脚，个人能力不能很好地发挥，组织绩效受到影响。这里有制度和文化的问题，也有管理者的沟通方式和技巧问题。

2. 部门经理的职责

部门经理除了对内管理以外，对外管理也是必须担负的重要责任之一。部门经理的角色包含了以下两种性质。

（1）对外交涉。对外方面，部门经理扮演着发言人的角色。部门经理不仅要管理好自己的团队，还要通过有效的沟通与协商，争取自己团队的权益，带领自己的团队与其他部门建立良好的合作机制，争取相关部门必要的支持，达成预定的工作目标。另外，作为本部门的代表，带领团队支持其他部门的工作，与相关部门维持良好的关系。

（2）信息传递：因为工作关系，部门经理比较了解组织整体运作模式以及其他部门的运作情况。因此部门经理应该把这些信息传递给自己的团队成员，让自己的团队了解本部门与其他部门之间的权利与义务关系，帮助部门成员扩大视野，学习以组织整体的视角思考问题，不能只将眼光局限于本部门之内。

总之，在跨部门沟通中，部门经理的作用非常突出，对部门间的合作氛围起着决定作用。

二、跨部门沟通冲突的原因

对于部门经理来说，跨部门沟通的确是件重要的工作，但沟通不好也是一件令人头痛的麻烦事。根据调查统计，沟通不良的原因主要有以下几点。

（1）流程管理欠缺。基于分工理论的组织架构，每个部门有自己的主要职责和分工，明确的流程能够清晰确定部门职责的分工和衔接，特殊事例辅以原则说明。有时组织内的流程界定模糊，部门职责界定不清，功劳大家抢，责任大家躲，久而久之部门间不再相互信任而是互相防备，一件小事都难以协作完成，有事要么争相躲避，要么频繁求助上层领导定夺，组织效率受到挑战。

（2）对于结果的预期不同。不同部门有不同的利益角度，对于事情的认知难免会有差异，最常见的是对于结果或目的的预期不同，例如，销售部希望做事灵活，产品丰富；财务部希望有条不紊，按预算和相关制度办事；生产部希望产品品类少生产、批量大；物流部希望订单差异小，配送有计划，少来临时的配送等。因此，几个部门对于一件事情的期望往往存在很大差异甚或是互相矛盾，这加大了跨部门间合作的难度和沟通的复杂性。

（3）被动等待信息。跨部门沟通属于平级的横向沟通，很多部门经理不愿意主动沟通，尤其是在管理界限不太明晰、沟通有困难的情况下，每个人都觉得既然不属于自己的职责，何必由自己挑起不愉快的事情呢，因此，被动等待很常见。"事情怎么会这样，为什么不早说呢？"很多人有过这样的经验，对方事前都没有主动联系，任由问题扩大，等到无法解决了，才紧急跑来求救。很多人都这样责备别人，而自己不也是如此趋利避害，明哲保身吗？

（4）前期会议的沟通协调未持续。有些工作事前召开了各部门的协调会，上级部门以及各个协调部门进行了前期的有效沟通，但是工作是一个持续的过程，会后的进程就各顾各的，没有随时保持联系，关键协调部门没有再公布具体进程以及需要其他部门如何跟进，其他部门也没有主动了解最新情况，导致部门间不了解、不协调，严重时互相指责，演变为工作冲突甚至是关系冲突。

（5）相互排挤的工作要求。每个部门都有原本既定的工作，每位员工手中都同时有好几个项目要完成，因此不可能将百分之百的心力投入在某部门主导的项目上。但是，该主导项目部门却认为这么重要的年度计划，所有相关员工都应该投入更多的精力与时间来提升质量。由此，不重视、不友好、不满意的猜疑开始滋生。

（6）上情无法下达，下情无法上达。有时候原因不在于跨部门沟通不良，而是自己团队内部的沟通出了问题。例如，部门经理之间约定的事情没有及时告知下属，下属完全不知情，没有配合或配合不好就是常情。有时，就一个冲突问题部门经理间商定了妥协的解决办法，不知情的下属们却还在为此事僵持不下、反复沟通；有时则是下属之间彼此协调好的事情没有及时汇报给部门经理，擅自主张的结果可能是部门经理认为不妥，推翻重做。

三、跨部门沟通注意事项

跨部门沟通的效果取决于高层领导和部门经理的工作能力和合作态度。要做好跨部门沟通与合作，减少部门间冲突和内耗，组织高层领导和部门经理应该从以下几点持续改善。

（1）持续改进流程管理。细化的制度、清晰的流程可以清楚界定部门间的权责关系及合作状态，少留空白或交叉的"灰色地带"。对于特殊事项，事先研讨执行方案，使每个部门清楚自己承担的职责和享有的权限，减少"扯皮"、"推诿"的事件，愉快的合作经历能够增进彼此的信任，营造互相体谅、协作互助的氛围。遇到跨部门冲突事件，高层领导应及时发现流程管理的缺陷，持续改进，不要让流程遗留的冲突黑洞蔓延。

（2）换位思考，着眼全局。每个部门都有自己的业绩压力，从本位主义思考问题也在所难免。但是各部门共同组成了组织的整体，考虑问题还应更多地着眼于全局。需要部门协作的问题，应适当运用对方的思考逻辑，转换立场，换位思考，彼此之间就能多几分理解，少几分误会和猜疑，沟通冲突自然会逐渐减少，友好协作会给合作各方带来愉快的经历，使跨部门沟通协作步入良性轨道。

（3）尊重他人的主导权。跨部门沟通通常是平级的部门经理间进行沟通协调，部门间没有行政隶属关系，有些部门经理时常以面对自己下属的态度，与其他部门的经理和员工沟通，因此很习惯地就直接告诉对方要怎么做，往往在被拒绝之后心里会想："为什么他们就是无法接受别人的建议？"然而，问题的根源不在于此。《把事情做好》（Getting It Done）的作者罗杰·费雪（Roger Fisher）指出，"除非是自己的直属部门经理，通常人们不愿意被人指示该做哪些事情。"因此，尊重别人的主导权，以平和的态度和商量的姿态与其他部门联络，才是跨部门合作积极的开端。

（4）选择适当的沟通方式。跨部门沟通的情况多种多样，任务类型、部门地位、部门经理的背景及个性、高层领导的重视和参与程度等都会影响沟通的效果。针对不同的情境，分别列出不同沟通方式的有效性，选择切合实际的沟通场景、沟通方式有助于达到沟通的预期。

（5）平时建立关系。不要到了需要的时候，才想到其他部门的重要性。平时与其他部门很少沟通联络的部门，一旦需要其他部门支持、协助时，或许会感到对方"公事公办"、"不愿帮忙变通"的压力。因此，平日里，部门经理应该多与自己团队之外的人接触，建立广泛的人际关系。许多时候，事情的完成靠的不是正式的组织关系，而是部门经理在组织内的个人关系，也就是所谓的"非正式人际网络"，这种非正式网络通常比起正式的组织流程更能有效快速地完成工作，甚至满足特殊的要求。

（6）争取高层的支持。许多部门经理忽略了向上沟通的重要性。事实上，在进行跨部门合作时，争取更高层的支持是非常重要的，目的并非是借助由更高层的力量来压迫其他部门。所谓"争取支持"，是让你的老板随时了解你在做什么，你真正的想法是什么。当你与其他部门发生冲突时，老板就不会只依据表象或其他人单方面的信息，作出不公平的决定。如果部门之间发生无法解决的冲突，需要由更高层的部门经理出面协调解决时，最好采取公开的方式，共同开会讨论，开诚布公。

从组织层面看，实施部门主管岗位兼职或轮岗制度，或部门秘书轮岗制度可以为跨部门沟通做好积极的铺垫，因为熟悉一个部门运作模式和人事后，再到另一个部门为原来的部门提供服务和交流就容易多了。从整体上说，全公司通过他们而进行的内部沟通中的摩擦大大降低了。另外，构建简洁的沟通渠道，不断进行沟通技能培训，倡导沟通文化，调整组织结构等都是改进跨部门沟通的有效做法。

 **案例介绍**

陈经理的跨部门沟通

某大型运输企业拥有大量运输车辆，专门建立了维修车间，主要对出现状况的车辆进行维修。维修车间的陈经理对本公司及其他公司的安全事故调查、分析后发现，所有的事故除了驾驶员自身的原因外，车辆的超负荷运行和疏于保养是直接的原因。当然这些问题从表面上看不到对运输安全构成威胁，但是，一旦这些隐患积累到爆发的程度就会导致灾难。所以他对运输业务经理提出：所有的车辆回来后应该进行及时的保养，并让驾驶员得到足够的休息，而不是等车出了问题来维修。但是运输业务经理却说："如果车能跑的话，就得让它跑。我们不想为点芝麻绿豆的事儿，就把一部车从计划上撤下来，有货不拉。"

运输业务是企业的命脉，直接让业务部门减少业务安排来保养车辆，的确不太现实，有钱能不赚吗？都知道安全第一，但是为了多拉快跑，这样的要求很难得到支持。陈经理陷入了两难。

后来陈经理接受了沟通培训讲师的建议：① 有没有更多的可能性和其他相关的部门沟通，找对人通常效能会比较高；② 国有大企业，制度和文件最有效力；③ 不要带着问题去找人家，要带着解决方案去找。

陈经理注意到了每个月调度室发送的月度计划。这个计划使运输业务部门和维修部门知道每个月的运输要求和相应的车辆安排。突然，他想到一个办法，他记下了最需要立即保养和检修的几个车号，来到调度室，向调度经理说出了他的担忧，并建议能否错峰提前安排，这样不至于临时出现状况而无车可调。调度经理回答他："行！我们可以对每辆车按日期排班进行检查，告诉我它们的保养时间。"

接下来的1个月，调度计划中多列了一项对某些所选定的货车"按日期维修"的日子，从而使陈经理的团队不再是出现问题才检修，而是有计划、分批次地对车辆进行保养。在一次给客户送货的任务中，由于他们的保障有力，为本来车辆不够的调度室增加了四台可以出车的货车，运输业务经理特意请陈经理吃饭以示答谢。

 实训练习

亚通网络公司的跨部门沟通

亚通网络公司是一家专门从事通信产品生产和电脑网络服务的中日合资企业。公司自1991年7月成立以来发展迅速，销售额每年增长50%以上。与此同时，公司内部存在着不少冲突，影响着公司绩效的继续提高。

因为是合资企业，尽管日方管理人员带来了许多先进的管理方法。但是日本式的管理模式未必完全适合中国员工。例如，在日本，加班加点不仅司空见惯，而且没有报酬。亚通公司经常让中国员工长时间加班，引起了大家的不满，一些优秀员工还因此离开了亚通公司。

亚通公司的组织结构是直线职能制，部门之间的协调非常困难。例如，销售部经常抱怨研发部开发的产品偏离顾客的需求，生产部的效率太低，使自己错过了销售时机；生产部则抱怨研发部开发的产品不符合生产标准，销售部门的订单无法达到成本要求。

研发部胡经理虽然技术水平首屈一指，但是心胸狭窄，总怕他人超越自己。因此，常常压制其他工程师。这使得研发部人心涣散，士气低落。

问题：

（1）亚通公司的冲突有哪些？原因是什么？

（2）如何解决亚通公司存在的冲突？

任务四 客户沟通

 任务引入

物流配送要为客户服务，客户的满意度不仅与物流操作质量有关，也与配送工作相关人员的服务态度和沟通方式关系很大。信息时代市场竞争的加速使沟通能力更加重要。物流工作人员需实时和客户交流货物递送信息、联系和发展客户、确认定单、签定服务合同、沟通和协调运输过程中随时发生的问题、实现客户关怀等。李宁公司对第三方物流服务商有 5 个考核指标：准时提货率、及时正点率、货损货差率、服务态度以及完美回单率。可见，物流工作人员准确、得体的沟通能提升客户满意度。

1. 任务要求

查阅资料（教材、期刊、网络等）、企业访谈，完成以下事项。

（1）在教师引导下完成教师预设的客户沟通业务模拟。

（2）完成业务模拟相关问题的讨论及理论学习。

（3）完成后面的案例分析及实训练习。

（4）小组内分工协作完成任务。

2. 任务分析

物流配送工作是客户服务的重要内容，配送工作中很多岗位人员经常与客户进行直接和间接沟通。业务员、送货员、客服人员及管理人员均需要长期与客户进行面对面的沟通。随着物流公司网络的日益扩大，客户来自四面八方甚至世界各地，产业的转型升级及竞争的压力等使客户对物流服务的要求不断提高。物流操作受外部环境影响大，不可预测的风险事件较多，非常事件的发生更需要物流从业人员克服各种困难保持与客户的有效沟通，努力做到让客户满意。本次任务以学生的物流业务沟通演练为主线，教师协助辅导并通过点评引出相关理论知识及企业沟通资料的内容，让学生树立与客户进行良好沟通的意识，锻炼学生与客户沟通的能力。

3. 实施准备

（1）材料准备：3 个沟通业务模拟材料每组 1 份，业务角色标牌若干。

（2）场地准备：能分组讨论、演练的实训室。

（3）全班学生分为三组，确定管理人员（组长）1 名，分工协作。

4. 实施步骤

（1）沟通业务模拟 A——物流公司车队为货主甲托运货品。按以下步骤进行。

① 布置任务：教师向每位学生（货主甲、物流业务员、物流经理）讲解业务。

货主甲委托的货品为：100 套意大利进口服装，保价 9 万元；50 个玻璃花瓶，保价 500 元。在办理托运之前，物流业务员需要和货主进行哪些事项的沟通，如何沟通。

② 三个小组的角色分别为：货主甲、物流业务员、物流经理，各小组商讨列出详细沟通事项，然后每组抽取一位同学扮演三个角色演练沟通。

③ 教师根据学生的演练情况启发学生讨论以下问题。

如：外包装问题，重量和体积测量，物流公司是否需要开箱验货，途中货损的责任归属，托运费用，付款方式及时间、服务质量承诺、相关人员的仪态仪表、文字及口头表达等。

④ 学生修改方案后教师点评，穿插讲解相关知识，发放合作物流企业真实资料。

（2）沟通业务模拟 B——物流公司车队为客户送货上门。按以下步骤进行。

① 布置任务：教师向每位学生（业务员或司机、客户、物流经理）讲解业务。

物流公司收到一批货物要送到客户指定的仓库。货物为 50 箱康师傅方便面，20 箱五粮液白酒，100 箱农夫山泉饮用天然水。送货前、送货中、送货后需要与客户进行哪些事项的沟通，如何沟通。

② 三个小组的角色分别为：客户、物流业务员（或司机）、物流经理，各小组商讨列出详细沟通事项，然后每组抽取一位同学扮演三个角色演练沟通。

③ 教师根据学生的演练方案启发学生讨论以下问题。

如：送货时间、地点、证件、费用、异常事件及处理，客服电话等。

④ 学生修改方案后教师点评，穿插讲解相关知识，发放合作物流企业真实资料。

（3）沟通业务模拟 C——送货员为客户送货到家。按以下步骤进行。

① 布置任务：教师向每位学生（客户、送货员、物流经理）讲解以下案例。

客户陈述如下：

一直对满天星快递服务很满意，对于上班族来说，能晚上送货到家是别家网站没有的服务。这一次发生的情况，不禁让我怀疑以后是否该不该送货到家了。

送货员先是打电话询问我是否在家（既然我约的是晚上送货，怎么会不在家呢？），然后问我家的小区是不是复兴路走到头左拐才到（这个快递员看样子业务不熟悉吧）。东西送上楼，以前我都是在门口验货的。这次因为东西多，我把箱子搬到客厅桌子上打开验货，距离大门口 2 米远，在视线范围内。以往的快递员从来没有进过家门，这次这个快递员直接跟了我进来，穿着他自己的鞋踩到我家光洁的木地板上，我心里不禁有点反感，但忍着没说什么。听口音是老乡，就跟他多聊了两句。然后他开始问我来上海几年了，这个房子是三室一厅吧？买的时候多少钱，挺贵的吧？买多久了？老公是上海人？来三年就买了大房子，老公一定是领导吧？此时我脑子里开始响警铃了，什么意思？觉得我家很有钱？

货验完了，没见箱子里有货单，后来看见在一瓶液体包装上缠着，快递员一边撕扯着塑料袋，一边骂着："妈 X，哪个包装的，不放在箱子里。"

② 学生小组内讨论客户不满意的问题在哪里？为什么？此时送货员应该如何与客户沟通？物流经理接到此类抱怨和投诉，将如何提升员工的沟通能力？抽两组同学表演他们修正的方案，从语言、动作、姿势、表情等多方面启发学生讨论。

③ 教师点评，穿插讲解相关交谈层次、城乡沟通的差别、地域风俗习惯、沟通礼仪、注意事项等知识。

5. 效果评价

参照表 10-6 对学生的学习过程及学习效果给予综合评价。小组成绩主要考核团队整体完成情况，个人部分主要考核个人执行情况。

6. 点评交流

学生每次完成业务模拟的研讨和演练后，教师及时组织学生交流，结合学生的分析及解决方案，穿插引出相关理论知识及引申问题。本次课堂以业务模拟演练使学生积极参与，教师以案例问题为载体，启发、讲解相关理论知识，学生通过模拟训练，学习与客户沟通的专业技能。

表 10-6 客户沟通实训评价表

小组序号：			学生姓名：	学号：	
小组成绩（教师评价或小组互评）			个人最终成绩		
任务及标准	满分	得分	项目及标准	满分	得分
模拟业务 A	20		小组分解得分	70	
模拟业务 B	20		个人角色及执行	10	
模拟业务 C	20		友好互助	10	
小组组织分工情况	10		主动演练	10	
合计	70		合计	100	
评价者：			评价者：		
评价时间： 年 月 日			评价时间： 年 月 日		

 相关知识

一、客户沟通的重要性

物流配送人员的工作，一般是通过储存、装卸、包装、配货送货等环节的操作，实现对客户的承诺。物流作业现场不测因素多，极易发生差错、质变、溢缺、破损、丢失等事故，无论发生何种事故，低廉的服务费用都无法抵偿巨大的经济损失和信誉损失。物流作业看似简单，其实蕴含着巨大风险，同时关联着客户、货主、企业、个人的切身利益。物流从业人员必须熟悉商品，严格遵守操作规则，尽心尽责地杜绝差错和各类事故的发生。

物流服务本身就是客户服务的一部分，很多岗位是直接与客户接触，经常与客户进行语言和非语言沟通，物流工作人员的操作质量和沟通表现直接形成了客户体验。通过恰当、得体的沟通工作与客户保持良好的关系，可以赢得客户的信任，寻找到为企业创造最多价值的客户，甚至影响客户行为为企业增加收益，还可以在客户的帮助下开发成功的产品和服务。研究表明，我们日常工作中 70%的错误是由于不善于沟通造成的。因此，各级物流从业人员熟练掌握正确的客户沟通方法至关重要。

二、如何与客户进行有效沟通

1. 与客户沟通的障碍

大千世界，每个人都有自己内在的性格倾向，且生长的外在环境和生活经历不尽相同，长此以往我们拥有了各自不同的思维定式和参照系统，并以此为标准和视角看待周围的世界。

我们必须承认，人和人之间是有差异的，这些差异在交流中都会形成障碍。随着物流企业网络的日益扩大，员工来自五湖四海，客户分布越来越广甚至遍布世界各地，这种地域、文化、个性习惯等种种差异无时不在影响着我们的日常工作，为顺利沟通带来障碍和阻力。通常与客户沟通的主要障碍有：

（1）语言障碍，产生理解差异。中国地域辽阔，各地区语言差别大，如南方人讲话北方人听不懂，甚至温州人讲话杭州人听不懂。即使能够听得懂讲话的文字，但对词义的内涵、褒贬的理解可能有明显不同。现在物流从业人员和客户经常来自不同地区、不同国家，沟通的双方可能有非常不同的文化背景和表达习惯，若不是双方有着多次的接触有比较熟悉的了解，以及足够充分的沟通说明，就很难避免沟通中会产生理解和表达障碍，发送的信息和接受的信息有较大差异。

（2）环节过多，引起信息损耗。有时沟通信息经过了多人、多环节的传递和转达，每经过一次转达信息就可能多一层丢失和误解，经过的中间环节越多，越会引起信息的损耗和失真。

（3）信誉不高，妨碍沟通。如果信息发送者在接收者心目中形象不好、存有偏见，则后者对其所讲述内容往往持有怀疑或者反感情绪，从而不予理会，拒绝接受，有时甚至专挑毛病和错误，忽视传达的真正信息和内容。

（4）条件不清，理解各异。有时，一个方案的执行或者结果的实现是在一定边界条件下才能够达成或者成立的，但传递信息过程中有人忽视了边界条件的存在或者未加详细说明，结果导致理解差异和行动失调。

（5）利益冲突，有意隐瞒。物流企业和客户之间存有各自的利益，有时一方只为自身利益考虑，有意将应该说明的情况进行掩盖和隐瞒，最终导致事情的复杂化和矛盾化。

（6）沟通渠道不畅，要求不明。物流企业与客户沟通应该明确沟通渠道和各自的负责人，有时物流企业管理要求不明，致使与客户沟通的人员不固定，或者不同沟通阶段应该有不同专业背景的人跟进加入时未能较好地落实安排，致使参与沟通的主体和渠道变化多，造成信息混乱。

（7）地理障碍造成沟通困难。沟通双方地理位置相距遥远或者交通不便，无法经常进行面对面的沟通，致使信息接收者无法全面获悉另一方的真实、全面的信息。

（8）信息接收者个人原因造成沟通困难。有时，信息接收者个人原因也会造成沟通困难。如，注意力分散、一心二用，不善于倾听过早评价，受思维定式影响只选择想听的内容等。

2. 与客户有效沟通的技巧

客户沟通通常是信息互动的双向过程。你需要了解对方，也需要有效清晰地表达自己。沟通的基础首先是尊重和真诚，在此基础上理解他人的参照系统，沟通双方或者多方之间参照系统重叠的部分越多，沟通的效果就会越好。与客户进行有效沟通有两个关键的因素：给予有用的信息和收集有用的信息。

了解客户需求，从客户的角度去思考问题，是有效沟通的第一步。在面谈时了解客户需求的方法有：提问、积极倾听及引导、把握适当的沟通层次。

（1）提问。通过向客户询问，可以寻找客户需求的线索，挖掘细节，了解客户的参照系统，以及确定客户的需求、希望和担心等。提问分为开放式提问和封闭式提问。

开放式提问是收集正确信息的最好方式。开放式提问可以帮助物流工作人员获得一些无偏见的需求，帮助更透彻地了解对方的感觉、动机和顾虑，对方由此会让你接近他们的内心世界，使你有机会沟通成功。

开放式提问可以做到：能引起对方慎重地思考，能引发对方的内向所思，能集中对方的吸引力，根据对方的反应推断他的性格，你的聪颖而有深度的问题会令对方尊重你，你能从容地控制整个面谈过程，有助于确认对方需求。

封闭式提问的特点是寻求事实，避免啰唆，缺点是带有引导性，不能充分了解细节。

因此，选择提问的方式和内容时，应该选择有助于实现自己目标的问题，为了解情况则适宜使用开放式提问，为促成结果宜采用封闭式提问。恰当的提问在于知道什么时候该提什么问题，讲究提问的艺术。提问之前要做充分的准备工作列出所有问题，提问时注意恰当控制语气、语调及身体语言等。

（2）积极倾听及引导。积极倾听是一种能力，是与客户进行有效沟通的重要环节。

不良的倾听习惯有：打断别人的讲话；经常改变话题；控制不住个人偏见；生气带着情绪听；贬低讲话人；只注意听事实，不注意讲话人的表情等；有疑问不要求对方阐明；显得不耐心；思想开小差；注意力分散；回避眼神交流；神情茫然、姿势僵硬；不停地抬腕看表；急于下结论，对方还未表达完整时就想如何进行回答等。

在倾听时，为准确理解客户本意，了解客户需求，倾听者通常要以复述和引导两种手段结合加以辅助。复述可以求证自己的理解是否准确，适度的引导可以将谈话内容引导到你想要获得更多信息的某个具体方面。

复述常用语句：听起来您的意思好像是……所以您的意思是……您似乎觉得……我对您刚才这番话的理解是……

引导话题举例：看来您工作很忙对送货到达时间不甚满意，为提升客户服务水平，本公司新推出一种新型服务"限时达"，即客户可以选择某一个小时的时段作为送货时间，我们保证在该时段内向您选择的地点送达您订购的货品，您看如何？

与客户面对面沟通，讲话之前稍作停顿进行思考，继续谈话前确定双方互相理解正在交流的内容，自己做到积极倾听并努力使对方做到积极倾听，在对方有些精力分散或心不在焉时，可以用一些语言提醒对方吸引对方的注意力。如："刚才我们的谈话很愉快，接下来我们要谈第二个重要事项，可以吗？"或者说："好像您有急事要处理，要不我们等一会儿再谈吧。"

有效倾听的原则：不要打断讲话人；设身处地从对方角度着想；针对听到的内容，而不是讲话者本人；使用鼓励性言辞，眼神交流，赞许地点头等；避免使用情绪性言辞；不急于下结论等。

（3）注意交谈的层次。为取得客户的信任，拉近与客户的距离进而建立长久的合作关系，物流工作人员需要在合适的时机加深与客户沟通的层次，扩展交谈的内容。需要注意的是，交谈的层次取决于双方的感觉和意愿，不明对方所想单方面深入交谈的内容，甚至涉及个人隐私等情况可能会引起对方的反感，或者导致沟通的提前结束。

鲍威尔（Powell）认为，沟通大致分为五个层次：一般性交谈、陈述事实、分享个人的想法和判断、分享感受和沟通的高峰。这五种层次的主要差别在于一个人希望把他真正的感觉与别人分享的程度，分享程度的高低与彼此的信任度有关。信任度越高，彼此分享感觉的程度就越高；反之则越低。

① 一般性交谈。一般指肤浅的、社交应酬开始语，如"你好"、"今天天气真好"之类的口头语，这种话在短时间内使用会有助于打开局面。

② 陈述事实。是报告客观的事实，未参与个人意见或牵涉人与人之间的关系。

③ 分享个人的想法和判断。在此层次一般双方已建立了信任，可以互相谈自己的看法，交流各自对事实和问题的意见。

④ 分享感受。在互相信任的基础上，双方建立了信任关系并确信对方不仅是安全可信的，且能够相互理解并愿意分享。此时人们会自然愿意说出自己的想法和对各种事件的反应。

⑤ 沟通的高峰。此时互动双方达到了一种短暂的"一致性"的感觉，或者不用对方说话就知道他的体验和感受。这是沟通的最理想境界。一般来讲，很少有人能达到这一层次，且不会维持多长时间，只有在第四层次时，偶尔自发地达到高峰。

有效沟通的原则：尊重对方并表达你的真诚，认真倾听别人的谈话，记住客户的姓名和职务，面带微笑，把真诚赞美当成一种习惯，清晰地表达自己，避免不必要的争论，留心自己和对方的身体语言，求同存异等。

与客户沟通，难免会存在各种各样的差异。但我们要努力做到：无论我是否同意你的观点，我都会尊重你，给予你说出它的权利，并且以你的观点去理解它，同时将我的观点更有效地与你交换。

我们的父母和对我们的生活有影响的人们，以及我们自身的成长经历，这些因素共同作用形成了我们的信仰、思维方式、心理定势，以及看待世界的角度和方式。正所谓仁者见仁、智者见智。客户往往与我们有着不同的背景和经历，有着与我们不同的自身利益，这种利益关系甚至是矛盾的、互斥的，与客户进行有效沟通就需要认识到彼此的多种差异，克服彼此间的不协调，并且学会以积极的态度和正确的手段处理控制这些差异，运用自己的影响力使沟通能够顺畅进行，以完善的物流服务和恰当的沟通让客户满意，与客户建立长期稳定的合作关系，甚至成为生活上的朋友。

三、客户沟通企业培训资料选编

与客户沟通首要先用心，客户在你心里的位置决定你在客户心里的位置，想客户所想，急客户所急。与客户沟通的时候，应该多考虑自己能够为客户做什么，能够提供哪些力所能及的帮助。这样以正面的、积极的态度创造愉悦、合作的氛围。

与客户沟通仅有一颗真诚的心还不够，还需要在信息表达时注意一些技巧，帮助客户正确理解。

1. 服务语言表达技巧

面对面沟通成功的四要素为：语言、语调、表情、手势。在与客户面对面沟通时，说什么固然重要，怎么说也同样重要甚至更为重要。尤其是在与不太熟悉的客户进行面地面沟通时，双方对彼此的背景、表达习惯等不熟悉，没有默契相通的基础，这种初期的接触和沟通容易引起对方多方面的理解和猜测，结果会更发散。研究表明，在与客户沟通时，成功四要素中语言（即说出去的话）只占 7%，可视性的、外表方面的诸如眼神、手势、面部表情、身体语言等非语言类信息占 55%，音频、音调、音量、音质、语速、顿挫等语调信息占 38%。

所以与客户面对面沟通时，你对客户产生的影响往往是一种感觉，而不一定是事实。与客户沟通应特别注意表达方面的技巧和分寸。

某物流公司对服务语言的表达技巧要求如下。

- 没有"我不能"。如：客户想退货，但公司规定不能退货。此时的表达不能简单为："对不起，您不能退货"。而应该是："对不起，您不能退货。但我们可以帮您反映一下，跟我们领导说一下"，或者说："那我可以帮你调换一下，但是不能退货的。"

准确的表达方式：看看我们能够帮你做什么而不是简单拒绝。

- 没有"我不会做"。有时客户的要求可能超越你的能力范围，此时你不能简单回答："我不会做"，因为这样会让客户产生负面感觉，认为你只是在拒绝。此时应该说："我们都了解目前状况是这样的，我们来讨论一下该怎么做？"，或者说"我们能为您做什么"、"我可以帮您分析一下"、"我可以帮您看一下"等。

你可以解决一些小的问题，当然太大的问题还是需要专业人员来解决。

- 没有"这不是我的事"。客户的要求有时会超越你的权限范围，此时，你不能简单回答说："对不起，我不负责这个事情"。这样客户会认为你是在推诿，客户不配提出某种要求，从而拒绝听你的解释。此时，应该面带微笑地说："我非常希望能够帮到你，不过这件事情，我们公司有专门的人负责，我可以给你一个电话，或者我可以帮你打一个电话，跟他联络，让他帮你解决，你看好吗？"这样做会让客户感觉你是在真心帮他解决问题，从而产生信任和好感。

- 物流服务人员不准对客户说的话。

表 10-7　　　　　　　　　物流服务不能对客户说的 38 句话

1	哎！	20	你留的电话是错的，还怪谁！
2	没有！	21	你怎么这么多毛病！真难伺候！
3	讨厌！	22	没看上面写着吗？
4	不能送！	23	我带的货多，你自己下来取！
5	不要算了！	24	给你打过好几次电话，为什么不接！
6	不行！	25	还没有试完，准备试到什么时候！
7	不管！	26	换货不归我们管！
8	不知道！	27	能不能快点，我不是为你一个人服务的！
9	这个东西不好！	28	不是告诉你了吗？怎么还问！
10	自己看啊！	29	你这地方太远，送不了，以后别定了！
11	脑子有病！	30	我没时间和你废话！
12	有完没完！	31	你怎么不提前准备零钱！
13	我没功夫！	32	能不能快点！
14	就你事多！	33	我就这态度！
15	你想等就等着吧！	34	你以为你是谁！
16	你烦不烦！	35	你自己看着办吧！
17	爱要不要！	36	你问我，我问谁！
18	你快点！	37	你想投诉就投诉吧，投诉也没人给你送！
19	地址怎么瞎写！	38	你怎么这么挑剔！

2. 物流公司与一般托运人在办理托运之前沟通的主要事宜

- 托运的货物的外包装及封签。外包装必须牢固，无包装的坚决不允许托运，或者采取足以保护货物运输安全的包装方式，一般是打木托、木架或者木箱、编织袋。对食品类、行李类、日用品类等"特殊商品类"承运必须打包，可选择公司编织袋或打全封闭木箱。用专用打包封签将封口勒紧，同时记录下封签号。
- 收货验货。一般由客户打包好的货物以外包装完好为验收标准，单件保价 5 000 元以上，多件保价 30 000 元以上的要求开箱验货并且拍照，以防在运输过程中产生的货物丢失或者货损货差而进行赔付。
- 重量和体积。托运人必须准确申报货物重量和体积，如实际与申报不符，公司有权让托运人补交运费，否则拒运。
- 易碎品和家电产品等。承接易碎品或家电类产品运输时，要和发货人说清楚责任归属，在运输过程中产生的货损货差与本公司无关，由托运人自负。

3. 物流公司与一般收货人在办理提货之前沟通的主要事宜

- 在货物到达，接到通知三日内提货，逾期将按照公司标准收取一定的仓储费。
- 收货人提货必须凭借有效证件原件，或者代收人的有效证明原件，并在相关货单上面签字。

4. 物流公司有关人员与客户沟通的主要事项及语言运用

（1）提货（客户自提）。

① 营业厅办理提货单。

- 应主动与客户说："您好！请问有什么我可以帮您？"
- 确认提货后："请您出示收货人身份证。"

如果是代提人："请您出示收货人身份证和代提人身份证。"

如电脑收货人是公司："请您出示公司介绍信及提货人身份证。"

- 确认证件后："感谢您的配合！请您稍等，立即为您办理。"
- 单据打印后："请您在付货单的指定位置用正楷签字。"

无需付款时："请您到仓库提货处提取货物，欢迎您再次光临，再见。"

需要付款提货时：指引客户到收款处付款，"请您根据运单上的运费金额，到收款处付款，谢谢。"

② 收款员。

- 应主动与客户说："您好，请问有什么我可以帮助您？"
- 查看费用金额说："您需支付费用××元。"
- 询问客户："您是否需要开据发票？"如需开据，"请您正确写出开票方公司名称、税号。"
- 办理完毕后，要与客户说："请您拿好运单，请您到仓库提货处提取货物，欢迎您再次光临，再见。"

③ 仓库提货处。

- 应主动与客户说："您好！请问有什么我可以帮助您。"
- 查看提货单，"请您稍等，我去为您提取货物。"
- 主动帮客户将货物装车，严禁野蛮装卸或让客户自己装车。
- 货物装车完毕后，要与客户说："很高兴为您服务，欢迎您下次光临，再见。"

（2）发货（上门提货）

① 业务员、司机。

- 先打电话沟通："您好，我是××快运提货业务员……我将于××分钟左右到达您的提货指定地点，请您准备好需要托运的货物。"
- 到达客户指定地点后，应与客户说："您好，很抱歉让您久等了。"
- 主动帮客户搬运货物，提示客户正确填写发货运单；如现金支付，需说："您好，您需要支付运费用××元。"
- 业务办理完毕后，应与客户说："请您保管好托运单，如需其他服务，请随时与我联系，我的电话是×××××××，或拨打客服电话：400×××××××，期待您再次与××公司合作，再见。"

② 注意事项。

- 电话与客户联系接收货物的时间等。不能按约定时间到达客户取货地时，必须电话联系取得客户谅解，并与客户重新商定取货时间。
- 因本公司原因造成客户错过发货时间或无法托运货物，必须再次商定时间，无条件重新安排提取货物。

- 提货人员应急客户所急，想客户所想，为客户解决急需解决的问题，从服务的角度出发，尽量为客户提供方便；如无法满足客户需求，应给予合理解释。

（3）送货上门

① 业务员、司机。

- 先打电话沟通："您好！我是××物流公司业务员×××，我将于××分钟左右到达您指定的送货地点，请您准备好收货人身份证原件（有提付运费：并准备好运费××元。"

- 到达客户指定地点后，应与客户说："您好，很抱歉让您久等了，很荣幸能为您提供送货服务，请出示您的身份证原件和运费××元。"

- 主动帮客户搬卸货物，并按客户需求卸到指定地点。

- 业务办理完毕后，应与客户说："很高兴为您服务！如需其他服务，请随时与我联系，我的电话是××××××××，或拨打客服电话：400×××××××，期待与您再次合作，再见。"

② 注意事项。

- 电话与客户联系，接收货物时应提供的手续、接收货物的时间、应缴纳的费用等；不能按约定时间送达客户收货地时，必须电话联系取得客户谅解，并与客户重新商定接货时间。

- 因本公司原因造成客户错过接货时间或无法接收货物，必须再次商定时间无条件重新安排送货。

- 送货人员应急客户所急，想客户所想，为客户解决急需解决的问题，从服务的角度出发，尽量为客户提供方便。如无法满足客户需求，应给予合理解释。

 案例介绍

客户服务实战技巧

随着社会和经济的发展，人们对服务的要求也越来越高，特别是对于南方这样经济特别发达的地区，人们对服务的要求也就更高。那么在面对这些客户时，客服人员需要具备比较高的服务能力和服务技巧，从客户的心理和精神上不断满足客户的需求。

1. 最基本的客户服务要求

（1）主动了解客户的需求，记录客户反馈的问题。物流配送服务不仅仅只是配送货物，送达的更是我们的服务。但是作为物流行业来说，配送人员的素质、素养毕竟是有限的，这就需要客服人员能及时填补配送人员所不能达到的服务，这就需要客服人员及时了解配送中的问题，通过回访客户主动了解客户的需求，并将客户反馈的问题记录下来。

（2）将客户反馈问题及时反馈给相应的供应商，要求供应商整改。

（3）持续不断地跟进客户反馈的问题，直到客户满意。对于客户反馈给我们的问题，我们要认真对待，不只是简单地记录下来，更要记在心里，等到该客户下次订货时再次询问该问题有否改善。如果问题仍然存在，可以告诉客户我们已经做了哪些努力去帮助客户解决问题。我想即使问题还没有很好的解决，但是当客户听到我们很重视他反映的问题并在竭力解决时，客户心里应该也是很欣慰的。

（4）问题解决后仍要跟客户保持联系，与客户加深感情。问题解决后，最好不要放松警惕，要知道物流市场是不断变化的，终端配送人员更是不断变化的，所以作为客服人员最好借着前次跟客户积累的感情，进一步关心客户，从而加深与客户的感情交流，方便今后解决新的问题。

增城有一客户是个不太好说话的人，记得 2007 年上半年，有一次到货问题很严重，送货人

员直接将货物扔在专卖店门口，也不让客户验货就嚷嚷着让客户签单，客户当时很生气，投诉到项目组客服那里。收到投诉后，我和同事即刻赶到客户店里道歉，第一次去也算是认识了吧，回来后我就经常跟他联系，还互相加了QQ，经常在QQ上聊一下。由于增城客户太少，快递服务又达不到要求，很难找到合适的货运合作。为了彻底解决客户的问题，我后来选择专车配送，虽然费用高了点，但是客户很满意。在这个过程中，我跟客户沟通了不知道有多少次，期间也就慢慢熟悉起来，特别是问题解决之后，客户经常主动打电话给我，现在往往谈的不是物流配送方面的事情，反而会谈一些他业务方面的事情，当他找到一个大的客户时，也会炫耀一下，还会开玩笑地说："我现在业务增长了，不再像以前每周只订一次货了，你也不愿意送，现在你们也有的赚了啊。"更有意思的是，我安排的专车配送司机还帮他找了很多客户，他们现在已经成了业务伙伴，关系好得不得了。所以在处理客户投诉时，最好不要把投诉处理完了就完事了，一定要跟客户保持联系，加深感情沟通，方便今后的工作。

（5）将自己能力范围内解决不了的问题，及时反馈给上级。当某个客户或者某个地区的问题持续解决不了时，要及时将问题反馈给自己的领导，借助上级或者公司的力量帮助客户解决问题，千万不要把问题放在那里置之不理，这样只能造成更大的投诉。我想做到以上要求并不难，难的是如何做一个好客服。

2. 如何做一名让客户依赖和信任的好客服

（1）不断积累日常客服案例，尽可能的熟知客户及该客户的店员，尽可能地挖掘客户信息和需求；在此基础上总结经验，汲取教训，以灵活应对万变，灵活处理客户的每一个需求。

当我们回访某一个客户时，电话接通时，在听到客户"喂……"时，我们就能说出"您好，吴小姐或林先生"，这样可以拉近与客户的距离，让客户愿意跟我们聊，愿意跟我们反映问题，哪怕只是小问题，哪怕是与物流服务不相关的问题，而不是等到问题一发不可收拾时由客户投诉爆发出来。这里我可以举一个例子：深圳客户杨老师，2008年6、7月份，公司刚刚更换供应商，送货不是很及时，当时杨老师打电话投诉货物没有按时送达。经过深入了解得知，是因为杨老师的儿子高考，他要赶回珠海陪儿子。得知这一情况后，我就将杨老师的情况记录下来存档，提醒自己。后来，我又专门打电话询问了儿子高考的情况（考得不错），并送上祝福，杨老师很高兴。后来在去深圳拜访他时还跟他聊了他儿子。这样的话杨老师觉得我们都很关心他。所以从那之后虽然杨老师的货物也有延迟的时候，但是他基本上没有主动投诉过我们。

所以，在日常工作中，建立客服档案，积累客户资料，熟悉客户的同时，不断积累客户服务技巧，这样经过自己总结出来的经验、技巧，要比经过别人培训来的深刻的多。所以，要想轻松应对客户的需求，提高客户满意度，那就从建立客服档案，积累客户资料开始吧。

（2）让客户知道我们的存在，并信任我们，有问题时第一时间愿意找我们。2009年1月26日，我收到河源客户叶老师春节时发的短信祝福。很是欣慰！说起与叶老师的渊源，还是从叶老师的投诉开始吧。记得好像是2007年，叶老师货物延迟送达，且到货破损严重，送货人员态度恶劣。当时叶老师投诉给项目组客服人员，后来我帮助叶老师处理此问题，在沟通过程中把我的手机号码告诉他，特别是只要有他的订货，我都专门跟进，特别询问一下最近服务情况，随时整改。这样一来二去，叶老师特别信任我，有什么事情都喜欢跟我联系，愿意找我帮忙，一直到现在都是这样，有事没事会联系一下。

类似的客户还有很多，如吉安的郭老师、顺德的梁老师、海南的黄老师等，不管大事小事，都经常会直接打电话给我。所以作为客服人员，一定要让客户知道我们的存在，随时将我们的联系方式告诉客户，而且要不断地宣导，这样有问题时客户才知道找我们。

（3）用长远的眼光，尽量站在客户角度帮客户解决问题。对于配送中的一些问题，可能问题的原因并不在供应商，而是由于客户原因所致，如签单后的破损，按照合同规定，签单后的破损是由客户自己承担责任的，但是考虑到长期要跟客户打交道，建议我们最好根据具体情况具体分析。这里举几个特例。

① 新增客户：第一次订货，可能对于收货要求不是太了解，很有可能当时不验货就签收了。

② 重点客户：偶有一些 VIP 客户由于个人疏忽导致当时破损货物没有发现。

③ 签收后极短的时间内发现货物破损。

由于我们的产品特性注定破损问题是不可避免的，所以对于签单后的破损也有不少。我印象比较深的就是那次海南客户吴小姐的破损。

2009 年 8 月 4 日，海南客户签单后发现破损了一盒增健口服液。据了解客户当时验货了，可能是当时疏忽没有发现，所以在送货人员离开半小时后她又打电话过来投诉，一定要让我们全价赔偿。当时考虑到她订货比较多，而且每次收货都比较严苛，外包装稍有变形都不收货，为了今后跟该客户更容易沟通，所以最后经过讨价还价，最后赔偿给客户 50 元钱。但是同时我们给她讲明原则：按照合同我们是不赔偿的，且如果下次再出现此情况，我们概不负责了。这样在客户心理会存有一点点小感激吧，毕竟是自己的原因造成的。根据我们的记载，该客户 9 月份的一次到货，有一盒牙膏外盒变形，但是出乎意料的是客户收货了，只是提醒我们下次注意。

从表面上来看，好像是我们吃亏了，但是从长远来看，我们并没有吃亏。因为，在客户看来，我们给了他们一些好处或者说是利益，如果下一次送货再出现一些小问题（货物变形、破损），当我们跟客户沟通能不能先把货物收下时，客户从心里面也不好意思拒绝我们的要求。一般情况下，人们都会尽量以相同的方式去报答他人为自己所做的一切。所以其实是我们赚到了。

（4）急客户之所急，应客户之所需。有些客户每次订货时都会打电话查货，如果我们细心的话，就应该留意这些客户，并去了解客户之所以着急的原因，找出原因我们就可以对症下药了。

比如有一深圳客户，几乎每次订货的次日早上都会查询货物可以送达的时间，所以我就要求客服人员只要有该客户的订货，就次日早上给她查到货时间并主动告诉她大概的到货时间，不要等客户再打电话问。其实类似的客户还有很多，我们都是按照上面的做法，做到急客户之所急。

（5）对于一些经济比较落后，物流资源比较匮乏的地区，最好能多了解一下客户的资讯，看客户自己能否提供一些自己认为比较满意的物流资源。有些地区如海南某些镇、南昌某些县或镇、揭阳某些地方，资源相对比较匮乏，物流服务相对比较落后，经常会发生客户投诉送货人员服务态度不好、不配合开箱验货、到货时间晚等问题。就拿张小姐来说，2008 年多次投诉，后来我们征求客户的意见，重新换过一家物流服务供应商，但是结果是比原来到货更晚，还多次发生货物丢失情况、货物破损不签单的情况。之后经过与张小姐沟通，由张小姐自己从两家供应商选择其中一家，这样客户自己也深切了解到当地的物流市场情况，对于物流发生的问题从此就会多一些体谅。

（6）降低客户期望值，提高客户满意度。其实要做到这一点很难，客户的要求和欲望是无止境的。根据平时与客户沟通的经验，我想可以从下面几个方面试着降低客户期望值。

① 新增客户：由于新增客户对物流服务要求一开始不是很熟悉，所以对于新增客户，客服人员可以从客户第一次开始订货时，先电话沟通服务要求，在沟通中解释相关服务要求，对于客户有误解或不明白的地方给予及时纠正。

② 利用对比原理降低客户期望值。比如某一地区受当地资源限制，物流服务做得比较差，客户不太满意。对于这种情况，我们可以征求客户意见，由客户提供他自己比较满意的物流供应商，或者我们按照客户要求更换新一家物流供应商，客服人员持续跟进更换后的服务情况，并再次征求客户意见，由客户从两家或多家供应商中选择自己比较满意的供应商。这样做的效果是，通过多个物流供应商服务质量的对比，让客户明白当地物流服务的现状，从而降低服务期望值。

服务是一种能力，一种能帮助客户解决问题的能力；服务是一个承诺，一个能履行公司或个人已答应客户的承诺；服务更是一种责任，一种把客户需求当成自己需求的责任。我想，如果我们能够达到以上要求，在日常工作中不断总结经验，不断提高我们的服务能力，从而满足不同客户的不同需求，提高客户满意度。

多年的工作经验告诉我，做好客服工作其实是一件很幸福的事情。祝愿所有担任客服岗位人员的工作都是幸福的！

 实训练习

阅读下列材料，分析回答问题。

物流公司快递员黄应刚为某机械制造公司技术部送货，技术部吴科长接货验货后认为样品符合要求，因公司急需立刻派人将该样品送往车间。但是在货到付款环节出现分歧。吴科长以为只需付款350元，快递员拿出的付款收据是460元，于是吴科长与寄送样品的某公司李科长电话协商付款事宜。李科长强调吴科长不仅需要支付零件费350元，还需支付装配费60元和快递费50元，共计460元。吴科长认为李科长之前并未明确说明，既不想付全费又不愿退回样品，一直坚持和李科长电话协商，快递员黄应刚强压心中火气等待10分钟后仍然未果，一想到后面还有一车快件需要及时递送，黄应刚再也无法忍受，急切大声地催促吴科长要么交钱，要么退货，吴科长还是坚持与李科长继续协商各说各理，眼看事情这么拖着没有进展，黄应刚情绪爆发怒火中烧，大声吼着说："要么交钱，要么退货！我不能再等了！"吴科长一位脾气急躁的同事不满意黄应刚的态度，不客气地说："你们服务行业的就是这种态度对待客户吗？不是一直在协商吗？多等一会儿会死人吗？什么素质呀？"黄应刚也觉得一肚子委屈双方争吵起来，进而发展到身体的碰撞推搡。吴科长眼看冲突升级无法控制，就说支付460元算了，但情绪无法自控的黄应刚没有收钱就生气地驾车走了。

第二天，吴科长接到快递公司客服人员的电话问：请问您为何拒绝支付货款？如果拒绝支付货款请退回样品。吴科长感觉莫名其妙，自己一直没有拒绝支付货款呀！自己的错误就是之前和李科长没有明确样品的总货款和快递费谁来支付的问题，拿到样品后不是一直在积极协商处理吗？怎么就演变成一场恶性冲突了呢？怎么就成了自己拒绝支付货款了呢？这件事的纠缠后果让事件的三方均不愉快，事隔几天后，吴科长接到李科长电话说：不想再为这件事纠缠了，你就支付300元了结此事吧。吴科长倍觉尴尬，自己不是不讲理的人呀！

问题：

（1）请分析快递员和客户沟通导致冲突的原因。

（2）分别从快递员、客户的角度谈谈如何避免类似冲突，遇到这类突发事件如何做到有效沟通。

综合练习

案例分析 1:《西游记》中《三打白骨精》故事中的沟通冲突

在前往西天取经的师徒四人中,身为领导者的唐僧是肉体凡胎,能力最弱,性格善良、仁慈,却人妖不分;孙悟空贵为齐天大圣,实际是个妖怪,识妖、斩魔的能力最强,活泼且重承诺;猪八戒之前乃是天蓬元帅,掌管天兵天将,但好吃懒做,好进谗言,自私自利;沙和尚名头最小、能力最差,但为人憨厚,正直无私,任劳任怨。在三打白骨精的故事中,冲突主要来自两方面:唐僧与孙悟空之间的上下级冲突,猪八戒和孙悟空之间的同级冲突。

问题:

(1)从冲突各方的地位、性格、能力、责任等方面,分析冲突产生的原因。

(2)对于这样组合的团队,如何改进才能减少沟通冲突。

案例分析 2:加薪的沟通冲突

得知同事小刘在上个月提出加薪,这个月工资表上的数目有了变化,小孙想:平时工作表现、能力各方面自己不比小刘差,如果自己要求加薪,主管不会不同意的。

小孙敲开林经理办公室的门,进去后开门见山地说:林经理,我有点事情想与你商量一下。

林经理:小孙啊,坐下讲话。哦?什么事情?

小孙:(有些不好意思)其实也没什么别的事,这段时间我的工作表现你觉得怎样?

林经理:(有些不解)很好啊。

小孙:那就好,我在公司工作这么长时间了,一直是勤勤恳恳,能力在这段时间自认为得到了很大提高,因此,我希望公司能重新评定我的薪水,你看呢?

林经理:(思索许久)噢,原来是要加薪。公司对你的表现是很满意,可是最近公司接了几笔新业务,根本没有闲置资金,你的加薪要求我会考虑,年底如果业绩好你们的奖金肯定不会少的,你放心好了。

小孙:(皱着眉头,认为林经理在有意为难)林经理,这样说我觉得不妥,年底的奖金是公司理所当然应该给我们的,我现在谈的是加薪,我认为我有足够的理由!

林经理:(气氛已经很僵)就这样吧,你的情况我会报告给上司,由他来决定。

公司不知什么原因,最终没有给小孙加薪。小孙认为林经理在"踢皮球",他感到非常愤怒。没过多久,小孙离开了这家工作了 3 年的公司,并带走了 3 年里已建立良好合作关系的客户。公司的客户少了很多,业务大不如前了。

问题: 本加薪案例中的沟通出现了什么问题,是否有更好的沟通方式及技巧?

附录 2013年浙江省高职高专院校技能大赛
暨全国职业院校技能大赛选拔赛

《现代物流储存与配送作业优化设计和实施》
项目竞赛任务书

参赛须知

1. 本任务书电子文档形式发布。

2. 参赛团队应在4小时内完成任务书规定内容以及设计方案陈述演示文档（PPT）；选手在竞赛结束后必须将设计方案打印成纸质文本3份以及打印方案设计陈述演示文档（PPT），四页一张打2份，存有设计方案的U盘，密封后将装有纸质文本的密封袋（注明团队抽签号）交给裁判。参赛团队不得将纸质文本带走，否则取消比赛资格。

3. 选手提交的设计方案用抽签号标识，不得写上参赛团队学校名称和选手姓名或与身份有关的信息，否则取消比赛资格。

4. 比赛过程中因电脑或系统发生故障可向裁判提出更换要求。

5. 参赛选手不得将手机等通信工具和存储器及其他不允许携带的物品带入比赛现场。

6. 如4小时不能完成方案设计的，允许在方案实施阶段继续做方案，但必须在十分钟时间内完成，并计入实施阶段总时间。

一、背景资料

1. 配送中心示意图

浙江华商配送中心位于杭州下沙，该中心共有两个仓库（赛场）：一号赛场和二号赛场，赛场区域布置如附图1所示（各参赛学校选手已熟悉了场地，现在可现场测量仓库有关数据）。

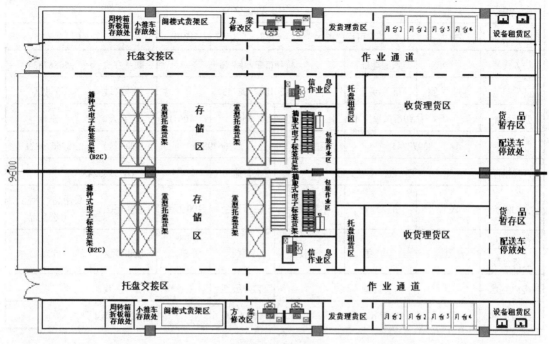

附图1 赛场区域布置

2. 客户资料

浙江华商配送中心截止2013年3月底共开发了10位客户,客户资料如附表1~附表10所示。

附表1 客户卡片一

客户编号	20030401				
公司名称	天天商贸有限公司		代码		TT
法人代表	张晶	家庭地址	杭州市西湖区高技街翠苑三区5-301	联系方式	86928032
证件类型	营业执照	证件编号	120109278362905	营销区域	杭州市区
公司地址	杭州市西湖区文一路129号		邮编	310010	联系人	吕品晶
办公电话	86928032	家庭电话	83520573	传真号码	87530865
开户银行	杭州联合银行		银行账号	62839047352	
公司性质	中外合资	所属行业	商业	注册资金	300万元	经营范围	食品、办公用品
从本中心进货金额	18万元	忠诚度	一般	满意度	较高	应收账款	7万元
客户类型	普通型		客户级别		B
建档时间	2003年4月		维护时间		2013年4月

附表 2 客户档案二

客户编号	20040602						
公司名称	可可超市				代码	KK	
法人代表	杜可	家庭地址	杭州市东星路 46 号			联系方式	56867834
证件类型	营业执照	证件编号	120108776875375			营销区域	下城区
公司地址	杭州市东星路 154 号			邮编	310011	联系人	王伟
办公电话	83977743		家庭电话	876679821		传真号码	876679821
开户银行	工商银行下城支行			银行账号	6499985245		
公司性质	民营	所属行业	零售	注册资金	100 万元	经营范围	日用品、食品、办公用品
从本中心进货金额	7 万元	忠诚度	一般	满意度	高	应收账款	1.5 万元
客户类型	普通型			客户级别	B		
建档时间	2007 年 6 月			维护时间	2013 年 4 月		

附表 3 客户档案三

客户编号	20070786						
公司名称	家美乐超市				代码	JML	
法人代表	安世远	家庭地址	杭州市下沙经济开发区东郡国际 5-602			联系方式	83770987
证件类型	营业执照	证件编号	120213437760213			营销区域	下沙开发区
公司地址	杭州市下沙经济开发区四号路 207			邮编	310017	联系人	安世远
办公电话	88509824		家庭电话	83490321		传真号码	88293600
开户银行	招商银行下沙支行			银行账号	9372528903		
公司性质	民营	所属行业	零售	注册资金	50 万元	经营范围	日用品、食品、办公用品
从本中心进货金额	8 万元	忠诚度	一般	满意度	高	应收账款	1 万元
客户类型	重点型			客户级别	B		
建档时间	2009 年 2 月			维护时间	2013 年 4 月		

附表 4　　　　　　　　　　　　　　　　客户档案四

客户编号	20060509						
公司名称	商乐超市			代码		SL	
法人代表	戴道珊	家庭地址	杭州市上城区望江公寓 2-502		联系方式	86548855	
证件类型	营业执照	证件编号	120106754788763		营销区域	上城区	
公司地址	杭州市上城区星望江路 76 号		邮编	310009	联系人	李娜	
办公电话	88654896	家庭电话	84338906		传真号码	88654897	
开户银行	中国银行上城支行		银行账号	783489642			
公司性质	民营	所属行业	零售业	注册资金	400 万元	经营范围	食品、办公用品
从本中心进货金额	50 万元	忠诚度	高	满意度	高	应收账款	32 万元
客户类型	重点型		客户级别	A			
建档时间	2006 年 5 月		维护时间	2013 年 2 月			

附表 5　　　　　　　　　　　　　　　　客户档案五

客户编号	20090710						
公司名称	前进超市			代码		QJ	
法人代表	徐浩	家庭地址	杭州市西湖区紫金港 3-301		联系方式	83349033	
证件类型	营业执照	证件编号	1201037894594315		营销区域	杭州西湖区	
公司地址	杭州市西湖区天目山路 193 号		邮编	310014	联系人	徐玉林	
办公电话	82641893	家庭电话	87827463		传真号码	82641890	
开户银行	中国农业银行高教支行		银行账号	15663315104524			
公司性质	民营	所属行业	零售	注册资金	100 万元	经营范围	食品、日用百货、办公用品
从本中心进货金额	12 万元	忠诚度	高	满意度	高	应收账款	3 万元
客户类型	普通型		客户级别	B			
建档时间	2009 年 7 月		维护时间	2013 年 3 月			

附表6 客户档案六

客户编号	20081209					
公司名称	四季青超市			代码	SJQ	
法人代表	张剑锋	家庭地址	杭州市滨江区火炬路12号	联系方式	87944964	
证件类型	营业执照	证件编号	1207742423587676	营销区域	杭州市区	
公司地址	杭州西湖区体育场路56号		邮编	310015	联系人	付志强
办公电话	83287689	家庭电话	8685865663	传真号码	685788846	
开户银行	杭州联合银行		银行账号	87965687975		
公司性质	中外合资	所属行业	商业	注册资金	100万元	经营范围	日用品、食品、办公用品
从本中心进货金额	240万	忠诚度	高	满意度	高	应收账款	4.8万元
客户类型	普通型		客户级别	B		
建档时间	2008年12月		维护时间	2013年3月		

附表7 客户档案七

客户编号	20080807					
公司名称	俊安超市			代码	JA	
法人代表	毛祥兴	家庭地址	杭州市余杭区乐山红叶11-3-801	联系方式	56739974	
证件类型	营业执照	证件编号	120105462330754634	营销区域	滨江、余杭区	
公司地址	杭州市余杭区和家路43号		邮编	310034	联系人	唐润芝
办公电话	5842324	家庭电话	569043462	传真号码	63876591	
开户银行	杭州联合银行		银行账号	5357899765569		
公司性质	私营	所属行业	零售业	注册资金	500万元	经营范围	食品、日用品、办公用品
从本中心进货金额	75万元	忠诚度	一般	满意度	高	应收账款	45万元
客户类型	普通型		客户级别	B		
建档时间	2008年8月		维护时间	2013年4月		

附表 8 　　　　　　　　　　　客户档案八

客户编号	20080719					
公司名称	宜安超市			代码		YA
法人代表	周俊茂	家庭地址	杭州市奥兰多小镇 4-9-602	联系方式		86783242
证件类型	营业执照	证件编号	4673408765436754	营销区域		江浙沪地区
公司地址	杭州市萧山区市心中路 33 号		邮编	310022	联系人	张坤
办公电话	66548965	家庭电话	66436895	传真号码		66548966
开户银行	杭州联合银行		银行账号	65347865795569		
公司性质	私营	所属行业	商业	注册资金	600 万元	经营范围	食品、日用百货、办公用品
从本中心进货金额	150 万元	忠诚度	一般	满意度	一般	应收账款	50 万元
客户类型	普通型		客户级别	B		
建档时间	2008 年 7 月		维护时间	2013 年 3 月		

附表 9 　　　　　　　　　　　客户档案九

客户编号	20090909					
公司名称	鼎红商贸有限公司			代码		DH
法人代表	李军	家庭地址	杭州市拱墅区湖州街紫荆花园 4-201	联系方式		83415468
证件类型	营业执照	证件编号	58966324770041	营销区域		拱墅区
公司地址	杭州市拱墅区东新路 107 号		邮编	310016	联系人	项文远
办公电话	87443134	家庭电话	8945235	传真号码		8690452
开户银行	中国农业银行德胜支行		银行账号	1574784563131450		
公司性质	国有	所属行业	商业	注册资金	700 万元	经营范围	服装、食品、办公用品
从本中心进货金额	150 万元	忠诚度	一般	满意度	一般	应收账款	60 万元
客户类型	普通型		客户级别	B		
建档时间	2009 年 8 月		维护时间	2013 年 3 月		

附表 10   **客户档案十**

客户编号	20100510					
公司名称	全胜超市			代码		QS
法人代表	张灵南	家庭地址	杭州市余杭区世纪大道玉园 2-302	联系方式		66712398
证件类型	营业执照	证件编号	120105679898388	营销区域		余杭区
公司地址	杭州市余杭区临平东大街 52 号		邮编	310033	联系人	谢廷峰
办公电话	63546029	家庭电话	60269362	传真号码		63546030
开户银行	余杭农村合作银行		银行账号	7368203765		
公司性质	中外合作	所属行业	零售	注册资金	150 万元	经营范围	日用品、食品、办公用品
从本中心进货金额	20 万元	忠诚度	一般	满意度	高	应收账款	6 万元
客户类型	普通型		客户级别	B		
建档时间	2005 年 5 月		维护时间	2013 年 4 月		

3. 物动量统计资料

为了加强货品管理需要对最近半年的物动量进行统计，以下是该配送中心近一年来的出库作业物动量统计资料如附表 11～附表 22 所示。

附表 11   出库作业月报一（物动量统计）

制表人：沈林娜   制表时间：2012 年 4 月 30 日

货品编码/条码	货 品 名 称	出库量（箱）
6945782502202	北大荒牌大米	1 232
6921317905038	康师傅矿物质水	150
6922266436192	电工工具箱	957
6920336897232	鸭司令松花蛋	76
6921168509256	农夫山泉饮用天然水	4 240
6902083881405	娃哈哈饮用纯净水	88
6902563688999	奥利奥夹心饼干	410
6901424333948	可口可乐	4 225
6922883400118	好长兴银耳花	70
6922233613045	五月花面纸	310
6922100321100	罗技键盘	145
6903252705171	康师傅牛肉面	470
6922266437342	戴尔台式电脑	46

货品编码/条码	货 品 名 称	出库量（箱）
6931491701296	小天使复印纸	100
6943460700162	盛翔红枣	95
6902088703498	奥妙净蓝洗衣粉	1 037
6922049002309	亚太记事本	41
6920174736940	立白新金桔洗洁精	500
6910019005154	超能天然皂粉	1
6903148079387	碧浪专业去渍洗衣粉	511
6943620593802	亚明威水杯	650

附表12　　　　　　出库作业月报二（物动量统计）

制表人：沈林娜　　　　　　　　　　　　　　　　　　制表时间：2012年5月31日

货品编码/条码	货 品 名 称	出库量（箱）
6945782502202	北大荒牌大米	1 112
6921317905038	康师傅矿物质水	137
6922266436192	电工工具箱	1 056
6920336897232	鸭司令松花蛋	76
6921168509256	农夫山泉饮用天然水	4 198
6902083881405	娃哈哈饮用纯净水	101
6902563688999	奥利奥夹心饼干	379
6901424333948	可口可乐	5212
6922883400118	好长兴银耳花	74
6922233613045	五月花面纸	511
6922100321100	罗技键盘	127
6903252705171	康师傅牛肉面	487
6922266437342	戴尔台式电脑	67
6931491701296	小天使复印纸	112
6943460700162	盛翔红枣	98
6902088703498	奥妙净蓝洗衣粉	1 164
6922049002309	亚太记事本	79
6920174736940	立白新金桔洗洁精	44
6910019005154	超能天然皂粉	15
6903148079387	碧浪专业去渍洗衣粉	241
6943620593802	亚明威水杯	548

附表 13　　　　　　　　　　　出库作业月报三（物动量统计）

制表人：沈林娜　　　　　　　　　　　　　　　　　　制表时间：2012 年 6 月 30 日

货品编码/条码	货 品 名 称	出库量（箱）
6945782502202	北大荒牌大米	993
6921317905038	康师傅矿物质水	147
6922266436192	电工工具箱	998
6920336897232	鸭司令松花蛋	89
6921168509256	农夫山泉饮用天然水	4 228
6902083881405	娃哈哈饮用纯净水	90
6902563688999	奥利奥夹心饼干	487
6901424333948	可口可乐	5 281
6922883400118	好长兴银耳花	74
6922233613045	五月花面纸	399
6922100321100	罗技键盘	107
6903252705171	康师傅牛肉面	479
6922266437342	戴尔台式电脑	57
6931491701296	小天使复印纸	121
6943460700162	盛翔红枣	79
6902088703498	奥妙净蓝洗衣粉	1 067
6922049002309	亚太记事本	79
6920174736940	立白新金桔洗洁精	10
6910019005154	超能天然皂粉	541
6903148079387	碧浪专业去渍洗衣粉	51
6943620593802	亚明威水杯	88

附表 14　　　　　　　　　　　出库作业月报四（物动量统计）

制表人：沈林娜　　　　　　　　　　　　　　　　　　制表时间：2012 年 7 月 30 日

货品编码/条码	货 品 名 称	出库量（箱）
6945782502202	北大荒牌大米	957
6921317905038	康师傅矿物质水	131
6922266436192	电工工具箱	896
6920336897232	鸭司令松花蛋	87
6921168509256	农夫山泉饮用天然水	5 189
6902083881405	娃哈哈饮用纯净水	76
6902563688999	奥利奥夹心饼干	379
6901424333948	可口可乐	6 190
6922883400118	好长兴银耳花	65
6922233613045	五月花面纸	398

续表

货品编码/条码	货品名称	出库量（箱）
6922100321100	罗技键盘	98
6903252705171	康师傅牛肉面	479
6922266437342	戴尔台式电脑	54
6931491701296	小天使复印纸	98
6943460700162	盛翔红枣	87
6902088703498	奥妙净蓝洗衣粉	1 047
6922049002309	亚太记事本	49
6920174736940	立白新金桔洗洁精	584
6910019005154	超能天然皂粉	241
6903148079387	碧浪专业去渍洗衣粉	22
6943620593802	亚明威水杯	111

附表 15　　　　　　　　　出库作业月报五（物动量统计）

制表人：沈林娜　　　　　　　　　　　　　　　制表时间：2012 年 8 月 31 日

货品编码/条码	货品名称	出库量（箱）
6945782502202	北大荒牌大米	1 077
6921317905038	康师傅矿物质水	128
6922266436192	电工工具箱	1 082
6920336897232	鸭司令松花蛋	91
6921168509256	农夫山泉饮用天然水	4 219
6902083881405	娃哈哈饮用纯净水	76
6902563688999	奥利奥夹心饼干	387
6901424333948	可口可乐	4 243
6922883400118	好长兴银耳花	77
6922233613045	五月花面纸	387
6922100321100	罗技键盘	137
6903252705171	康师傅牛肉面	490
6922266437342	戴尔台式电脑	53
6931491701296	小天使复印纸	122
6943460700162	盛翔红枣	101
6902088703498	奥妙净蓝洗衣粉	956
6922049002309	亚太记事本	48
6920174736940	立白新金桔洗洁精	10
6910019005154	超能天然皂粉	23
6903148079387	碧浪专业去渍洗衣粉	12
6943620593802	亚明威水杯	21

附表 16　　　　　　　　　　出库作业月报六（物动量统计）

制表人：沈林娜　　　　　　　　　　　　　　　　　　　制表时间：2012 年 9 月 30 日

货品编码/条码	货品名称	出库量（箱）
6945782502202	北大荒牌大米	1 092
6921317905038	康师傅矿物质水	154
6922266436192	电工工具箱	801
6920336897232	鸭司令松花蛋	82
6921168509256	农夫山泉饮用天然水	4 256
6902083881405	娃哈哈饮用纯净水	84
6902563688999	奥利奥夹心饼干	405
6901424333948	可口可乐	4 223
6922883400118	好长兴银耳花	74
6922233613045	五月花面纸	386
6922100321100	罗技键盘	135
6903252705171	康师傅牛肉面	545
6922266437342	戴尔台式电脑	56
6931491701296	小天使复印纸	99
6943460700162	盛翔红枣	94
6902088703498	奥妙净蓝洗衣粉	973
6922049002309	亚太记事本	52
6920174736940	立白新金桔洗洁精	811
6910019005154	超能天然皂粉	9 000
6903148079387	碧浪专业去渍洗衣粉	510
6943620593802	亚明威水杯	241

附表 17　　　　　　　　　　出库作业月报七（物动量统计）

制表人：沈林娜　　　　　　　　　　　　　　　　　　　制表时间：2012 年 10 月 31 日

货品编码/条码	货品名称	出库量（箱）
6945782502202	北大荒牌大米	1 632
6921317905038	康师傅矿物质水	150
6922266436192	电工工具箱	1 593
6920336897232	鸭司令松花蛋	46
6921168509256	农夫山泉饮用天然水	240
6902083881405	娃哈哈饮用纯净水	88
6902563688999	奥利奥夹心饼干	213
6901424333948	可口可乐	435
6922883400118	好长兴银耳花	56
6922233613045	五月花面纸	210

续表

货品编码/条码	货 品 名 称	出库量（箱）
6922100321100	罗技键盘	95
6903252705171	康师傅牛肉面	270
6922266437342	戴尔台式电脑	46
6931491701296	小天使复印纸	78
6943460700162	盛翔红枣	53
6902088703498	奥妙净蓝洗衣粉	1 337
6922049002309	亚太记事本	41
6920174736940	立白新金桔洗洁精	101
6910019005154	超能天然皂粉	56
6903148079387	碧浪专业去渍洗衣粉	25
6943620593802	亚明威水杯	45

附表18　　　　　　　　　　出库作业月报八（物动量统计）

制表人：沈林娜　　　　　　　　　　　　　　　　　　　制表时间：2012年11月30日

货品编码/条码	货 品 名 称	出库量（箱）
6945782502202	北大荒牌大米	1 678
6921317905038	康师傅矿物质水	137
6922266436192	电工工具箱	1 586
6920336897232	鸭司令松花蛋	76
6921168509256	农夫山泉饮用天然水	228
6902083881405	娃哈哈饮用纯净水	101
6902563688999	奥利奥夹心饼干	179
6901424333948	可口可乐	432
6922883400118	好长兴银耳花	74
6922233613045	五月花面纸	161
6922100321100	罗技键盘	127
6903252705171	康师傅牛肉面	157
6922266437342	戴尔台式电脑	67
6931491701296	小天使复印纸	112
6943460700162	盛翔红枣	98
6902088703498	奥妙净蓝洗衣粉	1 564
6922049002309	亚太记事本	79
6920174736940	立白新金桔洗洁精	10
6910019005154	超能天然皂粉	23
6903148079387	碧浪专业去渍洗衣粉	12
6943620593802	亚明威水杯	21

附表 19　　　　　　　　　出库作业月报九（物动量统计）

制表人：沈林娜　　　　　　　　　　　　　制表时间：2012 年 12 月 31 日

货品编码/条码	货 品 名 称	出库量（箱）
6945782502202	北大荒牌大米	1 693
6921317905038	康师傅矿物质水	147
6922266436192	电工工具箱	1 598
6920336897232	鸭司令松花蛋	53
6921168509256	农夫山泉饮用天然水	228
6902083881405	娃哈哈饮用纯净水	19
6902563688999	奥利奥夹心饼干	187
6901424333948	可口可乐	481
6922883400118	好长兴银耳花	47
6922233613045	五月花面纸	199
6922100321100	罗技键盘	107
6903252705171	康师傅牛肉面	179
6922266437342	戴尔台式电脑	32
6931491701296	小天使复印纸	121
6943460700162	盛翔红枣	52
6902088703498	奥妙净蓝洗衣粉	1567
6922049002309	亚太记事本	53
6920174736940	立白新金桔洗洁精	10
6910019005154	超能天然皂粉	20
6903148079387	碧浪专业去渍洗衣粉	20
6943620593802	亚明威水杯	45

附表 20　　　　　　　　　出库作业月报十（物动量统计）

制表人：沈林娜　　　　　　　　　　　　　制表时间：2013 年 1 月 31 日

货品编码/条码	货 品 名 称	出库量（箱）
6945782502202	北大荒牌大米	1 657
6921317905038	康师傅矿物质水	131
6922266436192	电工工具箱	1 596
6920336897232	鸭司令松花蛋	41
6921168509256	农夫山泉饮用天然水	229
6902083881405	娃哈哈饮用纯净水	76
6902563688999	奥利奥夹心饼干	199
6901424333948	可口可乐	398
6922883400118	好长兴银耳花	36
6922233613045	五月花面纸	178

续表

货品编码/条码	货 品 名 称	出库量（箱）
6922100321100	罗技键盘	56
6903252705171	康师傅牛肉面	192
6922266437342	戴尔台式电脑	54
6931491701296	小天使复印纸	42
6943460700162	盛翔红枣	39
6902088703498	奥妙净蓝洗衣粉	1 647
6922049002309	亚太记事本	16
6920174736940	立白新金桔洗洁精	20
6910019005154	超能天然皂粉	10
6903148079387	碧浪专业去渍洗衣粉	15
6943620593802	亚明威水杯	26

附表21　　　　　　　　出库作业月报十一（物动量统计）

制表人：沈林娜　　　　　　　　　　　　　　　　制表时间：2013年2月28日

货品编码/条码	货 品 名 称	出库量（箱）
6945782502202	北大荒牌大米	1 777
6921317905038	康师傅矿物质水	128
6922266436192	电工工具箱	1 582
6920336897232	鸭司令松花蛋	45
6921168509256	农夫山泉饮用天然水	219
6902083881405	娃哈哈饮用纯净水	76
6902563688999	奥利奥夹心饼干	187
6901424333948	可口可乐	443
6922883400118	好长兴银耳花	35
6922233613045	五月花面纸	207
6922100321100	罗技键盘	137
6903252705171	康师傅牛肉面	190
6922266437342	戴尔台式电脑	31
6931491701296	小天使复印纸	122
6943460700162	盛翔红枣	49
6902088703498	奥妙净蓝洗衣粉	1 656
6922049002309	亚太记事本	43
6920174736940	立白新金桔洗洁精	34
6910019005154	超能天然皂粉	12
6903148079387	碧浪专业去渍洗衣粉	24
6943620593802	亚明威水杯	23

附表 22　　　　　　　　　出库作业月报十二（物动量统计）

制表人：沈林娜　　　　　　　　　　　　　　　　　制表时间：2013 年 3 月 31 日

货品编码/条码	货 品 名 称	出库量（箱）
6945782502202	北大荒牌大米	1 784
6921317905038	康师傅矿物质水	154
6922266436192	电工工具箱	1 501
6920336897232	鸭司令松花蛋	30
6921168509256	农夫山泉饮用天然水	256
6902083881405	娃哈哈饮用纯净水	84
6902563688999	奥利奥夹心饼干	205
6901424333948	可口可乐	351
6922883400118	好长兴银耳花	40
6922233613045	五月花面纸	186
6922100321100	罗技键盘	56
6903252705171	康师傅牛肉面	211
6922266437342	戴尔台式电脑	26
6931491701296	小天使复印纸	43
6943460700162	盛翔红枣	54
6902088703498	奥妙净蓝洗衣粉	1 439
6922049002309	亚太记事本	34
6920174736940	立白新金桔洗洁精	45
6910019005154	超能天然皂粉	90
6903148079387	碧浪专业去渍洗衣粉	107
6943620593802	亚明威水杯	30

4. 入库任务

浙江省华商配送中心收到浙江友好贸易有限公司发来的一批货物，现在需要进行入库作业，其货物名称、规格、数量和包装、尺寸和货品验收情况如附表 23 所示。

附表 23

序号	货品条码	货品名称	单价（元/箱）	数量（箱）	重量（kg）	外包装尺寸（mm）	货品验收情况
1	6945782502202	北大荒牌大米	150.00	15	50	540×440×280	已验收
2	6922266436192	电工工具箱	1 500.00	24	45	490×230×230	已验收
3	6901424333948	可口可乐	72.00	33	10	300×240×230	已验收
4	6922049002309	亚太记事本	520.00	18	13	340×250×280	需验收后入库
5	6921168509256	农夫山泉饮用天然水	84.00	36	10	260×200×200	已验收

5. 出库任务

今天8:00，该配送中心接到了5张订货通知单，订单内容如附表24～附表28所示。

附表24　　　　　　　　**可可超市采购订单（要求10:30分左右到货）**

	商品名称	单位	单价（元）	订购数量	金额（元）
1	可口可乐	箱	72.00	15	1 080.00
2	奥妙净蓝洗衣粉	箱	400.00	2	800.00
3	清风原木纯品	盒	8.00	3	24.00
4	超能天然皂粉	包	10.00	4	40.00
	合　计				

附表25　　　　　　　　**商乐超市采购订单（要求10:00左右到货）**

	商品名称	单位	单价（元）	订购数量	金额（元）
1	北大荒牌大米	箱	150.00	2	300.00
2	农夫山泉饮用天然水	箱	84.00	6	504.00
3	电工工具箱	箱	1 500.00	3	4 500.00
4	清风18包蓝色装	条	18.00	3	54.00
5	格瓦斯	瓶	6.00	5	30.00
6	天喔茶庄酸梅汤	瓶	4.00	2	8.00
7	纸音（200抽）	包	5.00	3	15.00
8	清风10包粉红嘟嘟	条	10.00	2	20.00
	合　计				

附表26　　　　　　　　**家美乐超市采购订单（要求11:00左右到货）**

	商品名称	单位	单价（元）	订购数量	金额（元）
1	北大荒牌大米	箱	150.00	2	300.00
2	电工工具箱	箱	1 500.00	3	4 500.00
3	可口可乐	箱	72.00	10	720.00
4	清风10包粉红嘟嘟	条	10.00	6	60.00
5	清风原木纯品	盒	8.00	3	24.00
6	超能天然皂粉	包	10.00	6	60.00
7	格瓦斯	瓶	6.00	6	36.00
	合　计				

附表27　　　　　　　　**四季青超市采购订单（要求11:30左右到货）**

	商品名称	单位	单价(元)	订购数量	金额（元）
1	北大荒牌大米	箱	150.00	4	600.00
2	可口可乐	箱	72.00	11	792.00
3	农夫山泉饮用天然水	箱	84.00	14	1 176.00
	合　计				

全胜超市采购订单（要求 9:30 左右到货）

	商 品 名 称	单 位	单价（元）	订购数量	金额（元）
1	可口可乐	箱	72.00	10	720.00
2	农夫山泉饮用天然水	箱	84.00	8	672.00
3	奥妙净蓝洗衣粉	箱	400.00	2	800.00
	合　计				

浙江华商配送中心客户优先权分析评价模式主要通过下列几个领域的表现：信用额度、忠诚度、满意度、客户类型、客户级别、应收账款。据调查分析，该配送中心客户优先权评价指标的权重如附表 29 所示。

附表 29　　　　　　　　　　**客户优先权评价指标**

衡 量 指 标	评 价 指 标	衡 量 指 标	评 价 指 标
信用额度	0.1	客户类型	0.3
忠诚度	0.15	客户级别	0.15
满意度	0.3		

信用额度与注册资金相关，注册资金小于等于 100 万客户信用额度等于注册资金 5%，注册资金大于 100 万，小于等于 500 万客户信用额度等于注册资金 10%，注册资金大于 500 万客户信用额度等于注册资金 15%。

货品出库后应配载在配送车上，（注：配送车手柄方向为车头）。

6. 设备

该配送中心目前配备有下列设备，在方案实施阶段需要下列设备用于货物的装卸搬运及上架。设备种类规格型号及使用成本如附表 30 所示。

附表 30　　　　　　　　　**设备种类规格型号及使用成本**

序号	设备名称	设 备 规 格	设备型号	使 用 成 本	可供数量	计 费 规 则
1	托盘	长×宽×高 1 000mm×1 000mm×150mm	木托盘	0.01 元/个/秒	10	从使用开始计费直到入库结束
2	地牛	载重量小于 1 000kg	手动	0.01 元/辆/秒	1	设备可多次租赁，但需收取手续费
3	手动堆高车	载重 1 吨 起升高度 2.5 米	手动	0.02 元/辆/秒	1	
4	重型货架	二列货架。为保证操作，货物与货位顶端必须留一定空间	托盘货架	0.01 元/货位/秒	18 个货位	从方案实施比赛开始计费直到比赛结束。
5	阁楼货架	见现场	隔板货架	免费	1 套	
6	摘取式电子标签货架	见现场	流利货架	免费	1 套	
7	播种式电子标签货架	见现场	隔板货架	免费	1 套	
8	折板箱	长×宽×高 400mm×300mm×220mm	折板箱	0.01 元/个/秒	10 个	从第一次使用开始计费直到比赛结束

序号	设备名称	设 备 规 格	设备型号	使 用 成 本	可供数量	计 费 规 则
9	周转箱	600mm×400mm×260mm	周转箱	免费	6 个	如有损坏需赔偿
10	手推车	载重量大于 50kg	轮式手推车	免费	1 辆	如有损坏需赔偿
11	配送车	长×宽×高 1 600mm×1 200mm×1 200mm	配送车辆	50 元/辆/次	1 辆	租赁费用按此计算
12	计算机	PC 机	DELL330	免费	1 台	
13	WMS 系统	中诺思 WMS	V2.0	免费	1 套	
14	手持终端	MT	C500W	免费	2 台	
15	条形码标签纸	80mm×60mm		2 元/张	50 张	条码费按实际使用数量计费
16	人工费成本	主管一人、仓库管理员二人		0.05 元/人/秒	3 人	从方案实施比赛计费直到比赛结束
17	租赁成本	增加一次租赁的费用		10 元/次		第一次租赁免费，以后每增加一次租赁，增加 10 元/次的成本

注意：

（1）设备使用时应按照相关设备的操作规程进行。

（2）托盘长距离移动应使用地牛拖拉。周转箱内不允许货物间混装。

（3）在人工搬运货物时，10kg 以上的货物需逐个进行搬运，小于及等于 10kg 的货物可同时搬运两个货物，但货物必须垂直叠放。

（4）手动堆高车仅允许在仓储区和托盘交接区使用。使用时要注意安全。

（5）散装货物出库必须装入折板箱内，配送中心内部进行货物周转时采用周转箱。折板箱、周转箱长距离移动必须使用手推车。

（6）拖拉地牛时不允许跑动。

（7）手持终端设备使用时轻拿轻放，手持终端传递信息需要一定时间，请不要反复按键，以免死机。

（8）方案实施完成时，所有设备必须放回设备存放区，空托盘放回托盘存放区。

（9）配送中心有部分托盘条码有污损和缺少情况，需要打印部分托盘条形码，码制：CODE39，托盘编码 10000001-10000010，周转箱编码 20000001-20000010，在实施储配方案时已粘贴条码。

（10）在出库时，托盘必须托运至出库理货区才可进行配货作业，切忌不可将托盘放置于主通道上。

（11）重型货架说明：共 2 排，货位条码编制规则为库区、排、列、层 4 号定位法，如 H1020101，代表的信息是 H1 库区第 2 排第 1 列第 1 层。各参赛队所在赛区均指定为 H1 库区。货位号如附图 2 所示。

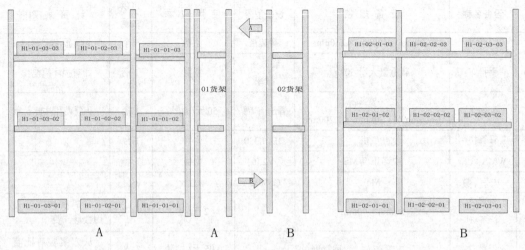

南   北

附图2　重型货架库存示意图

（12）阁楼式货架说明：共 1 排，每排三列，每列三层，放置散装货物，货位条码编制规则为库区、排、列、层 4 号定位法，如 G1010202，代表的信息是 G1 库区第 1 号货架第 2 列第 2 层。各参赛队所在赛区均指定为 G1 库区第 1 号货架。货位号如附图 3 所示。

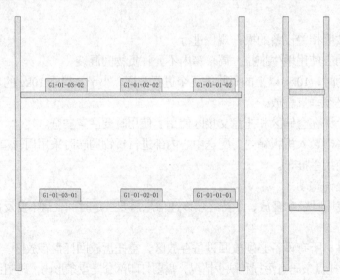

附图3　阁楼式货架库存示意图

（13）电子标签货架说明：共 1 排，每排六列，每列三层，货位条码编制规则为库区、排、列、层 4 号定位法，如 D1010502，代表的信息是 D1 库区第 1 号货架第 5 列第 2 层。各参赛队所在赛区均指定为 D1 库区第 1 号货架。货位号如附图 4 所示。

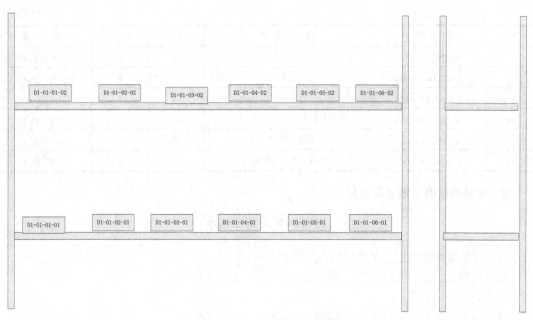

附图4　电子标签货架库存示意图

7. 库存信息统计

库存信息，如附表31～附表33所示。

附表31		重 型 货 架			
序号	商品条码	商品名称	单位	数量	储　位
1	6921168509256	农夫山泉饮用天然水	箱	12	H1-02-02-02
2	6902088703498	奥妙净蓝洗衣粉	箱	8	H1-02-01-01
3	6922233613045	五月花面纸	箱	4	H1-01-01-02
4	6902563688999	奥利奥夹心饼干	箱	6	H1-01-02-02

附表32		阁 楼 货 架			
序号	商品条码	商品名称	单位	数量	储　位
1	6910019005153	超能天然皂粉	包	12	G1-01-01-02
2	6920174736939	立白新金桔洗洁精	瓶	2	G1-01-02-02
3	6903148079386	碧浪专业去渍洗衣粉	包	4	G1-01-03-02

附表33		电 子 标 签 货 架			
序号	商品条码	商品名称	单位	数量	储　位
1	6922266439727	清风18包蓝色装	条	10	D1-01-03-02
2	6902083896775	格瓦斯	瓶	15	D1-01-02-01
3	6925009911345	天喔茶庄酸梅汤	瓶	5	D1-01-03-01
4	6935661782023	纸音（200抽）	包	5	D1-01-04-02
5	6922266439841	清风10包粉红嘟嘟	条	10	D1-01-05-02
6	6922266440083	清风原木纯品	盒	9	D1-01-06-02

序号	商品条码	商品名称	单位	数量	储 位
7	6902827110051	美年达	听	8	D1-01-04-01
8	6942404210064	百事可乐	听	8	D1-01-05-01
9	6908512208867	醒目	听	8	D1-01-06-01
10	6920459905388	康师傅矿物质水（330mL）	瓶	6	D1-01-01-02
11	6920927112911	冰露矿物质水	瓶	6	D1-01-02-02
12	6902083880675	娃哈哈纯净水（600mL）	瓶	6	D1-01-01-01

8. 租赁申请书（根据需要量打印）

设备器具租赁申请书

为完成储配作业第____参赛队特此申请：

租赁设备_____（堆高车、地牛），数量_____（台）。

开始使用时间：

租赁器具_____（托盘、折板箱）。数量_____（个）。

开始使用时间：

申请人签字：   裁判签字：

退租设备器具清单

地牛租赁时间：   退租人签字：   裁判签字：

手动堆高车租赁时间：   退租人签字：   裁判签字：

托盘   （个）   退租人签字：   裁判签字：

折板箱   （个）   退租人签字：   裁判签字：

设备名称   起租时间   结束时间   租赁费   手续费备   费用合计

二、具体任务

1. 储配方案设计和方案陈述及演示文档制作

选手要根据浙江华商配送中心的库存、订单等相关信息，进行分析处理，并进行分工。编制实施的储配作业计划；计算出所设计方案的各项作业成本与时间；安排工作计划；预测出实施方案可能出现的问题和应对方案。需对方案进行陈述并制作演示文档。

2. 实施储配方案

选手根据上述储配方案的设计结果，在竞赛场地实施方案，实施过程要体现服务质量与安全意识。若选手实施方案有困难，可修改方案。修改方案将按预定的比例增加成本，以操作规范程度、最后的成本核算以及方案实施效率为评价依据。在操作过程需要使用各种设备、仓储管理系统，采用规范的操作完成储配方案的实施。实施过程包括环节如附表34所示。

附表34　　　　　　　　　　　　　　　　　实施过程

序号	实施环节	操作说明	备注
1	租赁	按方案实施要求租赁托盘、手动堆高车、地牛等设备	
2	入库准备工作	粘贴条形码标签，整理现场，验收货品	
3	组托	按照堆码要求，将散置堆放的货物科学、合理码放在托盘上	
4	启动WMS	完成货物信息录入及其他操作	
5	入库	完成货物入库操作并使用手动堆高车上架作业	
6	拣选作业	根据拣货单进行拣选作业	
7	出库	完成各客户所要货物的月台理货，并且按配载要求堆放准备出库	

3. 竞赛说明

（1）参赛选手可通过提供的数据和现场测量（允许携带由组委会提供的一页用于记录仓库情况观测结果的纸张）等渠道获取方案设计和实施所需的部分有关信息。

（2）每个学校派一支队参赛，每队参赛选手为3人，其中选出1人为主管，其余2人在制定方案阶段为主管助手，实施阶段为仓库管理员或理货员。主管对方案的设计、修订、客户优先等级等负主要责任，并安排其余2人工作。

（3）根据客户需求，编制货位、物料、设施设备、工具、人工等使用计划，并进行成本核算和时间安排。成本核算精确到分，时间安排精确到秒。

（4）参赛选手要预测实施方案时可能出现的问题并做出应对方案。

（5）参赛选手根据信息资料，制定储配方案。

（6）各参赛队在储配方案设计阶段所完成的方案及所有相关纸质和U盘资料均由参赛选手自行密封，交竞赛组委会工作人员保存。在储配方案执行阶段，由裁判交还参赛队，并由参赛选手自行开启。

（7）执行方案时，各参赛队选手应严格按照计划执行，不得擅自修改计划，修改计划应由主管提出并实施。方案修改时，选手应停止作业，但工作时间连续计算。修改方案将按照预定的比例增加成本。

（8）竞赛中出现不文明和不安全的现象，或操作不规范，或出现质量问题，或人浮于事，或分工协作不合理，均按比例增加成本和费用。

（9）方案实施比赛分两个阶段进行：第一个阶段，先按设计方案进行入库作业，作业完成后向裁判报告，计时停止。裁判检查入库情况后再进行第二阶段——出库作业，再按设计方案进行相应的出库配货作业。

（10）入库完成后需向裁判报告，暂定比赛（计时停止），裁判检查完后宣布比赛继续再能进行出库操作，但在入库阶段可进行出库单的录入，但是不得进行拣货操作，违反规定按比例增加成本。操作结束以配送车送到规定的地点为标志。

（11）裁判宣布比赛时间到后选手应立即停止作业。未完成的作业按外包处理，并按一定比例计算成本。

［1］张志乔，等.《物流配送管理》省级精品课程网站 http://jpkc.zjiet.edu.cn/sheng/ 2009/wl/.

［2］张志乔. 生鲜农产品营销与物流. 北京：北京大学出版社，2012.

［3］许胜余. 物流配送中心管理. 成都：四川人民出版社，2002.

［4］朱华. 配送中心管理与运作. 北京：高等教育出版社，2008.

［5］赵家俊，于宝琴. 现代物流配送管理. 北京：北京大学出版社，2004.

［6］何明珂. 电子商务与现代物流. 北京：经济科学出版社，2002.

［7］牛东来. 现代物流信息系统. 北京：清华大学出版社，2004.

［8］林自葵. 物流信息系统. 北京：北京大学出版社，2004.

［9］李勇. 配送中心设计与规划. 北京：电子工业出版社，2009.

［10］陈修齐. 物流配送管理（第二版）. 北京：电子工业出版社，2009.

［11］陈淑君. 我国现代物流配送跨越发展的思考. 商场现代化. 2008.

［12］江少文. 配送中心运营实务与管理. 上海：同济大学出版社，2008.

［13］江少文. 配送中心运营管理. 北京：高等教育出版社，2006.

［14］孙红. 物流配送中心管理. 北京：高等教育出版社，2005.

［15］胥洪娥，李英. 配送中心运营与管理. 天津：天津大学出版社，2009.

［16］刘志强，丁鹏，盛焕烨. 物流配送系统设计. 北京：清华大学出版社，2004.

［17］贾争现，刘康. 物流配送中心规划与设计. 北京：机械工业出版社，2004.

［18］张新锐，张志乔. 快速消费品的营销渠道管理. 企业经济，2004，8.

［19］方一兵. 物流配送规划的误区与困境. 华东经济管理. 2006，9.

［20］何加骏. 孔有利.发达国家及地区生鲜农产品的物流经验与启迪. 上海农业学报，2007.

［21］陆翔华. 我国冷冻冷藏食品市场和冷藏物流发展. 中国食品工业，2005，5.

［22］曾祥静，路剑，王俊凤.我国生鲜农产品物流发展问题研究. 商场现代化，2008，7.

［23］刘婵媛. 鲜活农产品配送的模式及路线优化研究：华中科技大学 2006 年硕士毕业论文. 中国期刊网.

［24］肖甜甜. 浅析我国快速消费品物流配送模式. 消费导刊，2008，20.

［25］曹正. 电子配送如何走出困境. 华东经济管理. 2007，12.

［26］霍青梅，李彦杰. 冷链物流中心规划概述. 物流技术与应用. 2009，8.

［27］张志乔. 农村现代流通网络运作问题分析. 中小企业管理与科技，2009，31.

［28］朱超才. 物联网在现代物流业中的应用研究. 物联网技术. 2012，9.

［29］徐明贤. 我国家电连锁零售业的现状与发展策略. 厦门大学硕士论文，2008.

［30］智能物流经典案例——耐克的绝密仓库. 物联网世界. 2012-01-17.

［31］韦铭，祝乃嘉. 看物联网技术怎样"武装"物流配送. 南京日报电子版. 2009-11-27.